Heinz Klippert

W0194034

Eigenverantwortliches Arbeiten und Lernen

Bausteine für den Fachunterricht

Mit Beiträgen von
Erich Clemens, Simone Grentrup, Anja Husemeyer, Doris Klippert,
Klaus Koch, Frank Müller, Ute Sauer, Martin Theisinger und Inge Tillmann

Beltz Verlag · Weinheim und Basel

Dr. *Heinz Klippert*, Jg. 1948, Diplom-Ökonom; Lehrerausbildung und
Lehrertätigkeit in Hessen; seit 1977 Dozent am Lehrerfortbildungsinstitut
der evangelischen Kirchen in Rheinland-Pfalz (EFWI) mit Sitz in Landau.
Zahlreiche Veröffentlichungen zum Arbeitsfeld »Schulentwicklung« sowie
zum Methodentraining, Kommunikationstraining und zur Teamentwicklung
mit SchülerInnen. Trainer, Berater und Ausbilder in Sachen
»Pädagogische Schulentwicklung«.

Alle Rechte, insbesondere das Recht der Vervielfältigung und Verbreitung
sowie der Übersetzung, vorbehalten. Kein Teil des Werkes darf in irgendeiner
Form (durch Fotokopie, Mikrofilm oder ein anderes Verfahren) ohne schriftliche
Genehmigung des Verlages reproduziert oder unter Verwendung elektronischer
Systeme verarbeitet, vervielfältigt oder verbreitet werden.

Gesetzt nach den neuen Rechtschreibregeln
Lektorat: Peter E. Kalb

© 2001 Beltz Verlag · Weinheim und Basel
www.beltz.de
Herstellung: Klaus Kaltenberg
Satz: Satz- und Reprotechnik GmbH, Hemsbach
Druck: Druckhaus Beltz, Hemsbach
Umschlaggestaltung: Federico Luci, Köln
Umschlagabbildung: Heinz Kähne, Boppard
Printed in Germany

ISBN 3-407-62451-4

Inhaltsverzeichnis

III. Konsequenzen für den schulinternen Umsetzungsprozess

Vorwort

»Was der Schüler sich nicht selbst erarbeitet und erwirkt hat, das ist er nicht und das hat er nicht« – so hat der pädagogische Vordenker Diesterweg einst die Notwendigkeit des eigenverantwortlichen Arbeitens und Lernens der SchülerInnen begründet und auf den Punkt gebracht. Recht hatte er! Und Recht haben auch all die anderen, die nach ihm und vor ihm für eine konsequente Ausweitung des tätigen Lernens plädiert haben. Handlungsorientierung, entdeckendes Lernen, problemlösendes Lernen, Projektarbeit, Offener Unterricht und andere Begrifflichkeiten mehr spiegeln diese Programmatik. Zwar bedeutet das nicht, dass der lehrergelenkte und lehrergestützte Unterricht out ist, wohl aber signalisiert der große Zuspruch, den die angedeuteten Lernkonzepte in den letzten Jahrzehnten finden, die Relevanz und Dringlichkeit des eigenverantwortlichen Arbeitens und Lernens der SchülerInnen.

Wenn ich meine eigene Sozialisation Revue passieren lasse, dann fällt mir auf, dass ich dort am meisten und am nachhaltigsten gelernt habe, wo ich gefordert war, Aufgaben und/oder Probleme in eigener Regie zu lösen. Das gilt sowohl für meine verschiedenen Schulstationen im Rahmen des Zweiten Bildungsweges als auch für mein Elternhaus, das mir bereits sehr früh ein beträchtliches Maß an Selbstständigkeit und Selbstverantwortung zugemutet und zugetraut hat. Ich kann wohl ohne Verklärung sagen, dass meine Eltern zur damaligen Zeit bereits einen sehr modernen Führungs- bzw. Erziehungsstil praktiziert haben, der in der modernen Managementtheorie als »management by objectives« (Führung durch Zielvorgabe) bezeichnet wird. Wie in bäuerlichen Kreisen auf dem Lande üblich, gaben sie mir z.B. für den Nachmittag bestimmte Arbeitsaufträge, die ich in ihrer Abwesenheit zu erledigen hatte. Wann ich was, wie machte, wie ich etwaige Probleme löste und wo ich mir gegebenenfalls Hilfe holte – das alles war mir überlassen, da meine Eltern auf dem Feld waren und so auch nicht in der Gefahr standen, mich vorschnell zu kontrollieren und mir das Heft aus der Hand zu nehmen. So gesehen hatte ich eigenverantwortlich Arbeits- und Zeitplanung zu betreiben, Improvisations- und Problemlösungsfähigkeit an den Tag zu legen und bei Bedarf Kontakt zu irgendwelchen Nachbarn aufzunehmen, um durch geschicktes Fragen und Kommunizieren dafür zu sorgen, dass ich Hilfe und Unterstützung erhielt. Es war dies eine Art »naturwüchsige Erziehung zur Selbstständigkeit und Selbstverantwortung«. Wichtig war nur, dass am Ende des Tages das Ergebnis einigermaßen stimmte.

Derartige Lernsituationen herzustellen und den SchülerInnen genuin Verantwortung zu übertragen ist heutzutage sehr viel schwieriger geworden und wird demzufolge auch viel zu selten praktiziert. Das gilt sowohl für den Privatbereich als auch für die

Schule. Kennzeichnend für die heutige Erziehungsarbeit ist eher eine Kultur der Unterforderung, der Verantwortungslosigkeit, der Belehrung und/oder der aufdringlichen Überbehütung. Gerade im Kleinkind- und im Grundschulalter werden den meisten Kindern von ihren Eltern viel zu viele Aufgaben und Verantwortlichkeiten abgenommen. Es wird für sie gedacht, gemacht, entschieden, geplant, organisiert und in sonstiger Weise Initiative und Verantwortung übernommen. Die unübersehbare Folge ist, dass sich bei den betreffenden Kindern über Gebühr Unsicherheit, Gleichgultigkeit, Oberflächlichkeit und/oder Bequemlichkeit einstellen. Diese Erziehung zur Unselbstständigkeit und Unmündigkeit wird in der Schule häufig fortgesetzt.

Das vorliegende Buch gibt Anregungen und Beispiele, wie das eigenverantwortliche Arbeiten und Lernen in unseren Schulen systematisch ausgebaut und den SchülerInnen ein Mehr an Fach-, Methoden-, Kommunikations- und Teamfähigkeit vermittelt werden kann. Dabei gilt der Anspruch, dass diese »neue Lernkultur« mit möglichst einfachen und machbaren Mitteln und Strategien erreichbar sein muss und nicht bedeuten darf, dass die betreffenden Lehrerinnen und Lehrer Kapriolen schlagen und in Tag-und-Nacht-Arbeit neue Materialien und Lernarrangements entwickeln müssen. Realisierbar ist dieser Anspruch durchaus. Warum nicht die SchülerInnen zunächst mit den vorhandenen Medien und Arbeitsmaterialien arbeiten lassen?! Schulbücher, Lexika, Filme, Schaubilder, Atlanten, Broschüren, CD-ROMs, Internet und sonstige für die Klasse zur Verfügung stehende Medien bieten in vielfältiger Weise Gelegenheiten, zum Arbeitsgegenstand der SchülerInnen gemacht und für produktive Zwecke genutzt zu werden. Wie die entsprechende Unterrichtsvorbereitung und -gestaltung aussehen kann, wird in den nachfolgenden Kapiteln für verschiedene Fächer und Themenstellungen exemplarisch verdeutlicht.

Tatkräftig geholfen haben bei der Ausarbeitung der in Kapitel II dokumentierten EVA-Bausteine (Lernspiralen) Frank Müller, Ute Sauer, Simone Grentrup und Inge Tillmann für den sozialwissenschaftlichen Bereich, Klaus Koch und Martin Theisinger für den mathematisch-naturwissenschaftlichen Bereich, Frank Müller, Doris Klippert und Erich Clemens für den Bereich Deutsch sowie Simone Grentrup und Anja Husemeyer für den Bereich der Fremdsprachen. Ihnen allen ein herzliches Dankeschön für die Entwicklung, Erprobung und Verschriftlichung der dokumentierten Lernspiralen. Dank auch an die übrigen rheinland-pfälzischen Trainerinnen und Trainer, die den genannten Autoren während der zurückliegenden EVA-Workshops mit ihren Ideen und Erfahrungen unter die Arme gegriffen haben. Die geleistete Arbeit war fraglos anregend und produktiv. Ich bin sicher, sie wird vielen Lehrkräften hierzulande Stütze und Hilfe sein, um über das punktuelle Methoden-, Kommunikations- und Teamtraining hinauszugelangen und eine differenzierte EVA-Kultur aufzubauen und in den unterschiedlichsten Fächern zu pflegen.

Landau, im Sommer 2000   *Heinz Klippert*

Für meine Töchter

Nach der Art, wie man bei
uns unterrichtet, ist es kein Wunder,
dass unsere Schüler nicht tüchtiger
werden, sondern nur gelehrter.

(Michel de Montaigne)

Überhaupt lernt niemand etwas
durch bloßes Anhören,
und wer sich in gewissen Dingen
nicht selbst tätig bemühet,
weiß die Sachen nur oberflächlich
und halb.

(Johann Wolfgang von Goethe)

Ein guter Lehrer hat nur
eine Sorge: zu lehren, wie man
ohne ihn auskomme.

(André Gide)

Einleitung

Das deutsche Bildungswesen steht in der Kritik. Die Absolventen deutscher Schulen schneiden in internationalen Vergleichsstudien mäßig ab (s. TIMSS). Die Wirtschaft beklagt das Fehlen zukunftsgerechter »Schlüsselqualifikationen« wie Selbstständigkeit, Flexibilität, Eigeninitiative, Problemlösungsvermögen, Kommunikationsfähigkeit, Teamfähigkeit und Methodenbeherrschung. Die Bildungsverantwortlichen in Bund und Ländern fordern besseren Unterricht und ein höheres Leistungsniveau und hoffen auf die Selbsterneuerungsfähigkeit der Schulen. Die Eltern befürchten, dass ihre Kinder auf die aktuellen Anforderungen im Beruf und im Studium nur unzureichend vorbereitet sind und reagieren höchst allergisch u.a. auf jedwede Art von Unterrichtsausfall. Und die Lehrkräfte selbst? Sie sehen sich vornehmlich als Opfer dieser ganzen Bildungsmisere und fordern zuallererst einschlägige Unterstützungs- und Qualifizierungsmaßnahmen, die zu helfen vermögen, die bestehenden pädagogischen Probleme und Herausforderungen im Schulalltag zu lösen. Von daher spricht vieles dafür, unterrichtliche Innovationen ins Zentrum der Schulentwicklung zu rücken. Die Forcierung des EVA-Unterrichts ist ein derartiges Innovationsprogramm.

Einig sind sich Deutschlands Bildungsexperten seit längerem, dass es vor dem Hintergrund einer veränderten Familien-, Arbeits- und Berufswelt dringend erforderlich ist, das schulische Lehren und Lernen einer grundlegenden Revision zu unterziehen und dafür Sorge zu tragen, dass dem selbst gesteuerten, team- und problemorientierten Lernen der SchülerInnen verstärkt Raum gegeben wird. Propagiert werden Projektarbeit, Wochenplanarbeit, Freiarbeit und andere Formen des offenen Unterrichts, die den SchülerInnen ein möglichst hohes Maß an Selbstverantwortung, Selbstorganisation und Selbstmanagement beim Lernen zuweisen und abverlangen. Diese weit reichende Öffnung des Unterrichts stößt unter Pädagogen nach wie vor allerdings auf erhebliche Vorbehalte. Das gilt insbesondere für die Lehrkräfte in den Sekundarsrufen I und II. Und deren Vorbehalte haben durchaus ihre Berechtigung. Die Crux ist nämlich, dass die genannten Arbeitsformen durchweg Hochformen des eigenverantwortlichen Arbeitens und Lernens sind und auf Schüler- wie auf Lehrerseite eine gehörige Portion Selbstsicherheit, Selbststeuerungsbereitschaft und Methodenkompetenz im weitesten Sinne des Wortes voraussetzen (vgl. dazu Klippert 1994, 1995 und 1998). Gerade daran aber mangelt es vielerorts noch ganz beträchtlich. Von daher stehen die genannten EVA-Hochformen unverkennbar in der Gefahr, die betreffenden Akteure im Unterricht zu überfordern und letztlich auch zu frustrieren.

Wenn die Kultivierung offener Lern- und Arbeitsformen gelingen soll, dann muss erfahrungsgemäß kleinschrittig begonnen und den SchülerInnen wie den LehrerInnen zunächst anhand einfacher, überschaubarer Aufgaben und Arbeitsabläufe Gelegenheit gegeben werden, die nötige Grundsicherheit und methodische Routine zu erwerben. Dann können der Komplexitätsgrad der Aufgaben und das Ausmaß der Prozess- und Produktverantwortung mehr und mehr gesteigert werden. Diesem Primat der Kleinschrittigkeit und der konsequenten Elementarisierung des EVA-Lernens trägt das vorliegende Buch Rechnung. EVA beginnt im normalen Fachunterricht, indem die SchülerInnen für vielleicht zehn oder zwanzig Minuten innerhalb eines ganz bestimmten thematischen Rahmens einer Frage nachspüren, ein Problem zu lösen versuchen, einen Spickzettel erstellen, ein Schaubild erläutern, einen Kommentar schreiben, ein Interview führen, ein Bild zeichnen, eine These beurteilen, einen Versuchsablauf protokollieren, ein Quiz vorbereiten, eine Mindmap erstellen, eine Textaufgabe konstruieren, einen Gruppenprozess beurteilen, ein Kreisgespräch führen oder sonstige kleinere Aufgaben in eigener Regie bearbeiten. So gesehen ist EVA im Ansatz sicherlich nichts Revolutionäres, sondern im alltäglichen Unterricht auch bisher schon üblich.

Die Frage ist nur, wie häufig und wie konsequent EVA im Schulalltag praktiziert wird. Wie sich aus einschlägigen Untersuchungen ersehen lässt, erhalten die SchülerInnen in unseren Schulen viel zu selten Gelegenheit, in eigener Regie und in eigener Verantwortung zu arbeiten und zu lernen (vgl. z.B. Hage u.a. 1985). Zumeist wird von Lehrerseite viel zu eng geführt, informiert und auf bestimmte geplante Ergebnisse, Tafelbilder und Hefteinträge hin gearbeitet. Den SchülerInnen bleibt häufig nur der Nachvollzug. Sie lernen mehr oder weniger gedankenlos auswendig, reproduzieren bei Gelegenheit und vergessen Vieles schon nach kürzester Zeit wieder. Von daher lässt die Nachhaltigkeit des Lernens häufig zu wünschen übrig. Das gilt sowohl in inhaltlicher als auch in methodischer Hinsicht. Zwar ist den meisten Lehrerinnen und Lehrern dieses Dilemma durchaus bewusst, gleichwohl halten viele von ihnen mehr oder weniger verbittert und/oder trotzig an den herkömmlichen direktiven, belehrenden Verfahrensweisen fest.

Ursächlich für diese anhaltende Dominanz traditioneller Lehrverfahren sind unter anderem gravierende Missverständnisse in Sachen Lernen. Überschätzt wird von vielen Lehrkräften (insbesondere in den Sekundarstufen I und II) die Wirksamkeit des direktiven, lehrerzentrierten Unterrichts; und deutlich unterschätzt wird von ihnen in aller Regel die überzeugende Eingängigkeit und Eindringlichkeit des aktivproduktiven Lernens. Nachhaltiges Lernen setzt *Begreifen* voraus. Und Begreifen hat in hohem Maße mit Anfassen, Durchkneten, Entdecken, Erfahren, Gestalten, Anwenden, Knobeln, Experimentieren, Versprachlichen und anderen aktiv-produktiven Lernanstrengungen zu tun. Diese Grunderkenntnis wird im bundesdeutschen Schulwesen seit Jahr und Tag sträflich vernachlässigt. Nach wie vor dominieren rezeptive Lehr-/Lernverfahren, die den SchülerInnen vornehmlich eine passive Rolle zuweisen und ganz vorrangig reaktive und reproduktive Lernleistungen induzieren. Der ausgeprägte Stellenwert der Lehrerdarbietung und des lehrergelenkten Unterrichtsgesprächs macht diese lehrerzentrierte Akzentsetzung deutlich. In puncto EVA wird den SchülerInnen in aller Regel viel zu wenig abverlangt und zugetraut. Eigenverantwortliches Arbeiten und Lernen alleine oder im Team ist in unseren Schulen nach wie vor eher die Ausnahme und keinesfalls die Regel. Kein Wunder also, dass sich innerhalb der Schülerschaft Unselbstständigkeit und Bequemlichkeit, Desinteresse und Disziplinprobleme, Oberflächlichkeit und Gedankenlosigkeit, Sprachlosigkeit und mangelhaftes Sozialverhalten ausbreiten. Und kein Wunder auch, dass Lehrer wie Unterrichtsforscher, Eltern wie Wirtschaftsvertreter über die mangelnde Nachhaltigkeit und Lerneffizienz der schulischen Arbeit zu klagen haben.

Aus diesem Dilemma herauszukommen und praktikable Wege und Mittel aufzuzeigen, wie unter den restriktiven Bedingungen des Schulalltags EVA wirksamer als bisher üblich gefördert und im Fachunterricht umgesetzt werden kann, das ist der Anspruch dieses Buches. Mit diesem Buch wird die Reihe der Methodenbücher (vorerst) abgeschlossen, die der Verfasser in den letzten Jahren im Beltz Verlag veröffentlicht hat. Ausgangspunkt war das »Methodentraining« im Jahr 1994, das Anregungen zum systematischen Einüben elementarer Lern- und Arbeitstechniken gab und gibt. Dieses Buch ist inzwischen in der 11. Auflage erschienen und trifft offensichtlich den Nerv vieler Lehrkräfte. Auch die in den Jahren 1995 und 1998 erschienenen Handbücher zum Kommunikationstraining und zum Teamtraining mit SchülerInnen sind mittlerweile mehrfach aufgelegt worden und finden in bemerkenswertem Maße Eingang in die Schulen und in die Unterrichtspraxis. Zu beobachten ist allerdings, dass die Nutzung dieser Bücher häufig in recht fragwürdiger Weise erfolgt, nämlich so, dass zwar mit großem Engagement spezifische Trainingswochen, Trainingstage oder auch einzelne methodenzentrierte Unterrichtssequenzen organisiert und durchgeführt werden, dass dieses punktuelle *Methodentraining* allerdings viel zu selten und viel zu wenig durch eine konsequente *Methodenpflege* in den unterschiedlichsten Fächern ergänzt und ausgebaut wird. Dieses Versäumnis führt vielerorts dazu, dass die Schülerinnen und Schüler das ansatzweise gelernte Methodenrepertoire schon bald wieder vergessen und in ihre altgewohnte »Konsumentenhaltung« zurückfallen.

Das vorliegende Buch will diesem Trend zur Vernachlässigung der Methodenpflege entgegenwirken. Angeboten werden zwar in erster Linie Anregungen und praktische Arrangements in Sachen »EVA im Fachunterricht«. Diese sind in aller Regel jedoch so konzipiert, dass den SchülerInnen im Rahmen des skizzierten EVA-Unterricht auch und zugleich vielfältige methodenzentrierte Aktivitäten abverlangt werden, die dazu dienen, in Verbindung mit dem jeweiligen Fachthema grundlegende Arbeits-, Kommunikations- und Kooperationstechniken zu pflegen und zu festigen. Ohne diese systematische Methodenpflege steht das eigenverantwortliche Arbeiten und Lernen der SchülerInnen auf ziemlich tönernen Füßen. Anspruchsvoller EVA-Unterricht, wie er hier verstanden wird, verlangt und fördert also auch und zugleich Methoden-, Kommunikations- und Teamfähigkeit auf Schülerseite. Das werden die Ausführungen und Beispiele in den Kapiteln I und II noch näher zeigen.

Der Unterschied zwischen EVA auf der einen und Methoden-, Kommunikations- und Teamtraining auf der anderen Seite lässt sich folgendermaßen beschreiben: Während EVA ganz vorrangig auf inhaltlich-fachliche Klärungsprozesse abstellt, zielen die angesprochenen Trainings primär auf das Einüben und Klären bestimmter methodischer Verfahrensweisen. Mit anderen Worten: Im Falle von EVA steht das jeweilige *Fach- bzw. Lehrplanthema* im Vordergrund, welches von den SchülerInnen mit Hilfe wechselnder Arbeits-, Kommunikations- und Kooperationsmethoden erschlossen wird, während beim Methoden-, Kommunikations- und Teamtraining das Hauptaugenmerk auf der je spezifischen Arbeits-, Kommunikations- oder Kooperationsmethode ruht, die es im Unterricht einzuüben und zu klären gilt (z.B. Visualisieren, Vortragsgestaltung, Konfliktmanagement). So gesehen ist EVA der übergreifende Ansatz (vgl. dazu auch Abb. 3, S. 40). EVA umfasst beides: einmal die systematische Erarbeitung und Durchdringung des jeweiligen fachspezifischen Themas durch die SchülerInnen, zum anderen die korrespondierende themenzentrierte Pflege unterschiedlicher Arbeits-, Kommunikations- und Kooperationsmethoden. Die in diesem Buch dokumentierten Unterrichtsbeispiele (Lernspiralen) werden dieses Zusammenspiel von inhaltlichem und methodischem Arbeiten und Lernen verdeutlichen.

Zum Aufbau des Buches: In Kapitel I wird der besagte EVA-Ansatz näher begründet, erläutert und durch ausgewählte Unterrichtsbeispiele konkretisiert. Skizziert wird in einem einführenden Abschnitt, welche veränderten Bedingungen und Herausforderungen für die aktuelle Bildungsarbeit gelten, welchen spezifischen Belastungen die traditionell arbeitenden Lehrkräfte ausgesetzt sind und welche »wegweisenden« Befunde und Impulse bezüglich der Um- und Neugestaltung des Unterrichts aus der modernen Unterrichts- und Lernforschung abgeleitet werden können. Vor diesem Hintergrund wird in einem zweiten Abschnitt näher entfaltet, was mit dem Konzept »EVA im Fachunterricht« gemeint ist, welche Chancen und Vorteile dieses Lehr-/Lernkonzept für die LehrerInnen wie für die SchülerInnen mit sich bringt und wie die entsprechenden EVA-Lernspiralen und Lernarrangements (Makrospiralen/Mikrospiralen) in den unterschiedlichen Fächern aufgebaut und in möglichst ökonomischer Weise geplant und vorbereitet werden können. Zwei Lernspiralen aus den Bereichen Sozialkunde und Mathematik werden diese erste Konkretisierung leisten.

In Kapitel II wird diese fächerspezifische Konkretisierung und Operationalisierung des EVA-Ansatzes differenziert fortgeführt. Dokumentiert und exemplarisch beschrieben werden ausgewählte Lernspiralen zu gängigen Lehrplanthemen aus den Fachgebieten Mathematik/Naturwissenschaften, Fremdsprachen, Sozialwissenschaften und Deutsch. Zu jedem dieser Fachgebiete werden einige ausgewählte EVA-Lernspiralen (Makrospiralen) vorgestellt, korrespondierende Arbeitsaktivitäten der SchülerInnen skizziert und einige dieser Arbeitsarrangements detaillierter dokumentiert – einschließlich ausgewählter Arbeitsmaterialien und -ergebnisse. Sämtliche Lernspiralen und -arrangements, die dokumentiert werden, sind von den ausgewiesenen FachlehrerInnen unter ganz normalen Bedingungen in rheinland-pfälzischen Schulen erprobt und für gut befunden worden. Allerdings sind die dokumentierten Arrangements und Materialien keinesfalls so zu verstehen, als handele es sich dabei um komplette Unterrichtsvorbereitungen, die von interessierten FachlehrerInnen eins zu eins umgesetzt werden können. Vielmehr haben die vorgestellten Lernspiralen einzig und allein die Funktion, in exemplarischer Weise zu zeigen und Anregungen zu geben, wie EVA zum jeweiligen Thema und Fach initiiert und organisiert werden kann. Bei durchschnittlich acht bis zehn Druckseiten pro Thema und Makrospirale kann mehr nicht geleistet werden. So gesehen ist das Hauptanliegen dieses Kapitels II, den interessierten FachlehrerInnen anhand ausgewählter Themen konkrete methodische Ideen und Planungsmuster zu liefern, die Mut machen, EVA im eigenen Fach zu intensivieren und analoge Lernspiralen zu anderen Fachthemen zu entwickeln und möglichst oft und konsequent im eigenen Unterricht umzusetzen.

In Kapitel III wird diese Frage der Umsetzung abschließend aufgegriffen und thematisiert. Dabei liegt das Hauptaugenmerk auf der Frage, wie eine EVA-spezifische Qualifizierung und Unterstützung der interessierten Lehrkräfte und (Teil-)Kollegien aussehen kann und welche konkreten Maßnahmen und Schritte sich diesbezüglich empfehlen. Vorgestellt und erläutert werden sowohl bewährte Fortbildungsangebote als auch diverse flankierende Maßnahmen und Bedingungen zur Absicherung des intendierten EVA-Unterrichts. Denn eines ist klar: Der Aufbau einer nachhaltigen EVA-Kultur erfordert nicht nur aufgeschlossene und kompetente Lehrkräfte, sondern auch und zugleich geeignete Rahmenbedingungen in der Einzelschule, damit eine konsequente Umsetzung des EVA-Ansatzes möglich und erleichtert wird.

I. EVA – Eine Perspektive für LehrerInnen wie SchülerInnen

Aufgabe dieses Kapitels ist es, den Sinn und Zweck des Eigenverantwortlichen Arbeitens und Lernens der SchülerInnen (= EVA) näher zu verdeutlichen sowie die Chancen zu umreißen, die eine verstärkte Förderung entsprechender Lern- und Arbeitsformen für die SchülerInnen wie für die LehrerInnen mit sich bringt. EVA ist ein chancenreiches Unterfangen! EVA ist aber längst nicht alles. Das eigenverantwortliche Arbeiten und Lernen der SchülerInnen darf keinesfalls so verstanden werden, als ginge es auschließlich darum, die SchülerInnen alles selbst erarbeiten zu lassen. Das wäre ein neuer Methodenmonismus, der genauso falsch und unangemessen wäre wie die tradierte Kultur der einseitigen lehrerzentrierten Belehrung und Unterweisung! Guter Unterricht verlangt fraglos ein Mehr an EVA! Guter Unterricht braucht aber immer wieder auch lehrergelenkte und lehrergestützte Phasen, damit die Lernaktivitäten der SchülerInnen nicht ins Leere laufen und in einer neuen Monotonie enden. Näheres dazu findet sich in Abschnitt 2.5 dieses Kapitels.

1. Lehren und Lernen im Umbruch – Eine Problemskizze

Die Bedingungen, unter denen Unterricht heute stattfindet, haben sich verändert – keine Frage. Die Kinder sind andere geworden; die Wünsche und Erwartungen der Eltern und der Betriebe haben sich gewandelt. Neue Lehrpläne werden erarbeitet oder sind bereits in Kraft gesetzt worden. Die Schulbuchverlage reagieren genauso wie die Hersteller von Computersoftware. Der Schulunterricht steht nicht nur auf dem Prüfstand, er muss auch zeitgemäß weiterentwickelt werden, sollen die bestehenden Probleme und Herausforderungen in Schule und Gesellschaft gemeistert werden. Darin sind sich die Bildungsverantwortlichen hierzulande weithin einig. Lernen statt Belehrt-Werden! Das ist das Motto, das es in die Tat umzusetzen gilt. Die Gründe für diesen Reformeifer sind vielschichtig. Auf einige Erklärungskomponenten wird im Folgenden eingegangen.

1.1 Veränderte Kinder und Jugendliche

Die Lebensbedingungen und -gewohnheiten der SchülerInnen haben sich in den beiden letzten Jahrzehnten rasant gewandelt. Dieser Umbruch stellt das schulische Lehren und Lernen vor grundlegend neue Herausforderungen, denen die meisten Lehrkräfte relativ irritiert und hilflos gegenüberstehen (vgl. dazu auch Abschnitt 1.3). Medienkinder, verwöhnte Kinder, vernachlässigte Kinder, hedonistische Kinder, Kinder ohne hinreichendes Sozialverhalten, Kinder mit ausländischen Prägungen und gravierenden sprachlichen Defiziten – solche und andere Phänomene und Problemlagen kennzeichnen den heutigen Schulalltag und lassen die alltägliche Erziehungs- und Unterrichtsarbeit für viele Lehrkräfte zunehmend schwieriger und frustrierender werden.

Viele Kinder sind, wie Horst Hensel unlängst resümierte, im Laufe der letzten Jahrzehnte angriffslustiger und zappeliger, kindischer und altkluger, trauriger und kranker geworden (vgl. Hensel 2000, S. 11). Das betreffe einen Kern von vielleicht zehn bis dreißig Prozent der Schülerschaft – je nach Schule und Klasse. Die entsprechenden Kinder seien nervös, könnten sich schlecht konzentrieren, bedürften immer neuer Reize, könnten nicht mit sich allein sein, behielten wenig, strengten sich kaum an – kurzum: Das Konstante ihrer Persönlichkeit sei die Flüchtigkeit (vgl. ebd.). Hensel konstatiert weiterhin eine gewisse »Aristokratisierung« des kindlichen Verhaltens. Es sei gerade so, als habe man es bei den »neuen Kindern« mit Prinzessinnen und Prinzen zu tun, die entweder verwahrlost, aber sehr durchsetzungsfähig seien, oder verhätschelt würden und an die Dienstleistungen anderer höchste Ansprüche stellten. Egal welche Version man wähle, das Ergebnis sei ähnlich: In den Schulklassen fehle es an der breiten Mitte der Kinder mit sozialverträglichen Verhaltensweisen. Die »neuen Kinder« seien altklug und kindisch zugleich. Sie hätten ein Bedürfnis nach Bindung, ohne fähig oder willens zu sein, die sich daraus ergebenden Verpflichtungen einzugehen. Erwachsene sollten auf ein Fingerschnipsen hin dienstbar sein und sich auf ein weiteres Fingerschnipsen hin wieder zurückziehen. Doch glücklich mache die betreffenden Kinder das skizzierte Verhaltensrepertoire auch wieder nicht. Sie empfänden ihre Flüchtigkeit und ihrer Trödelei keinesfalls als wohltuend, ihre Angriffslust nicht als befreiend. Ihr schulisches Misslingen lasse sie nicht gleichgültig, sondern mache sie eher unsicher. Deshalb seien sie dankbar für Zuwendung und Bestätigung jedweder Art (vgl. ebd.).

Woher rühren diese Einstellungen und Verhaltensmuster? Ein erster Erklärungsfaktor ist sicherlich die allmähliche *Auflösung der Kernfamilie*, die auf Grund innerer struktureller Veränderungen immer weniger in der Lage ist, ihre traditionelle Erziehungs- und Sozialisationsaufgabe wahrzunehmen. Dazu nur einige wenige Fakten: Mehr als die Hälfte der deutschen Kinder wächst mittlerweile in Ein-Kind-Familien auf; mindestens jedes fünfte Kind lebt nur noch mit einem Elternteil zusammen; jedes dritte Schulkind erlebt während seiner Schulzeit die Scheidung seiner Eltern; rund vierzig Prozent der Mütter sind berufstätig und können deshalb ihren Kindern als Erzieherinnen weniger häufig zur Verfügung stehen. Diese und andere Eckdaten der Familien- und Sozialstatistik machen deutlich, dass die Schulkinder von heute deutlich anderen Einflüssen und Prägungen ausgesetzt sind, als das früher der Fall war. Das innerfamiliäre soziale Lernen kann auf Grund der fehlenden Geschwister nur noch begrenzt stattfinden; die instabilen Familienstrukturen wirken verunsichernd auf viele Kinder und verstärken deren Bedürfnis nach ausgeprägter Zuwendung und Bestätigung – u.a. durch die Lehrkräfte; der Erwartungsdruck, dem insbesondere die Kinder in Ein-Kind-Familien ausgesetzt sind, verstärkt sich unablässig und bewirkt nicht selten, dass diese Kinder in eine chronische Überforderungssituation hinein garaten. Giesecke zufolge gilt letzteres vor allem für die Mittelschichtfamilien, in denen sich »… ein neuartiger ›Erziehungsdruck‹ breit macht, der nicht mehr mit Stock und Prügel und mit Drohungen operiert, sondern mit pausenloser ›Zuwendung‹ und mit psychologischen Tricks zur Durchsetzung des elterlichen Willens.« (Giesecke 1991, S. 7). Insgesamt, so kann in Anlehnung an Reinhart Lempp festgestellt werden, sind viele Familien auf Grund der skizzierten Veränderungen immer weniger in der Lage, die auf die Jugendlichen zukommenden Belastungen kraft eigener Stabilität aufzufangen und den belasteten Kindern die nötige emotionale, soziale und intellektuelle Geborgenheit und Sicherheit zu gewährleisten (vgl. Lempp 1991, S. 27). Dass dieses Folgen für die schulische Arbeit hat und haben muss, steht außer Frage.

Die Veränderung der kindlichen Sozialisationsbedingungen zeigt sich allerdings nicht nur im skizzierten Familienwandel, sondern auch und zugleich im prägenden Einfluss, den die modernen *Medien* auf die Kinder von heute haben. Das beginnt beim normalen Fernsehprogramm mit seinen vielfältigen Angeboten und reicht über Videoclips und eigene Videomitschnitte bis hin zu Computerspielen, Musik-CDs und sonstigen Entertainment-Angeboten der Medienbranche. Allein das normale Fernsehprogramm nutzen die fernsehenden Kinder der Altersgruppe zwischen sechs und dreizehn Jahren pro Tag mittlerweile durchschnittlich rund zweieinhalb Stunden pro Tag; Die Fernsehverweildauer derjenigen Kinder, die über ein eigenes Fernsehgerät verfügen – und das waren 1999 immerhin ca. dreißig Prozent – liegt sogar bei rund drei Stunden täglich (vgl. Feierabend/Simon 2000, S. 159ff.). Hinzu kommt, dass sich die Anbieter der Video- und Computerbranche in den letzten Jahren eine Menge haben einfallen lassen, um die Kinder an die Bildschirme zu locken und die eigenen Produkte konsumieren zu lassen. Inzwischen nutzen rund 50 Prozent der Kinder Computer, und zwar ganz vorrangig Computerspiele (vgl. Breunig 1999, S. 651). Darüber hinaus bedient sich die Hälfte der Kinder mindestens einmal pro Woche irgendwelcher Videokassetten; dabei dominieren Zeichentrickfilme und sonstige Unterhaltungsfilme (vgl. ebd.).

Zwar ist die Wirkung dieses Medienkonsums sicherlich nicht nur negativ, da sich interessierte Kinder auf diesem Weg durchaus beachtliches Faktenwissen anzueignen vermögen (vgl. Struck 1992, S. 72); gleichwohl ist das Hauptanliegen dieser Medien auf Zerstreuung und Unterhaltung, auf Gedankenlosigkeit und Vergessen, auf Oberflächlichkeit und Sprunghaftigkeit gerichtet. Das Fernsehen ist, wie Neil Postman bereits Mitte der 80er-Jahre bilanzierte, » … ein Genuss fürs Auge … Die durchschnittliche Länge einer Kameraeinstellung in den Sendungen der großen Fernsehgesellschaften beträgt nur 3,5 Sekunden, so dass das Auge nie zur Ruhe kommt, stets etwas Neues zu sehen bekommt. Außerdem bietet das Fernsehen den Zuschauern eine Vielfalt von Themen, stellt minimale Anforderungen an das Auffassungsvermögen und will vor allem Gefühle wecken und befriedigen.« (Postman 1985, S. 109). Darüber hinaus werden die Kinder vor dem Bildschirm recht ausgeprägt vereinzelt und können deshalb weder in kommunikativer noch in interaktiver Hinsicht Nennenswertes lernen. Die Bildschirmzeit fehlt schlicht für intelligentes Fragen, konstruktives Kommunizieren und kreatives Tun und Problemlösen. So gesehen werden die Medienkinder in ganz spezifischer Weise geprägt und zur Konsumhaltung veranlasst. Kein Wunder also, dass viele von ihnen dem alltäglichen Schulunterricht immer weniger abgewinnen können und die gängigen Lehrerdarbietungen eher langweilig finden. Im Gegensatz nämlich zum Fernsehen mit seiner Schnitttechnik und seinen dramaturgischen Bearbeitungsmöglichkeiten müssen die Lehrkräfte live senden – und das zudem in Verbindung mit relativ langweiligen und anstrengenden Lerngegenständen und -verfahren.

Eine weitere gravierende Veränderung im Alltag von Kindern und Jugendlichen besteht darin, dass sie immer weniger Gelegenheit zur *Eigentätigkeit* erhalten. Das betrifft das Erfinden von Spielen und Spielzeugen genauso wie den produktiven Umgang mit Problemen und Schwierigkeiten im Alltag. Dieser »Verlust an Eigentätigkeit« drückt sich nach Hans-Günter Rolff u.a. darin aus, »… dass Kinder mit viel vorfabriziertem Spielzeug spielen, das man für sie gekauft hat, und das sie gerade nicht eigentätig herstellen, sondern eher ›bedienen‹, sei es an Knöpfen oder an irgendwelchen geräteähnlichen Schaltern« (Rolff 1991, S. 37). Damit entfällt in zunehmendem Umfang jene Selbsterprobung und Selbsterfahrung, auf die Heranwachsende so dringlich angewiesen sind, wenn sie Selbstständigkeit und Selbststeuerungsfähigkeit, Problemlösungsvermögen und Selbstvertrauen, Eigeninitiative und Selbstwertgefühl, Zielstrebigkeit und Durchhaltevermögen entwickeln sollen. Fehlen derartige Bewährungssituationen, so werden die betreffenden Kinder über Gebühr abhängig vom Lob und vom Tadel Anderer, von deren Weisungen, Hilfen und Kontrollen (vgl. ebd.). Das daraus resultierende Phänomen der Unmündigkeit und Unselbstständigkeit lässt sich in unseren Bildungseinrichtungen alltäglich beobachten.

Ihren Ausdruck findet diese schleichende Erziehung zur Unmündigkeit u.a. im stetig expandierenden *Nachhilfeunterricht*, für den viele Eltern eine Menge Geld ausgeben, um ihren Kindern doch noch zu den gewünschten Noten und Schulabschlüssen zu verhelfen. Wie Klaus Hurrelmann empirisch nachgewiesen hat, investieren Eltern wöchentlich rund 30 Millionen DM in Nachhilfeunterricht. Etwa 35 Prozent aller Schüler erhalten seinen Erhebungen zufolge Zusatzförderung, die meisten während der Gymnasialklassen 5 bis 8 (vgl. Die Rheinpfalz vom 30.5.1998). Das Geschäft mit der Nachhilfe blüht also. Hurrelmann hat für die Bundesrepublik Deutschland über 3000 kommerzielle Nachhilfeschulen gezählt, die von der Sorge der Eltern um die Wettbewerbsfähigkeit ihrer Kinder profitieren (vgl. Neuss-Grevenbroicher Zeitung vom 11.7.1996). Allein in Nordrhein-Westfalen werden monatlich – das zeigt eine weitere Studie – rund 34 Millionen DM für bezahlte Nachhilfestunden ausgegeben; das sind über 400 Millionen DM im Jahr (vgl. Kramer/Werner 1998, S. 36). Das alles signalisiert nicht nur den wachsenden Druck, den viele Eltern auf ihre Kinder ausüben; sondern darin spiegelt sich auch ein Misstrauensvotum gegenüber der Schule und dem dort erteilten Unterricht. Die pädagogisch Verantwortlichen müssen sich dem stellen und über mögliche Konsequenzen für die alltägliche Unterrichtsgestaltung nachdenken.

Vor diesem Hintergrund lässt sich mit Hilbert Meyer das Fazit ziehen: Es ist schwieriger geworden, Kind zu sein und Erwachsener zu werden. Die Sozialisations- und Lebensbedingungen der SchülerInnen sind anregungsreicher, aber auch unübersichtlicher und unverbindlicher geworden (vgl. Meyer 1989, S. 88). Hinzu kommt: Der Druck der Eltern wächst und die Zerstreuungsangebote, die von außen an die Kinder und Jugendlichen herangetragen werden, vermehren sich beständig. Die Folgen sind verbreitete Schulunlust, sinkende Anstrengungsbereitschaft und dramatisch zunehmende Verhaltensauffälligkeiten auf Schülerseite. Die Anzahl derjenigen Kinder, die demonstrativ Desinteresse zeigen, die herumkaspern, verbal ausfällig werden, Frustrationstoleranz vermissen lassen, ständig im Mittelpunkt stehen wollen, ausgeprägt Zuwendung verlangen, ständig Spaß haben wollen, das soziale Miteinander in der Klasse erschweren und dennoch geliebt und möglichst vielfältig bestätigt werden wollen, ist inzwischen ziemlich groß geworden. Zu groß, um einfach ignoriert oder verharmlost zu werden. Von daher kostet es die amtierenden Lehrerinnen und Lehrer in aller Regel relativ viel Kraft und Mühe, mit den veränderten außerunterrichtlichen und unterrichtlichen Rahmenbedingungen fertig zu werden, den gewandelten Lerndispositionen und Erwartungen der SchülerInnen Rechnung zu tragen und den Unterricht so zu gestalten, dass die SchülerInnen nicht nur motiviert mitarbeiten, sondern auch breit gefächerte Lernerfolge erzielen (vgl. ebd., S. 88). Der EVA-Ansatz eröffnet diesbezüglich ermutigende Perspektiven.

1.2 Veränderte Anforderungen der Wirtschaft

Dass sich die Berufs- und Arbeitswelt in den beiden letzten Jahrzehnten gravierend gewandelt hat und an die Schulabsolventen heute deutlich andere Anforderungen als früher gestellt werden, ist mittlerweile eine Binsenweisheit geworden. War bis in die 80er-Jahre hinein noch vorrangig der auf Anweisung ausführende Mitarbeiter gefragt, dem Vorarbeiter, Meister und Abteilungsleiter zur Seite standen, um für ihn zu denken, zu planen, zu entscheiden und Probleme zu lösen, so stellt sich das Bild des »guten Mitarbeiters« heute grundsätzlich anders dar. Gefragt sind primär junge Menschen mit Eigeninitiative, Verantwortungsbewusstsein, Problemlösungskompetenz, Methodenbeherrschung, Kommunikationsfähigkeit, Teamfähigkeit und anderen so genannten »Schlüsselqualifikationen«, die bereit und in der Lage sind, Qualität zu sichern, Arbeitsabläufe zu optimieren, Störungen und Probleme in eigener Regie zu beheben und sich möglichst kundenorientiert zu verhalten. Die Übersicht in Abbildung 1 macht diesen erweiterten Qualifikationsanspruch deutlich.

Zwar ist fundiertes Fachwissen nach wie vor gefordert und für die Bewältigung des Berufsalltags auch bedeutsam (vgl. Abb. 1); allerdings ist das fachspezifische Wissen inzwischen viel zu »flüchtig« geworden, als dass es noch länger sinnvoll wäre, das traditionelle Detail- und Vorratslernen mit Blick auf die Sicherung langfristiger Berufskompetenz aufrechtzuerhalten (vgl. Club of Rome 1999, S. 113ff.). Die Halbwertzeit des beruflichen Fachwissens liegt mittlerweile bei 1–3 Jahren. Das gilt insbesondere für jene Wirtschaftsbereiche, in denen Mikroelektronik und Computerarbeit dominant sind. Von daher ist klar, dass die klassische »Vorratsbildung« längst obsolet geworden ist. Vielmehr gilt: »Über die Fachkompetenz hinaus erfordern internationaler Wettbewerb und technischer Fortschritt verstärkt Eigenschaften und Verhaltensweisen, die in einem nach funktionalistischen Gesichtspunkten operierenden Betrieb nicht unbedingt nötig waren: Aufgeschlossenheit gegenüber allem Neuen, ganzheitliches Denken in Prozessen, Teamwork, Selbstständigkeit, Verantwortungsbereitschaft, Initiative, Kreativität, Motivation, Zuverlässigkeit … « (Hugle 1998, S. 11). Jedes zweite Unternehmen, so heißt es in dieser Studie weiter, halte Fachqualifikationen und Schlüsselqualifikationen für gleich wichtig. Ein Drittel der befragten Unternehmen würde im Zweifelsfall sogar den Schlüsselqualifikationen Priorität einräumen (vgl. ebd.).

Zu ähnlichen Schlussfolgerungen kommt eine neuere Studie des Instituts der Deutschen Wirtschaft. Zukunftsgerechte Qualifizierung bedeutet danach, dass »weichere Faktoren« wie Eigenverantwortlichkeit, Kreativität, Flexibilität, Problem-

Unterrichtskritik aus der Sicht der Wirtschaft

»Bewerber bzw. Berufsanfänger (aller Schularten) haben häufig Schwierigkeiten, Sachverhalte klar und treffend darzustellen ... Die Methoden- und Sozialkompetenz wird von schulischer Seite aus total vernachlässigt ... Methodik und Didaktik der Lehrkräfte lassen nur in beschränktem Maße problemorientiertes Lernen und Arbeiten zu. Durch die Unterrichtsmethodik wird ausschließlich ein ›receptives‹ Verhalten der Schüler entwickelt.«
(*Mercedes Benz*)

»Selbstständig denkende, kreative Mitarbeiterinnen und Mitarbeiter, die bereit sind, Verantwortung zu übernehmen und Probleme anzupacken, werden in der Wirtschaft künftig mehr denn je gefragt sein ... Dagegen muss die Vermittlung von bloßem Fakten-Wissen auf Spezialgebieten kritisch beurteilt werden. In einer Zeit, in der sich der Wissensbestand ständig erneuert ..., ist dies weniger produktiv.«
(*RWE-Konzern*)

»Die Vermittlung von Techniken und Methoden, die es den Schülern erleichtern, Lernziele zu erreichen, kommt unseres Erachtens zu kurz. Damit meinen wir auch die Fähigkeit, sich zu konzentrieren und zu entspannen. Auch Kenntnisse über Rhetorik und Gestik ließen sich hier einordnen. Zunehmende Bedeutung erlangen die sogenannte Metaplantechnik, Präsentationstechniken sowie Formen der Problemlösung.«
(*Bausparkasse Schwäbisch Hall*)

»SchülerInnen sind es nicht gewohnt, sich selbstständig neues Wissen zu erarbeiten und sind auch kaum in der Lage, ihr vorhandenes Wissen als Problemlösungskompetenz einzusetzen. Darüber hinaus sind die SchülerInnen nur wenig geübt, sich in Gruppen einzubringen ... Aus der vorgetragenen Einschätzung ergibt sich die Forderung nach ... verstärkt aktivierenden, die SchülerInnen beteiligende Lernformen.«
(*BHW Bausparkasse AG*)

»In der Schule werden keine Schlüsselqualifikationen vermittelt wie Teamfähigkeit, Selbstständigkeit, Kritikfähigkeit, Verantwortungsfähigkeit, also ... das, was unter Handlungs- und Sozialkompetenz verstanden wird. Ein weiteres Manko der schulischen Ausbildung ist das Fehlen der Vermittlung jeglicher Lerntechniken ... Selbstständigkeit (scheint) kaum gefragt, ein den Schülern häufig gesagter Satz lautet offenbar: ›Zuhören, nicht durch Fragen aufhalten!‹« (*HUK Coburg*)

»Es muß nicht immer der Lehrer sein, der ›im Alleingang‹ die Lösung einer Aufgabe ... an der Tafel vormacht. Warum macht man nicht öfter den Weg zum Ziel? Warum sollen Schüler nicht häufiger versuchen, sich innerhalb einer Gruppe einem Problem zu nähern, eine Lösungsstrategie zu entwickeln und zu diskutieren? Selbstgesteuerte und gruppenvorbereitete Einzelarbeit wären weitere Varianten, die häufiger in der Schule praktiziert werden könnten.« (*Siemens AG*)

(*Zitate aus: »Bildung konkret«, 8-9/1995, 10/1995, 1-2/1996*)

Abb. 01   © Dr. H. Klippert

lösungsfähigkeit, Risikofreude, Teamfähigkeit, Selbstständigkeit und ein gesundes Selbstwertgefühl ins Zentrum der Bildungsarbeit gestellt werden müssen (Brockhagen/Flüter-Hoffmann 1999, S. 9). In die gleiche Richtung gehen die Ergebnisse einer neueren Untersuchung des Bundesinstituts für Berufsbildung aus dem Jahre 1998. Auf der Basis von 4000 Stellenanzeigen kommt das BiBB zu dem Schluss, dass die Betriebe zunehmend auf extrafunktionale Qualifikationen Wert legten. Qualifikationen wie Teamfähigkeit, Belastbarkeit, selbstständige Arbeitsweise und Zielstrebigkeit stünden an oberster Stelle, gefolgt von Flexibilität und Kommunikationsfähigkeit, Verantwortungsbewusstsein und Lernbereitschaft, Durchsetzungsvermögen und Innovationsfähigkeit, Organisationstalent und Mobilitätsbereitschaft. Besonderes Augenmerk richteten die Betriebe auf die Sozialkompetenz der Jugendlichen (vgl. ebd., S. 11).

Bestätigt wird dieser Befund u.a. durch eine Umfrage des STERN aus dem Jahre 1995, derzufolge 96 Prozent der befragten Personalverantwortlichen von 250 großen deutschen Firmen der Team- und Kommunikationsfähigkeit der Jugendlichen oberste Priorität einräumten – eine gewiss erstaunliche Akzentsetzung (vgl. STERN 47/1995, S. 188). Verständlich wird diese Gewichtung, wenn man bedenkt, dass die Beschäftigten in der modernen Informationsgesellschaft auf Grund der raschen Veränderung des Fachwissens immer weniger in der Lage sind, ihren Wissensstand so zu aktualisieren, dass sie die komplexer werdenden Aufgaben alleine bewältigen können. Sie müssen sich vielmehr auf einzelne Wissenssegmente spezialisieren, um sich überhaupt auf dem Laufenden halten zu können. Da aber die reale Aufgabenerfüllung auf die Verfügbarkeit des Gesamtwissens angewiesen ist, müssen die besagten »Spezialisten« bereit und in der Lage sein, konstruktiv zu kommunizieren und zu kooperieren. Deshalb die oben angesprochene Betonung der Kommunikations- und der Teamfähigkeit.

Diese neue Erwartungshaltung der Wirtschaft hat Peter Haase, verantwortlicher Personalplaner des VW-Konzerns, bereits Anfang der 90er-Jahre auf den Punkt gebracht: Deutschland sei zwar, so argumentiert er, durch Einzelkämpfer groß geworden. Doch heute sei die Situation eine völlig andere. Die Welt sei hoch komplex geworden, der Wissensstand habe sich vervielfacht. Daher könne VW mit den besten Ingenieuren nur dann noch etwas anfangen, wenn diese willens und fähig seien, mit anderen zusammenzuarbeiten. Die entscheidenden Innovationen würden heute in der Regel nämlich nicht durch Einzelne, sondern durch Teams erbracht. Die Zeit der großen Erfinder wie Otto, Benz und Diesel sei vorbei. Von daher müssten sowohl die Ausbilder als auch die LehrerInnen umdenken und möglichst konsequent davon abgehen, die Jugendlichen wie Marionetten zu behandeln und einseitig zum Einzelkämpfertum und zur Unselbstständigkeit anzuleiten (vgl. DER SPIEGEL 23/1992). Umdenken ist also angesagt! Das zeigen nicht zuletzt die in Abbildung 1 dokumentierten Statements renommierter deutscher Unternehmen, aus denen sich einige Impulse für die schulische Arbeit entnehmen lassen.

Viele Unternehmen gehen mit dem bundesdeutschen Bildungswesen harsch ins Gericht. Nach Auffassung von Anton Grässle, Gründer des Münchner »Internationalen Instituts für lernende Organisation und Innovation« sorgt das deutsche Bildungssystem über Gebühr dafür, dass die Firmen Menschen mit Minderwertigkeitsfantasien bekämen, die Angst davor hätten, Fehler zu machen, Neues zu lernen und sich den laufenden Veränderungen zu stellen (vgl. Süddeutsche Zeitung vom 6.11.1997). Wenn diese »Lähmung« der Jugendlichen wirksam überwunden werden soll, dann muss sich ganz fraglos der Unterricht verändern, und zwar in der Weise, dass die SchülerInnen möglichst oft und möglichst konsequent Gelegenheit erhalten, eigenverantwortlich und kooperativ zu lernen und dabei die skizzierten »Schlüsselqualifikationen« zu praktizieren sowie die entsprechenden »Skills« einzuüben. So gesehen leistet der anvisierte EVA-Unterricht einen wichtigen Beitrag zur Vorbereitung der SchülerInnen auf die moderne Berufs- und Arbeitswelt.

1.3 Wachsende Verunsicherung unter Lehrern

Die Folge der skizzierten Anforderungen und Problemlagen ist eine nicht zu übersehende Ratlosigkeit vieler Lehrkräfte. Die Diskrepanz zwischen dem, was SchülerInnen, Eltern, Lehrplanmacher und/oder Wirtschaftsvertreter von einem »guten Unterricht« erwarten, und dem, was traditionell ausgebildete LehrerInnen praktisch anbieten und intendieren, ist mittlerweile so groß geworden, dass sich beinahe zwangsläufig Friktionen und Frustrationen einstellen. Die Lehrkräfte bemühen sich, ihr Pensum durchzunehmen und die SchülerInnen möglichst straff und fachsystematisch in die je anstehenden Stoffgebiete einzuführen (vgl. Abb. 2). Sie erklären und informieren, sie stellen Fragen und weisen an, sie strukturieren und visualisieren, sie korrigieren und kritisieren, sie problematisieren und lösen Probleme, sie demonstrieren und referieren, sie organisieren und treffen Entscheidungen, sie übernehmen Verantwortung und zeigen Initiative. Und sie erwarten bei alledem von ihren SchülerInnen, dass diese bereit und in der Lage sind, diese »Hyperaktivität« ihrer Lehrkräfte erfolgreich zu nutzen und die dargebotenen Kenntnisse und Erkenntnisse wirksam zu begreifen.

Doch genau das ist der Trugschluss. Die heutige Schülergeneration ist auf Grund der skizzierten Sozialisationsbedingungen immer weniger bereit und in der Lage, in der tradierten Weise zu lernen. Viele SchülerInnen sind durch die tradierten Lehr-/Lernverfahren mehr oder weniger überfordert bzw. *fehlgefordert*, da sie auf der rezeptiven Schiene weder hinreichend zu motivieren sind noch dort ihre Stärken haben. Die Folgen sind Desinteresse, Gleichgültigkeit, Leistungsverweigerung und vielfältige Formen von Unterrichtsstörungen, über die viele Lehrkräfte am liebsten gar nicht sprechen, wie Rainer Winkel zu berichten weiß. Allenfalls auf dem Lehrerausflug oder gegenüber engen Freunden äußerten sie schon mal entsprechende Klagen. Da werde dann z.B. beklagt, »…dass einen die 8b buchstäblich fertig macht; dass viele Stunden chaotisch verlaufen; dass nur noch Schimpfen, Brüllen und Strafen weiterhelfen; dass diese ewige Unruhe den Unterricht charakterisiert; dass Schüler mit nichts mehr zu begeistern sind …, und dass einen die wissenschaftliche Ausbil-

Unterrichts-Alltag

(Was LehrerInnen und SchülerInnen belastet)

Der Lehrer ...

❏ plant	❏ organisiert
❏ entscheidet	❏ weist an
❏ trägt vor	❏ fragt nach
❏ erklärt	❏ problematisiert
❏ korrigiert	❏ demonstriert
❏ bewertet	❏ experimentiert
❏ strukturiert	❏ visualisiert

❏ übernimmt Verantwortung

❏ löst Probleme

etc.

Die Schüler sollen ...

❏ zuhören	❏ aufpassen
❏ rezipieren	❏ einspeichern
❏ abstrahieren	❏ reproduzieren

❏ Durchhaltevermögen zeigen

❏ angepasst lernen

etc.

Aber ...   **die Schülerinnen und Schüler können und wollen das immer weniger!!!**

Abb. 02   © Dr. H. Klippert

dung auf alles Mögliche, nur nicht auf *diese* Probleme vorbereitet hat.« (Winkel 1993, S. 12f.).

Kein Wunder also, dass viele Lehrkräfte nach neuen Perspektiven und wirksamen Entlastungsmöglichkeiten suchen und verlangen. Der Lehrerberuf ist stressiger geworden! Lehrer haben, wie eine aktuelle Studie der Universität Potsdam zeigt, im Vergleich zu anderen Berufsgruppen ein deutlich erhöhtes Gesundheitsrisiko. Sechzig Prozent aller Pädagogen leiden danach unter gesundheitlichen Problemen in einem Ausmaß, dass sie ihren Beruf möglicherweise vorzeitig aufgeben müssen. Die Hälfte davon hat erhebliche psychosomatische Beschwerden (vgl. rheinland-pfälzische Schule 1/2000, S. 6). Bestätigt wird dieser alarmierende Befund durch andere Studien zur Frühpensionierungsquote unter Lehrern. »Die wenigsten Lehrer arbeiten in Deutschland bis zum regulären Pensionsalter. In Baden-Württemberg beispielsweise erreichen nur 18 Prozent der Lehrer die gesetzliche Altersgrenze, wie eine Statistik aus dem Jahr 1997 zeigt … In Hamburg steigen sogar 9 von 10 Lehrern vorzeitig aus, weil sie nicht mehr wollen oder können. Die meisten leiden unter psychischer Erschöpfung … Das ›Burnout-Syndrom‹ grassiert in deutschen Lehrerzimmern.« (DIE ZEIT vom 2.12.1999, S. 43). Ausgelöst wird dieser alarmierende Gesundheitszustand vieler Lehrkräfte durch die vielfältigen Friktionen und Belastungen, die sowohl von den »neuen Kindern« als auch von den ständig wachsenden und wechselnden Anforderungen und Erwartungen der Bildungspolitiker, der Eltern und der Wirtschaft ausgehen. Kein Wunder also, dass sich auf Lehrerseite Ratlosigkeit und Verbitterung, Angst und Enttäuschung, Resignation und Aggression breit machen. So gesehen sind Umdenken und pädagogische Neuorientierung dringlich angesagt. Die hier ins Auge gefasste EVA-Kultur trägt zu dieser Neuorientierung bei.

1.4 Kritische Befunde der Unterrichtsforschung

Begründet liegen die skizzierten Belastungen und Frustrationen der Lehrkräfte aber nicht nur darin, dass sich die Kinder und das schulische Umfeld in den letzten Jahrzehnten so dramatisch verändert haben. Ausgelöst wurden und werden sie auch und zugleich dadurch, dass die gängige Unterrichtsgestaltung viel zu konventionell geblieben ist. Quer durch alle Schultypen ist der überwiegende Teil der Lehrkräfte noch traditionellen Unterrichtsmustern verhaftet – so das Fazit der versammelten Erziehungswissenschaftler anlässlich eines großen internationalen Bildungskongresses Mitte 1997 in Frankfurt (vgl. rheinland-pfälzische Schule 11/1997, S. 224). Die SchülerInnen werden, wie Hilbert Meyer kritisch feststellt, tagein tagaus mit »eher altertümlichen und weitgehend ›verkopften‹ und lehrerzentrierten Methoden traktiert« (vgl. Meyer 1997, S. 158ff.). Sie lernen »Kurzzeitwissen« anzupauken, abzurufen und schon nach kurzer Zeit wieder zu vergessen (vgl. Bohnsack/Nipkow 1991, S. 43). So wie die Schulen gegenwärtig organisiert sind, begünstigen sie Franz E. Weinert zufolge »ein oberflächliches, rigides und mechanisches Lernen und behindern zugleich das eigentliche Erkennen und Verstehen« (Weinert 1996, S. 9).

Von daher seien tief greifende Schulreformen erforderlich, wolle man diese Situation nachhaltig verändern. Dieses gilt im Prinzip für alle Schularten und Schulfächer, insbesondere in den Sekundarstufen I und II.

Besonders deutlich wurden die skizzierten Defizite in den letzten Jahren für den mathematisch-naturwissenschaftlichen Bereich nachgewiesen. In einer entsprechenden Studie der Bund-Länder-Kommission heißt es z.B. in einer kritischen Zusammenfassung der vorliegenden Forschungsbefunde: Neuer Stoff wird in Deutschland »… zumeist auf fragend-entwickelnde Weise erarbeitet. Auch das Durcharbeiten und Üben findet oftmals im relativ kleinschrittigen Unterrichtsgespräch statt. So weit wir über empirische Hinweise verfügen, deuten diese darauf hin, dass die modale Struktur des naturwissenschaftlichen Unterrichts – sieht man einmal von experimentellen Phasen ab – sehr ähnlich ist. Das lehrergeleitete Unterrichtsgespräch steuert in der Regel konvergent auf die möglichst systematische Erarbeitung eines Konzepts oder eine Routine zu. Das Erreichen des Unterrichtsziels hängt davon ab, dass sich Schülerantworten in die Entwicklung des Gedankengangs einfügen. Fehler haben in diesen Phasen des Unterrichts keinen genuinen Ort. In der Regel stellen sie Unterbrechungen der Zielgerichtetheit des Unterrichts dar. Das gilt insbesondere für Verständnisfehler, die eine längere Explikation verlangen. Fehlerhafte Schülerantworten werden deshalb im Unterrichtsgespräch – durchaus funktional – oftmals negativ bewertet oder einfach übergangen« (Bund-Länder-Kommission 1997, S. 27).

Bestätigt wird diese kritische Bilanz u.a. durch die »Third International Mathematics and Science Study« (TIMSS), in der die Fachleistungen von Schülerinnen und Schülern aus unterschiedlichen europäischen und außereuropäischen Ländern verglichen werden. Dieser Studie zufolge schneiden die deutschen SchülerInnen im internationalen Vergleich eher mäßig ab und kommen über einen Mittelplatz nicht hinaus (vgl. DIE ZEIT vom 20.5.1998, S. 41). Im Wortlaut der Verfasser: »Die mathematisch-naturwissenschaftlichen Leistungen von Schülern der 7. und 8. Jahrgangsstufe liegen in der Bundesrepublik unter den durchschnittlichen Leistungen der meisten west-, nord- und osteuropäischen Nachbarstaaten. Die Leistungsunterschiede haben teilweise gravierende Ausmaße. Ein erheblicher Prozentsatz der Schüler der untersuchten Altersgruppe erreicht das für einen erfolgreichen Übergang in die berufliche Erstausbildung notwendige Niveau mathematisch-naturwissenschaftlicher Grundbildung nicht.« (Baumert/Köller 1998, S. 13)

Ähnlich bedenklich sind die Leistungsergebnisse bei den SchülerInnen der Sekundarstufe II. Defizite zeigen sich bei dieser Altersgruppe insbesondere im Bereich des konzeptuellen Verständnisses und des Beherrschens naturwissenschaftlicher Arbeitsweisen. Bereits Aufgaben, deren Lösung die Verknüpfung einfacher Operationen in anwendungsbezogenen Kontexten verlangt, bereiten den meisten SchülerInnen am Ende der Sekundarstufe II größte Schwierigkeiten. Relativ gut schneiden deutsche SchülerInnen im internationalen Vergleich lediglich dort ab, wo relativ einfache Routineaufgaben zu bearbeiten sind, die nur elementare Fachkenntnisse verlangen. Unübersehbare Schwächen hingegen offenbaren sie dort, wo das selbstständige Anwenden von Gelerntem, das Übertragen in neue Kontexte oder ein flexibles Umstrukturieren von Problemkonstellationen gefordert sind (vgl. Baumert u.a. 1999).

Vor diesem Hintergrund zieht DER SPIEGEL das alarmierende Fazit, der Mathematik- und Naturwissenschaftsunterricht an deutschen Schulen sei fantasielos, setze zu sehr auf stures Büffeln und zu wenig auf kreative Lösungen. Mathematik-Unterricht in Deutschlands Schulen sei eher »Wissenserwerbsunterricht«, der auf das Beherrschen von Verfahren ziele, während z.B. in Japan sehr viel stärker auf »Problemlöse-Unterricht« gesetzt werde, der mathematisches Verständnis und mathematisches Denken schule und sich zudem durch intelligente Formen des Anwendens und Übens der SchülerInnen auszeichne (vgl. DER SPIEGEL 8/1997, S. 20).

Zwar zeigen die in Japan gemachten Videoaufnahmen einen relativ stark lehrergelenkten Unterricht, der überwiegend im Wechsel zwischen Frontalunterricht, Stillarbeit und Gruppenarbeit verläuft. Dieser Unterricht hat jedoch die Besonderheit, dass die Aufgabenstellungen relativ komplex sind und die SchülerInnen im selbstständigen Denken, Produzieren, Kooperieren und Problemlösen ziemlich stark gefordert werden. Dementsprechend wird für die Bearbeitung der betreffenden »Knobelaufgaben« relativ viel Bedenk- und Diskussionszeit eingeräumt. Ganz anders dagegen die Unterrichtsdramaturgie in deutschen Schulen: Die deutschen Videoaufnahmen zeigen sehr deutlich die Problematik einer übermäßigen Engführung der SchülerInnen im kurzschrittigen, fragend-entwickelnden Unterricht, der nicht nur zu übermäßiger Passivität vieler Lerner führt, sondern auch und vor allem ihren sachbezogenen kognitiven Bewegungsspielraum stark einschränkt (vgl. Bund-Länder-Kommission 1997, S. 25). Die Folge dieses Vorgehens ist ein relativ vordergründiges und gedankenloses Erlernen und Reproduzieren des obligatorischen Lernstoffs. Bestätigt wird diese Kritik unter anderem von den deutschen Mathematikfachverbänden, die unlängst monierten, in deutschen Landen werde zu viel Wert auf das »routinemäßige, manchmal gar schematische Lösen von Standardaufgaben« gelegt (vgl. DIE ZEIT vom 5.3.1998, S. 35).

Diese Kritik gilt keinesfalls nur für den mathematisch-naturwissenschaftlichen Bereich, sondern im Kern für alle Fächer. Die meisten LehrerInnen zögen ihren Stoff einfach durch, so die kritische Bilanz eines Abiturienten am Ende seiner Schulzeit, alles andere interessiere sie nicht (vgl. ZEIT Punkte 2/1996, S. 39). Auch wenn diese Einschätzung sicherlich zu harsch und zu pauschal ist, so hat sie doch einen treffenden Kern. Der traditionelle Unterricht ist ganz vorrangig stoff- und lehrerzentriert ausgerichtet. Er basiert, wie die Vertreter der nordrhein-westfälische Bildungskommission in ihrer Denkschrift aus dem Jahre 1995 völlig zu Recht feststellen, auf der historisch gewachsenen Vorstellung, dass es einen festen, geschlossenen Wissenskanon und einen auf dessen Vermittlung hin organisierten Unterrichtsplan gibt. Dieser sei, heißt es in der Denkschrift weiter, auf Lernergebnisse im Sinne der »Reproduktion überprüfbaren Wissens« orientiert und vernachlässige den Lernprozess selbst, die Entwicklung von Interessen, den Hinzugewinn von anwendungsbezogenem Wissen, die Zunahme von Handlungskompetenz und die Möglichkeit sozialer Erfahrung (vgl. Bildungskommission NRW 1995, S. 82). Gunter Otto spricht von einer »Lernschule«, die abfragbares Wissen lehrt, niemals aber Strittiges. Sie lässt – wie Otto moniert – zu wenig Raum für das Denken auf eigene Rechnung, für eigene Interpretationen, lehrt Antworten statt Fragen (vgl. Deutsche Lehrerzeitung 37/1991).

In eine ähnliche Richtung geht die Kritik, die in der so genannten »Delphi-Studie« formuliert wird, die in den Jahren 1996–1998 im Auftrag des Bundesbildungsministeriums erstellt wurde. Systematisch befragt wurden im Rahmen dieser Studie über 1000 Expertinnen und Experten zu den Auswirkungen der Wissensgesellschaft auf Bildungsprozesse und Bildungsstrukturen. Das klare Fazit in dieser Studie: »Das heutige Bildungssystem wird den künftigen Anforderungen in seiner jetzigen Gestalt nicht mehr gerecht. Dies belegen … die Einschätzungen der Experten in großer Übereinstimmung. Die Kluft zwischen den im Bildungssystem erworbenen Kenntnissen und Kompetenzen und den Anforderungen z.B. in der Arbeitswelt, in der Gesellschaft oder den sozialen Bezugsgruppen des Individuums ist demzufolge unübersehbar und mahnt zu Veränderungen. Dies betrifft zum einen die Lerninhalte, die innerhalb und außerhalb von Bildungsinstitutionen vermittelt werden, aber auch die Methoden des Wissenserwerbs und die Rolle der verschiedenen Beteiligten im Bildungsprozess.« (Delphi-Studie 1998, S. 61) Eigenverantwortung und Gestaltungs-spielräume für die Lernenden spielten in allen Bildungsbereichen eine eher unterge-ordnete Rolle. So die kritische Bilanz in der Studie. Gleiches gelte im Übrigen für das Lernen im Team. Vorherrschend seien vielmehr nach wie vor Frontalunterricht, Förderung von Einzelkämpfertum, Curricula mit geringem Bezug zur Lebenswelt der Lernenden sowie ausgeprägte Fremdbestimmung statt Selbstverantwortung der Kinder und Jugendlichen (vgl. ebd., S. 68ff.).

Zu einer ähnlich kritischen Einschätzung kam bereits Mitte der 80er-Jahre eine Wissenschaftlergruppe der Fernuniversität Hagen, die das Methodenrepertoire von Lehrerinnen und Lehrern näher unter die Lupe genommen hat und dabei eine aus-geprägte »Monostruktur« des Unterrichts feststellen konnte (vgl. Hage u.a. 1985). Im Zentrum der alltäglichen Unterrichtsarbeit stehen dieser Studie zufolge das leh-rergelenkte Unterrichtsgespräch sowie die Wissensvermittlung in einem relativ vor-dergründigen Sinne des Wortes. Konkret: Rund die Hälfte der Unterrichtszeit ist mit dem lehrergelenkten Unterrichtsgespräch ausgefüllt, und in rund zwei Drittel der Unterrichtszeit dominiert der Kenntniserwerb. Schülerdiskussionen, Experimente, Lernspiele und andere Formen des selbsttätigen und/oder sozialen Lernens spielen demgegenüber eine untergeordnete oder gar keine Rolle. Auf Gruppen- und Part-nerarbeit entfallen gerade mal zehn Prozent der Unterrichtszeit. Diskussionen und Schülervorträge machen lediglich gut sieben Prozent und anspruchsvollere »selbst-ständige Schülertätigkeiten« kaum mehr als vier Prozent der Unterrichtszeit aus (vgl. ebd., S. 47) – wahrlich keine zeitgemäße Methodenvielfalt!

Diese tradierte Lehr-/Lernkultur führt nach Aussage des Psychoanalytikers und Erziehungswissenschaftlers Uri Peter Trier in vielen Schulen dazu, dass viel Zeit »verplempert« wird. Diese Zeitvergeudung ist seiner Ansicht nach immer dann ge-geben, wenn in Klassenzimmern Schülergruppen einem Lehrer zuhörten, der ir-gendetwas erzähle und dann Fragen stelle, um den SchülerInnen bestimmte geplante Ergebnisse zu entlocken. Die beinahe zwangsläufige Folge dieses Unterrichtsmusters sei, dass ein großer Teil der Schülerinnen und Schüler bestenfalls gelangweilt hin-, aber nicht wirklich zuhöre. Sie beschäftigten sich in der Regel mit irgendetwas Mar-ginalem und warteten auf die Pause. Von daher stehe der Lehrer dem aktiven Lernen von Kindern und Jugendlichen häufig nur im Wege und bringe die Kinder allenfalls zum reaktiven Teilnehmen (vgl. Trier 2000, S. 12).

Bestätigt wird diese »Passivierungs-These« u.a. durch einschlägige Unterrichtsbe-obachtungen und -analysen, wie sie Rainer Winkel in seinem Buch »Der gestörte Unterricht« anführt. Kennzeichnend für die alltäglichen Unterrichtsstunden sind da-nach Zeitdruck, Hektik und ausgeprägte Lehrerdominanz. Der Lehrer wird im Ver-lauf der Unterrichtsstunden, so Winkel in seinem Resümee, zunehmend » … gehetz-ter, dirigistischer, sprachdominanter, die Schüler hingegen werden sprachärmer, passiver und von immer kleiner werdenden Besinnungspausen eingeengt« (Winkel 1993, S. 55). Der Lehrer rufe sehr schnell den einen oder anderen Schüler auf, um mit seinem Programm durchzukommen; die SchülerInnen aber wüssten mangels

Besinnung häufig nicht viel zu sagen, so dass der betreffende Lehrer seinerseits gezwungen sei, immer mehr selbst zu reden und zu klären, was wiederum viele SchülerInnen frustriere und gelegentlich auch aggressiv auflade, so dass es zu diversen Unterrichtsstörungen komme, die den Lernerfolg beeinträchtigten (vgl. ebd.).

Eingedenk all dieser Anmahnungen und Defizitanzeigen lässt sich als Resümee festhalten: Die alte Belehrungs- und Unterweisungsmethode, wie sie seit vielen Jahrzehnten für das deutsche Bildungswesen typisch ist, ist in hohem Maße obsolet geworden und bedarf dringend der grundlegenden Revision. Wer auf zeitgemäßen Unterricht setzt und mündige Schülerinnen und Schüler haben will, die selbstständig und selbstbewusst an neue Aufgaben und Probleme heranzugehen und diese mit Akribie alleine oder in Teams zu lösen verstehen, der kommt letztlich nicht umhin, die traditionelle Unterrichtsgestaltung in Frage zu stellen und ein Mehr an eigenverantwortlichem Arbeiten und Lernen (EVA) zu fordern. Das vorliegende Buch trägt dieser Forderung Rechnung.

1.5 Wegweisende Impulse aus der Lernforschung

Für eine nachhaltige Umgestaltung des Unterrichts in Richtung auf mehr selbst gesteuertes, methoden-, team- und projektorientiertes Lernen sprechen auch und nicht zuletzt einschlägige Ergebnisse aus der Lernforschung und Lernpsychologie. Wie lernen junge Menschen am wirksamsten? Unstrittig ist, dass erfolgreiches Lernen mit persönlichen Aneignungs- und Klärungsprozessen verbunden sein muss, die im Gehirn der betreffenden Lerner sinnfällige Behaltensstrukturen und operative Schemata entstehen lassen, auf die diese in den verschiedensten Verwendungssituationen verlässlich zurückgreifen können. Folgt man z.B. Piaget, so sind die Kinder zumindest bis zum 11. Lebensjahr ganz elementar auf praktisches Tun und konkrete Operationen angewiesen, wenn sie wirksam lernen und behalten sollen (vgl. Piaget 1976). Danach sind sie Piaget zufolge auf Grund ihrer biologischen und intellektuellen Reife zwar grundsätzlich in der Lage, abstrakt-rezeptiv zu lernen, d.h. Strategien, Begriffe, Zusammenhänge und Theorien auch ohne korrespondierende Lernhandlungen zu verstehen, jedoch darf daraus keinesfalls der Schluss gezogen werden, dass ältere SchülerInnen keine Lernhandlungen mehr bräuchten. Die meisten SchülerInnen sind nämlich auch nach dem 11. Lebensjahr nicht nur interessiert, sondern häufig auch ganz elementar darauf angewiesen, handlungsbetont und selbst organisiert zu lernen, wenn sie den Lernstoff nachhaltig begreifen und behalten wollen. Das gilt keinesfalls nur für Hauptschüler oder Sonderschüler, sondern im Grunde genommen für alle Lerngruppen in allen Schularten und Schulstufen unseres Bildungswesens. Denn Begreifen und Behalten hat letztlich bei allen Altersgruppen etwas damit zu tun, dass die anstehenden Inhalte, Aufgaben und Probleme möglichst aktiv und konstruktiv erschlossen und durchdrungen werden.

Dies bestätigen u.a. Untersuchungen der American Audovisuell Society zur Wirksamkeit unterschiedlicher Formen der Informationsaufnahme. Aus diesen Untersuchungen geht hervor, dass wir durchschnittlich nur etwa 20 Prozent von dem behalten, was wir *hören*, und nur wenig mehr, nämlich 30 Prozent von dem, was wir *sehen*. Von dem hingegen, was wir aktiv sagen bzw. konstruktiv *tun*, behalten wir durchschnittlich 70–90 Prozent (vgl. Witzenbacher 1985, S. 17). Diese hohe Behaltensrate beim Tun ist – wie sich bei Frederic Vester nachlesen lässt – ganz schlicht und einfach darauf zurückzuführen, dass beim Lernen in konkreten Handlungsvollzügen verschiedene Sinne angesprochen werden, die sich kumulativ ergänzen (vgl. Vester 1978). Howard Gardner verweist in diesem Zusammenhang auf insgesamt »sieben menschliche Intelligenzen«, die nach seiner Auffassung das Lernen der SchülerInnen beeinflussen und bei der Gestaltung des Unterrichts bedacht werden müssen (vgl. Gardner 1996, S. 25f.). Dazu zählt er Sprache, logisch-mathematisches Denken, räumliches Vorstellungsvermögen, musikalische Auffassungsgabe, manuellkörperliche Begabungen, intrapersonale und interpersonale Fähigkeiten (vgl. ebd., S. 29).

Zeitgemäßer und effektiver Unterricht muss diese Intelligenzvielfalt berücksichtigen und den SchülerInnen unterschiedliche Zugänge zum jeweiligen Lerngegenstand eröffnen und entsprechend vielfältige Lernaktivitäten zulassen. Das beginnt bei sprachlich-kommunikativen Aktivitäten und reicht über Erkundungen, Spiele, Meditation, Körpererfahrungen und musische Aktivitäten bis hin zur Herstellung von Gegenständen, Mind-Maps und sonstigen Lernprodukten. Bei alledem geht es nicht nur um kognitives, manuelles und/oder soziales Lernen, sondern auch und nicht zuletzt um emotionale Erfahrungen und Klärungen der SchülerInnen. Auf die Bedeutung gerade dieses »emotionalen Lernens« hat vor wenigen Jahren der amerikanische Lernforscher Daniel Goleman hingewiesen (vgl. Goleman 1996). In seinem Buch »Emotionale Intelligenz« plädiert er für ein Lernen, das nicht nur den Kopf, sondern auch und zugleich die persönlichen Einstellungen und Empfindungen des jeweiligen Lernens anspricht. Emotionales Lernen zielt nach Goleman u.a. auf die Befähigung, sich selbst zu motivieren, Enttäuschungen auszuhalten, Stimmungen zu regulieren, zuversichtlich zu bleiben, sich in andere Menschen hineinzuversetzen, sensibel mit anderen umzugehen, soziale Kontakte aufzubauen und zu pflegen, andere Menschen anzuspornen etc. (vgl. ebd., S. 56f.).

Das handlungs-, erfahrungs- und erlebnisbetonte Lernen, wie es in diesem Buch propagiert wird, trägt dieser Sichtweise Rechnung. Es gibt den SchülerInnen Raum auch und nicht zuletzt zum vielfältigen sozialen und emotionalen Lernen – allerdings durchweg in Verbindung mit kognitiven Lern- und Arbeitsprozessen, wie sie die gängigen Lehrpläne vorsehen. Dieses soziale und emotionale Lernen unterstützt sowohl den Erwerb der in Abschnitt 1.2 angesprochenen Schlüsselqualifikationen als auch die nachhaltige Vermittlung von Fachwissen und fachspezifischen Erkenntnis- und Handlungsmustern. Mit anderen Worten: Lernstoffe, die von den SchülerInnen handlungs- und erlebnisbetont erarbeitet, erforscht, wiederholt, erspielt, diskutiert, strukturiert, illustriert, dokumentiert, inszeniert, präsentiert und/oder archiviert werden, haben nachweislich die niedrigsten Vergessensraten zur Folge (vgl. Metzig/Schuster 1982, S. 36f.; Dahmer 1976, S. 92).

Hans Aebli ergänzt und untermauert diesen Befund mit seinem Hinweis auf die Bedeutung praxiserprobter Handlungsschemata für den Prozess des nachhaltigen Kompetenzerwerbs. Handlungsschemata in diesem Sinne sind strategische Handlungsroutinen, die sich aus mehreren Handlungselementen bzw. Handlungsschritten zusammensetzen, an die je relevantes Fachwissen angelagert ist (vgl. Aebli 1983, S. 184ff.). Sie werden von den SchülerInnen in der Weise gelernt, dass bestimmte Handlungsfolgen ausprobiert, reflektiert, strukturiert und schließlich automatisiert werden. Sie sind reproduzierbar und auf neue Gegebenheiten anwendbar. Das gilt für methodisch-strategische Handlungsschemata (z.B. Text erarbeiten, Referat verfassen, mathematische Probleme lösen) genauso wie für sozial-kommunikative Handlungsmuster wie Vortrag, Debatte oder Gesprächsleitung. Dabei gilt grundsätzlich: Je älter und routinierter die SchülerInnen sind, desto eher sind sie in der Lage, auch ohne konkrete Handlungen zu tragfähigen Einsichten und Erkenntnissen zu kommen, nämlich durch Analogiebildung und theoretisches Kombinieren. Allerdings erübrigt sich dadurch keinesfalls das Lernen in konkreten Handlungsvollzügen auch für ältere SchülerInnen. Dies alles führt Aebli zu der Schlussfolgerung: »Schulen sollten Orte des praktischen Tuns …, aber zugleich Orte des Nachdenkens und der Reflexion sein« (ebd., S. 227).

Gestützt und bestätigt werden Aeblis Befunde unter anderem durch die Untersuchungen des amerikanischen Lernpsychologen und Lernforschers Jerome S. Bruner, der sich ganz gezielt mit der Effizienz des entdeckenden/problemlösenden Lernens befasst hat und dabei zu Ergebnissen gekommen ist, die das oben skizzierte Lehr-/Lernkonzept ganz nachdrücklich unterstreichen. Eine zentrale Erkenntnis Bruners ist, dass das Lernen der SchülerInnen umso erfolgreicher ist, je ausgeprägter sie den Weg des *Entdeckens* beschreiten und je mehr sie zu *Konstrukteuren* eigener Handlungs- und Erkenntnismuster werden. »Wenn man das Entdecken beim Lernen betont«, so das Fazit Bruners, »so wirkt sich das auf den Lernenden gerade so aus, dass aus ihm ein Konstrukteur wird. Was er antrifft, wird … so organisiert, dass er Ordnungen und Beziehungen entdeckt« (Bruner 1981, S. 21). Als Vorteil dieses entdeckenden, konstruktiven Lernens stellt Bruner heraus, dass die SchülerInnen dadurch nicht nur bessere Problemlöser werden, sondern den aktiv erschlossenen Lernstoff auch wirksamer im Gedächtnis abspeichern und für neue Problem- bzw. Anwendungssituationen nutzbar machen können (vgl. ebd., S. 28). Darüber hinaus – und das ist nicht minder wichtig – gewährleiste der Erwerb tragfähiger Lern- und Problemlösungsstrategien ein hohes Maß an »Kompetenzmotivation« auf Seiten der SchülerInnen (vgl. ebd., S. 22). Die Besonderheit dieser Kompetenzmotivation: Sie speist sich aus der praktischen Erfahrung und Gewissheit der Lerner, dass das auf tätige Weise erworbene fachliche und methodische Repertoire mit hoher Wahrscheinlichkeit zu guten Ergebnissen führen wird. Diese Erfolgswahrscheinlichkeit induziert eine nicht zu unterschätzende Erfolgsmotivation.

Entscheidend für verständnisvolle und motivierende Lernprozesse sind letzten Endes die individuelle mentale Aktivität und die individuelle kognitive Konstruktionsleistung der SchülerInnen. So lautet das Fazit in einer aktuellen Studie der

Bund-Länder-Kommission zur Steigerung der Effizienz des mathematisch-naturwissenschaftlichen Unterrichts (vgl. Bund-Länder-Kommission 1997, S. 24). Verwiesen wird u.a. auf einschlägige Befunde der Motivationspsychologie, die die Annahme stützen, dass interessiertes und motiviertes Lernen sich in Situationen vollziehe, in denen sich der Lerner die Aufgabe zu Eigen machen könne, Autonomie in der Bearbeitung empfinde und sich gleichzeitig sozial eingebunden erlebe (vgl. ebd., S. 23). Entscheidend sei dabei die subjektive Wahrnehmung der Situation. »Lernen«, so heißt es an anderer Stelle in der BLK-Studie, »beruht auf Aktivitäten, die man selber ausführen muss und die nicht von anderen übernommen werden können … Damit erweist sich die Vorstellung, Lehrkräfte könnten die Schülerinnen und Schüler auf einfache und direkte Weise zum Lernen motivieren, als unrealistisch« (ebd., S. 29). Der Mensch hat der BLK-Studie zufolge das grundlegende Bedürfnis, seine Umwelt in irgendeiner Weise zu beeinflussen. Er möchte selbst wirksam sein, möchte etwas ganz Konkretes tun, möchte die eigenen Kompetenzen erweitern, sich zu einer selbstständigen und selbstbestimmten Person entwickeln sowie in sozialen Bezügen angenommen und akzeptiert werden. Auf Grund dieser elementaren Bedürfnisse sei es wichtig, dass sich die SchülerInnen in der Auseinandersetzung mit fachspezifischen Sachverhalten und Problemen als erfolgreich, wirksam und kompetent erlebten. Von daher müssten sie möglichst oft Gelegenheit erhalten, entsprechende Herausforderungen zu bestehen und eigene Kompetenz zu erfahren (vgl. ebd., S. 34f.).

Diese Sicht des Lernens und der Motivationssicherung wird weiterhin unterstrichen durch die Befunde der konstruktivistischen Erkenntnistheorie (vgl. Glasersfeld 1997, Maturana/Varela 1987, Roth 1997). Nach den Befunden der Konstruktivismus-Forscher ist Lernen vor allem Konstruktion von Bedeutungen, Strukturen und Problemlösungen. »Das heißt, dass wir alles Wissen über die Welt selbst erzeugen müssen … Wissen wird eben nicht wie im Rahmen informationsverarbeitender Beschreibungen unterstellt, von außen übernommen und gespeichert, so dass es zu einem späteren Zeitpunkt wieder aus dem Speicher bereitgestellt werden kann. Wissen muss vielmehr intern (im kognitiven System) erzeugt werden und dazu müssen zunächst geeignete Werkzeuge (z.B. Schemata oder Prozeduren) entwickelt werden« (Aufschnaiter 1998, S. 55). Unterstützt wird diese Werkzeugentwicklung durch konsequentes Üben im Unterricht. Üben dient, wie Stefan von Aufschnaiter weiter ausführt, der Entwicklung bereits ansatzweise vorhandener Werkzeuge, so dass diese einen bestimmten Ausschnitt des Wissens immer schneller und immer perfekter erzeugen. Dazu müssten allerdings die Aufgaben, an denen geübt wird, langsam komplizierter werden. Denn das stumpfsinnige Lösen immer gleichartiger Aufgaben sei bekanntermaßen wenig lernwirksam und halte die SchülerInnen in Abhängigkeit von ihren Lehrern (vgl. ebd.).

Insofern kommt dem Methodenlernen und dem entdeckenden/problemlösenden Lernen große Bedeutung zu. Das Erfinden bzw. Konstruieren eigener Erkenntnis- und Handlungsmuster tritt notwendig vor die Reproduktion kultureller Vorgegebenheiten. Dies deckt sich, wie Kersten Reich die Erkenntnisse der Konstruktivismus-Forschung resümiert, mit der Einsicht, »… dass das menschliche Lernen ohnehin nur über eigene Konstruktionen sich Re-Konstruktionen erarbeiten kann. Der effektivste Weg ist der Aufbau eines eigenen, aktiven und konstruktiven Umgangs mit Inhalten in einer beziehungsmäßig bedeutungsvollen Situation« (Reich 1998, S. 44). Gabi Reinmann-Rothmeier und Heinz Mandel kommen zu einem ähnlichen Schluss, wenn sie konstatieren, Lernen sei in vielerlei Hinsicht ein selbst gesteuertes und kooperatives Lernen, ein Lernen, das Eigeninitiative und Motivation ebenso voraussetze wie Aktivität und Konstruktivität (Reinmann-Rothmeier/Mandl 1997, S. 22). Diese erkenntnis- bzw. lerntheoretischen Befunde verlangen zwingend nach einer veränderten Lernkultur – einer Lernkultur, die Lernen über Lehren, Konstruktion über Instruktion, Produktion über Reproduktion, Kooperation über Isolation, Diskussion über Rezeption, Expression über Impression stellt.

Dabei ist nicht zuletzt das Sprechen über die betreffenden Inhalte ein wichtiger Schritt zum wirksamen Lernen, wie Gottfried Kleinschmidt zu Recht feststellt. Die Sprache sei ein zentrales Instrument zur Vermittlung und Festigung von Kenntnissen und Einsichten sowie zum nachhaltigen Erschließen von Wirklichkeit (vgl. Kleinschmidt 1999, S. 32). Von daher seien Verbalisierung, Symbolisierung und Visualisierung entscheidende Strategien, um in der Schule erfolgreich arbeiten und lernen zu können. Kleinschmidt spricht in diesem Zusammenhang vom »authentischen Lernen« und meint damit, dass die SchülerInnen möglichst konsequent veranlasst werden müssen, ihre Informationsaufnahme und -verarbeitung so zu gestalten, dass »geistiges Eigentum« entsteht (vgl. ebd.).

Dreh- und Angelpunkt dieser neuen Lernkultur ist mithin das konstruktive, problemlösende Lernen im Rahmen funktionierender Lerngemeinschaften (Gruppen, Tandems). Dieser Ansatz verlangt, wie die bereits erwähnten Gabi Reinmann-Rothmeier und Heinz Mandl vor dem Hintergrund aktueller Forschungsergebnisse feststellen, nicht nur Freiraum für konstruktive und explorative Aktivitäten, sondern auch gezielte Hilfen für den Umgang mit Informationen, für die Bearbeitung von Problemstellungen sowie für das gedeihliche Zusammenarbeiten in Gruppen (vgl. Reinmann-Rohtmeier/Mandl 1997, S. 24). So gesehen ist es nicht allein damit getan, die SchülerInnen beim Lernen alleine »wursteln« zu lassen und mit komplizierten Problemstellungen zu konfrontieren, sondern nötig ist stets eine gesunde Balance zwischen der expliziten Instruktion und Steuerung durch den Lehrer auf der einen sowie der konstruktiven und produktiven Arbeit der Lernenden auf der anderen Seite (vgl. ebd.).

Diese Relativierung und Präzisierung des konstruktivistischen Ansatzes ist wichtig und nötig. Unterstrichen wird sie u.a. auch durch die bereits angesprochene BLK-Studie zur Effektivierung des mathematisch-naturwissenschaftlichen Unterrichts. »Lernerfolge in offenen oder geöffneten Lernumgebungen«, so heißt es dort, »hängen maßgeblich von der Qualität der Vorstrukturierung und den verfügbaren Hilfestellungen ab … Selbstregulierungsfähigkeit von Schülern wird nicht dadurch erreicht, dass man sie in komplexen Lernsituationen als bereits erreicht unterstellt« (Bund-Länder-Kommission 1997, S. 23). So gesehen geht es weder im Rahmen des konstruktivistischen Unterrichtsverständnisses noch im Kontext dieses Buches um die zugespitzte Alternative »Frontalunterricht *oder* Schülerselbsttätigkeit«, sondern angezeigt sind Maßnahmen zur sinnvollen Verbindung dieser beiden Unterrichtsprinzipien. Näheres dazu wird in Abschnitt 2.5, S. 58ff., ausgeführt.

1.6 Von der Belehrungskultur zur Lernkultur

Aus den skizzierten Befunden und Überlegungen lässt sich die Schlussfolgerung ableiten: Das schulische Lehren und Lernen braucht dringend neue methodische Akzente, damit ein Mehr an Wirksamkeit und zeitgemäßer Qualifizierung erreicht wird. »Schule muss von der Belehrungskultur wieder zur Lernkultur werden. Schüler dürfen nicht länger in Routine erstarren«, so die fraglos berechtigte Forderung der baden-württembergischen Kultusministerin Anette Schavan (vgl. STERN 23/1998, S. 20). Das selbst gesteuerte, kooperative, forschende, problemlösende Lernen muss in der Breite ausgeweitet werden, sollen die Kinder und Jugendlichen hinreichend auf die Anforderungen und Herausforderungen in der modernen Wissensgesellschaft vorbereitet werden. Ganz gleich, ob es nun um die Vermittlung fachübergreifender Schlüsselqualifikationen, um die Sicherstellung von mehr Motivation, Konzentration und Lerndisziplin auf Schülerseite oder um die Förderung von mehr Nachhaltigkeit und Vernetzung beim Lernen geht – stets hat der traditionelle, lehrerzentrierte Unterricht mit seiner ausgeprägten Betonung des rezeptiven Lehrens und Lernens und des fragend-entwickelnden Verfahrens ziemlich schlechte Karten.

Das hier anvisierte »Neue Lernen« reduziert die herkömmliche Lehrerdominanz ganz entscheidend und setzt stärker auf die Lehrperson als Moderator, Lernorganisator und Lernberater sowie auf die aktiv-konstruktive Auseinandersetzung der SchülerInnen mit dem jeweiligen Lerngegenstand. Knobelaufgaben, Schülerversuche, Lernspiele, Internet-Recherchen, Debatten, Vorträge, Hearings, Interviews, Rollenspiele, Projektarbeiten, Planungs-, Visualisierungs- und Präsentationsaufgaben zeigen an, in welche Richtung die unterrichtliche Arbeit zu entwickeln ist. So gesehen werden die SchülerInnen im Unterricht zukünftig mehr und ihre LehrerInnen eher weniger arbeiten müssen. Zumindest ist das der hier verfolgte Anspruch. Dementsprechend müssen die Kinder und Jugendlichen gefordert und gefördert werden. Im Zentrum der neuen Lernkultur steht daher die konsequente Grundlegung und Pflege des selbstverantwortlichen und selbst gesteuerten Lernens der SchülerInnen, gepaart mit solidarischem Handeln und ausgeprägter Teamarbeit (vgl. Meyer 1997, S. 159). Diesem Anspruch tragen die Unterrichtsbeispiele und -anregungen in diesem Buch Rechnung.

Oskar Negt spricht in diesem Zusammenhang vom »exemplarischen Erfahrungslernen« und zielt damit auf die Stärkung der Persönlichkeit im weitesten Sinne des Wortes sowie darauf, selbstbewusste und kritikfähige Menschen zu qualifizieren, die »widerstandsfähig gegen Manipulationen und Verführungen« in der heutigen Lebenswelt sind (vgl. Negt 1998, S. 33). Die traditionelle Bildungsarbeit versagt diesbezüglich ziemlich kläglich. Sie bildet – wie Ulrich Beck in seinen »Thesen für eine umfassende Bildungsreform« moniert – ganz vorrangig »Kopisten vorgegebener Blaupausen« aus. Solche »Kopisten« aber würden in Zeiten rapiden Wandels und globaler Konkurrenz immer weniger gebraucht. Zunehmend wichtiger seien hingegen schöpferische, im besten Sinne ›unternehmerisch‹ handelnde Menschen, die mehr als bisher bereit und in der Lage seien, für sich selbst und andere Verantwortung zu übernehmen und in ausgeprägter Weise Individualität, Kreativität, Selbstbewusstsein und Selbstverantwortlichkeit an den Tag zu legen (vgl. Beck 1998, S. 11)

Unterstrichen wird die Bedeutung von Selbstverantwortung, Selbststeuerung und Teamorientierung der Lernenden ferner durch die an anderer Stelle bereits erwähnte »Delphi-Studie« des Bundesbildungsministeriums. Dieser Studie zufolge verlangt die moderne Wissensgesellschaft eine hohes Maß an *Mündigkeit* des lernenden Individuums. Dabei kommt es, wie die befragten Experten konstatieren, zunehmend darauf an, das Lernen zu lernen und nicht nur irgendwelche Fachinhalte zu erwerben. Immer wichtiger werde es, eigenständig Zugänge zu relevantem Wissen zu erschließen, Informationen zu selektieren, zu verarbeiten und problemorientiert zu bewerten, entscheidungsfähig zu sein, eigene Urteile zu fällen, in Gruppen zu arbeiten und soziale Prozesse konstruktiv mitzugestalten (vgl. Delphi-Studie 1998, S. 73). Das Fachwissen bleibe zwar auch in Zukunft entscheidend, wegen seiner raschen Expansion und Veränderungsgeschwindigkeit komme es jedoch zunehmend darauf an, übergreifende Kompetenzen der genannten Art zu vermitteln. Verwiesen wird diesbezüglich u.a. auf Computer-, Visualisierungs- und Präsentationskenntnisse, auf lernmethodische Kompetenzen und Sozialkompetenzen sowie auf die persönliche Fähigkeit zum Umgang mit Risiko und Unsicherheit sowie zur Bewältigung von Veränderungen (vgl. ebd., S. 103). Von daher halten es fast alle in der Studie erfassten Experten für wünschenswert, dass in der Schule die Grundlage für selbst gesteuertes, experimentelles, kooperatives Lernen gelegt und kontinuierlich ausgebaut wird (vgl. ebd., S. 70f.). Dieser Beschreibung und Interpretation der pädagogischen Aufgabe der heutigen Schulen kann hier nur beigepflichtet werden.

Angesichts des Zugangs der Menschen zu zahllosen Wissensquellen und der damit verbundenen Verunsicherung für den Einzelnen wird gerade die Fähigkeit zum methodisch versierten »Wissensmanagement« zum unabdingbaren Rüstzeug für das Leben in der modernen Wissensgesellschaft. So das Fazit von Heinz Mandl und Gabi Reinmann-Rothmeier vom Institut für Pädagogische Psychologie und Empirische Pädagogik der Maximilians-Universität München (vgl. Reinmann-Rothmeier/ Mandl 1997, S. 22). Vor dem Hintergrund dieser gesellschaftlichen Entwicklung leiten die beiden Forscher eine Reihe von Kompetenzen ab, die für das Leben und Überleben in der modernen Wissensgesellschaft höchst bedeutsam sind. Diese Kompetenzen sind nicht zuletzt konstitutiv für die hier in Rede stehende neue Lernkultur.

❏ »*Technische Kompetenz*: Die Präsenz der neuen Informations- und Kommunikationstechnologien in nahezu allen Gesellschaftsbereichen erfordert Fähigkeiten, die den problemlosen Umgang mit den neuen Technologien ermöglichen. Technische Routinefertigkeiten und technisches Basiswissen werden zu einer Art Grundqualifikation.

❏ *Kompetenz zum Wissensmanagement*: Die Dynamik der technischen Entwicklung bringt, zusammen mit der derzeitigen Wissensexplosion, das Problem mit sich, dass es immer schwieriger wird, Überblick und Orientierung zu bewahren. Informationen nach Inhalt, Bedeutung und Nutzen zu selektieren, zu bewerten und daraus Wissen zu konstruieren, das ist in höchstem Maße anspruchsvoll und erfordert Kompetenz zum Wissensmanagement.

❏ *Soziale Kompetenz*: Die Komplexität unseres Wissens sowie heutiger Probleme und Strukturen macht Zusammenarbeit auf allen Ebenen der Gesellschaft unabdingbar, was die Bereitschaft und Fähigkeit zur Teamarbeit und Kooperation voraussetzt. Gefordert ist soziale Kompetenz, die sich zum einen auf die direkte Kommunikation und Kooperation mit anderen bezieht, zum anderen aber auch den Bereich der Telekommunikation und Telekooperation umfasst …

❏ *Demokratische Kompetenz*: Das Zusammenleben in einer Gesellschaft erfordert Verantwortungsbewusstsein, Solidarität, Toleranz und Konsens in ethischen Wertvorstellungen. Der Einzelne muss diesen Konsens nicht nur anerkennen, sondern auch leben und damit demokratische Kompetenz zeigen, die für den Umgang mit Menschen, Wissen und Technik gleichermaßen gilt« (ebd., S. 20ff.).

Der hier ins Auge gefasste EVA-Unterricht gibt den SchülerInnen Raum, die angesprochenen Kompetenzen anzubahnen und die Nachhaltigkeit des eigenen Lernens zu steigern. Durch die vielseitigen Lerntätigkeiten, die mit dem eigenverantwortlichen Arbeiten verbunden sind, können die SchülerInnen ihre unterschiedlichen Begabungen besser einbringen und wirksamer begreifen, als wenn sie nur passiv aufnehmen müssten. Wie Kurt Singer zu Recht feststellt, regt das Selbst-tätig-Sein die Schülerinnen und Schüler an, »… weiter zu überlegen, nachzudenken, selbstständig ein Problem zu lösen. Es macht (sie) problemorientierter, selbstkritischer und selbstbewusster … Durch das Selbst-tätig-Sein trägt der Schüler den Lernprozess mit: durch eigenes Denken, eigenes Versuchen, durch Mitsprechen und Mitüberlegen. Selbsttätigkeit zeigt sich im selbstständigen Lesen wie im selbstständigen Üben, im spontanen Fragen wie im spontanen Antworten, im selbstständigen Schreiben, im Suchen von Lösungswegen und im Ausprobieren von Lernmethoden« (Singer 1981, S. 136).

Diese Art der Selbsttätigkeit ist alles andere als vordergründiger Aktionismus. EVA ist weder mit einer anspruchslosen »Spaßschule« (Herbert Reul) noch mit einer bloßen »Wohlfühlschule« (Hermann Giesecke) zu verwechseln, sondern stellt vergleichsweise hohe Anforderungen an die beteiligten SchülerInnen – in fachlicher wie in methodischer, in kommunikativer wie in kooperativer Hinsicht. Das lässt sich nicht zuletzt aus den Lernspiralen in Kapitel II ersehen. Der darin zum Ausdruck kommende Bildungsanspruch braucht keinen Vergleich mit den tradierten Lehr-/ Lernverfahren zu scheuen. Auch in puncto Wissenserwerb nicht! Durch das variantenreiche eigenverantwortliche Arbeiten und Lernen erhalten die SchülerInnen Gelegenheit, den Lernstoff äußerst differenziert »durchzukneten« und dadurch vergleichsweise wirksam im Gedächtnis zu verankern. In der bereits zitierten Studie der Bund-Länder-Kommission wird diesbezüglich von »kumulativen Lernprozessen« gesprochen. Von Lernprozessen also, die Fakten-, Konzept-, Theorie-, Methoden- und Prozesswissen gleichermaßen umfassen (vgl. Bund-Länder-Kommission 1997, S. 17) und auf diese Weise gewährleisten, dass in den Schülerköpfen eine relativ durchdachte, vernetzte, praktisch erprobte und bewährte Wissensbasis entsteht, auf die auch längerfristig zurückgegriffen werden kann.

Fazit also: Lernen ist etwas anderes als Belehrt-zu-Werden! »Lernen beruht auf Aktivitäten, die man selber ausführen muss und die nicht von anderen übernommen werden können« (ebd., S. 29). Von daher kann in Übereinstimmung mit den Autoren der BLK-Studie festgestellt werden, dass die Hauptaufgabe der LehrerInnen heute wie in Zukunft darin besteht, Unterrichtssituationen herzustellen und so zu gestalten, dass die Schülerinnen und Schüler sich auf die jeweilige Sache und die je gestellten Anforderungen einlassen, zuhören, mitdenken, nachfragen – also lernen (vgl. ebd.). Die hier anvisierte Lernkultur trägt diesem Grundsatz Rechnung und stellt ganz vorrangig auf das *aktiv-produktive Lernen* der SchülerInnen ab, das sich sowohl in Einzel- und Partnerarbeit als auch im Rahmen von Gruppenunterricht vollziehen kann. Was diesen EVA-Ansatz im Einzelnen auszeichnet, wird in den nächsten Abschnitten weiter gehend verdeutlicht.

2. Eigenverantwortliches Arbeiten und Lernen als Perspektive

Wenn in diesem Buch von »EVA« die Rede ist, dann heißt das selbstverständlich nicht, dass sich die SchülerInnen zukünftig alle möglichen Kenntnisse und Kompetenzen in eigener Regie erarbeiten müssen. Mit EVA verbindet sich zwar klar und eindeutig der Anspruch, dass das eigenverantwortliche Arbeiten und Lernen der SchülerInnen kräftig ausgeweitet werden muss, damit in Zukunft vielleicht dreißig bis vierzig Prozent der Unterrichtszeit mit anspruchsvolleren EVA-Aktivitäten ausgefüllt sind und nicht weniger als zehn Prozent, wie das bisher erwiesenermaßen der Fall ist (vgl. Hage u.a. 1985). Gleichwohl wird es auch weiterhin Lehrervorträge, lehrergelenkte Unterrichtsgespräche und sonstige lehrerdominierte Phasen geben müssen, soll der Unterricht hinreichend schülergemäß und effizient gestaltet werden. Von daher lautet das Motto dieses Buches: »So viel EVA wie möglich und so viel Lehrerzentrierung und Lehrersteuerung wie unbedingt nötig!« (vgl. dazu auch Abschnitt 2.5).

2.1 Das »Neue Haus des Lernens« im Überblick

Dreh- und Angelpunkt der angestrebten neuen Lernkultur ist das eigenverantwortliche Arbeiten und Lernen der SchülerInnen, kurz »EVA« genannt (vgl. Abb. 3), und zwar mit dem Ziel, die im Dachgeschoss des Unterrichtsgebäudes angesiedelten Schlüsselqualifikationen möglichst wirksam zu erreichen. Zu diesen Schlüsselqualifikationen zählt erstens die Fachkompetenz im engeren Sinne (Fachwissen, Strukturwissen, Handlungswissen, Problemlösungswissen etc.) zweitens die Beherrschung elementarer Lern- und Arbeitstechniken (Markieren, Exzerpieren, Strukturieren etc.) drittens die Fähigkeit zur überzeugenden Kommunikation, Argumentation und Vortragsgestaltung, viertens die Fähigkeit und Bereitschaft zur konstruktiven und regelgebundenen Zusammenarbeit in Gruppen- und Partnerarbeitsphasen sowie fünftens der Aufbau spezifischer Persönlichkeitsmomente wie Selbstvertrauen, Selbstwertgefühl, Eigeninitiative und Durchhaltevermögen.

In einem Unterricht, in dem vorwiegend die Lehrperson exzerpiert, strukturiert, interpretiert, analysiert, argumentiert, fragt, kontrolliert, kritisiert, organisiert, Probleme löst und in sonstiger Weise das Lernen managt und dominiert, können die SchülerInnen diese Schlüsselqualifikationen natürlich nur schwer erwerben. Von daher ist »EVA« zwingend angesagt; allerdings nicht nur im Sinne fächerübergreifender Projektarbeit, Stationenarbeit, Wochenplanarbeit oder ähnlicher Hochformen des

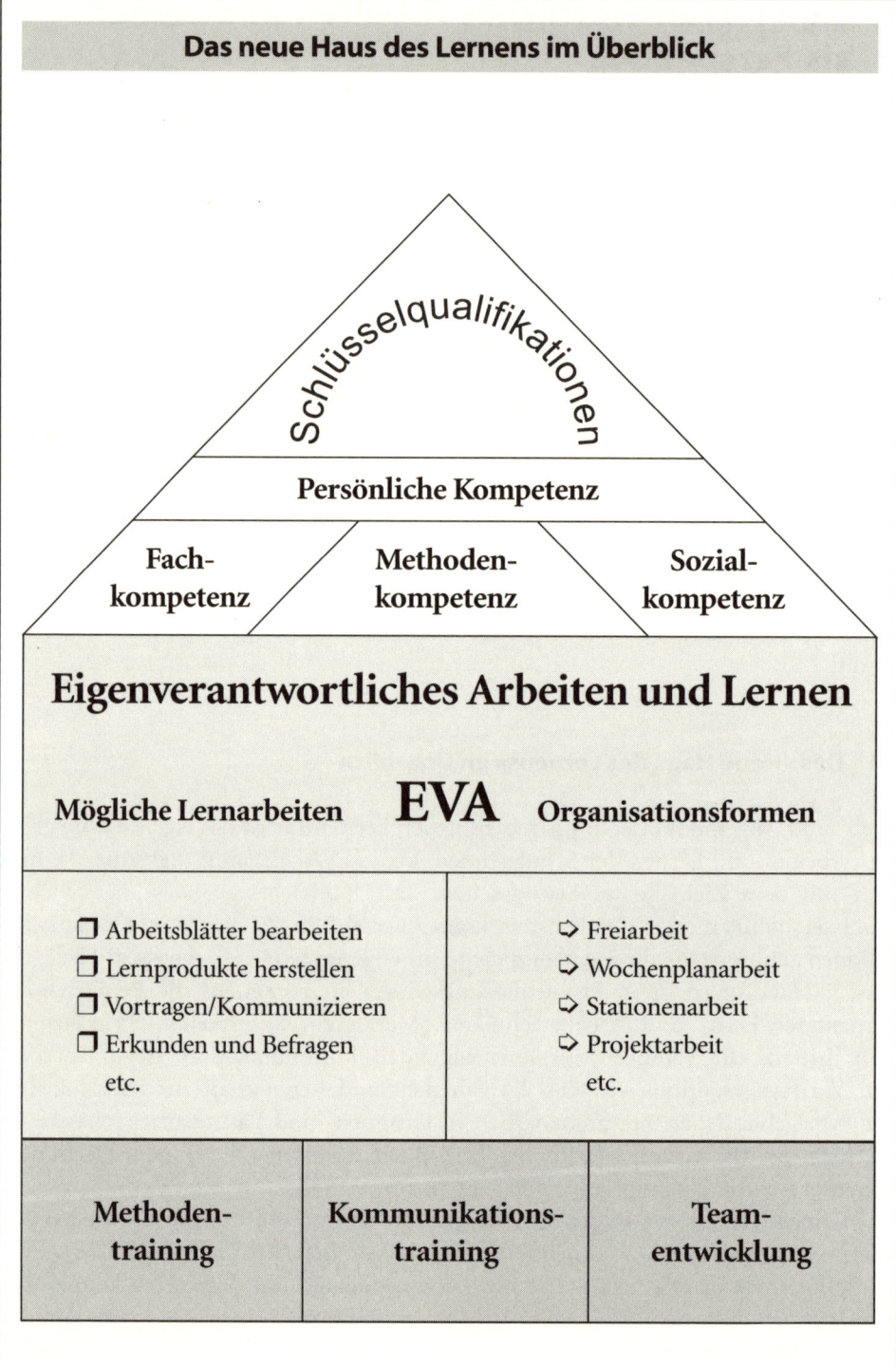

Das neue Haus des Lernens im Überblick

Schlüsselqualifikationen

Persönliche Kompetenz

Fach-kompetenz

Methoden-kompetenz

Sozial-kompetenz

Eigenverantwortliches Arbeiten und Lernen

Mögliche Lernarbeiten   **EVA**   **Organisationsformen**

- ❏ Arbeitsblätter bearbeiten
- ❏ Lernprodukte herstellen
- ❏ Vortragen/Kommunizieren
- ❏ Erkunden und Befragen
  etc.

- ➪ Freiarbeit
- ➪ Wochenplanarbeit
- ➪ Stationenarbeit
- ➪ Projektarbeit
  etc.

Methoden-training

Kommunikations-training

Team-entwicklung

Abb. 03

© Dr. H. Klippert

eigenverantwortlichen Arbeitens und Lernens, sondern EVA muss viel schlichter ansetzen. EVA muss im ganz normalen Fachunterricht mit seinen zeitlichen und stofflichen Restriktionen intensiviert werden – kleinschrittig und eher unspektakulär. Denn nur auf diesem Wege lassen sich die vielen Lehrkräfte in unseren Schulen, die sich primär als Fachlehrer und Wissensvermittler verstehen, für die skizzierte Unterrichtsreform gewinnen. Was diese Lehrkräfte zudem zu überzeugen vermag, ist die persönliche Nützlichkeit der EVA-Kultur. Denn je selbstständiger, zielstrebiger, kreativer, verantwortungsbewusster, disziplinierter, methodenbewusster, kommunikations- und kooperationsfähiger die SchülerInnen werden, desto mehr können sich die zuständigen Lehrkräfte im Unterricht zurücknehmen und persönlich Entlastung erfahren. So gesehen ist »EVA« eine recht lohnende Angelegenheit – für die SchülerInnen genauso wie für ihre LehrerInnen.

Allerdings setzt die Intensivierung des eigenverantwortlichen Arbeitens und Lernens im Unterricht zwingend voraus, dass die SchülerInnen über einigermaßen tragfähige methodische Kompetenzen und Routinen verfügen, die ihnen persönlichen Erfolg sichern und nachhaltige Motivation aufbauen helfen. Konkret: Sie müssen die gängigen Lern- und Arbeitstechniken beherrschen, sie müssen argumentations- und kommunikationsfähig sein und sie müssen gelernt haben, konstruktiv und regelgebunden im Team zu arbeiten. Gerade bei diesen Basiskompetenzen aber gibt es vielerorts nach wie vor gravierende Defizite, die Schüler- wie LehrerInnen das Leben schwer machen, wenn offene Unterrichtsformen und selbst gesteuertes Lernen angesagt sind. Hier muss zwingend nachgebessert werden, wenn das skizzierte »Neue Haus des Lernens« ein solides Fundament bekommen und der drohenden Überforderung der SchülerInnen (und der LehrerInnen) konsequent entgegengewirkt werden soll.

Die in Abbildung 3 angedeuteten »Sockelqualifikationen« betreffen zum einen das Einüben elementarer Lern- und Arbeitstechniken wie Markieren, Exzerpieren, Strukturieren und Visualisieren, zum Zweiten das Training grundlegender Argumentations- und Kommunikationstechniken bis hin zur Rhetorik und zum Dritten schließlich die systematische Kultivierung von Teamfähigkeit und Gruppenunterricht durch vielfältige Übungen und Reflexionen. Diese methodenzentrierte Übungs- und Klärungsarbeit muss integraler Bestandteil des hier in Rede stehenden eigenverantwortlichen Arbeitens und Lernens sein. Das heißt: Die gewählten Lernarrangements müssen so organisiert und gestaltet werden, dass die SchülerInnen nicht nur Selbstständigkeit, Selbststeuerung und Selbstverantwortung lernen, sondern auch und zugleich Gelegenheit erhalten, elementare Arbeits-, Kommunikations- und Kooperationstechniken und -rituale zu pflegen. Näheres zu dieser Methodenschulung findet sich in den betreffenden Trainingshandbüchern des Verfassers (vgl. Klippert 1994, 1995, 1998).

Welche Ziele sich mit der anvisierten EVA-Kultur verbinden, lässt sich aus Abbildung 4 ersehen. Im Zentrum steht dabei die Intensivierung und Erweiterung des fachlichen Lernens im Sinne des hier vertretenen erweiterten Lernbegriffs. Danach zielt EVA sowohl auf die Steigerung des fachlichen Durchblicks und Problemlö-

Kernziele des anvisierten EVA-Unterrichts

1. **Intensivierung und Erweiterung des fachlichen Lernens**

   ❏ Steigerung der fachlichen Souveränität
   ❏ Festigung elementarer Arbeitstechniken
   ❏ Verbesserung der Kommunikationsfähigkeit
   ❏ Förderung der Teamfähigkeit im Klassenraum

2. **Entlastung der Lehrerinnen und Lehrer vom ständigen »Geben-Müssen«**

   ❏ durch mehr eigenverantwortliches Arbeiten der Schüler
   ❏ durch das Wirken der Schüler als Helfer und Miterzieher
   ❏ durch produktive Team-/Konferenzarbeit der Lehrkräfte
   ❏ durch Unterstützungsmaßnahmen der Schulleitung

3. **Zeitgemäße Weiterentwicklung der unterrichtlichen Rahmenbedingungen**

   ❏ Veränderung der Stoffpläne und des Lehrereinsatzes
   ❏ Veränderung der Klassenraum- und Schulgestaltung
   ❏ Veränderung der Leistungsmessung und -beurteilung
   ❏ Veränderung der Konferenzkultur und -gestaltung
   ❏ Veränderung der Eltern- und Öffentlichkeitsarbeit
   ❏ Veränderung der Personalplanung und -entwicklung
   ❏ Verbesserung der Kommunikation im Kollegium
   ❏ Veränderung des Ressourcenmanagements

4. **Entlastung der Kommunen von sozialen Folgekosten**

   ❏ Gewaltprophylaxe und Suchtprävention
   ❏ Förderung von Toleranz und Gemeinsinn
   ❏ Standortsicherung durch »Schlüsselqualifikationen«

Abb. 04 © Dr. H. Klippert

sungsvermögens der SchülerInnen als auch und zugleich auf die Förderung ihrer fachspezifischen Methoden-, Kommunikations- und Teamkompetenz. Fachkompetenz im weiteren Sinne schließt also stets inhaltliches, methodisches, kommunikatives und kooperatives Lernen mit ein. Dementsprechend müssen die betreffenden Lehrkräfte Lernsituationen und -arrangements suchen und finden, die den SchülerInnen Gelegenheit geben, korrespondierende Fähigkeiten und Fertigkeiten einzuüben. Die in diesem Buch dokumentierten Lernspiralen machen deutlich, wie derartige Lernarrangements aussehen und konsequent vorbereitet werden können.

Die zweite Zielebene, die mit der Kultivierung des EVA-Unterrichts verbunden ist, betrifft die Entlastung der Lehrerinnen und Lehrer vom ständigen »Geben-Müssen« (vgl. Abb. 4). Dass diese Zielsetzung durchaus realistisch ist und eingelöst werden kann, zeigen die bisherigen Erfahrungen sehr deutlich. In dem Maße, wie die SchülerInnen fachimmanent gefordert und gefördert werden, die jeweiligen Aufgaben selbstständig, diszipliniert und methodenbewusst alleine oder in Kleingruppen zu bearbeiten und zu lösen, tritt in aller Regel eine merkliche Entlastung für die zuständigen Lehrkräfte ein – vorausgesetzt, diese arbeiten einigermaßen synchron. Diese Entlastung ist einmal bedingt durch die konsequente Förderung und Ausweitung des eigenverantwortlichen Arbeitens und Lernens der SchülerInnen im Unterricht (EVA), zweitens durch ihr konstruktives Wirken als Helfer und Miterzieher in den einzelnen Lerngruppen, drittens durch den Ausbau produktiver Teamarbeit in den Lehrerkonferenzen sowie viertens durch gezielte Entlastungs- und Unterstützungsmaßnahmen seitens der Schulleitung bei der Implementierung der neuen Lern- und Trainingsformen (vgl. Abb. 4). So gesehen ist Entlastung im Unterricht nicht nur nötig; sie ist auch möglich. Das gilt wohlgemerkt nicht nur für das unmittelbare Unterrichtsgeschehen, sondern auch für die Phase der Unterrichtsvorbereitung – vorausgesetzt, die Lehrkräfte setzen verstärkt auf Teamarbeit und auf die konsequente Nutzung der vorhandenen Medien, Materialien und sonstigen Potenziale in der Schule. Zu diesen letztgenannten Potenzialen gehören nicht zuletzt die SchülerInnen selbst als Leistungstutoren und Erziehungshelfer im alltäglichen Unterricht. In diesen Funktionen müssen sie viel stärker gefördert und gefordert werden, als das bisher der Fall ist. Dann haben die betreffenden Lehrkräfte gute Chancen, ihre spezifischen Belastungen zu reduzieren und ihre Berufszufriedenheit wirksam zu steigern.

Die dritte Zielebene, die mit der Implementierung der EVA-Kultur angesteuert wird, betrifft die zeitgemäße Weiterentwicklung der unterrichtlichen Rahmenbedingungen. Denn eines ist klar: Wenn EVA forciert werden soll, dann muss sich auch an den Rahmenbedingungen in den Schulen einiges ändern. Diese Veränderungen betreffen die Stoffverteilungspläne wie die Stundentafeln, die Lehrereinsatzplanung wie die Konferenzgestaltung, die Sitzordnung wie die Klassenraumgestaltung, die Leistungsmessung wie die Leistungsbeurteilung, die Elternarbeit wie die Öffentlichkeitsarbeit, die Lehrerkommunikation wie die Lehrerkooperation, die Ressourcenbeschaffung wie die Schulprogrammentwicklung, die Evaluationsarbeit wie die Personalentwicklung. So gesehen ist die anvisierte Kultivierung des eigenverantwortlichen

Arbeitens und Lernens keinesfalls ein isoliertes Unterfangen, das lediglich zu einem erweiterten Methodenrepertoire einiger interessierter Lehrkräfte führt, sondern immer auch ein Beitrag zur Schulentwicklung im umfassenden Sinne.

Die vierte Zielebene schließlich, die hier Erwähnung finden soll, betrifft die gesellschaftlichen Auswirkungen der angestrebten Unterrichtsreform. Der anvisierte EVA-Unterricht leistet einen nicht zu unterschätzenden Beitrag zur sozialen Integration und Stabilisierung der schulpflichtigen Kinder und Jugendlichen. Denn in dem Maße, wie die SchülerInnen in puncto Selbstständigkeit, Methodenkompetenz, Kommunikationsfähigkeit und Teamfähigkeit gefordert und gefördert werden, wachsen letzten Endes auch ihr Selbstwertgefühl, ihre Sozialkompetenz, ihre Leistungsbereitschaft und ihr Lernerfolg. Stabile Persönlichkeiten aber, die Sozialkompetenz besitzen, sich sozial eingebettet erleben und in den betreffenden Lerngruppen Beachtung und Anerkennung finden, sind erfahrungsgemäß deutlich weniger anfällig für Gewalt, Drogen und sonstige Formen der Fremd- und Selbstzerstörung. Das ist ganz gewiss ein wichtiger Beitrag zur wirksamen Integration der Jugendlichen in die moderne Gesellschaft sowie zur Minimierung sozialer Friktionen in der Schule wie im Privatleben. Gleiches gilt im Übrigen hinsichtlich der beruflichen Integration. Die vielfältigen Anforderungen, denen sich die SchülerInnen im Rahmen des hier in Rede stehenden EVA-Unterrichts stellen müssen, unterstützen und begünstigen den Erwerb zentraler »Schlüsselqualifikationen«, wie sie auf dem bundesdeutschen Arbeitsmarkt immer dringlicher benötigt und gefordert werden. So gesehen leistet die ins Auge gefasste Lernkultur einen nicht zu unterschätzenden Beitrag zur Sicherung des Industriestandorts Deutschland.

Fazit also: Durch die konsequente Implementierung des EVA-Unterrichts wird nicht nur den bestehenden Qualifikationsdefiziten der Schulabsolventen systematisch entgegengewirkt und den verantwortlichen Lehrkräften eine ernsthafte Entlastungsperspektive eröffnet, sondern auf diese Weise wird auch und nicht zuletzt ein Beitrag dazu geleistet, dass die für die Schule zuständigen Gebietskörperschaften bei der Bekämpfung von Gewalt, Drogen, Arbeitslosigkeit und sonstigen Negativeffekten der modernen Lebenswelt erheblich Geld einsparen können – vorausgesetzt, das skizzierte EVA-Programm wird in den Schulen einigermaßen konsequent und konzertiert umgesetzt.

2.2 EVA reicht vom Arbeitsblatt bis zum Projekt

Im Zentrum des EVA-Unterrichts steht – wie erwähnt – das aktiv-produktive Lernen der SchülerInnen. Gesetzt wird auf möglichst vielfältige Lernhandlungen, die den unterschiedlichen Begabungen der SchülerInnen Rechnung tragen und eine breite Palette an Fähigkeiten und Fertigkeiten zur Entfaltung bringen helfen. EVA-Unterricht ist also im Kern *handlungsorientierter Unterricht* (vgl. Gudjons 1997, S. 6ff.). Die dabei anfallenden Lernhandlungen sind stets lehrplan-, themen- und materialbezogen ausgerichtet und stellen auf problem- und praxisorientiertes Lernen ab.

Diese Art des handlungsorientierten Unterrichts begünstigt nicht nur den Erwerb der erwähnten »Schlüsselqualifikationen«, sondern sorgt auch und zugleich für eine nachhaltigere Verankerung des jeweiligen Lernstoffes im Gedächtnis der SchülerInnen. Denn unser Gehirn ist bei der Konstituierung von Bedeutungen und Wissensnetzen in hohem Maße darauf angewiesen, dass der jeweilige Lernstoff in tätiger Weise erschlossen wird (vgl. Otto 1995; Heymann 1998).

Wie sich aus Abbildung 3 auf Seite 40 ersehen lässt, umfasst EVA u.a. Wochenplanarbeit, Stationenarbeit, Projektarbeit und andere Hochformen des selbst gesteuerten und selbst organisierten Lernens. Doch nicht nur das! EVA-Unterricht ist auch sehr viel schlichter zu organisieren und muss erfahrungsgemäß möglichst kleinschrittig im ganz normalen Fachunterricht aufgebaut werden. Andernfalls drohen Leerlauf und Überforderung. Das zeigt sich insbesondere im Rahmen anspruchsvoller Projekte oder Wochenpläne. Diese »EVA-Hochformen« setzen auf Schülerseite ein hohes Maß an Selbststeuerungs- und Methodenkompetenz voraus – Kompetenzen also, über die die meisten SchülerInnen nur unzureichend verfügen. Von daher ist es wichtig, den EVA-Unterricht mit kleineren Aufgaben und stärkerer Lehrersteuerung und -unterstützung anlaufen zu lassen, damit sich die SchülerInnen in puncto Selbstmanagement allmählich üben und die nötigen Fähigkeiten und Fertigkeiten erlernen können. Mit anderen Worten: Selbstständigkeit, Selbstverantwortung und Selbstmanagement müssen kleinschrittig eingeübt und internalisiert werden und dürfen nicht vorschnell vorausgesetzt werden. Zwar ist es wichtig und richtig, dass die angesprochenen Hochformen des EVA-Unterrichts konsequent angesteuert werden müssen, aber diese »Highlights« werden auf absehbare Zeit wohl kaum den Unterrichtsalltag beherrschen, sondern eher die Ausnahme bleiben. Im Normalfall dominieren nach wie vor die vielen kleinen Arbeits-, Kommunikations- und Produktionsaktivitäten der SchülerInnen (vgl. Abb. 5).

EVA beginnt danach also ganz schlicht und einfach beim eigenverantwortlichen Beschaffen und Auswerten lernrelevanter Informationen und reicht über das Planen und Organisieren anstehender Arbeitsprozesse bis hin zum Analysieren, Kommentieren und Problematisieren fachlicher Sachverhalte. So gesehen ist EVA alles andere als vordergründiger Aktionismus und oberflächliche Beschäftigungstherapie; EVA-Unterricht zielt ganz entschieden auf die sinnfällige Integration von praktischem Tun, fachlicher Reflexion, konstruktiver Begriffsklärung und fachspezifischer Erkenntnisgewinnung. Diese ausgesprochen vielschichtige Lernarbeit ist das Markenzeichen des hier in Rede stehenden EVA-Programms. Darin eingeschlossen sind inhaltlich-fachliches, methodisch-strategisches, sozial-kommunikatives und nicht zuletzt auch affektives Lernen der SchülerInnen. Letzteres meint u.a. den Aufbau von Selbstvertrauen und Selbstwertgefühl auf Schülerseite.

Gewährleistet wird diese Integration von fachlichem, methodischem, kommunikativem, kooperativem und affektivem Lernen durch den Einsatz entsprechender Lern- und Arbeitsmethoden. Das beginnt beim gezielten Suchen bestimmter Fachinformationen in Schulbüchern, Lexika, Leittexten, Broschüren und sonstigen Nachschlagewerken *(erschließendes Arbeiten)* und reicht über das Herstellen themenzen-

EVA konkret

(Mögliche Lernaktivitäten der SchülerInnen)

Produktives Tun	Kommunikatives Handeln	Exploratives Handeln
❏ Informationen nachschlagen/ exzerpieren	❏ Gruppengespräch/ Partnergespräch	❏ Erkundung/ Beobachtung
❏ Arbeitsblätter bearbeiten/herstellen	❏ Kreis- bzw. Doppel-kreisgespräch	❏ Expertenbefragung
❏ Struktogramme erstellen (Tabelle, Diagramm, Schaubild)	❏ Stationengespräch	❏ Interview (z.B. in der Fußgängerzone)
❏ Rätsel lösen bzw. herstellen	❏ Frage-Antwort-Spiel	❏ Sozialstudie/ Fallstudie
❏ Plakat/Wandzeitung/ Flugblatt gestalten	❏ Freies/fiktives Erzählen bzw. Berichten	❏ Recherche/ Reportage/Film
❏ Referat/Wochenbericht verfassen	❏ Argumentations-spiel	❏ Themenzentrierte Bibliotheksarbeit
❏ Lernspiele durchführen bzw. herstellen (Puzzle, Würfelspiel etc.)	❏ Plenardiskussion	❏ Projektarbeit im kommunalen Umfeld der Schule
❏ Kommentar/Bericht/Brief schreiben	❏ Talkshow	❏ Betriebs-/Sozial-praktikum
❏ Assoziationsbilder zeichnen	❏ Rollenspiel/ Planspiel	❏ Exkursionen (z.B. in Geografie)
etc.	❏ Fishbowl-Gespräch	etc.
	❏ Pro-und Kontra-Debatte	
	❏ Hearing/Tribunal	
	❏ Vortrag/Rede halten	
	etc.	

Abb. 05

© Dr. H. Klippert

trierter Lernprodukte wie Tabellen, Grafiken, Kommentare, Lernkärtchen, freie Texte, Plakate, Bilder und Reportagen *(produktives Tun)* sowie die argumentative und diskursive Klärung fachspezifischer Sachverhalte *(kommunikatives Handeln)* bis hin zum projektartigen Erforschen und Erkunden innerschulischer und außerschulischer Gegebenheiten *(exploratives Handeln)*. Die Palette der konkreten Lernhandlungen ist entsprechend umfänglich: Die SchülerInnen forschen und entdecken, planen und entscheiden, schreiben und gestalten, diskutieren und argumentieren, produzieren und organisieren, kooperieren und präsentieren, zeigen Initiative und übernehmen Verantwortung. Dieser Handlungsprozess wird in aller Regel abgerundet und abgeschlossen durch ein spezifisches Handlungsprodukt, das gleichermaßen Ansporn wie Erfolgsindikator ist. Die Palette der möglichen Handlungsprodukte, die am Ende einer Lernsequenz stehen können, ist ähnlich groß wie die Palette der Lernhandlungen. Das beginnt bei selbst gefertigten Texten, Briefen, Schaubildern, Tabellen, Zeichnungen, Protokollen, Flugblättern, Plakaten und Wandzeitungen und reicht über die Produktion themenzentrierter Reportagen, Hörspiele, Diareihen und Videofilme bis hin zur Vorbereitung und eigenverantwortlichen Ausgestaltung von Rollenspielen, Sketchen, Talkshows, Planspielen, Debatten, Hearings und Vorträgen sowie zur Planung und Organisation von Recherchen innerhalb wie außerhalb der Schule. Wie gesagt: All dieses erfolgt lehrplan-, themen-, material-, praxis- und problembezogen.

Eigenverantwortliches Arbeiten und Lernen setzt also bei relativ einfachen Lerntätigkeiten ein und wird mit wachsender Routine der SchülerInnen zunehmend anspruchsvoller und komplexer. Zu den vergleichsweise einfachen Operationen zählt alles, was mit simplen Verfahren der Informationsbeschaffung zu tun hat. Hierunter fällt zum Beispiel das Suchen bestimmter Sachinformationen im Schulbuch, im Lexikon, in einer einschlägigen Broschüre, im Computer, oder in einem vom Lehrer zusammengestellten Leitmaterial. Indem die Lehrperson entsprechende Problemfragen, Rätsel oder Suchaufgaben vorgibt, werden die SchülerInnen gleichsam auf »Entdeckungsreise« durch das jeweilige Medium geschickt und ebenso wirksam wie motivierend veranlasst, sich selbstständig Informationen zu beschaffen sowie einige grundlegende Arbeitstechniken anzuwenden und zu festigen (Nachschlagen, Markieren, Exzerpieren, Diagonallesen, Fragen erfassen etc.).

Gleiches gilt, wenn den SchülerInnen aufgetragen wird, themen- bzw. materialzentrierte Fragen zu formulieren, einen Übungstest zu erstellen, ein Quiz vorzubereiten oder ein Kreuzworträtsel zur Festigung bestimmter Fachbegriffe anzufertigen. Auch das Nacherzählen eines bestimmten Textes, das Erläutern eines Schaubildes, das Interpretieren einer Karikatur oder das Kommentieren einer These in Partneroder Kleingruppenarbeit gehören zu diesen relativ einfachen Aufgaben und Anforderungen im Rahmen des EVA-Unterrichts. Ja selbst so elementare Lerntätigkeiten wie das Ausfüllen eines Arbeitsblattes, das Zeichnen eines Kurvendiagramms oder das Ausschneiden, Anmalen, Zusammensetzen und Aufkleben eines Lernpuzzles haben – je nach Altersstufe – ihren berechtigten Stellenwert. Denn sie lenken die Aufmerksamkeit der SchülerInnen auf den jeweiligen Lerngegenstand und sorgen zudem dafür, dass elementare Arbeitstechniken zur Anwendung gelangen. Des Weiteren bahnen sie den sachlichen Klärungsprozess in der Weise an, dass die SchülerInnen die besagten Puzzleteile bewusst lesen, kombinieren, ordnen und während oder nach dieser Klärungsarbeit vertiefende Gespräche mit den MitschülerInnen führen. Von daher sind selbst sehr simple Arbeitsaufgaben und Arbeitsblätter alles andere als bloßer Aktionismus. Sie induzieren bewusste Auseinandersetzungen, Gespräche und damit auch Lernen!

Nur darf die schulische Bildungsarbeit nicht bei derartigen Lernaufgaben stehen bleiben, sondern muss die Anforderungen sukzessive steigern und vom Arbeitsprozess her so differenzieren, dass die unterschiedlichen Begabungen in der jeweiligen Klasse zur Geltung kommen können. So gesehen haben natürlich auch komplexere Problemstellungen, Versuchsabläufe, Wochenpläne, PC-Recherchen, Präsentationen, Planspiele, Referate, Debatten, Hearings und selbstverständlich auch anspruchsvolle Projekte ihren Platz. Nur muss klar sein, dass diese relativ komplexen und komplizierten Aufgaben eine Menge voraussetzen und deshalb ein eher fortgeschrittenes Stadium des EVA-Unterrichts darstellen. Denn sowohl auf Schülerseite als auch auf Lehrerseite müssen entsprechende organisatorische und methodische Kompetenzen vorhanden sein, die vielerorts aber noch deutlich im Argen liegen. Das gilt insbesondere für die fächerübergreifende Projektarbeit.

Für die Anfangsphase empfiehlt sich deshalb der Rückgriff auf kleinere Arbeits- und Kommunikationsarrangements, wie sie in den beiden linken Spalten von Abbildung 5 ausgewiesen sind. Diese lassen sich im alltäglichen Unterricht relativ schnell und problemlos umsetzen und werden vom Gros der Lehrkräfte erfahrungsgemäß auch recht wohlwollend aufgegriffen. Diese Arrangements sind nicht nur relativ überschaubar, sondern sie lassen sich bei Bedarf auch in den 45-Minuten-Takt einpassen, wie er in unseren Schulen nach wie vor vorherrschend ist. Diese Gegebenheiten und Restriktionen des Schulalltags müssen ganz nüchtern gesehen und berücksichtigt werden, wenn über praktikable Möglichkeiten und Schritte zur Implementierung des EVA-Ansatzes nachgedacht und diskutiert wird. Von daher spricht vieles für die angedeutete Strategie der kleinen Schritte – im Unterricht genauso wie bei der alltäglichen Unterrichtsplanung.

Für die konkrete Unterrichtsvorbereitung bedeuten diese Überlegungen: Die betreffenden Lehrkräfte müssen ganz gezielt nach themenzentrierten »Arbeitsinseln« Ausschau halten, die die SchülerInnen in dosierter und möglichst vielfältiger Weise veranlassen, aktiv zu werden, d.h. zu schreiben und zu rechnen, zu lesen und zu zeichnen, zu markieren und zu exzerpieren, zu ordnen und zu gestalten, Rätsel zu lösen und Probleme zu bearbeiten, zu planen und zu entscheiden, zu kommunizieren und zu kooperieren, zu argumentieren und zu kommentieren, zu forschen und zu recherchieren, zu debattieren und zu präsentieren. Diese dezidierte Ausrichtung der Unterrichtsplanung auf lernrelevante Aktivitäten der SchülerInnen ist Markenzeichen des hier in Rede stehenden eigenverantwortlichen Arbeitens und Lernens.

Wohlgemerkt: Dieser Anspruch ist im Kern gar nicht so neu. Konsens besteht unter Reformpädagogen der verschiedensten Couleur seit vielen Jahrzehnten, dass dem tätigen Lernen der SchülerInnen verstärkt Raum gegeben werden muss, damit diese ihre unterschiedlichen Begabungen besser ins Spiel bringen und das eigene Lernen effektiver gestalten können. Nur sind diese Erkenntnisse und Ansprüche in der Schulpraxis viel zu selten in die Tat umgesetzt worden. Das lag und liegt zum einen an den perfektionistischen Ansprüchen vieler LehrerInnen, zum anderen am bildungspolitischen Zeitgeist, der dem Prinzip der lehrerzentrierten Stoffvermittlung bis heute oberste Priorität einräumt. Soll sich daran etwas ändern, dann muss den zuständigen Lehrkräften Mut zur skizzierten Strategie der kleinen Schritte gemacht werden. Denn angemessener EVA-Unterricht besteht eben nicht nur aus den angesprochenen Hochformen, sondern auch und vor allem aus den vielen kleineren EVA-Arrangements, die sich unter den restriktiven Bedingungen des Schulalltags realisieren lassen.

EVA verlangt aber nicht nur schüleraktivierende Lernarrangements, sondern auch eine veränderte Lehrerrolle. Will sagen: Der Lehrer wird stärker zum Lernorganisator, zum Lernberater und zum Moderator schülerzentrierter Lernprozesse. Dementsprechend muss sich auch die Haltung gegenüber den SchülerInnen verändern. Egal, ob Arbeitsblätter zu bearbeiten, einschlägige Lernprodukte zu erstellen, diffizile Probleme zu lösen, Projektarbeiten zu erledigen, Versuche durchzuführen, Vorträge zu halten oder offene Rollen- und Planspiele zu realisieren sind – stets müssen die betreffenden Lehrkräfte bereit sein, den SchülerInnen Verantwortung zu übertragen und Mut zum experimentellen Arbeiten zu machen. Sie müssen ihnen etwas zutrauen und zumuten (vgl. Abb. 6). Sie müssen geeignete Arbeitsinseln organisieren, ohne die SchülerInnen über Gebühr zu reglementieren und zu kontrollieren. Sie müssen Fehler und Lernumwege prinzipiell zulassen, weil andernfalls offenes, schülerzentriertes Arbeiten leicht zur Farce wird. Geführt wird also primär durch Rahmenvorgaben (Ziel-, Zeit-, Material-, Organisationsvorgaben) und weniger durch Detailanweisungen und Detailkontrollen. Auf diese Weise wird sichergestellt, dass die SchülerInnen lernen können, sich durchzuwursteln, Ausdauer zu entwickeln und Verantwortung für den eigenen Lernprozess wie für den Prozess in der jeweiligen Gruppe zu übernehmen.

Selbstverständlich hat dieser veränderte Führungsstil auch Konsequenzen für die Rolle der SchülerInnen im alltäglichen Schulbetrieb. Denn wenn die Lehrkräfte defensiver agieren und stärker Arbeit und Verantwortung delegieren, dann müssen die SchülerInnen zwingend aktiver und offensiver werden (vgl. Abb. 6). Mit anderen Worten: Die SchülerInnen arbeiten im Rahmen des EVA-Unterrichts verstärkt selbstständig und selbst organisiert. Sie planen und gestalten. Sie lösen Probleme und tun dies alles möglichst oft in Kooperation mit anderen SchülerInnen. Auf diese Weise intensivieren sie nicht nur ihr eigenes Lernen, sondern entwickeln auch und zugleich ein Mehr an Kommunikations- und Kooperationskompetenz, an Teamgeist und Teamfähigkeit. Von diesen Fähigkeiten und Fertigkeiten zehrt sowohl der Offene Unterricht als auch die spätere Berufstätigkeit. Nähere Überlegungen und Begründungen zur Relevanz des skizzierten EVA-Programms folgen in Abschnitt 2.10 (S. 81ff.)

Veränderte Lehrer- und Schülerrolle

Der Lehrer …

❐ traut den Schülern etwas zu

❐ organisiert und moderiert

❐ berät die Schüler (defensiv)

❐ führt durch Zielvorgaben

❐ lässt Fehler und Lernumwege zu

etc.

Erschließendes Arbeiten

Produktives Handeln

EVA

Kommunikatives Handeln

Exploratives Handeln

Die Schüler …

❐ übernehmen Verantwortung

❐ arbeiten selbstständig

❐ kooperieren in Gruppen

❐ planen und gestalten

❐ lösen Probleme

etc.

führt zu mehr …

❐ Selbstständigkeit
❐ Problemlösungsfähigkeit
❐ Methodenbeherrschung
❐ Sozialkompetenz
❐ Eigeninitiative

❐ Fachkompetenz
❐ Organisationsfähigkeit
❐ Verantwortungsgefühl
❐ Lernbereitschaft
❐ Lernerfolg

Abb. 06 © Dr. H. Klippert

2.3 Problem- und Produktorientierung als Eckpunkte

Kennzeichnend für das hier in Rede stehende eigenverantwortliche Arbeiten und Lernen ist nicht nur die Lerntätigkeit der Schülerinnen und Schüler, sondern auch und zugleich die ausgeprägte Problemorientierung des Unterrichts. Im Vordergrund stehen Aufgaben bzw. Lernsituationen, die mehr oder weniger offen gehalten sind und die SchülerInnen zum überlegten Knobeln, Experimentieren und/oder Diskutieren herausfordern. Diese Art des »trial and error« begünstigt problemlösendes Denken und Arbeiten und fördert zudem den Erwerb von Schlüsselqualifikationen wie Kreativität, Eigeninitiative und Durchhaltevermögen auf Schülerseite. Im Unterschied also zum herkömmlichen Unterricht, der vorrangig auf Routineaufgaben und Routinelösungen nach »Schema F« abstellt, bietet der EVA-Unterricht den SchülerInnen ausgeprägt Raum und Gelegenheit, sich mit mehr oder weniger kniffligen Fragen und Problemen auseinanderzusetzen und nach möglichst plausiblen/stichhaltigen Antworten bzw. Lösungswegen zu suchen. Die Lernergebnisse liegen also nicht von vornherein auf der Hand, sondern die SchülerInnen müssen gewisse »Barrieren« überwinden, ehe sie nach und nach zu vertretbaren Befunden und/oder Problemlösungen gelangen.

Bernd Zimmermann bezeichnet diese Problemorientierung des Lernens zu Recht als ein zentrales methodisches Prinzip, das den ganzen Unterricht durchdringen sollte (vgl. Zimmermann 1999, S. 12f.). Wichtig ist dabei nicht nur das Lösen von Problemen, sondern auch das Finden spezifischer Problem- und Fragestellungen sowie das Arbeiten innerhalb komplexerer Problemkreise, die vielschichtige Problemlösungsaktivitäten der SchülerInnen auslösen können. Als Beispiel führt Zimmermann die folgende mathematische Problemsituation an, die die SchülerInnen zum vielseitigen Knobeln und Fragen veranlasst: »Der Erfinder des Schachspiels soll sich angeblich für seine Erfindung folgende Belohnung erbeten haben: Für das erste Feld 1 Reiskorn, für das zweite 2 Reiskörner, für das dritte 4 Reiskörner, für das vierte 8 Reiskörner usw., also für jedes Feld doppelt so viele Reiskörner wie für das vorangehende … Wie viele Reiskörner stehen ihm danach für das letzte, das 64. Feld zu? Wie viel Tonnen Reis sind das? (Auf 1 g gehen etwa 40 Reiskörner). Vergleiche mit der Weltjahresproduktion an Reis; sie beträgt ungefähr 370 Millionen Tonnen« (ebd., S. 13). Die Aufgabe der SchülerInnen besteht hierbei nicht nur im Beantworten der gestellten Fragen, sondern darüber hinaus auch im Finden und Bearbeiten weiterer Fragestellungen.

Auf diese Weise wird entdeckendes Lernen, geistige Flexibilität und Kreativität, Argumentations- und Kooperationsfähigkeit und noch vieles mehr gefördert (vgl. ebd., S. 12). John Dewey hat diese Sichtweise seinerzeit mit dem Grundsatz untermauert, dass Denken und Lernen erst dort beginne, wo Zweifel, Ungewissheit und Unsicherheit entstünden (vgl. Werning/Kriwet 1999, S. 11). Diese »produktive Verunsicherung« ist Bestandteil und Markenzeichen des hier in Rede stehenden EVA-Unterrichts. Die SchülerInnen erhalten Gelegenheit, sich im Umgang mit Unsicherheit zu üben, lernrelevante Probleme zu erfassen und korrespondierende Fragestellungen zu formulieren, alternative Verfahrensweisen und Problemlösungen zu suchen und auszuprobieren, auftretende Schwierigkeiten mit den Mitschülern zu besprechen und auf diese Weise den eigenen fachlichen und methodischen Durchblick zu steigern und ein mehr an persönlicher Sicherheit und geistiger Kreativität zu entwickeln. Dass in dieser Hinsicht in unseren Schulen noch vieles im Argen liegt, lässt sich u.a. aus den erwähnten TIMSS-Befunden ersehen. Danach zielt der mathematisch-naturwissenschaftliche Unterricht hier zu Lande in erster Linie auf rezeptive Wissensvermittlung und Verfahrensanwendung und weniger auf das kreative Durchdenken und Lösen fachspezifischer Probleme und Knobelaufgaben, wie das für die relativ erfolgreichen Länder Asiens und Europas gilt.

Der skizzierte Ansatz des problemorientierten Lernens darf allerdings nicht überstrapaziert werden! Wenn beispielsweise in manchen Veröffentlichungen gefordert wird, die im Unterricht zu behandelnden Probleme sollten de facto noch nicht gelöst sein und/oder die SchülerInnen ganz existenziell betreffen (vgl. ebd., S. 7f.), dann übersteigt das in der Regel die Möglichkeiten, die im alltäglichen Schulbetrieb gegeben sind. Problemorientierung ja! Aber doch so, dass die SchülerInnen auf fachspezifische oder fachübergreifende Problemstellungen treffen, die sie im unterrichtlichen Kontext bewältigen können. Von daher sind didaktische Reduktion und Problemaufbereitung vonnöten. Andernfalls drohen Überforderung und Misserfolgserlebnisse. Grundsätzlich gilt: Je jünger und ungeübter die SchülerInnen sind, desto einfacher und überschaubarer muss die jeweilige Problemstellung sein; je älter und routinierter sie sind, desto komplexer und diffiziler können die betreffenden Problemsituationen ausfallen. Im ersten Fall wird von *Mikroproblemen*, im zweiten Fall von *Makroproblemen* gesprochen. Diese letzgenannten Makroprobleme stehen beispielsweise im Zentrum anspruchsvoller Projekte oder Planspiele (vgl. Klippert 1996).

Ergebnis des problemorientierten Lernens ist in der Regel ein Lernprodukt. Einen Überblick über die Palette der möglichen Lernprodukte gibt Abbildung 7. Egal, ob die SchülerInnen die betreffende Problemsituation anschaulich strukturieren bzw. visualisieren, ob sie korrespondierende Schlüsselfragen entwickeln, beantworten und auf Lernkärtchen festhalten, ob die unterschiedlichen Problemlösungsvarianten Gegenstand eines Hearings sind, ob der Problemlösungsprozess im Rahmen eines Rollen- oder Planspiels simuliert wird, ob ein problemzentriertes Referat gestaltet und/oder ein entsprechender Vortrag gehalten wird, ob die SchülerInnen zum jeweiligen Problem einen Kommentar oder Zeitungsartikel schreiben oder eine Tonreportage, eine Computerpräsentation oder einen Videofilm erstellen – stets stehen am Ende der jeweiligen Problemlösungsaktivitäten mehr oder weniger eindrucksvolle Lernprodukte. Diese Produktorientierung ist Merkmal und Ziel des hier in Rede stehenden EVA-Unterrichts. Sie trägt sowohl dazu bei, dass die SchülerInnen motivierter und konzentrierter zu Werke gehen als auch dazu, dass sie das Gelernte nachhaltiger im Gedächtnis verankern und für spätere Zugriffe bereithalten.

Die Vorzüge des produkt- und problemorientierten Lernens sind durch zahlreiche Untersuchungen belegt worden. Problemsituationen verlangen nach Lösungen

Mögliche Lernprodukte

Bild	Freier Text	Rollenspiel
Zeichnung	Fragebogen	Puppenspiel
Collage	Karteikarten	Schattenspiel
Grafik	Arbeitsblätter	Theaterspiel
Tabelle	Übungstest	Planspiel
Diagramm	Kreuzworträtsel	Pantomime
Schaubild	Silbenrätsel	Sketch
Comic	Puzzle	Talkshow
Karikatur	Würfelspiel	Tribunal
Gedicht	◆	Entscheidungsspiel
Moritat	Referat	Pro- und Contra-
◆	Mappe	Debatte
Plakat	Wochenbericht	Lesung
Bilderbuch	Zeitungsartikel	◆
Bildergeschichte	Zeitung	Radiosendung
Kalender	Leserbrief	Tonreportage
Wandzeitung	Kommentar	Ton-Bild-Show
Wandtext	Bericht	Computer-
Flugblatt	Brief	präsentation
Folie	E-Mail	Videofilm
Diaserie	◆	Werbespot
Litfaßsäule	Ausstellung	Hörspiel
	Modell	
etc.	Druck	etc.
	Linolschnitt	
	Experiment	
	Demonstration	
	◆	
	Vortrag	
	Interview	
	Quiz	
	Hearing	
	Diskussion	
	etc.	

Abb. 07 © Dr. H. Klippert

und fordern die SchülerInnen von daher in hohem Maße zur aktiven Auseinandersetzung heraus. Das gilt vor allem für solche Probleme, die im Erfahrungs- und/oder Interessenhorizont der SchülerInnen liegen (vgl. Mietzel 1998, S. 285). Generell lässt sich sagen: Problemlösendes Arbeiten und Lernen trägt maßgeblich dazu bei, dass zum einen kognitive Strukturen reifen und zum anderen affektive Dimensionen wie Neugier, Interesse, Erfolgs- und Misserfolgserlebnisse ins Spiel kommen und motivierend bzw. aktivierend wirken (vgl. Werning/Kriwet 1999, S. 8). Dieser Motivationseffekt gilt allerdings nur, wenn die betreffenden Probleme schülergemäß dimensioniert und aufbereitet sind und möglichst rasch zu greifbaren Erfolgserlebnissen führen und die SchülerInnen dadurch bestätigen und bestärken, die gestarteten Aktivitäten fortzusetzen. Der Lernpsychologe Jerome S. Bruner spricht diesbezüglich von »Kompetenzmotivation« und meint damit jene Motivation, die sich nachweislich immer dann einstellt, wenn der jeweilige Lerner das Gefühl hat, den gestellten Anforderungen gewachsen zu sein und mit guter Aussicht auf Erfolg zu arbeiten (vgl. Bruner 1981, S. 22).

Trotz dieser ausgeprägten Motivations- und Lernchancen des produkt- und problemorientierten Unterrichts tun sich viele LehrerInnen hier zu Lande unverändert schwer damit, diesem Lernkonzept größeren Raum zu geben. Zu groß sind die Bedenken und Ängste, dass das offene, problemlösende Lernen das Gros der SchülerInnen überfordert und die anstehende Wissensvermittlung über Gebühr beeinträchtigt. Moniert wird von den Befürwortern rezeptiver Lehr-/Lernverfahren, der problemorientierte Unterricht sei entwicklungsmäßig und pädagogisch unnötig und unter dem Gesichtspunkt der Lerneffizienz viel zu zeitaufwändig (vgl. Ausubel 1981, S. 33). Das Manko dieser Kritik: Sie geht von einem völlig verengten Lernverständnis aus und überschätzt die Wirkung des Lehrens auf das Lernen. Den Lernstoff durchzunehmen bedeutet noch lange nicht, dass die SchülerInnen nachhaltige kognitive Strukturen und Behaltensmuster aufbauen, geschweige denn die zunehmend bedeutsamer werdenden methodisch-heuristischen und sozial-kommunikativen Fähigkeiten entwickeln. Das angesprochene produkt- und problemorientierte Lernen eröffnet diesbezüglich überzeugende Möglichkeiten und Lernchancen.

2.4   Die praktische Lerntätigkeit alleine genügt nicht!

Damit jedoch keine Missverständnisse entstehen: Das skizzierte tätige, problem- und produktorientierte Lernen der SchülerInnen darf nicht zum vordergründigen Aktionismus verflachen. Diese Gefahr besteht überall dort, wo Lehrkräfte das praktische Tun über alles andere stellen und den SchülerInnen immer neue Gelegenheiten eröffnen, kurzzyklisch irgendwelche Aktivitäten zu starten und mehr oder weniger gedankenlos vor sich hin zu werkeln und/oder zu spielen. Dieser gedankenlose »Aktionismus« ist genau das Gegenteil von dem, was hier angestrebt wird. EVA-Unterricht im Sinne dieses Buches zielt ganz zentral auf reflektierte Auseinandersetzung und konstruktives Arbeiten, auf geistige Anstrengung und planvolle Erkenntnisge-

Handeln ⇨ Denken ⇨ Erkennen

**D
e
n
k
e
n**

»Das kleinste Gramm eigener
Erfahrung ist mehr Wert als
Millionen fremder Erfahrung«
(Lessing)

»Der naturgemäße Weg
der Bildung ist der Weg des
praktischen Handelns«
(Kerschensteiner)

»Was der Schüler sich nicht selbst
erwirkt oder erarbeitet hat, das ist
er nicht und das hat er nicht«
(Diesterweg)

»Ein Gramm Erfahrung
ist besser als eine Tonne
Theorie«
(Dewey)

**H
a
n
d
e
l
n**

»Denken und Tun,
Tun und Denken, das ist die
Summe aller Weisheit«
(Goethe)

Abb. 08 © Dr. H. Klippert

winnung, auf forschendes/entdeckendes Lernen und disziplinierte Begriffsklärung, auf vertiefende Diskussionen und überzeugende Präsentationen (vgl. Abb. 8).

Das praktische Tun ist Ausgangspunkt und Quelle des Lernens – keine Frage! Aber das Lernen erschöpft sich eben nicht im praktischen Tun! Requisiten zu nähen, Papier herzustellen, ein Bild zu malen, ein Hörspiel aufzunehmen, ein Rollenspiel durchzuführen, eine Wandzeitung zu erstellen oder einen Film zu drehen …, das alles garantiert noch längst kein nachhaltiges Lernen, sondern macht letztlich nur dann Sinn, wenn sich damit eingängige Prozesse der Informationsgewinnung und -verarbeitung verbinden. So gesehen zielt EVA auf kognitive Operationen, d.h. auf Denken, Klären und Verstehen, auf Planen, Organisieren und Konzipieren, auf Fragen, Argumentieren und Diskutieren, auf Reflektieren, Analysieren und Strukturieren – kurzum: auf anspruchsvolles Lernen! Von daher ist die Kritik am »Aktionismus« im Rahmen des handlungsorientierten Unterrichts (vgl. Kashnitz 1993; Kaminski/Schneidewind 1986; Beck u.a. 1988) dann unberechtigt, wenn von Lehrerseite dafür gesorgt wird, dass das Denken als Metatätigkeit über dem Handeln liegt (vgl. Aebli 1980, S. 22).

Dieses »Ineinander von Denken und Tun« (Gudjons) ist kennzeichnend für den hier anvisierten Unterricht. Eine derartige Verzahnung trägt wesentlich dazu bei, »Lernprozesse von angemessener Vielfalt und Tiefe in Gang zu setzen« und dadurch »aspektreiche, tiefergehende und gesicherte Unterrichtsergebnisse zu erzielen« (vgl. Kultusministerium Rheinland-Pfalz 1986, S. 6). Dass die Schule die Kinder und Jugendlichen diesbezüglich verstärkt fordern und fördern muss, steht außer Frage. Denken, Lernen und praktisches Tun müssen in einen sinnvollen Zusammenhang gebracht und in konzertierter Weise gepflegt werden, und zwar mit dem Ziel, den SchülerInnen ein Mehr an Handlungskompetenz im weitesten Sinne des Wortes zu vermitteln. Zum Erwerb dieser Handlungskompetenz gehört Gudjons zufolge vor allem die Fähigkeit des Menschen, seine Handlungen zu reflektieren und durchdachte Erkenntnis- und Handlungsmuster zu entwickeln (vgl. Gudjons 1997, S. 9). Denn »… ein mit Wissen vollgestopfter Kopf nützt den Schülern und Schülerinnen nichts, wenn sie nicht das Handeln lernen. Und Handeln lernt man nur durch Handeln und seine Reflexion – so wie man Autofahren eben nicht allein aus dem Lehrbuch lernt, sondern durch (die vom Fahrlehrer angeleitete) praktische Erfahrung und Übung« (ebd.).

Handlungskompetenz in diesem Sinne umfasst also wesentlich mehr als Stoffbeherrschung. Handlungskompetenz verlangt gleichermaßen nach inhaltlich-fachlichem, nach methodisch-strategischem, nach sozial-kommunikativem sowie – last but not least – nach affektivem Lernen. Näheres zu diesem erweiterten Lernbegriff lässt sich aus Abbildung 9 ersehen. Diese Art des ganzheitlichen Lernens ist in den meisten Lehrplänen zwar vorgesehen (meist im Vorwort), sie wird in der Regel jedoch nicht näher operationalisiert und als verbindlich ausgewiesen. Gleichwohl müssen diesbezüglich verstärkte Anstrengungen unternommen werden, sollen die SchülerInnen zeitgemäße und nachhaltige Lernergebnisse erzielen und in ihrer Persönlichkeitsentwicklung hinreichend gefördert werden.

Erweiterter Lernbegriff

Inhaltlich-fachliches Lernen	Methodisch-strategisches Lernen	Sozial-kommunikatives Lernen	Affektives Lernen
❏ **Wissen** (Fakten, Regeln, Begriffe, Definitionen …)	❏ Markieren	❏ Zuhören	❏ Selbstvertrauen entwickeln
	❏ Exzerpieren	❏ Fragen	
	❏ Nachschlagen	❏ Antworten	
❏ **Verstehen** (Phänomene, Argumente …)	❏ Strukturieren	❏ Begründen	❏ Spaß an einem Thema/an einer Methode haben
	❏ Protokollieren	❏ Argumentieren	
❏ **Erkennen** (Zusammenhänge erkennen …)	❏ Organisieren	❏ Diskutieren	
	❏ Recherchieren	❏ Präsentieren	❏ Identifikation und Engagement entwickeln
	❏ Entscheiden	❏ Kooperieren	
❏ **Urteilen** (Aussagen, Maßnahmen … beurteilen)	❏ Gestalten	❏ Moderieren	
	❏ Ordnung halten	❏ Integrieren	❏ Werthaltungen aufbauen
etc.	etc.	etc.	etc.

Abb. 09

© Dr. H. Klippert

»Der durchschnittliche Unterricht«, so die Kritik des Lernforschers Hans Aebli, »… holt aus Büchern vergegenständlichte Begriffe und Wissensinhalte. Er macht sie den Schülern verständlich (wenn es gut geht), weckt in ihrem Denken richtige Vorstellungen, baut mit ihnen im besten Falle ein adäquates Bild der Wirklichkeit auf. Aber das Handeln kommt zu kurz … vergessen (wird), dass Erkenntnisse zuerst einmal durch Suchen und Forschen, durch Beobachten und Nachdenken gewonnen werden müssen … Man kann sich Vorstellungen und Begriffe nicht in fertiger Form einverleiben. Man muss sie nachschaffen, nachkonstruieren. Nur dann sind sie etwas wert. Dem Begriff geht das Begreifen voraus, der Einsicht das Einsehen« (Aebli 1983, S. 182f.). Durch die Konzentration der Unterrichtsarbeit auf lernrelevante Handlungssituationen und Problemlösungsaktivitäten, wie sie in diesem Buch vorgesehen ist, wird sichergestellt, dass vielseitiges inhaltliches, methodisches, kommunikatives, kooperatives und affektives Lernen und Be-Greifen stattfinden kann.

Ausgerichtet sind die besagten Lernhandlungen der SchülerInnen – wie bereits erwähnt – auf mehr oder weniger anspruchsvolle Handlungsprodukte. Das beginnt bei themenzentrierten Schaubildern, Wandzeitungen, Flugblättern, Thesenpapieren, Kommentaren, Zeitungsartikeln, Broschüren und Referaten und reicht über Reportagen, Hörspiele, Diareihen, Folien, Videofilme und Vorträge bis hin zur Herstellung von Projektplänen, Werkstücken, Lernspielen, Lernkarteien, Testaufgaben, Facharbeiten, Praktikumsmappen, Versuchsreihen und sonstigen themenzentrierten Lernprodukten (vgl. Abb. 7 auf S. 53). Im Rahmen dieser Handlungs- bzw. Produktionsprozesse kristallisieren sich sowohl inhaltliche als auch methodische Einsichten und Kompetenzen heraus, die die SchülerInnen im Prozess ihres eigenen Tuns und der darauf aufbauenden Reflexion und Begriffsbildung sukzessive klären und festigen können. Als Lernprodukte gelten also nicht nur materielle Gegenstände, sondern auch und nicht zuletzt operative Strategien und Routinen, die die SchülerInnen in durchdachter Weise aufbauen und mehr oder weniger stark automatisieren. Hans Aebli nennt diese Verfahrensmuster »Handlungsschemata« und meint damit ein Repertoire an fertigen Handlungsabläufen, die durch wiederholtes Tun vorfabriziert, ganzheitlich abgespeichert und zuverlässig zu reproduzieren und auf neue Gegebenheiten zu übertragen sind (vgl. ebd., S. 185). Auch diesbezüglich eröffnet EVA vielfältige Lernchancen.

2.5   Auch lehrerzentrierte Phasen haben ihren Platz!

Die Betonung des eigenverantwortlichen Arbeitens und Lernens bedeutet freilich nicht, dass die SchülerInnen nun alles selbst erarbeiten/erforschen/entdecken sollen. Dieser Grundgedanke der »Lernwerkstatt« lässt sich auf den normalen Unterricht nur sehr eingeschränkt übertragen. Wirksames Lernen braucht immer auch eine gewisse Lenkung und Unterstützung durch die Lehrkräfte. Das wird von den Befürwortern des Offenen Unterrichts nur zu oft übersehen, die stark dazu neigen, einer rigiden Selbststeuerung und Selbstorganisation das Wort zu reden (vgl. z.B. Vaill

1998 sowie Grönwoldt 1999). Je nachdem, wie alt die SchülerInnen sind und wie routiniert und selbstbewusst sie an offene Aufgaben und Probleme heranzugehen verstehen, werden sie mehr oder weniger ausgeprägt Rat und Unterstützung von Seiten ihrer Lehrerinnen und Lehrer benötigen. Zwar geht das Votum dieses Buches eindeutig dahin, den EVA-Unterricht kräftig auszuweiten und die SchülerInnen möglichst oft und konsequent zum Lernen und Kooperieren in eigener Regie zu veranlassen. Doch die Zielmarge lautet – wie zu Beginn dieses Kapitels bereits erwähnt – nicht hundert Prozent EVA, sondern vielleicht dreißig bis vierzig Prozent! Das wäre angesichts der ausgeprägten Lehrerdominanz und Lehrersteuerung, die in deutschen Klassenzimmern nach wie vor an der Tagesordnung sind (vgl. Abschnitt 1.4), ein wahrlich sehenswerter Fortschritt.

Hinzu kommt, dass EVA unterschiedlich dimensioniert wird. Das heißt: Die Anforderungen und Verantwortlichkeiten, die den SchülerInnen zugewiesen werden, fallen je nach Alter, Selbstvertrauen und methodischer Routine unterschiedlich aus. Je versierter die SchülerInnen sind und je engagierter und planvoller sie an die jeweilige Problemstellung heranzugehen verstehen, desto breiter und anspruchsvoller wird der betreffende »Lernkorridor« sein können, den sie eigenverantwortlich auszugestalten haben. So mag z.B. der Arbeitsauftrag in einer ungeübten Klasse heißen: »Fasst die vorliegenden Textinformationen zum Thema Werbung in einer übersichtlichen Tabelle zusammen!«. In einer versierten Klasse hingegen kann die Aufgabenstellung möglicherweise lauten: »Erforscht die Werbestrategie des Konzerns X und bereitet dazu eine möglichst eindrucksvolle 15-minütige Präsentation unter Beteiligung aller Gruppenmitglieder vor!«. Während die SchülerInnen im ersten Fall relativ eng geführt und reglementiert werden, haben sie im zweiten Fall beträchtliche Gestaltungsfreiheiten sowohl hinsichtlich des Vorgehens als auch bezüglich der Produkterstellung und -präsentation. Mit anderen Worten: Sie müssen planen, diskutieren und entscheiden, wo und wie sie die nötigen Informationen recherchieren, wie sie diese Informationen verarbeiten und aufbereiten und wie sie die gewonnenen Essenzials schließlich vor der Klasse präsentieren wollen. Der Verantwortungsgrad der SchülerInnen ist im zweiten Fall also wesentlich größer als im ersten. Sie sind gleichermaßen für das »Know-how, das Know-what und das Know-why« zuständig (vgl. Vaill 1998, S. 42).

Gleichwohl wird in beiden Fällen eigenverantwortliches Arbeiten und Lernen der SchülerInnen in Gang gesetzt – mal stärker lehrergesteuert, mal weniger von Lehrerimpulsen und -instruktionen begleitet. Dieses Beispiel zeigt, dass Lehrerzentrierung und Schülerzentrierung keine Gegensätze sind, sondern als komplementär angesehen werden können. Oder anders formuliert: Wer EVA forcieren will, der muss deshalb noch lange nicht der Lehrersteuerung abschwören. Lehrersteuerung ist etwas anderes als die gängige Hyperaktivität und penetrante Dominanz vieler Lehrkräfte! Anspruchsvoller lehrergesteuerter, störungspräventiver, aufgabenorientierter und klar strukturierter Unterricht ist nachgewiesenermaßen höchst lernwirksam (vgl. Bund-Länder-Kommission 1997, S. 24). »Dennoch hat unter dem Gesichtspunkt des kontinuierlichen Weiterlernens und der Anpassung des Wissens an neue Anwendungssituationen die Selbstregulierungsfähigkeit große Bedeutung. Es besteht wenig Zweifel unter Fachkundigen, dass Arbeitsformen innerhalb und außerhalb des Unterrichts, die dem Schüler erhöhte Verantwortung zuweisen und stärkere Selbstorganisation abverlangen, im Alltag unserer Schule – und zwar insbesondere im mathematisch-naturwissenschaftlichen Unterricht – zu kurz kommen.« (ebd., S. 25)

Franz E. Weinert hat die Bedeutung der »lehrergesteuerten, aufgabenbezogenen und effektiven Instruktion« in den letzten Jahren immer wieder betont. In seinen Thesen zum »Lehren und Lernen für die Zukunft« stellt er nachdrücklich heraus, dass Lehrerzentrierung und Schülerzentrierung nicht gegeneinander ausgespielt werden dürfen. Sein Befund: »Sowohl das vom Lehrer angeleitete, als auch das vom Schüler selbstständig gesteuerte Lernen sind gleichermaßen wichtige Arbeitsformen im Unterricht. Deshalb ist es eine gefährliche Bildungsideologie, die aktive, konstruktive und selbstständige Rolle des Lernenden zu betonen und dem Lehrer nur noch eine anregende, beratende und moderierende Funktion zuzuschreiben. Praktisch alle verfügbaren Unterrichtsstudien zeigen die Wichtigkeit einer lehrergesteuerten, aufgabenorientierten und effektiven Instruktion.« (Weinert 1999, S. 16)

Ähnlich argumentieren die beiden Lernforscher Heinz Mandl und Gabi Reinmann-Rothmeier auf dem Hintergrund ihrer Untersuchungen zum modernen Wissensmanagement in der Schule. Die Lernenden – so ihr Fazit – bräuchten nicht nur Freiraum für konstruktive und explorative Aktivitäten, sondern auch und zugleich gezielte Hilfen für den Umgang mit Informationen, für die Bearbeitung von Problemstellungen und für die Zusammenarbeit in Gruppen. So gesehen verlange die schulische Praxis nach einer Balance zwischen expliziter Instruktion durch den Lehrenden und konstruktiver Aktivität der Lernenden (vgl. Reinmann-Rothmeier/Mandl 1997, S. 24). »Bei aller Propagierung innovativer Lehrkonzepte«, so bestätigt Walter Edelmann in seiner Bilanz, »ist eine realistische Erwartung hinsichtlich der Grenzen der Selbststeuerung sicherlich nützlich. Bei der Wissensvermittlung … ist eine Fülle von Gesichtspunkten zu berücksichtigen. Insbesondere bei großen Wissensgebieten ist zudem ein vernetztes Denken in Form von Begriffshierarchien notwendig … In solchen Fällen ist die Steuerung des Lernens durch einen Lehrer unverzichtbar. Direkte Instruktion und selbst gesteuertes Lernen sind nicht alternative, sondern komplementäre, d.h. sich gegenseitig ergänzende Lehr- und Lernformen« (Edelmann 2000, S. 9).

Theodor Litt hat diese Dualität bereits 1956 in seinem Buch »Führen oder Wachsenlassen« betont und dabei vor der Illusion gewarnt, »es bedürfe nur der abwartenden Geduld und des Verzichtes auf vorzeitige Eingriffe«, damit wirksames Lernen und nachhaltige Persönlichkeitsentwicklung stattfinden könnten (vgl. Litt 1965, S. 84). Geboten seien weder »abwartende Geduld« noch »Verzicht auf Eingriffe, sondern dosierte Hilfestellungen und Anregungen der Lehrkräfte getreu dem später von Maria Montessori formulierten Motto: »Hilf mir, es selbst zu tun!« Der stärker lehrergeleitete Unterricht hat gelegentlich sogar eine wichtige Entlastungs- und Motivationsfunktion, und zwar überall dort, wo SchülerInnen weder bereit noch in der Lage sind, dem Prinzip der Selbstverantwortung und Selbstregulation zu folgen. Das gilt vornehmlich für »lernschwächere Schüler mit relativ geringem Vorwissen und unzureichenden metakognitiven Kompetenzen«. (vgl. Bund-Länder-Kommission 1997, S. 25). Die Instruktionen und Hilfestellungen der Lehrkräfte sind für diese Schülergruppe nachgerade unverzichtbar. Andernfalls drohen Leerlauf und Resignation.

Einig sind sich die zitierten Pädagogen und Lernforscher gleichwohl darin, dass erfolgreiches Lernen durch Instruktion und differenzierte Lehrersteuerung alleine nicht zu bewerkstelligen ist. Hinzu kommen müssen zwingend Lernsituationen und Lernanforderungen, die sicherstellen, dass die SchülerInnen möglichst vielfältig und möglichst wirksam aktiviert und zum konstruktiven, problemlösenden Arbeiten angeregt und angeleitet werden. Passives und rezeptives Lernen müssten – so die Forderung von Franz E. Weinert – durch aktives und konstruktives Lernen ersetzt werden; dabei falle den zuständigen Lehrkräften die Aufgabe zu, die SchülerInnen bei ihrer Lernarbeit gezielt und sensibel zu unterstützen (vgl. Weinert 1999, S. 16). Weinert zufolge gibt es gesicherte wissenschaftliche Befunde, dass sich ein aktives Lernen der SchülerInnen und ein direktiver Unterricht der LehrerInnen nicht wechselseitig ausschlössen, sondern sinnvoll ergänzten. »Sorgt der Lehrer nämlich für eine gut durchdachte Erarbeitung neuer Inhalte, gleicht er individuelle Fähigkeitsunterschiede durch individualisierte Instruktion aus, diagnostiziert er auftretende Verständnisschwierigkeiten frühzeitig und reagiert darauf mit geeigneten didaktischen Hilfen, so schafft er geeignete Rahmenbedingungen für ein sehr aktives, zielgerichtetes und erfolgreiches Lernen vieler Schüler.« (Weinert 1996, S. 10)

So gesehen geht es nicht um schülerzentrierten *oder* lehrerzentrierten Unterricht, sondern um die sinnvolle Kombination beider Ansprüche. Letztlich zielt die schulische Arbeit auf möglichst nachhaltiges und vielseitiges Lernen ab – auf der Wissensebene genauso wie auf der Methodenebene. Oder mit den Worten von Franz E. Weinert: Guter Unterrricht zielt auf den Erwerb »intelligenten Wissens« (vgl. Weinert 1999a, S. 101). Kennzeichnend für die Vermittlung dieses »intelligenten Wissens« ist Weinert zufolge, dass die Lehrkräfte ihre SchülerInnen konsequent anhalten und anleiten, sich mit dem jeweiligen Lernstoff in möglichst aktiver und konstruktiver Weise auseinanderzusetzen. Damit meint er nicht nur »äußere Aktivitäten«, sondern auch und zugleich individuell-kognitive Operationen und Konstruktionen, die dazu beitragen, dass die Schülerinnen und Schüler zu einem vernetzten, erfahrungsgestützten, flexibel nutzbaren intelligenten Wissen gelangen (vgl. Weinert 1999a, S. 100f.). Das Gegenstück zu diesem »intelligenten Wissen« ist das »träge Wissen«, also jenes »mit der Lernsituation verlötete, eingekapselte, nur mechanisch anwendbare« Wissen, wie es im herkömmlichen Unterricht nach wie vor ganz vorrangig vermittelt wird (vgl. ebd., S. 101). So wie die Schulen gegenwärtig organisiert sind, so Weinerts kritische Bilanz, begünstigen sie oberflächliches, rigides und mechanisches Lernen und behindern zugleich das eigentliche Erkennen und Verstehen (vgl. Weinert 1996, S. 9). Diese Kritik deckt sich mit den in Abschnitt 1.4 skizzierten Befunden der neueren Unterrichtsforschung.

Aus dieser Misere heraus führt die dosierte Ausweitung des EVA-Unterrichts, d.h. die sensible Verzahnung von Schülerselbsttätigkeit und Lehrerbegleitung bzw. Lehrersteuerung. Ein zeit- und schülergemäßer Unterricht verlangt, wie Howard Gardner schreibt, nach einem Ansatz, »... der feiner abgestimmte Arten von Hilfe bieten und auch Schüler unterstützen kann, die nicht unabhängig denken können, Schüler, denen es an Selbstdisziplin mangelt, und Schüler, die bestimmte Lernschwächen oder ungewöhnliche Talente aufweisen. Eine große und möglicherweise noch zunehmende Anzahl von Schülern braucht Hilfe, Unterstützung, Vorbilder und/oder Fördersysteme« (Gardner 1996, S. 245f.). Dieser realistische Blick auf die Schulwirklichkeit macht deutlich, dass die anvisierte EVA-Kultur nur kleinschrittig und in wohl dosierter Form realisiert werden kann. Mit anderen Worten: Die im Rahmen des EVA-Unterrichts gestellten Anforderungen müssen mit den je vorhandenen Kompetenzen der Schülerinnen und Schüler sensibel abgestimmt werden. Andernfalls drohen Überforderung, Disziplinprobleme und Lernversagen.

So gesehen lässt sich als Motto festhalten: »So viel EVA wie möglich und so viel Lehrersteuerung und -unterstützung wie unbedingt nötig!« Überall dort, wo die SchülerInnen zu scheitern drohen und/oder die Lehrkräfte noch bewährte Stärken im petto haben, sollten die verantwortlichen Pädagogen den Mut besitzen, selbstbewusst auf lehrerzentrierte Verfahren zurückzugreifen und den SchülerInnen die nötigen Impulse und Instruktionen zukommen zu lassen. Es gibt schließlich auch »guten Frontalunterricht« (vgl. Nuhn 2000, S. 10ff.). »Der interessante Lehrervortrag, die spannende Erzählung, das packende Schülerreferat, die Diskussion zwischen Lehrer und Schülern, das aspektreiche Kreisgespräch verfehlen ihre Wirkung nicht und sind wichtige Elemente eines effektiven Unterrichts.« (ebd., S. 11) Nur wäre zu wünschen, dass die betreffenden Lehrerdarbietungen möglichst konsequent mit einer produktiven Nacharbeit der SchülerInnen gekoppelt werden. Sei es nun, dass die SchülerInnen den jeweiligen Lehrerinput im Doppelkreis nacherzählen, dass sie ihn diskutieren, dass sie Fragen dazu formulieren, dass sie ihn grafisch oder thesenartig zusammenfassen oder dass sie ein Protokoll, einen Kommentar oder einen spezifischen Zeitungsartikel dazu schreiben, oder sei es auch, dass sie den betreffenden Input im Rahmen eines Quiz, einer Anhörung oder einer Talkshow/Debatte vertiefend bearbeiten. Wichtig ist nur, dass die SchülerInnen zur aktiv-produktiven Auseinandersetzung mit dem jeweiligen Input veranlasst werden. Andernfalls werden sie sich mit dem Begreifen und Behalten schwer tun.

Der lehrerzentrierte Unterricht ist also nicht »out«, sondern er wird in abgeschwächter und modifizierter Form auch weiterhin seine Berechtigung behalten. Allerdings verändern sich die Lehrerrolle und die damit einhergehenden Aktivitäten der Lehrkräfte ganz erheblich. Aufgabe der LehrerInnen wird es zwar auch weiterhin sein, den jeweiligen Lernprozess zu arrangieren und den SchülerInnen bei Bedarf mit Rat und Tat zur Seite zu stehen. Nur werden sie dabei weniger in Form von Impulsen und/oder Dauervorträgen agieren, sondern primär in der Weise arbeiten, dass sie sich über Lernfragen, Aufgabenstellungen, Materialangebote, Beratungsleistungen und sonstige Steuerungs- und Servicemaßnahmen in die Lernprozesse der

SchülerInnen einbringen. Mit anderen Worten: Die Lehrkräfte sind sehr viel stärker als bisher in der Rolle von Moderatoren, Lernorganisatoren und Lernberatern tätig und tragen auf diese Weise dazu bei, dass die SchülerInnen zunehmend gefordert und gefördert werden, in eigener Regie zu arbeiten, auftretende Probleme zu lösen, Eigeninitiative zu entwickeln, Verantwortung zu übernehmen, Fehler zu korrigieren und qualitativ ansprechende Unterrichtsergebnisse sicherzustellen. Die Rolle der Lehrkräfte ist also eine relativ defensive und zielt in erster Linie darauf ab, die Potenziale der SchülerInnen zu mobilisieren.

Howard Gardner spricht diesbezüglich vom »transformatorischen Ansatz« und meint damit, dass die jeweilige Lehrperson ihre SchülerInnen nicht einfach belehrt und unterweist, sondern ihnen als »Trainer oder Koordinator« zur Verfügung steht – als »Coach« also, der die SchülerInnen anleitet und ermutigt, persönliche Fähigkeiten zu entdecken, eigene Ideen auszuarbeiten, sie verschiedenen Prüfungen zu unterziehen und insgesamt ein möglichst nachhaltiges Verständnis aufzubauen. Damit dieses gelingt, stellt der besagte »Coach« die SchülerInnen vor geeignete Probleme, schafft bestimmte Herausforderungen und/oder arrangiert ausgewählte Situationen, die den SchülerInnen helfen, spezifische Fähigkeiten und Fertigkeiten zu entwickeln und/oder anzuwenden (vgl. Gardner 1996, S. 154). Dieser »neue Lehrer« erzeugt, wie Rolf Arnold schreibt, »… nicht mehr das Wissen, das ›in die Köpfe der Schüler soll‹; er ›ermöglicht‹ Prozesse der selbsttätigen und selbstständigen Wissenserschließung und Wissensaneignung« (Arnold 1993, S. 53). Oder anders ausgedrückt: Die Lehrperson initiiert und unterstützt Lernprozesse, die dazu führen, »… dass die Schülerinnen und Schüler sich auf die Sache und die Anforderungen einlassen, zuhören, mitdenken, nachfragen – also lernen« (Bund-Länder-Kommission 1997, S. 29). Die im Weiteren vorgestellten Lernspiralen machen deutlich, wie dieser lehrergeleitete EVA-Unterricht aussehen kann.

2.6 EVA konkret: Zum Konzept der »Lernspirale«

Wie bereits erwähnt, zeichnet sich das eigenverantwortliche Arbeiten und Lernen der SchülerInnen durch einen klaren Lehrplan- und Themenbezug aus sowie dadurch, dass die SchülerInnen in vielfältiger Weise veranlasst werden, sich in das jeweilige Lehrplanthema mithilfe unterschiedlicher Lernaktivitäten »hineinzubohren«, um möglichst nachhaltige inhaltliche und methodische Kompetenzen aufzubauen. Die SchülerInnen praktizieren also im besten Sinne des Wortes »Arbeitsunterricht« und bedienen sich dabei unterschiedlicher Methoden. Dieses »eindringliche« Lernen wird hier in Analogie zum Spiralbohrer mit dem Begriff *Lernspirale* belegt (vgl. das Muster in Abb. 10). Zu unterscheiden ist dabei zwischen Makrospiralen und Mikrospiralen. Von einer **Makrospirale** ist dann die Rede, wenn ein komplexeres Unterrichtsthema in diverse *Arbeitsinseln* (A 1 bis A …) zerlegt wird, die – jede für sich – mehrschichtige EVA-Aktivitäten der SchülerInnen auszulösen vermögen. Werden diese Arbeitsinseln in einfache *Arbeitsschritte* untergliedert, so erhält man die besagte

Beispiel für eine EVA-Lernspirale

(Mögliche Arbeitsinseln zum Thema »Menschen im Betrieb«)

Vorwissen/Voreinstellungen aktivieren

A 1: Assoziatives Zeichnen zum Thema »Menschen im Betrieb« (Skizzen entwerfen ⇨ Plakate gestalten ⇨ Plakate präsentieren)

A 2: Verfassen eines Kommentars zu einer vorliegenden Karikatur (Einzelkommentar ⇨ Gruppenkommentar ⇨ Präsentation nach Los)

A 3: Dissonanzmethode: Bewertung und Diskussion ausgewählter Thesen (Zettelabfrage ⇨ Doppelkreisgespräche ⇨ Fishbowl-Debatte)

Neue Kenntnisse/Verfahrensweisen erarbeiten

A 4: Nachschlagen im Betriebsverfassungsgesetz: Beantworten bestimmter Problemfragen (Gezieltes Nachschlagen ⇨ Kontrollphase ⇨ Quiz)

A 5: Arbeitsblatt erarbeiten: Entwickeln wichtiger Problemfragen zum Jugendarbeitsschutzgesetz (Gruppenarbeit ⇨ Bearbeitungsphase)

A 6: Schaubilder-Rallye: Erschließen ausgewählter Schaubilder (Lesephase ⇨ Expertengruppen ⇨ Vortragszirkel ⇨ Plenarvorträge)

A 7: Arbeitsblätter bearbeiten: Bearbeiten themenzentrierter Arbeitsblätter in Einzel- oder Partnerarbeit (Bearbeitungsphase ⇨ Kontrollphase)

A 8: Suchaufgaben zum Schulbuch: Bearbeiten vorliegender Schlüsselfragen mit Hilfe des Schulbuchs (Partnerarbeit ⇨ Präsentation nach Los)

A 9: Lernkärtchen erstellen: Üben und Wiederholen mit Hilfe einer selbst erstellten Lernkartei (Produktionsphase ⇨ Frage-Antwort-Spiel)

A10: Stationengespräch: Besprechung ausgewählter Karikaturen (Brainstorming ⇨ Expertengruppen ⇨ Präsentationsphase)

Komplexere Anwendungs-/Transferaufgaben

A11: Erkundung/Fallstudie: Betriebserkundung unter dem Motto »Dem Betriebsrat auf der Spur« (Befragung ⇨ Dokumentation ⇨ Präsentation)

A12: Kritische Reportage zur Praxis der betrieblichen Mitbestimmung erstellen (Planung ⇨ Recherche ⇨ Produktion ⇨ Präsentation)

A13: Durchführung eines themenzentrierten Planspiels (in Klippert 1996 finden sich die Planspiele »Ein Betrieb soll verlagert werden«, »Konflikt in der Metallfabrik« und »Roboter für die Agro-AG«)

Abb. 10

© Dr. H. Klippert

Mikrospirale. Eine Mikrospirale zeichnet sich also dadurch aus, dass die SchülerInnen eine je bestimmte *Teilaufgabe* mehrphasig bearbeiten und dabei sowohl inhaltliche als auch methodische, kommunikative und teamspezifische Kompetenzen erwerben.

Die betreffenden Arbeitsinseln A 1 bis A … (vgl. Abb. 10) sind vom Anforderungsgrad her unterschiedlich geschnitten; ihre Bearbeitung wird von Lehrerseite mehr oder weniger stark reglementiert und unterstützt. Mit anderen Worten: Der jeweilige *Lernkorridor*, den die SchülerInnen vorfinden und eigenverantwortlich auszufüllen haben, reicht vom Bearbeiten eines Arbeitsblattes oder dem Lösen einer einfachen Mathematik-Aufgabe über das Erstellen einer komplexen Visualisierung, eines Referats, eines Hörspiels oder eines Videofilms bis hin zur differenzierten Planung und Realisierung eines Projekts, einer Erkundung oder einer Ausstellung. Die Gestaltungsspielräume und Verantwortlichkeiten der SchülerInnen sind also unterschiedlich ausgeprägt. Das zeigen die in Abbildung 10 angeführten Arbeitsarrangements zum Themenbereich »Menschen im Betrieb«.

Diese Arbeitsarrangements A 1 bis A … sind allerdings nicht so zu verstehen, als müssten sie im Unterricht ausnahmslos behandelt werden. Sie stellen Möglichkeiten dar, auf die zwecks Intensivierung des EVA-Unterrichts zurückgegriffen werden kann, aber keine obligatorische Unterrichtsreihe! Sie sind als *Ideensammlung* zu sehen, die Ergebnis eines gezielten methodenorientierten Brainstormings ist. Sie stellen einen *Methodenpool* dar, den die verantwortlichen Lehrkräfte wahlweise nutzen können, je nachdem, wie viel Zeit ihnen zur Verfügung steht, welche didaktisch-methodischen Akzente sie setzen wollen und welche sonstigen (lehrerzentrierten) Inputs ihnen noch angebracht erscheinen.

Wie sich aus der abgebildeten Übersicht ersehen lässt, wird auf Methodenvielfalt Wert gelegt. Die SchülerInnen werden unterschiedlich angesprochen und zum aktivproduktiven Lernen veranlasst. Sie erhalten Gelegenheit, sich mit dem besagten Themenbereich variantenreich auseinander zu setzen und auf diesem Wege wichtige inhaltliche und methodische Kenntnisse, Einsichten, Fähigkeiten und Fertigkeiten zu erarbeiten. So gesehen trägt EVA im besten Sinne des Wortes zur Vermittlung zeitgemäßer Schlüsselqualifikationen bei. Die SchülerInnen durchlaufen die je in Frage kommenden Arbeitsinseln (z.B. A 1, A 3 etc.) und üben sich dabei in puncto Informationsbeschaffung und Informationsverarbeitung, Urteilsbildung und Verantwortungsübernahme, Kommunizieren und Kooperieren, Strukturieren und Visualisieren etc. Redundanzen sind bei diesem Lehr-/Lernkonzept nicht nur zulässig, sondern sogar erwünscht. Erwünscht deshalb, weil die SchülerInnen auf diese Weise zur nötigen Wiederholung und Festigung des jeweiligen Lernstoffs und der jeweiligen Lernverfahren veranlasst werden. Vorbereitet, organisiert und moderiert werden die angesprochenen Arbeitsinseln von der je zuständigen Lehrkraft. Diese hält sich ansonsten aber deutlich zurück und schaltet sich nur in Ausnahmefällen unterstützend ein (defensive Lehrerrolle!)

Der Begriff »Arbeitsinsel« soll dieses intendierte Selbstmanagement der SchülerInnen unterstreichen. Jede Makrospirale (vgl. Abb. 10) setzt sich aus mehr oder weniger vielen kleineren oder größeren Arbeitsinseln zusammen, die die SchülerInnen vielleicht 15 Minuten, vielleicht 30 Minuten, vielleicht aber auch mehrere Stunden lang im Sinne eigenverantwortlichen Arbeitens und Lernens fordern. Planspiele, Erkundungen, Referate und Projekte gehören beispielsweise zu diesen letztgenannten zeitintensiven Arbeitsinseln. Kennzeichnend für die entsprechenden Arbeitsprozesse ist das angedeutete spiralförmige Arbeiten der SchülerInnen, das in der Regel so verläuft, dass sie von der Einzel- über die Partner- und/oder Gruppenarbeit schließlich zur Präsentation und/oder Diskussion im Plenum vorstoßen. Derart gestufte Arbeitsprozesse sind in unseren Schulen bislang eher die Ausnahme und keinesfalls die Regel.

Meist wird von der Einzelarbeit direkt in die Plenarauswertung gewechselt, wobei die Lehrkräfte die Hauptakteure sind. Von daher mangelt es vielen SchülerInnen an den nötigen Gärungs- und Klärungsprozessen, die für nachhaltiges Begreifen und Behalten von entscheidender Wichtigkeit sind. Die in Abbildung 10 jeweils in Klammern stehenden Arbeitsetappen verdeutlichen die besagte Grundstruktur des EVA-Lernens.

Gestartet wird das tätige Lernen der Schülerinnen und Schüler üblicherweise so, dass sie in der »Sensibilisierungsphase« mittels diverser Arbeitsinseln veranlasst werden, ihr Vorwissen und ihre Voreinstellungen zu aktivieren und der gemeinsamen Reflexion zugänglich zu machen. Daran schließt sich eine relativ umfangreiche »Informationsphase« mit einer Reihe weiterer Arbeitsinseln an, die der Erarbeitung einschlägiger Kenntnisse und Verfahrensweisen zum jeweiligen Themenkomplex dienen. Abgerundet wird die skizzierte Makrospirale in der »Transferphase« mit einigen abschließenden Arbeitsinseln zur Anwendung und Vertiefung des bis dahin Gelernten.

Damit jedoch keine Missverständnisse entstehen: Die angeführten Arbeitsinseln sind von ihren Anforderungen und Lernzielen her weder trennscharf noch ergeben sie in Summe eine komplette Unterrichtseinheit zum Thema »Menschen im Betrieb«. Die ausgewiesenen Arbeitsinseln A 1 bis A 13 stellen mögliche Lernarrangements dar, die die verantwortlichen Lehrkräfte ihren SchülerInnen anbieten können, damit sich diese in aktiv-produktiver Weise in den jeweiligen Lernstoff »hineinbohren« und entsprechende Fähigkeiten und Fertigkeiten aufbauen können. Hinzu kommt selbstverständlich noch die eine oder andere Lehrerdarbietung. Und hinzu kommen natürlich auch noch lehrergelenkte Unterrichtsgespräche, die in Abbildung 10 weitgehend ausgeblendet bleiben. So gesehen ist die skizzierte Makrospirale eine Art »Methodenbörse« mit konkreten Anregungen und Beispielen zur Inszenierung einschlägigen EVA-Unterrichts – nicht mehr, aber auch nicht weniger!

Diese Relativierung ist insofern wichtig, als hier keinesfalls der Eindruck erweckt werden soll, dass der anvisierte EVA-Unterricht ausschließlich auf das Selbsterarbeiten des Lernstoffes durch die SchülerInnen abstellt.. Eine derartige Verabsolutierung des EVA-Prinzips wäre aus den im letzten Abschnitt genannten Gründen unrealistisch und irreführend zugleich. Unrealistisch deshalb, weil im Schulalltag letztlich ein Methoden-Mix nötig ist, der den unterschiedlichen Begabungen und Interessen der SchülerInnen Rechnung trägt, und zwar sowohl aus Motivations- als auch aus

Effizienzgründen. Und irreführend wäre eine solche Verabsolutierung insofern, als sie selbst engagierte und innovationswillige Lehrkräfte eher abschrecken als ermutigen müsste, da sie das tradierte Repertoire äußerst rigide infrage stellt. Ermutigung und Inspiration aber sind die Stützpfeiler der anvisierten Unterrichtsreform.

Für die Unterrichsplanung bedeutet das skizzierte Spiral-Konzept ein erhebliches Umdenken der Lehrkräfte. An die Stelle der herkömmlichen lehrerzentrierten Lernziel- und Stoffplanung tritt stärker das Sondieren und Vorbereiten geeigneter schülerzentrierter *Arbeitsinseln*. Dementsprechend ergibt sich für die alltägliche Unterrichtsplanung eine veränderte Leitfrage, nämlich die: »Wie kann ich die SchülerInnen beim anstehenden Thema zum eigenverantwortlichen Arbeiten, Kommunizieren, Kooperieren, Produzieren, Recherchieren, Erkunden etc. veranlassen? Welche Materialien muss ich dazu bereitstellen und welche Lernarrangements und Regiehinweise sind diesbezüglich vonnöten?« Angesagt ist also vorrangig das Initiieren, Organisieren und Moderieren themenzentrierter Arbeits- und Klärungsprozesse der SchülerInnen und weniger die detaillierte Darbietung des Lernstoffs durch die jeweilige Lehrkraft. Wie gesagt: Das erfordert ein gewisses Umdenken. Ein Umdenken allerdings, das ohne revolutionäre Umstellungen und unkalkulierbare Risiken gewagt werden kann. Ein Umdenken zudem, das für SchülerInnen wie LehrerInnen Erfolg versprechende und im besten Sinne des Wortes »lohnende« Perspektiven eröffnet. Das zumindest zeigen die bisherigen Erfahrungen an den zahlreichen Pilotschulen in verschiedenen Bundesländern.

2.7 EVA-Lernspirale zu einem Sozialkunde-Thema

Die abgebildete Makrospirale zum Thema »Europäische Integration« (vgl. Abb. 11) ist ganz ähnlich konzipiert wie das auf Seite 64 vorgestellte Musterbeispiel. Die ersten drei Arbeitsinseln dienen der Mobilisierung des themenzentrierten Vorwissens und der Voreinstellungen der SchülerInnen, die nächsten sieben Arbeitsinseln ermöglichen ihnen das Erarbeiten neuer Kenntnisse und Verfahrensweisen und die letzten drei Arbeitsinseln schließlich eröffnen ihnen die Chance, das Gelernte mithilfe relativ komplexer Anwendungs- bzw. Transferaufgaben zu vertiefen. Interessierte Lehrkräfte können die eine oder andere Arbeitsinsel/Mikrospirale aufgreifen, je nachdem, welche zeitlichen, curricularen und kompetenzspezifischen Rahmenbedingungen bestehen. Auf keinen Fall ist die skizzierte Makrospirale als komplette Unterrichtseinheit zu verstehen! (Vgl. die Anmerkungen im letzten Abschnitt)

Damit der Aufbau der abgebildeten Makrospirale und der dazu gehörigen Mikrospiralen etwas konkreter wird und die korrespondierende Planungslogik besser nachvollzogen werden kann, werden im Folgenden einige ausgewählte Arbeitsinseln/ Mikrospiralen (schwarz unterlegt) genauer erläutert. Die Auswahl erfolgt dabei so, dass erstens unterschiedliche methodische Abläufe und Arrangements zur Darstellung gelangen und zweitens Arbeitsinseln aus allen drei Lernphasen (Sensibilisierungsphase, Informationsphase, Transferphase) Berücksichtigung finden.

EVA-Lernspirale zum Thema »Europa«

(Mögliche Arbeitsinseln und Arbeitsschritte)

Vorwissen/Voreinstellungen aktivieren

A 1: Begriffslandschaft erstellen (Begriffe notieren ➪ Doppelkreisvorträge ➪ Gruppenentscheidung ➪ Präsentation nach Los)

A 2: Assoziatives Zeichnen zum europäischen Integrationsprozess (Skizzen entwerfen ➪ Plakate gestalten ➪ Plakate präsentieren)

A 3: Thesendiskussion: Bewertung und Diskussion einer zentralen These (Zettelabfrage ➪ Doppelkreisgespräche ➪ Pro-und-Kontra-Debatte)

Neue Kenntnisse/Verfahrensweisen erarbeiten

A 4: Produktive Arbeitsblätter bearbeiten (Einzelarbeit ➪ Partner- oder Kleingruppengespräche ➪ Ergebnispräsentation nach Los)

A 5: Produktive Filmarbeit (Filminhalt mitschreiben ➪ Inhalte in Gruppen klären und strukturieren ➪ Korrespondierende Vorträge halten)

A 6: Aktuelle EU-Schaubilder erschließen (Einzelarbeit ➪ Expertengruppen ➪ Vortragszirkel ➪ Plenarvorträge)

A 7: Nachschlagen in einer EU-Broschüre (Einzelarbeit ➪ Vergleich der Ergebnisse in Kleingruppen ➪ Frage-Antwort-Spiel im Plenum)

A 8: Lernspiele/Arbeitsblätter erarbeiten (Planungs- und Informationsphase ➪ Produktion in Kleingruppen ➪ Spiel- bzw. Erprobungsphase)

A 9: Länderporträts erstellen (Informations- und Planungsphase ➪ Tonreportage/Werbespot erstellen ➪ Präsentation der Gruppenprodukte)

A 10: Kritische Reportage z.B. zur EU-Agrarpolitik erstellen (Planung ➪ Recherche ➪ Produktion ➪ Präsentation)

A 11: Quiz vorbereiten und durchführen (Fragen sammeln ➪ Frage-Antwort-Kärtchen anlegen ➪ Quiz durchführen ➪ ggf. Lehrerinfos)

Komplexere Anwendungs-/Transferaufgaben

A 12: Stationengespräch: Besprechung ausgewählter Karikaturen (Brainstorming ➪ Expertengruppen ➪ Präsentationsphase)

A 13: Bürgerbefragung durchführen (Fragebogen/Interview vorbereiten ➪ Straßenbefragung ➪ Dokumentation ➪ Ergebnispräsentation)

A 14: Ausstellung z.B. zum Thema »Europa geht uns alle an« vorbereiten (Planung ➪ Information ➪ Produktion ➪ Präsentation)

etc.

Abb. 11   © Dr. H. Klippert

Zu den ausgewählten Arbeitsinseln im Einzelnen:

❑ *Assoziatives Zeichnen:* Diese als A 2 ausgewiesene Mikrospirale umfasst die folgenden Lernaktivitäten: Die SchülerInnen reflektieren zunächst in einer kurzen Besinnungsphase den Prozess der Europäischen Einigung nach dem Zweiten Weltkrieg und skizzieren alsdann auf der Basis ihrer Vorkenntnisse und Voreinstellungen einen ihnen wichtig erscheinenden Aspekt dieses Integrationsprozesses auf einem DIN-A4-Blatt. Danach werden per Abzählen oder mittels Losverfahren mehrere Zufallsgruppen mit je vier bis fünf SchülerInnen gebildet, die sich wechselseitig ihre Assoziationsskizzen vorstellen und sodann daran gehen, ein korrespondierendes Plakat zu gestalten (Plakatformat: ca. 80 cm × 100 cm). Da der Zufall unterschiedliche Talente zusammenführt, ist die Gestaltung »ausdrucksstarker« Plakate in der Regel kein Problem. Das zumindest zeigen die bisherigen Erfahrungen. Die so entstandenen Plakate werden im dritten Arbeitsschritt im Plenum von ausgelosten Gruppensprechern – in der Regel mindestens zwei – präsentiert, wobei es unter Umständen sinnvoll sein kann, eine kooperative Präsentation unter Beteiligung aller Gruppenmitglieder »vorzuschreiben«. Sinn und Zweck des vorgesehenen Losverfahrens ist es, die SchülerInnen von vornherein stärker in die Pflicht zu nehmen und jedem Einzelnen damit zu signalisieren, dass ihm die anstehende Präsentation zugetraut wird. Dieses Signal des Lehrers wirkt erfahrungsgemäß motivierend und ermutigend – auch und gerade auf die schwächeren SchülerInnen.

❑ *Thesendiskussion*: Diese als A 3 ausgewiesene Mikrospirale weist folgende Arbeitsschritte auf: Ausgangspunkt ist eine mehr oder weniger provokative These, die geeignet ist, die vorhandenen Vorkenntnisse und Voreinstellungen der SchülerInnen auf den Tisch zu bringen. Eine mögliche These kann z.B. lauten: »Für die Deutschen bringt der europäische Integrationsprozess mehr Kosten als Nutzen!«. Die SchülerInnen erhalten diese These samt einer Bewertungsskala von +3 bis −3 auf einem kleinen Zettel und kreuzen nach einer kurzen Besinnungsphase eine bestimmte Bewertungsrubrik an (+3 heißt volle Zustimmung zur These; −3 heißt volle Ablehnung). Alsdann werden sie aufgefordert, ihre Voten auf einem entsprechend gestalteten Thesen-Plakat mit kleinen roten Klebepunkten kenntlich zu machen. Hierbei geht es (noch) nicht um Richtig oder Falsch, sondern lediglich darum, dass plausible Begründungen vorgetragen werden können. Die markierten Einschätzungen werden im zweiten Arbeitsschritt in Gruppen reihum erläutert und besprochen. Abschließend folgt im Plenum eine thesenzentrierte Pro-und-Kontra-Debatte, an der je zwei Vertreter der Plus- und der Minus-Seite teilnehmen, die unter der Gesprächsleitung des Lehrers ihre unterschiedlichen Sichtweisen stellvertretend für die Klasse austauschen und diskutieren. Um dem Publikum die Möglichkeit zur Mitsprache zu eröffnen, wird auf jeder Seite ein freier Stuhl postiert. Interessierte Zuschauer können den einen oder anderen freien Stuhl kurzzeitig besetzen, ein Argument einbringen, müssen dann diesen »Schleudersitz« aber wieder verlassen.

❏ *Produktive Filmarbeit*: Diese als A5 ausgewiesene Mikrospirale gehört zur Informationsphase und ist dadurch gekennzeichnet, dass die SchülerInnen einen 12-minütigen Informationsfilm zum europäischen Einigungsprozess nach dem Zweiten Weltkrieg systematisch auswerten, anschaulich restrukturieren und schließlich in persönlichen Vorträgen zusammenfassend wiedergeben müssen. Zu den Arbeitsschritten im Einzelnen: In einer ersten Etappe wird der Videofilm mit gezielten Unterbrechungen eingespielt; die SchülerInnen müssen mitschreiben und bekommen nach je zwei bis drei Minuten Gelegenheit innezuhalten, inhaltliche Unklarheiten mit Hilfe der Nachbarn zu beheben sowie die eigene Mitschreibe-Strategie kritisch zu überdenken. Nach Durchlauf der einzelnen Sequenzen wird der Film nochmals im Ganzen eingespielt; die SchülerInnen können ihre Notizen und Eindrücke überprüfen und nötigenfalls ergänzen. Dann werden im zweiten Arbeitsschritt mehrere Zufallsgruppen gebildet, deren Aufgabe es ist, die Mitschriften der einzelnen SchülerInnen abzugleichen und »Entwürfe« zu entwickeln, wie der gesamte Filminhalt möglichst übersichtlich auf einer DIN-A4-Seite strukturiert bzw. visualisiert werden kann. In einer dritten Etappe erstellt dann jeder Schüler für sich seine zusammenfassende »Mind-Map«. Und in einem vierten Schritt schließlich halten ausgeloste SchülerInnen in neu zusammengesetzten Zufallsgruppen (Stehzirkeln!) anhand ihrer »Mind-Maps« möglichst überzeugende Vorträge zum Thema »Europäische Einigung«. Abgerundet werden kann diese Mikrospirale mit einer offenen Reflexionsrunde zum Ablauf und zu den Ergebnissen des Arbeitsprozesses; in dieser Phase ist natürlich auch Platz für gezielte Lehrerimpulse und -instruktionen.

❏ *Aktuelle EU-Schaubilder erschließen:* Diese als A 6 ausgewiesene Mikrospirale zeichnet sich dadurch aus, dass die SchülerInnen ausgewählte Schaubilder zu wichtigen europäischen Institutionen (Europarat, Kommission, Ministerrat, Parlament, Europäischer Gerichtshof) erschließen müssen. Das geschieht in insgesamt vier Etappen. In einer ersten Etappe »zieht« jeder Schüler eines der fünf Schaubilder, die ausreichend kopiert sein müssen, und setzt sich damit in einer kurzen Stillarbeitsphase auseinander, um festzustellen, was klar ist und wo es noch Nachfragen gibt. Dann finden sich die SchülerInnen mit den gleichen Schaubildern in mehreren »Stammgruppen« zusammen, klären die bestehenden Fragen und bereiten sich darauf vor, in einer dritten Etappe in spezifischen »Querschnittsgruppen« – auch Expertengruppen genannt – zum eigenen Schaubild Rede und Antwort stehen zu müssen. In diesen Querschnittsgruppen sitzen jeweils Vertreter der fünf Stammgruppen zusammen und stellen sich reihum ihre unterschiedlichen Schaubilder vor. Etwaige Unklarheiten werden behoben oder für die abschließende Fragerunde notiert. Im vierten und letzten Arbeitsschritt schließlich wird aus jeder der fünf Stammgruppen ein Vertreter ausgelost, der das eigene Schaubild nochmals mittels Overheadprojektor im Plenum vorstellt und erläutert. Etwaige Fragen dazu werden unmittelbar vorgebracht und entweder von Seiten der SchülerInnen oder von Seiten der Lehrkraft beantwortet. Darüber hinaus bringt der Lehrperson – wo nötig – vertiefende Informationen ein.

❑ *Länderporträts erstellen*: Diese als A 9 ausgewiesene Mikrospirale gibt den SchülerInnen Gelegenheit, sich unter einem spezifischen Aspekt mit ausgewählen EU-Ländern auseinanderzusetzen oder aber ein bestimmtes Land unter verschiedenen Aspekten zu beleuchten, um anschließend die erzielten Recherche-Ergebnisse in möglichst eindrucksvollen Präsentationen vor der Klasse vorzustellen. Infrage kommende Aspekte können z.B. sein: das Bildungswesen dieser Länder, ihre Umweltpolitik, ihre Agrarpolitik, ihre Steuerpolitik oder ihre Beschäftigungspolitik. Dazu müssen einschlägige Materialien und Medien bereit stehen. In einem ersten Arbeitsschritt werden mehrere Zufallsgruppen gebildet, die zunächst den konkreten Arbeitsprozess planen und dann daran gehen, zu ihrem jeweiligen Land aspektspezifische Informationen zu beschaffen. Dabei kann auf Schulbücher, Broschüren, spezifische Handouts, einschlägige Lexika oder auch auf CD-ROMs bzw. auf das Internet zurückgegriffen werden. Im zweiten Arbeitsschritt werden die gesammelten Informationen näher aufgearbeitet, und zwar so, dass die betreffenden Schülergruppen z.B. eine Radio- bzw. Tonreportage von 5-minütiger Dauer, ein Wandplakat, eine Folienreihe, eine Computerpräsentation oder irgendeine andere Form der Berichterstattung vorbereiten. Die so entstehenden Lernprodukte werden im dritten Arbeitsschritt im Plenum präsentiert, wobei jeweils alle Gruppenmitglieder aktiv an der Präsentation beteiligt sein müssen. Die dargebotenen Präsentationen werden abschließend reflektiert und nötigenfalls kritisiert. Darüber hinaus können von Lehrerseite Zusatzinformationen und/oder ergänzende Erläuterungen eingebracht werden.

❑ *Quiz vorbereiten und durchführen*: Diese als A 11 ausgewiesene Mikrospirale dient der Vorbereitung und Nutzung einer themenzentrierten Lernkartei. Der erste Arbeitsschritt sieht so aus, dass sich je zwei SchülerInnen die vorliegenden Materialien zum politischen Zusammenwachsen Europas (Schulbuch, Hausheft etc.) vornehmen und z.B. fünf »Schlüsselfragen« überlegen, auf die die MitschülerInnen Antwort wissen sollten. Im zweiten Arbeitsschritt werden diese Tandems mittels Losverfahren zu mehreren Sechsergruppen zusammengeführt, deren Aufgabe es ist, die in Summe vorliegenden dreißig Fragen auf zehn »Schlüsselfragen« (knifflige Fragen!) zu reduzieren. Diese Schlüsselfragen werden sodann auf unterschiedliche Pappkärtchen geschrieben und nach einer bestimmten Zeit an eine andere Gruppe zur schriftlichen Beantwortung weitergegeben. In einem dritten Arbeitsschritt werden sodann die passenden Antworten ermittelt und dazu gegebenenfalls nochmals die vorliegenden Materialien durchforstet. Im vierten Arbeitsschritt schließlich wird eine Frage-Antwort-Runde unter Beachtung bestimmter Kommunikationsregeln durchgeführt. Dieses Quiz sieht wie folgt aus: Ein Schüler stellt eine erste Frage ➪ wer die Antwort weiß, meldet sich ➪ dann gibt der Fragesteller das Wort an einen der Kandidaten weiter ➪ der Antwortgeber wiederholt zunächst die Frage ➪ dann trägt er seine Antwort vor ➪ dabei schaut er den Fragesteller an ➪ ist die Antwort unzulänglich, wird von Seiten des Fragestellers, des Lehrers oder anderer SchülerInnen korrigiert ➪ ist die Antwort o.k., stellt der Antwortgeber seinerseits eine weitere Frage usw. Auf diese Weise kann das betreffende Stoffgebiet recht intensiv wiederholt und zugleich einiges im methodisch-kommunikativen Bereich geübt und gefestigt werden.

❏ *Stationengespräch zu ausgewählten Karikaturen:* Diese als A 12 ausgewiesene Mikrospirale gehört zur Anwendungs- und Transferphase und stellt die SchülerInnen vor die Aufgabe, den europäischen Integrationsprozess anhand ausgewählter Karikaturen kritisch unter die Lupe zu nehmen und möglichst durchdacht und kenntnisreich zu problematisieren bzw. zu würdigen. Der betreffende Arbeitsprozess beginnt damit, dass die sechs ausgewählten Karikaturen an getrennten Stellen im Klassenraum verdeckt ausgehängt bzw. ausgelegt und auf den Rückseiten mit den Ziffern 1 bis 6 beschriftet werden. Alsdann werden durch Abzählen entsprechend viele Schülergruppen gebildet, die sich an den betreffenden »Gesprächsstationen« einfinden und die jeweilige Karikatur unter den beiden folgenden Leitfragen besprechen: »(a) Was will der Karikaturist mit seiner Karikatur wohl aussagen? und (b) Was haltet ihr von dieser Aussage?«. Dazu muss sich möglichst jedes Gruppenmitglied äußern, wobei an jeder Station nur ca. drei Minuten Zeit bleiben. Nachdem die sechs Gruppen alle Stationen durchlaufen haben, beginnt der zweite Arbeitsschritt. Dieser sieht so aus, dass die sechs Karikaturen ab- bzw. aufgenommen und unter den noch im Raum stehenden Schülergruppen verlost werden. Diese haben nunmehr die Aufgabe, zu ihrer jeweiligen Karikatur eine differenzierte Stellungnahme unter Berücksichtigung der beiden genannten Leitfragen zu erarbeiten und die betreffende Argumentation so zu gestalten, dass eine möglichst überzeugende Präsentation erreicht wird. Im dritten Arbeitsschritt tragen ausgeloste Gruppensprecher die vorbereitete Argumentation im Plenum vor. Ergänzende Kommentare des Lehrers und/oder der MitschülerInnen runden die Präsentationen ab.

❏ *Bürgerbefragung durchführen:* Diese als A 13 ausgewiesene Mikrospirale gehört ebenfalls zur Transferphase. Sie stellt vergleichsweise hohe Ansprüche an die SchülerInnen und verlangt, dass diese gezielte Feldforschung betreiben. Dazu müssen sie nicht nur inhaltlich einigermaßen souverän sein, sondern auch in methodischer Hinsicht einiges mitbringen. Der erste Arbeitsschritt sieht so aus, dass die SchülerInnen in Einzel- oder Partnerarbeit mögliche Fragestellungen entwickeln, die Aufschluss darüber zu geben versprechen, wie die Bürger den europäischen Einigungsprozess sehen bzw. einschätzen. Dieses Brainstorming wird im zweiten Arbeitsschritt dahingehend ausgebaut, dass die SchülerInnen in mehreren per Los gebildeten Zufallsgruppen konkrete Fragebögen bzw. Interview-Leitfäden für die spätere Bürgerbefragung entwickeln. Diese »Entwürfe« werden im dritten Arbeitsschritt zwischen den einzelnen Schülergruppen ausgetauscht, kritisch gesichtet und gegebenenfalls mit Änderungsvorschlägen zurückgegeben und bei Bedarf besprochen (Änderungsvorschläge können selbstverständlich auch von Lehrerseite kommen). Auf dieser Basis wird sodann im vierten Arbeitsschritt die eigentliche Bürgerbefragung durchgeführt. Dazu bieten sich u.a. das Straßeninterview mittels Kassettenrecorder oder die gezielte Ausgabe von Fragebögen an ausgewählte Personen außerhalb oder auch innerhalb der Schule an. Im fünften Arbeitsschritt werden die so gewonnen Befragungsergebnisse von den betreffenden Gruppen ausgewertet und mittels Computer und/oder sonstiger Arbeitsmittel so aufbereitet, dass eine überzeugende Präsentation möglich wird. Diese Präsentation steht im Mittelpunkt des sechsten Arbeitsschrittes. Eine übergreifende Reflexionsphase schließt den Arbeitsprozess ab.

Fazit: Die skizzierten Mikrospiralen machen deutlich, dass für deren Bearbeitung in der Regel eine ganze Menge Zeit benötigt wird – mehr Zeit, als die Lehrpläne dem EU-Thema üblicherweise einräumen. Ferner werden mehr Doppelstunden und größere Zeitkontingente benötigt, damit der EVA-Unterricht die angestrebte Intensität und Vielschichtigkeit erreichen kann. Das mehrstufige, spiralförmige Verfahren ist zwar höchst vielschichtig und lernwirksam; es verlangt andererseits aber zwingend ein exemplarisches Vorgehen. Mit anderen Worten: Die je zuständige Lehrkraft muss aus der angeführten Palette der Arbeitsinseln A 1 bis A 14 das eine oder andere Lernarrangement auswählen, um den zur Verfügung stehenden Zeitrahmen nicht zu sehr zu sprengen. Ausgewählt werden muss auch deshalb, weil im alltäglichen Unterricht – wie erwähnt – in aller Regel noch weitere lehrerzentrierte Instruktionen und Gespräche erforderlich sind und unter Umständen auch noch andere Aspekte als die ausgewiesenen behandelt werden sollen. Von daher ist klar, dass die in diesem Buch dokumentierten Makro- und Mikrospiralen nur ein »Steinbruch« sind, d.h. eine anregende Methodenbörse, auf die interessierte Lehrkräfte wahlweise zurückgreifen können, wenn sie den EVA-Anteil in ihrem alltäglichen Unterricht gezielt ausweiten möchten. »Steinbrüche« dieser Art sind das A und O einer wirksamen Unterrichtsreform! Dieser Erkenntnis tragen die *produktiven Fachkonferenzen* (Workshops) Rechnung, die zur Entwicklung fachspezifischer EVA-Materialien und -arrangements dienen. Auf deren Funktion und Gestaltung wird in Kapitel III (Abschnitt 3) dieses Buches noch näher eingegangen werden.

2.8 EVA-Lernspirale zu einem Mathematik-Thema

Die in Abbildung 12 dokumentierte Lernspirale zum Thema »Flächenberechnung« macht deutlich, dass sich die im letzten Abschnitt skizzierten Planungsprinzipien auch auf die Mathematik übertragen lassen. Auch im Fach Mathematik ist es möglich, dass die zuständigen Lehrkräfte zu den je anstehenden Themenbereichen einschlägige Makro- und Mikrospiralen konzipieren, die den SchülerInnen in vielfältiger Weise Gelegenheit geben, eigenverantwortliches Arbeiten und Lernen zu praktizieren. Der Mathematik-Unterricht hat sogar den Vorteil, dass das produktive, problemlösende Lernen eigentlich zum Grundbestand dieses Faches gehört. Denn immer dann, wenn den SchülerInnen einfachere oder kompliziertere mathematische Problemstellungen (Knobelaufgaben, Textaufgaben etc.) vorgelegt werden, müssen sie mehr oder weniger aktiv und produktiv zu Werke gehen. Diese Art des EVA-Un-

EVA-Lernspirale zur Flächenberechnung

(Mögliche Arbeitsinseln und Arbeitsschritte)

Vorwissen/Voreinstellungen aktivieren

A 1: Beurteilung und Diskussion einer These (Zettelabfrage ⇨ Gruppendiskussion ⇨ Podiumsgespräch ⇨ Lehrererläuterungen)

A 2: Fehlersuche (Aufgabenlösungen prüfen ⇨ Klärende Gespräche in Gruppen ⇨ Vorstellung der richtigen Lösungen im Plenum)

A 3: Reale Flächen versuchsweise ermitteln (Messen/Berechnen in PA ⇨ Gruppenabgleich ⇨ Präsentation im Plenum ⇨ Fragerunde)

Neue Kenntnisse/Verfahrensweisen erarbeiten

A 4: Lehrerdarbietung erschließen (Lehrervortrag ⇨ Gruppengespräche ⇨ »Nacherzählung« im Doppelkreis ⇨ Fragerunde)

A 5: Arbeiten mit der Formelsammlung (Nachschlagen ⇨ Berechnen ⇨ Ergebnisvergleich in Gruppen ⇨ Ergebnispräsentation)

A 6: Flächen maßstabsgerecht zeichnen/ausschneiden (Umrisszeichnen ⇨ aus Pappe ausschneiden ⇨ Flächen berechnen ⇨ Ergebnisvergleich)

A 7: Flächenpuzzle erarbeiten (Puzzle zusammenlegen ⇨ Gesamtfläche sukzessive berechnen ⇨ Ergebnispräsentation ⇨ Fragerunde)

A 8: Textaufgaben komplettieren und lösen (Textlücken ausfüllen ⇨ Berechnen im Tandem ⇨ Präsentation in Gruppen ⇨ Fragerunde)

A 9: Expertenvorträge vorbereiten und halten (Einzelarbeit ⇨ Stammgruppen ⇨ Expertenberichte ⇨ Plenarvorträge ⇨ Lehrerinput)

A 10: Lösungswege finden und visualisieren (Strategiesuche ⇨ Strategieklärung in GA ⇨ Visualisierung in PA ⇨ Präsentation)

A 11: Wettbewerbsspiel durchführen (Einführungsphase ⇨ Übungsphase I ⇨ Testphase I ⇨ Übungsphase II ⇨ Testphase II)

Komplexere Anwendungs-/Transferaufgaben

A 12: Merkheft mit Formeln/Beispielaufgaben/Regeln herstellen (Planung in PA ⇨ Klärung in GA ⇨ Produktion ⇨ Anwendung)

A 13: Übungstest mit kniffligen Aufgaben erstellen ⇨ (Produktion in PA ⇨ Produktion in GA ⇨ Kontrollphase ⇨ Lehrerkommentar)

A 14: Kostenberechnung für Klassenraum-Renovierung (Brainstorming in PA ⇨ Kalkulation in GA ⇨ Kontrollphase ⇨ Fragerunde)

etc.

Abb. 12

© Dr. H. Klippert

terrichts läuft in den deutschen Klassenzimmern zwar offenbar noch viel zu selten, wie die kritischen Befunde der TIMSS-Studien zeigen (vgl. Bund-Länder-Kommission 1997, S. 25), gleichwohl kann das EVA-Spektrum im Mathematikunterricht ohne größere didaktisch-methodische Kapriolen kräftig ausgeweitet werden. Das zeigen beispielhaft die Arbeitsinseln und Arbeitsschritte in Abbildung 12 sowie die ausgewählten Lernspiralen in Kapitel II.

❏ *Beurteilung und Diskussion einer These*: Diese als A 1 ausgewiesene Mikrospirale dient dazu, die SchülerInnen zum Nachdenken über den Sinn und Zweck der Flächenberechnung zu veranlassen und ihnen Anwendungssituationen in den Blick zu bringen, die die praktische Relevanz dieses Stoffgebiets unterstreichen. Ausgangspunkt dieser Reflexion kann z.B. die These sein: »Flächenberechnung muss man nicht mehr können; das leistet mittlerweile der Computer!« Die SchülerInnen erhalten diese These samt Bewertungsskala von −3 bis +3 auf einem kleinen Zettel. Sie kreuzen entsprechend ihrer Einschätzung einen der Skalenwerte an und machen sich Notizen zur Begründung ihres Votums. Im zweiten Arbeitsschritt werden per Abzählen oder Losen Zufallsgruppen mit je vier bis fünf Mitgliedern gebildet, die sich reihum ihre Einschätzungen und Begründungen erläutern. Im dritten Arbeitsschritt werden sodann einige SchülerInnen – in der Regel vier – mit möglichst divergierenden Auffassungen zum Podiumsgespräch gebeten und diskutieren darüber, ob und inwieweit man »Flächenberechnung« beherrschen muss. Ein freier Stuhl auf dem Podium sorgt dafür, dass sich interessierte Zuhörer kurzzeitig mit eigenen Argumenten bzw. Anfragen in das Gespräch einklinken können. In der vierten und letzten Arbeitsetappe erläutert die zuständige Lehrkraft anhand ausgewählter Beispiele und Argumente die Bedeutung der Flächenberechnung für die Lösung alltäglicher Aufgaben und Probleme.

❏ *Reale Flächen versuchsweise ermitteln*: Diese als A 3 ausgewiesene Mikrospirale gibt den SchülerInnen Gelegenheit, vom Lehrer benannte reale Flächen im Klassenraum bzw. im Schulgebäude auszumessen und versuchsweise zu berechnen. Der Arbeitsablauf im Einzelnen: Im ersten Arbeitsschritt werden den SchülerInnen zwei bis drei unterschiedliche »Knobelaufgaben« vorgelegt (z.B. Wie viel kostet die Erneuerung der Fensterscheibe »x« im Klassenraum, wenn für deren Reparatur 400 DM pro Quadratmeter berechnet werden? Oder: Wie viel muss ein Schüler für die Aufarbeitung einer von ihm verschmierten Tischplatte bezahlen, wenn deren Renovierung 200 DM pro Quadratmeter kostet?). Die SchülerInnen gehen paarweise daran, die betreffenden Flächen auszumessen und die fraglichen Kosten zu berechnen. Dann werden im zweiten Arbeitsschritt mehrere Zufallsgruppen gebildet, deren Mitglieder die errechneten Ergebnisse vergleichen und die entstandenen Fragen besprechen. Im dritten Arbeitsschritt stellen ausgeloste Gruppenvertreter die ermittelten Lösungen und die verbliebenen Fragen im Plenum vor. Die MitschülerInnen können sich gegebenenfalls dazu äußern. Und im vierten Arbeitsschritt schließlich nimmt die zuständige Lehrperson Stellung zu den verbliebenen Fragen und fügt bei Bedarf weitergehende Erläuterungen zu den Modalitäten der Flächenberechnung an.

❑ *Lehrerdarbietung erschließen*: Diese als A 4 ausgewiesene Mikrospirale zeigt beispielhaft, dass sich Lehrervorträge bestens mit dem eigenverantwortlichen Arbeiten und Lernen der SchülerInnen verbinden lassen. Wichtig ist nur, dass die SchülerInnen die jeweilige Lehrerdarbietung möglichst intensiv »durchkneten«, um so den nötigen persönlichen Ein- und Durchblick zu erhalten. Zum Arbeitsprozess im Einzelnen: Im ersten Arbeitsschritt präsentiert der Lehrer einige grundlegende Erläuterungen und Operationen zur Flächenberechnung. Die SchülerInnen hören aufmerksam zu, schreiben mit und versuchen sich ihrer eigenen Unklarheiten bewusst zu werden. Im zweiten Arbeitsschritt folgt dann eine erste Klärungsphase, indem per Setz- und Losverfahren mehrere leistungsheterogene Gruppen gebildet werden, in denen die entstandenen Fragen/Unklarheiten besprochen werden. Im dritten Arbeitsschritt müssen die SchülerInnen dann individuell Farbe bekennen, d.h. sie müssen den Lehrervortrag in einer eigenen Version im Doppelkreis ihrem jeweiligen Zufallspartner gegenüber »nacherzählen« und auf diese Weise den eigenen Kenntnisstand überprüfen und mithilfe des betreffenden Partners nötigenfalls nachbessern (zur Doppelkreismethode vgl. Klippert 1995, S. 89 und S. 132). Im vierten Arbeitsschritt schließlich haben die SchülerInnen Gelegenheit, die verbliebenen Fragen und Unklarheiten im Plenum zur Sprache zu bringen und die Lehrperson um gezielte »Nachhilfe« zu ersuchen.

❑ *Flächenpuzzle erarbeiten*: Diese als A 7 ausgewiesene Mikrospirale gibt den SchülerInnen Gelegenheit, aus verschiedenen geometrischen Elementen eine Gesamtfläche zusammenzusetzen, auszumessen und zu berechnen. Der erste Arbeitsschritt sieht dabei so aus, dass mehrere 5er-Gruppen gebildet werden, die je einen Briefumschlag mit den abgebildeten zehn geometrischen Elementen erhalten; diese Elemente werden gleichmäßig unter den Gruppenmitgliedern verteilt und müssen anschließend – ohne dass gesprochen werden darf – in passender Weise zusammengefügt werden.

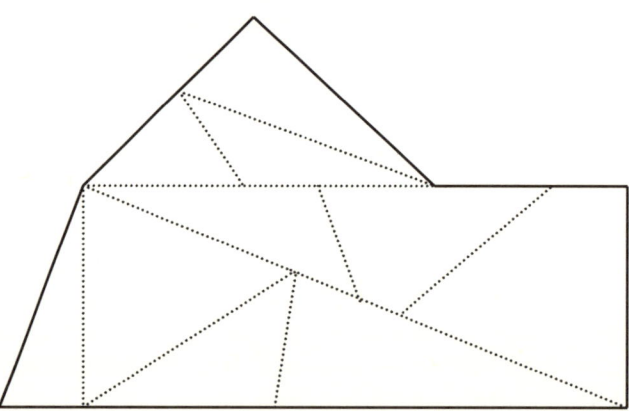

Im zweiten Arbeitsschritt wird die so entstandene Figur in mehrere leicht zu berechnende Teilflächen zerlegt, die alsdann separat ausgemessen, berechnet und schließlich zur Gesamtfläche addiert werden. Im dritten Arbeitsschritt erfolgt die Ergebnispräsentation in der Weise, dass das eine oder andere Gruppenmitglied ausgelost wird und sowohl den gefundenen Lösungsweg als auch das ermittelte Ergebnis vor der Klasse vorstellen und erläutern muss. Im vierten Arbeitsschritt schließlich können Fragen an den Lehrer gestellt bzw. gezielte Erläuterungen von Lehrerseite wie von Schülerseite gegeben werden.

❏ *Expertenvorträge vorbereiten und halten*: Diese als A 9 ausgewiesene Mikrospirale zielt darauf, dass die SchülerInnen arbeitsteilig unterschiedliche Flächen (Trapez, Kreis, Parallelogramm etc.) berechnen und die gewählte Vorgehensweisen und Formeln anschließend einzelnen MitschülerInnen erläutern. Der Arbeitsablauf im Einzelnen: Im ersten Arbeitsschritt erhält jeder Schüler eine bestimmte Aufgabe, die er zunächst versuchsweise alleine zu lösen versucht. Im zweiten Arbeitsschritt finden sich die SchülerInnen mit gleicher Aufgabe in »Stammgruppen« zusammen, klären die verbliebenen Fragen und bereiten sich darauf vor, den gefundenen Lösungsweg in neuen Gruppen vorzustellen zu müssen. Dann werden im dritten Arbeitsschritt durch Abzählen oder Losen mehrere »Expertengruppen« gebildet, in denen Vertreter aller Stammgruppen sitzen. Diese Experten stellen sich reihum ihre spezifischen Operationen zur Berechnung der jeweiligen Fläche vor und besprechen etwaige Unklarheiten. Im vierten Arbeitsschritt gehen die SchülerInnen dann zunächst zurück in ihre Stammgruppen. Dort wird mittels Kartenspiel je ein Gruppensprecher ausgelost, der die gefundene Lösungsstrategie schließlich im Plenum präsentiert und sich etwaigen Fragen und/oder Anmerkungen der MitschülerInnen stellt. Abgerundet wird dieser Arbeitsprozess im fünften und letzten Arbeitsschritt mit einigen zusammenfassenden/ergänzenden Erläuterungen des Lehrers/der Lehrerin.

❏ *Wettbewerbsspiel durchführen*: Diese als A 11 ausgewiesene Mikrospirale dient der systematischen Wiederholung und Festigung der gelernten Verfahrensweisen im Rahmen eines Wettbewerbsspiels. Gestartet wird das Wettbewerbsspiel mit einer kurzen »*Warm-up-Phase*«, die den SchülerInnen Gelegenheit gibt, das Thema »Flächenberechnung« anhand des Haushefts, der Formelsammlung und des Schulbuchs gezielt aufzufrischen. Etwaige Unklarheiten werden mit den jeweiligen Tischnachbarn besprochen. Dann werden im zweiten Arbeitsschritt mittels Los- und Setzverfahren mehrere leistungsheterogene Zufallsgruppen gebildet, deren Aufgabe es ist, drei vorgegebene *Übungsaufgaben* zu lösen. Dabei sind wechselseitiges Fragen und Helfen nicht nur möglich, sondern sogar erwünscht, damit die Gruppenmiglieder für die anschließende Testphase möglichst gut gerüstet sind. Allerdings arbeiten die SchülerInnen zunächst einige Minuten verbindlich alleine, ehe sie dann ihren jeweiligen Lernpartner und schließlich die Gesamtgruppe ansprechen dürfen. Diese Sequenzierung hat den Vorteil, dass dadurch sowohl der Lärmpegel gemindert als auch die Intensität der Auseinandersetzung gesteigert wird. Im dritten Arbeitsschritt folgt dann die besagte *Testphase*. Diese

Testphase läuft so ab, dass die Gruppenmitglieder getrennt voneinander im Klassenraum sitzen und individuell drei weitere Flächenberechnungs-Aufgaben zu lösen haben. Nach Ablauf der Testzeit werden die bearbeiteten Testblätter der jeweiligen Gruppenmitglieder zusammengelegt und als Set zwecks Korrektur an eine der Konkurrenzgruppen gegeben. Die Korrektur erfolgt anhand eines vom Lehrer bereitgestellten Lösungsblattes. Anschließend werden die Gruppen auf der Basis der erreichten Gesamtpunktzahl in eine Rangordnung gebracht. Dann folgt die *2. Übungsphase.* Diese gibt den Gruppenmitgliedern Gelegenheit, zum einen die in der Testphase aufgetretenen Schwierigkeiten und Fehler so weit wie möglich zu beheben und zum Zweiten anhand von drei neuen Übungsaufgaben den gemeinsamen Klärungsprozess weiter voranzutreiben. Daran schließt sich im fünften und letzten Arbeitsschritt eine *2. Textphase* an, die analog zur ersten Testphase verläuft und den Gruppen die Chance eröffnet, einen besseren Rangplatz zu erreichen. Ziel des Wettbewerbs ist es also, das Gruppenergebnis mittels intensiver Zusammenarbeit in der Gruppe möglichst positiv zu gestalten.

❏ *Übungstest mit kniffligen Aufgaben erstellen:* Diese als A 13 ausgewiesene Mikrospirale gibt den SchülerInnen Gelegenheit, die erworbenen Fähigkeiten und Fertigkeiten zur Konstruktion kniffliger Textaufgaben einzusetzen und auf diese Weise das eigene Verständnis der Flächenberechnung vertiefen. Im ersten Arbeitsschritt gehen die SchülerInnen in Partnerarbeit daran, mögliche Aufgabenstellungen zu suchen und zu formulieren. Dabei greifen sie auf die vorliegenden Unterlagen wie Hausheft, Schulbuch und Formelsammlung zurück und versuchen z.B. vier unterschiedliche Aufgabenstellungen zu entwickeln, deren Bearbeitung zweierlei klar macht: Erstens die praktische Relevanz der Flächenberechnung und zweitens die Vielfalt möglicher Aufgabenstellungen. Diese Ideen der Tandems werden in einem zweiten Arbeitsschritt in mehreren leistungsheterogenen Zufallsgruppen weitergehend ergänzt, sodass am Ende dieser Arbeitsetappe jede Gruppe einen Übungstest mit acht bis zehn kniffligen Aufgaben fertig gestellt hat. Dabei kann zur Klärung etwaiger Fragen die Lehrperson angesprochen werden. Die so erstellten Übungstests werden im dritten Arbeitsschritt zwischen den einzelnen Gruppen ausgetauscht und zwecks Kontrolle und Vertiefung bearbeitet. Sollten sich Unklarheiten ergeben, so wird das der je verantwortlichen Gruppe zurückgemeldet und zum Anlass für eine anschließende Überarbeitung genommen. Die so optimierten Übungsaufgaben können Grundlage für einen »echten Test« sein.

2.9 Methodenschulung als Begleitprogramm

Wie sich aus den Erläuterungen zu den einzelnen Mikrospiralen ersehen lässt, geht es im Rahmen der skizzierten Arbeitsprozesse nicht nur um die inhaltsbezogene Lerntätigkeit der SchülerInnen, sondern auch und zugleich darum, dass sie elementare Arbeits-, Kommunikations- und Kooperationsmethoden anwenden müssen.

Welche Methoden damit gemeint sind, geht aus Abbildung 13 hervor. Die Schüler-Innen betreiben also im besten Sinne des Wortes »Methodenpflege« im jeweiligen Fachunterricht. Diese *Methodenpflege* ist integraler Bestandteil des EVA-Unterrichts. Dass sie wichtig ist und in den unterschiedlichen Fächern und Jahrgangsstufen verstärkt betrieben werden muss, ist in den betreffenden Trainingshandbüchern des Verfassers immer wieder deutlich gemacht worden (vgl. Klippert 1994, 1995, 1998 und 2000). EVA verlangt Methoden- und Sozialkompetenz! Aber EVA ermöglicht eben auch methodenzentriertes Arbeiten und Üben – vorausgesetzt, die betreffenden Lernspiralen werden entsprechend akzentuiert und geplant. In einem stark lehrerzentrierten und lehrerdominierten Unterricht ist dieser Erwerb methodischer, kommunikativer und kooperativer Kompetenzen nur sehr eingeschränkt möglich.

Wie sich aus den im letzten Abschnitt skizzierten Arbeitsinseln und Arbeitsschritten ersehen lässt, ist die Palette der eingebauten Arbeits-, Kommunikations- und Kooperationsmethoden recht breit gefächert. So müssen die SchülerInnen z.B. zum Thema »Europäische Einigung« Visualisierungskärtchen beschriften, Arbeitsaufträge erfassen und markieren, Plakate gestalten, Mitschriften anfertigen, Mindmaps erstellen, gezielt nachschlagen, nach der 3-Stufen-Methode markieren, Arbeitsprozesse planen, Auswahlentscheidungen treffen, Fragekärtchen erstellen, Thesen formulieren, Fragebögen bzw. Interviewleitfäden entwickeln, Informationen aus CD-ROMs herausfiltern, im Internet recherchieren, Statements vorbereiten, kleinere oder größere Vorträge halten, Interviews führen, Plakate präsentieren, im Hearing Rede und Antwort stehen, Live-Reportagen präsentieren, Frage-Antwort-Spiele durchführen, Thesen kommentieren, Gruppendiskussionen führen, miteinander arbeiten, aktiv zuhören, gruppeninterne Probleme/Konflikte regeln, zielstrebige Gruppenarbeit sicherstellen, kooperative Präsentationen vorbereiten und realisieren, Verantwortung für den Gruppenprozess und die Gruppenergebnisse übernehmen etc.

Ganz ähnlich stellt sich das Methodenrepertoire im Falle der Flächenberechnung dar. Auch hier müssen die SchülerInnen zahlreiche Arbeits-, Kommunikations- und Kooperationsmethoden anwenden. Sie müssen z.B. eine These einschätzen, Flächen ausmessen, Puzzleteile zusammensetzen, Flächen maßstabsgerecht zeichnen, in der Formelsammlung nachschlagen, einen Lehrervortrag mitschreiben, Lösungswege übersichtlich strukturieren bzw. visualisieren, Textaufgaben gezielt markieren, Aufgabenstellungen präzise formulieren, Merkhefte übersichtlich gestalten, Übungstests erstellen, Ergebnisse kontrollieren und bewerten, Fragen erkennen und stellen, zu einer These argumentieren, Diskussionen führen, im Doppelkreis berichten, Lösungswege an der Tafel präsentieren, Expertenvorträge halten, einen Lehrervortrag nacherzählen, den MitschülerInnen helfen, auf Zeitmanagement achten, Brainstorming in der eigenen Gruppe sicherstellen, Gruppenregeln beachten, Feedback geben und entgegennehmen etc.

So gesehen gehen *EVA* und *Methodenpflege* Hand in Hand. Die in Kapitel II dokumentierten Makro- und Mikrospiralen werden dieses weitergehend zeigen und exemplarisch konkretisieren. Voraussetzung für diese Art des methodenorientierten EVA-Unterrichts ist nur, dass die je verantwortlichen Lehrkräfte bei ihrer Unter-

EVA verlangt Methoden- und Sozialkompetenz

Elementare Lern- und Arbeitstechniken	Elementare Kommunikations- techniken	Elementare Kooperations- techniken
❐ Gehirngerecht markieren ❐ Rasch und gezielt lesen ❐ Routiniert nachschlagen ❐ Geschickt fragen können ❐ »Eselsbrücken« bauen ❐ Stoff zusammen-fassen ❐ »Mind-Maps« erstellen ❐ Plakate/Folien gestalten ❐ »Spickzettel« schreiben ❐ Mitschrift anfertigen ❐ Verständlich schreiben ❐ Protokoll führen ❐ Ordnung halten ❐ Zeit einteilen ❐ Prüfungen vorbereiten ❐ Heft/Mappe gestalten ❐ Arbeitsplan erstellen ❐ Referat anfertigen ❐ Pinnwand gestalten etc.	❐ In ganzen Sätzen reden ❐ Frei sprechen können ❐ Bericht nacherzählen ❐ Laut und deutlich reden ❐ »Idioms« beherrschen ❐ Meinungen begründen ❐ Beim Thema bleiben ❐ Präzise argumentieren ❐ Blickkontakt halten ❐ Interview durchführen ❐ Verständnisvoll zuhören ❐ Melderegeln beachten ❐ Auf Vorredner eingehen ❐ Ein Gespräch leiten ❐ Konstruktiv diskutieren ❐ Fair und sachlich bleiben ❐ Andere ausreden lassen ❐ Vortrag halten ❐ Mimik/Gestik einsetzen etc.	❐ »Rollen« festlegen ❐ Teamregeln beachten ❐ Aufgabenstellung klären ❐ Arbeit präzise planen ❐ Zielstrebig arbeiten ❐ Zeit genau einteilen ❐ Alle aktiv einbeziehen ❐ Bilanzphasen vorsehen ❐ Konflikte ansprechen ❐ Andere Ideen zulassen ❐ Gut zuhören können ❐ Wechselseitig helfen ❐ Fragen offen ansprechen ❐ Beleidigungen vermeiden ❐ Mitschüler ermutigen ❐ Regelverstöße kritisieren ❐ Kritik offen annehmen ❐ Kooperativ präsentieren ❐ Teamfähigkeit bewerten etc.

Abb. 13

© Dr. H. Klippert

richtsplanung immer auch darauf achten, dass neben den Inhalten zugleich die skizzierten Arbeits-, Kommunikations- und Kooperationstechniken im Blick bleiben und mittels geeigneter Lernarrangements möglichst nachhaltig gefordert und gefördert werden. Diese Methodenpflege ist Bedingung und Gewähr dafür, dass die SchülerInnen ihre Selbststeuerungsfähigkeit und -bereitschaft hinreichend weiterentwickeln und nach und nach die nötigen methodischen, kommunikativen und kooperativen Routinen erwerben, auf die der hier in Rede stehende EVA-Unterricht so dringlich angewiesen ist.

2.10 Der EVA-Unterricht hat viele Vorzüge!

Die Chancen, die das eigenverantwortliche Arbeiten und Lernen für die SchülerInnen mit sich bringt, sind in den Abschnitten 1.5 und 1.6. bereits grob skizziert worden. In diesem Abschnitt werden die wichtigsten Vorzüge zusammenfassend erläutert (vgl. Abb. 14). Für die Ausweitung des EVA-Unterrichts sprechen die folgenden Begründungsstränge:

❏ *Steigerung der Motivation*: Folgt man den Befunden der Lernforschung, so ist die Selbsttätigkeit der SchülerInnen eine zentrale Quelle nachhaltiger intrinsischer Motivation. Indem nämlich die SchülerInnen aktiv werden und in kreativ-produktiver Weise zu Werke gehen, gelangen sie mit hoher Wahrscheinlichkeit zu greifbaren Erfolgserlebnissen und schöpfen aus dieser Aussicht die Motivation für die weitere Arbeit. Der Lernpsychologe Jerome S. Bruner spricht diesbezüglich von »Kompetenzmotivation« und meint damit die Lernbereitschaft und Lernfreude der SchülerInnen, die sich aus der Erfahrung und Gewissheit speist: »Das kann ich! Das habe ich schon mal ähnlich gemacht; das wird mir schon gelingen!« Diese positive, motivationsfördernde Selbsteinschätzung steht und fällt freilich damit, dass die SchülerInnen auf entsprechend positiv erlebte Lerntätigkeiten und Problemlösungsprozesse zurückblicken können. Von daher muss das tätige, problemlösende Lernen forciert werden. Denn mutmachende Erfahrungen sammeln kann letztlich nur derjenige, der aktiv und kooperativ lernt und auf diese Wege Erfolg versprechende Strategien entdeckt, die das eigene Selbstbewusstsein und Selbstvertrauen stärken. Das gilt insbesondere für die Gruppe der praktisch-anschaulichen Lerner, die in hohem Maße darauf angewiesen sind, dass sie in tätiger Weise lernen.

❏ *Berufspropädeutisches Lernen:* Die Vielfalt der Fähigkeiten und Fertigkeiten, die die SchülerInnen im Rahmen des hier in Rede stehenden EVA-Unterrichts erwerben können, ist groß. Das gilt nicht zuletzt im Hinblick auf die von Seiten der Wirtschaft zunehmend geforderten »Schlüsselqualifikationen« wie Selbstständigkeit, Eigeninitiative, Problemlösungsvermögen, Verantwortungsbewusstsein, Ausdauer, Kreativität, Flexibilität, Risikofreude, Planungskompetenz, Kommunikationsfähigkeit, Teamfähigkeit, Organisationsfähigkeit, Mediennutzungskompe-

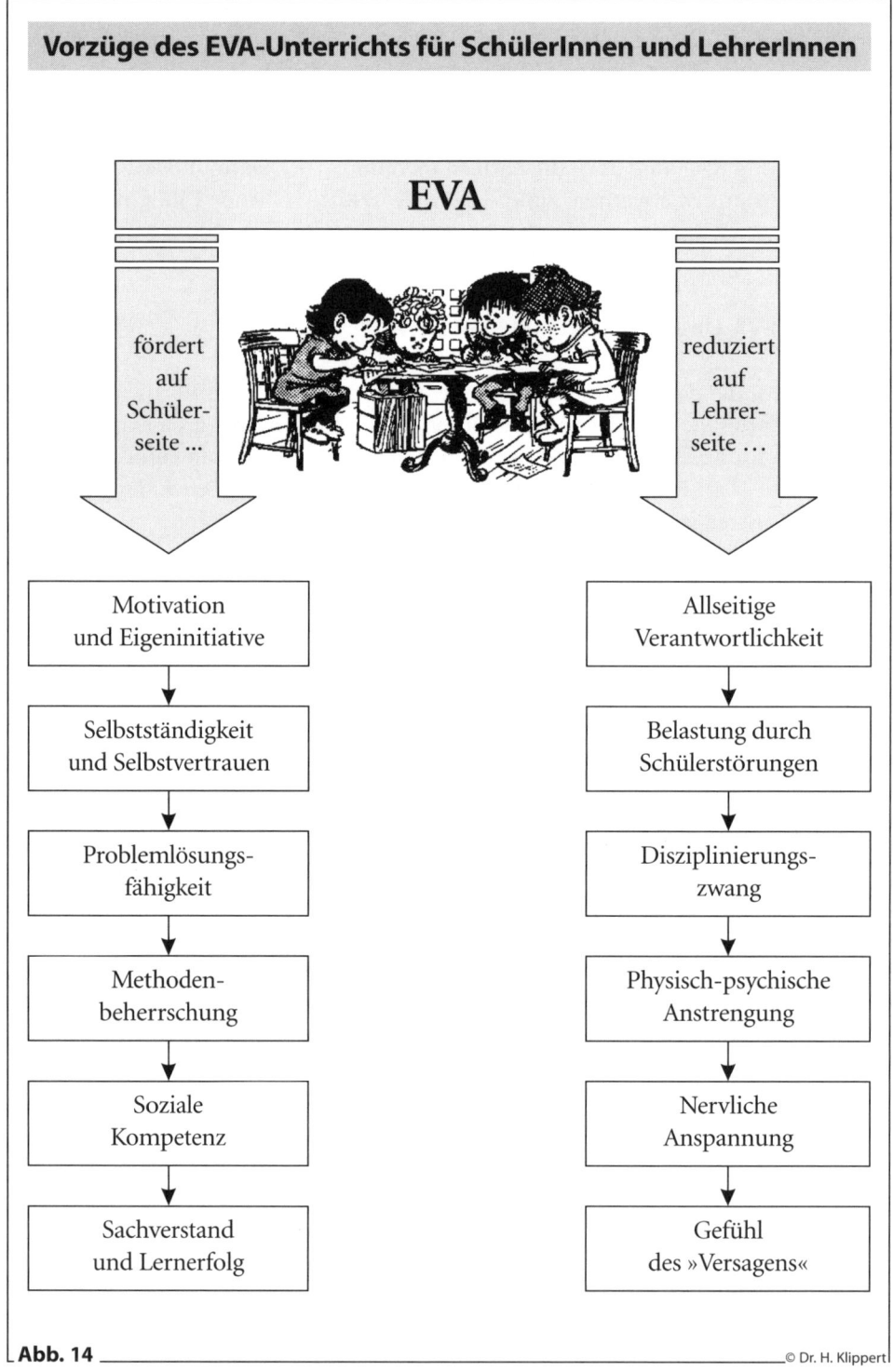

Vorzüge des EVA-Unterrichts für SchülerInnen und LehrerInnen

EVA

fördert auf Schülerseite …

reduziert auf Lehrerseite …

Motivation und Eigeninitiative	Allseitige Verantwortlichkeit
Selbstständigkeit und Selbstvertrauen	Belastung durch Schülerstörungen
Problemlösungsfähigkeit	Disziplinierungszwang
Methodenbeherrschung	Physisch-psychische Anstrengung
Soziale Kompetenz	Nervliche Anspannung
Sachverstand und Lernerfolg	Gefühl des »Versagens«

Abb. 14 _____ © Dr. H. Klippert

tenz etc. (vgl. z.B. Brockhagen u.a. 1999). Wenn derartige Fähigkeiten und Fertigkeiten in der Schule verstärkt vermittelt werden sollen, dann muss sich ganz fraglos der Unterricht verändern, und zwar in der Weise, dass den SchülerInnen möglichst oft und möglichst konsequent Gelegenheit zum eigenverantwortlichen Arbeiten und Lernen gegeben wird. Mit den tradierten Belehrungs- und Unterweisungsmethoden sind die angeführten Kompetenzen auf jeden Fall schwerlich zu vermitteln, da die SchülerInnen kaum entsprechend gefordert und gefördert werden. So gesehen leistet der anvisierte EVA-Unterricht einen nicht zu unterschätzenden Beitrag zur Vorbereitung der SchülerInnen auf die moderne Berufs- und Arbeitswelt.

❑ *Effektive Stoffvermittlung:* Der in aktiv-produktiver Weise erarbeitete Lernstoff bleibt erwiesenermaßen recht langfristig im Gedächtnis haften. Das zeigen zahlreiche lernpsychologische Untersuchungen (vgl. Aebli 1983, Piaget 1976, Bruner 1981, Vester 1978). Der Hauptgrund dafür: Die aktive und interaktive Auseinandersetzung sorgt dafür, dass die SchülerInnen den jeweiligen Lernstoff sukzessive erschließen, verarbeiten und diskursiv festigen. Dadurch wird die Speicherkraft des Gedächtnisses entscheidend gestützt. Nach einer Untersuchung der American Audiovisuell Society behalten Menschen durchschnittlich nur etwa 20 Prozent von dem, was sie hören und kaum mehr – nämlich 30 Prozent – von dem, was sie sehen bzw. lesen. Von dem hingegen, was sie aktiv sagen/vortragen bzw. praktisch tun, behalten sie durchschnittlich 70 bis 90 Prozent (vgl. Witzenbacher 1985, S. 17). Diese hohe Behaltensrate ist die Folge der gleichzeitigen Aktivierung verschiedener Sinne beim Lernen in konkreten Handlungsvollzügen (vgl. Vester 1978). Da wird in der Regel nicht nur praktisch gearbeitet und diskutiert, sondern häufig auch etwas »erlebt« – nämlich Erfolg oder Misserfolg, Spaß oder Ärger, Enttäuschung oder Überraschung. Das gilt keineswegs nur für Rollenspiele, Planspiele oder andere erlebnisbetonte Lernaktivitäten, sondern auch für ganz normale Arbeitsvollzüge, die Raum für forschendes, entdeckendes und/oder interaktives Lernen geben. Fazit also: Lernstoffe, die von den SchülerInnen eigenverantwortlich erarbeitet, strukturiert, diskutiert, dokumentiert, präsentiert, wiederholt und/oder in spielerischer Weise erschlossen werden, bleiben verhältnismäßig gut im Gedächtnis haften und unterstützen daher den längerfristigen Lernerfolg (vgl. dazu auch Abschnitt 1.5).

❑ *Praktische Methodenschulung:* Das eigenverantwortliche Arbeiten und Lernen der SchülerInnen trägt – wie im letzten Abschnitt gezeigt – ferner dazu bei, dass unter der Hand elementare Methoden der selbstständigen Informationsbeschaffung, -verarbeitung und -aufbereitung überlegt, ausprobiert und schrittweise eingeübt werden. So gesehen ist EVA praktische Methodenschulung im besten Sinne des Wortes. Praktiziert und gefestigt werden sowohl elementare Arbeitstechniken als auch übergreifende Lerntechniken wie Mnemotechniken, Zeitmanagement und Arbeitsplanung (vgl. Klippert 1994). Das beginnt beim Markieren und Exzerpieren der betreffenden Sach- und Fachinformationen und reicht über das gezielte Nachschlagen und rasche Lesen der jeweiligen Materialien bis hin zum Schreiben eigener Texte sowie zum Gestalten und Strukturieren themenzentrierter Plakate, Wandzeitungen, Heftseiten, Lernkärtchen, Spickzettel, Tabellen, Schaubilder, Probetests, Referate, Facharbeiten und sonstiger Lernprodukte. So gesehen trägt EVA zur systematischen Methodenpflege im alltäglichen Fachunterricht bei und ist damit Angebot und Chance zugleich, die Methodenkompetenz der SchülerInnen nachhaltig weiterzuentwickeln.

❑ *Sozial-kommunikatives Lernen:* EVA fördert aber nicht nur die genannten Lern- und Arbeitstechniken, sondern auch und zugleich die Sozialkompetenz der SchülerInnen. Denn das hier anvisierte eigenverantwortliche Arbeiten und Lernen ist über weite Strecken mit Partner- und Gruppenarbeit verbunden, damit sich die SchülerInnen wechselseitig fragen, besprechen und unterstützen können. Diese Kooperation und Kommunikation ist nicht nur nötig; sie wird im Rahmen des EVA-Unterrichts auch recht vielfältig ermöglicht und geübt. Das beginnt bei kleinen Präsentationen und Vorträgen und reicht über themenzentrierte Gespräche und Debatten bis hin zur konstruktiven Zusammenarbeit in Gruppen. Sind diese Kommunikations- und Kooperationsrituale nicht hinreichend geübt, so besteht die Gefahr, dass gerade die schwächeren und/oder unsicheren SchülerInnen vorschnell aufgeben oder unter Umständen auch einfach untergebuttert werden. Der hier in Rede stehende EVA-Unterricht wirkt dieser Gefahr entgegen. Da wird u.a. gefragt und geantwortet, zugehört und argumentiert, diskutiert und debattiert, erläutert und erklärt, Kritik geübt und diszipliniert, Konsens gesucht und Konsens gefunden. Wer wollte bestreiten, dass diese Art der Interaktion gleichermaßen lern- wie lebensrelevant ist!?

❑ *Förderung von Mitverantwortung:* Durch die vielfältigen aktiven und interaktiven Lernhandlungen, die die SchülerInnen im Rahmen ihrer Arbeitsprozesse vollziehen, lernen sie gleich in zweierlei Hinsicht Verantwortung zu übernehmen. Einmal, indem sie den eigenen Lernprozess steuern und eigenständig arbeiten, markieren, exzerpieren, Probleme lösen etc. Und zum Zweiten, indem sie in ihrer jeweiligen Arbeitsgruppe Mitverantwortung tragen, und zwar sowohl für das Gruppenergebnis als auch für das Arbeitsverhalten der Gruppenmitglieder. Diese Verantwortungsübernahme ist natürlich nur möglich, wenn die zuständige Lehrkraft hinreichend zurücktritt und den SchülerInnen im besten Sinne des Wortes Selbst- und Mitverantwortung zumutet und zutraut. Gerade in diesem Punkt aber tun sich viele Lehrkräfte in Deutschlands Schulen noch ziemlich schwer. In der Regel wird viel zu eng geführt und instruiert, beraten und geholfen, belehrt und korrigiert, Kontrolle ausgeübt und Verantwortung für alles und jeden übernommen. Diese »erdrückende Fürsorglichkeit« muss deutlich zurückgeschraubt werden zu Gunsten einer stärkeren Verantwortungsübernahme durch die SchülerInnen. Will sagen: Die SchülerInnen müssen ein Bewusstsein davon gewinnen, dass sie mitverantwortlich sind für die Zeitplanung wie für die Arbeitsorganisation, für die Materialauswertung wie für die Strategieplanung, für die Zusammenarbeit in der Gruppe wie für das Erstellen spezifischer Lernprodukte, für die Ergebnissicherung wie für die Ergebnispräsentation, für die Selbstkontrolle wie für die Fremdkontrolle. Dieser keineswegs vollständige Katalog macht deutlich, wie sehr die SchülerInnen im Rahmen des EVA-Unterrichts Selbst- und Mitverantwortung lernen können und müssen.

❏ *Förderung von Kreativität:* Eine weiteres Positivum, das den EVA-Unterricht auszeichnet, ist seine kreativitätsfördernde Wirkung. Eigenverantwortliches Arbeiten und Lernen stellt die SchülerInnen nämlich immer wieder vor spezifische Probleme und Herausforderungen, die in irgendeiner Weise überwunden werden müssen. Das heißt, es müssen gangbare Wege gesucht, Alternativen durchdacht und diskutiert, Schwierigkeiten überwunden, unterschiedliche Meinungen zum Ausgleich gebracht, verschiedene Ideen zugelassen und geprüft, Konzeptionen entwickelt und verworfen sowie die anstehenden Probleme so oder so gelöst werden. Das alles fördert natürlich Kreativität und Flexibilität, Durchhaltevermögen und Frustrationstoleranz, Selbstkritikbereitschaft und Selbstkritikfähigkeit, geistige Beweglichkeit und Improvisationsvermögen, Toleranz und Kontroversität. Indem die SchülerInnen angehalten werden, sich irgendwie »durchzuwursteln« und nicht aufzugeben, sich selbst zu helfen und andere zu inspirieren, Probleme zu erfassen und Probleme zu lösen, in Alternativen zu denken und alternative Wege auszuprobieren, Fehler zu wagen und Fehler zu korrigieren, Strategien zu planen und Strategien zu optimieren …, üben sie sich auch und nicht zuletzt in puncto Kreativität. Gleichwohl sind die kreativen Spielräume der SchülerInnen in der Regel relativ begrenzt, je nachdem, welche Lernaufgabe ansteht, welche Altersgruppe angesprochen wird und welche methodischen Routinen auf Schülerseite bereits vorhanden sind. Das ist in Abschnitt 2.5 bereits ausführlich dargelegt worden.

❏ *Entlastungschancen für die LehrerInnen:* Die Intensivierung des eigenverantwortlichen Arbeitens und Lernens bringt indes nicht nur Vorteile und verbesserte Lernchancen für die SchülerInnen mit sich, sondern eröffnet auch und zugleich beträchtliche Entlastungsperspektiven für die betreffenden Lehrkräfte. In dem Maße nämlich, wie die SchülerInnen üben und lernen, in eigener Regie zu arbeiten, auftretende Probleme zu überwinden, einander zu fragen und zu helfen und vorhandene Hilfsmittel (Nachschlagewerke, Computer etc.) geschickt zu nutzen, werden sie sich von ihren Lehrkräften »emanzipieren«. Die Folge dieser »Emanzipation«: Die betreffenden Lehrkräfte können sich zunehmend zurückziehen und den eigenen Einsatz dosierter steuern als das bislang üblicherweise der Fall ist. Ihre allseitige Verantwortlichkeit nimmt ab; ihre Belastung durch auftretende Schülerstörungen wird geringer. Ihre physisch-psychische Anstrengung lässt sich infolge der verstärkten Aktivierung der SchülerInnen ebenso vermindern wie ihre nervliche Anspannung, der sie im Rahmen des lehrerzentrierten Unterrichts in hohem Maße ausgesetzt sind (vgl. Abb. 14). Auf diese Weise kann dem von vielen Lehrkräften beklagten »Gefühl des Versagens« entgegengewirkt und insgesamt ein Mehr an pädagogischer Gelassenheit und Berufszufriedenheit erreicht werden.

Damit jedoch keine Missverständnisse entstehen: EVA ist keinesfalls ein Allheilmittel gegen alle möglichen Widrigkeiten und Belastungen im Schulalltag. Und EVA-Unterricht wird von den SchülerInnen natürlich nicht nur »geliebt«, denn die geforderte Selbstständigkeit und Selbstverantwortung, die ihnen abverlangt werden, sind immer auch mit Unsicherheit und anstrengenden Lerntätigkeiten verbunden. Daraus können bei ungeübten SchülerInnen durchaus ernst zu nehmende Vorbehalte und Widerstände resultieren. Diese Ressentiments verlieren sich erfahrungsgemäß jedoch in dem Maße, wie die SchülerInnen (und LehrerInnen) mit den neuen Methoden und Anforderungen vertraut werden.

II. EVA konkret – Lernspiralen zu ausgewählten Fachgebieten

In diesem Kapitel geht es darum, das EVA-Programm weitergehend zu konkretisieren, indem ausgewählte Makro- und Mikrospiralen zu gängigen Lehrplanthemen (a) aus dem sozialwissenschaftlichen Bereich, (b) aus dem mathematisch-naturwissenschaftlichen Bereich, (c) aus dem Bereich der Fremdsprachen sowie (d) aus dem Bereich des Deutschunterrichts dokumentiert werden. Entwickelt und praktisch erprobt wurden diese Lernspiralen von erfahrenen Lehrerinnen und Lehrern aus Rheinland-Pfalz, die in den letzten Jahren eine grundständige Ausbildung in Sachen »Klippert-Methodik« durchlaufen haben und gegenwärtig dabei sind, das EVA-Konzept und die damit in Verbindung stehende Methoden-, Kommunikations- und Teampflege möglichst systematisch umzusetzen. Die hier vorgestellten Lernspiralen zeigen natürlich nur ansatzweise, was im Unterricht gelaufen ist; gleichwohl geben sie eine Fülle von Anregungen sowohl zur Gestaltung des entsprechenden Unterrichts als auch zur Produktion analoger Lernspiralen.

Wie in Abschnitt I.2.6 bereits erläutert wurde, gilt es bei den Lernspiralen zwischen Makrospiralen und Mikrospiralen zu unterscheiden. Während eine *Makrospirale* die systematische Aufschlüsselung eines komplexeren Lehrplanthemas in unterschiedliche Arbeitsinseln zeigt (vgl. die Abb. 10 und 11), umreißt die *Mikrospirale*, wie die betreffenden Arbeitsinseln in mehrere methodisch möglichst abwechslungsreich gestaltete Arbeitsschritte aufgelöst werden können. Die betreffenden Arbeitsinseln A 1 bis A … geben den SchülerInnen in vielfältiger Weise Gelegenheit zum themenzentrierten Arbeiten, Kommunizieren, Produzieren, Erkunden etc.; und zwar mit der doppelten Zielsetzung, auf diesem Wege sowohl einschlägige Informationen und Erkenntnisse zu erschließen als auch grundlegende methodische, kommunikative und kooperative Kompetenzen einzuüben und/oder zu festigen.

Die nachfolgend dokumentierten Makrospiralen haben eine zeitliche Reichweite von vielleicht zehn, vielleicht aber auch zwanzig und mehr Unterrichtsstunden. Von daher sind sie in der Regel umfangreicher gehalten, als das die gängigen Lehrpläne vorsehen. Die Grobstruktur der einzelnen Makrospiralen sieht so aus, dass die SchülerInnen zunächst eine Art »Warm-up-Phase« durchlaufen, um ihre mitgebrachten Vorkenntnisse und Voreinstellungen zu mobilisieren und der Reflexion zugänglich zu machen. Dann folgt eine vergleichsweise ausführliche »Informationsphase«, die den SchülerInnen in vielfältiger Weise Gelegenheit gibt, neue Kenntnisse und Verfahrensweisen zu erarbeiten. Den Abschluss bildet in aller Regel die so genannte »Transferphase« mit einigen kniffligen Aufgaben und Problemen zur Anwendung und Vertiefung des Gelernten. Wie gesagt: Dies alles ist weder als geschlossene Unterrichtseinheit zu verstehen noch erheben die vorgestellten Arbeitsinseln bzw. Mikrospiralen den Anspruch, im Unterricht ausnahmslos behandelt werden zu müssen. Sie zeigen Möglichkeiten und sollen Anregungen geben – nicht mehr, aber auch nicht weniger!

Da es unmöglich ist, im Rahmen dieses Buches alle Unterrichtsfächer zu berücksichtigen, ist ein Schwerpunkt in den vier Bereichen Deutsch, Mathematik/Naturwissenschaften, Fremdsprachen sowie Sozialwissenschaften gesetzt worden. Zu jedem dieser Fachbereiche wird anhand einiger klassischer Lehrplanthemen gezeigt und konkretisiert, wie das eigenverantwortliche Arbeiten und Lernen der SchülerInnen in praktikabler Weise arrangiert und durch vielseitiges methodenzentriertes Üben »angereichert« werden kann. Im Falle des Deutschunterrichts wird es sich hierbei um ein Grammatik-, ein Literatur- und ein Sachthema handeln. Im Falle des mathematisch-naturwissenschaftlichen Aufgabenfelds werden zwei Themen aus der Mathematik und ein Thema aus der Physik aufgegriffen. Die Beispiele aus dem Fremdsprachenbereich betreffen die Fächer Englisch und Französisch. Im sozialwissenschaftlichen Bereich schließlich werden drei Thema aus den Fächern Geschichte, Sozialkunde und Geografie unter EVA-Gesichtspunkten sondiert und methodisch operationalisiert.

Die Aufbereitung dieser Themen sieht generell so aus, dass zunächst eine *Makrospirale* skizziert und erläutert wird. Dann werden *ausgewählte Arbeitsinseln* näher entfaltet und die unterschiedlichen Arbeitsschritte der SchülerInnen methodisch so konkretisiert, dass sie von interessierten Lehrkräften relativ problemlos übernommen und im eigenen Unterricht umgesetzt werden können. Die ausgewählten Arbeitsinseln werden in der jeweiligen Makrospirale durch schwarz gerasterte Kennziffern und -buchstaben hervorgehoben. Abschließend wird jeweils eine knappe Zusammenfassung der wichtigsten Arbeits-, Kommunikations- und Kooperationsmethoden geliefert, die im Rahmen der skizzierten Arbeitsprozesse zur Anwendung gelangen. Die zu den ausgewählten Arbeitsinseln angeführten Unterrichtsmaterialien (M 1 …) werden im Anhang dokumentiert. Eine weitergehende Material-Dokumentation ist auf Grund des begrenzten Umfangs des Buches nicht möglich.

Gleichwohl finden die interessierten FachlehrerInnen in den nachfolgenden Praxisberichten eine bemerkenswerte Bandbreite an einschlägig erprobten EVA-Arrangements vor, die sich für die eigene Unterrichtsvorbereitung und -gestaltung nutzen lassen. Wirksam unterstützt und erleichtert wird diese Unterrichtsvorbereitung durch die vom Verfasser publizierten Methodenbücher (s. Kasten). Diese geben vielfältige Anregungen zur Planung und Gestaltung methoden-, kommunikations- und teamzentrierter Lernarrangements. Von daher empfiehlt es sich, die Bücher während der Workshops zur Hand zu haben und gezielt nach methodischen Grundarrangements zu durchforsten, die sich zum je anstehenden Fachthema sinnvoll einsetzen lassen. So gesehen sind die Bücher Ideenbörsen und Fundgruben zur Erleichterung der Unterrichtsplanung und -vorbereitung in Sachen EVA.

Die methodischen Ideen und Varianten, die in den nachfolgend dokumentierten Lernarrangements stecken, machen es erfahrungsgemäß leichter, den eigenen Unterricht in Richtung EVA und Methodenpflege auszubauen und analog dazu weitere Arrangements und Materialien zu anderen Lehrplanthemen zu entwickeln. Dass diese persönliche Entwicklungsarbeit letztlich unumgänglich ist, ist evident. Denn die systematische Kultivierung des EVA-Unterrichts gelingt längerfristig nur dort, wo sich die interessierten FachlehrerInnen in spezifischen Workshops möglichst regelmäßig und konsequent daran machen, einschlägige EVA-Arrangements und -materialien zu den unterschiedlichsten Themen ihrer Fächer zu erstellen und so die persönliche methodische Routine produktiv weiterzuentwickeln. Näheres dazu wird in Kapitel III ausgeführt.

Bewährte Hilfen und Materialien für die Unterrichtsplanung und -vorbereitung
Alle erschienen im Beltz Verlag, Weinheim und Basel

Methoden-Training.
Übungsbausteine für den Unterricht. ISBN 3-407-62409-3
Kommunikations-Training.
Übungsbausteine für den Unterricht. ISBN 3-407-62426-3
Teamentwicklung im Klassenraum.
Übungsbausteine für den Unterricht. ISBN 3-407-62427-1
Planspiele.
Spielvorlagen zum sozialen, politischen und methodischen Lernen in Gruppen.
10 komplette Planspiele. ISBN 3-407-62391-7

1. EVA-Beispiele aus dem sozialwissenschaftlichen Bereich

Anhand der nachfolgend skizzierten Makro- und Mikrospiralen zu den Fächern Sozialkunde, Erdkunde und Geschichte wird exemplarisch verdeutlicht, wie das eigenverantwortliche Arbeiten und Lernen der SchülerInnen im sozialwissenschaftlichen Bereich gefördert werden kann. Thematisch geht es dabei um die drei Lernfelder »Menschenrechte«, »Tropischer Regenwald« und »Französische Revolution«. Diesbezüglich werden die SchülerInnen in vielfältiger Weise gefordert und gefördert, in eigener Regie zu arbeiten, in Tandems und in Kleingruppen Aufgaben und Probleme anzugehen, lernrelevante Informationen zu beschaffen und auszuwerten, unterschiedliche Lernprodukte zu erstellen, dabei elementare Lern- und Arbeitstechniken anzuwenden und einzuüben sowie last but not least die eigene Kommunikations- und Teamfähigkeit systematisch weiterzuentwickeln. So gesehen praktizieren sie gleichermaßen inhaltlich-fachliches, methodisch-strategisches sowie sozial-kommunikatives Arbeiten und Lernen im Rahmen wechselnder Sozialformen (Einzelarbeit, Partnerarbeit, Gruppenarbeit, Klassenunterricht).

Die Rahmenbedingungen sind in den hier in Rede stehenden Fächern nicht die Besten. Einzelstunden und ausgeprägter Stoffdruck kennzeichnen nach wie vor das alltägliche Unterrichtsgeschehen und führen beinahe zwangsläufig dazu, dass stark lehrerzentriert und lehrergelenkt verfahren wird. Von EVA ist häufig nicht viel zu sehen. Das lehrergelenkte Unterrichtsgespräch sowie das Katechisieren von Fachwissen dominieren die Unterrichtsprozesse. Das gilt für die Fächer Erdkunde und Geschichte genauso wie für den Bereich der Sozialkunde. Zwar signalisieren die in den Lehrplänen ausgewiesenen Lernziele in aller Regel etwas anderes, nämlich die Erziehung zu differenzierter Fach-, Methoden- und Sozialkompetenz – oftmals auch zusammengefasst unter dem Leitziel »Mündigkeit«. Doch die Realität bleibt hinter diesem Anspruch vielerorts weit zurück. Wolfgang Hilligen hat bereits in den Fünfzigerjahren die ausgeprägte »Unwirksamkeit der politischen Bildung« nachgewiesen. Dieser kritische Befund hat bis heute seine Berechtigung behalten und ist Aufforderung und Mahnung zugleich, dass sich in den genannten Fächern nicht nur die Inhalte und Lernziele, sondern auch und vor allem die praktische Unterrichtsgestaltung verändern müssen. Die hier in Rede stehende Forcierung des eigenverantwortlichen Arbeitens und Lernens ist eine Antwort auf diese Herausforderung.

Natürlich helfen die besten Methoden nichts, wenn sie nicht angemessen umgesetzt werden können. Der 45-Minuten-Takt ist von daher längst obsolet geworden und bedarf dringend der Veränderung. Denn viele der in diesem Buch vorgeschlagenen Lernarrangements und Mikrospiralen benötigen eine Arbeitszeit von mehr als einer Stunde. Das gilt vor allem für methodisch versierte Klassen, die höchst effektiv über zwei und mehr Stunden zu arbeiten verstehen. Von daher empfiehlt es sich, viel stärker als bisher auf Doppelstunden zu setzen und den Lehrereinsatz überdies so zu steuern, dass die betreffenden Lehrkräfte zwei oder mehr Fächer in einer Klasse unterrichten. Denn dann haben sie die Möglichkeit, die verfügbaren Unterrichtsstunden flexibel zu nutzen und bei Bedarf mehrere Stunden hintereinander auf ein bestimmtes Thema zu konzentrieren. Selbst wenn ein Fach einstündig in der Stundentafel erscheint, spricht eine Menge dafür, statt der einen Wochenstunde lieber ein halbes Jahr lang eine Doppelstunde pro Woche zu unterrichten.

Ähnliche Innovationserfordernisse bestehen hinsichtlich der Sitzordnung und der Lernkontrollen. Wenn EVA nachhaltig in Gang gebracht werden soll, dann müssen die SchülerInnen ohne größere Umstände in Gruppen arbeiten und im Doppelkreis, im Stuhlkreis oder in anderer Formation miteinander reden können (vgl. dazu Abschnitt III.7). Auch die Leistungskontrollen müssen dahingehend umgestellt werden, dass die SchülerInnen ihre erworbenen EVA-Kompetenzen wie Nachschlagen, Strukturieren und Argumentieren nachweisen können. Anregungen dazu finden sich in Klippert 1994, 1995 und 1998.

1.1 Tropischer Regenwald

(Ute Sauer)

Die Auseinandersetzung mit dem Tropischen Regenwald gehört zum Bildungskanon in den achten und neunten Klassen. Das Thema »Regenwald« ist in den Lehrplänen der Sekundarschulen fest verankert und wird spiralförmig behandelt und zunehmend erschlossen. Während in der Orientierungsstufe noch vorrangig die Nutzung des Naturpotenzials zur Versorgung der Menschen im Mittelpunkt steht (Jäger, Sammler, Exportfrüchte …), rückt in den nachfolgenden Klassenstufen der Tropische Regenwald als Vegetationszone ins Zentrum der Betrachtung. Dabei wird unter anderem mit Klimakarten und Klimadiagrammen gearbeitet und die Klimazone »Tropen« näher unter die Lupe genommen. Um später globale Zusammenhänge verstehen zu können, muss sowohl die Störanfälligkeit des Ökosystems »Regenwald« wegen des engen Nährstoffkreislaufs als auch die Bedeutung des Regenwaldes als »grüne Lunge« für das Weltklima deutlich werden.

Am Beispiel des Tropischen Regenwalds lässt sich exemplarisch zeigen und erarbeiten, welche Probleme entstehen, wenn der Mensch exzessiv und gedankenlos in den Naturhaushalt eingreift. Die Raumbeispiele zur Erschließung Amazoniens oder Süd-Ost-Asiens gehören mittlerweile zu den Grundbestandteilen der Schulbücher und tragen fraglos dazu bei, dass den SchülerInnen die ganze Fragwürdigkeit überzogener »Modernisierungsprojekte« bewusst wird. Gleichzeitig machen sie den SchülerInnen deutlich, dass auch wir in Europa an dieser laufenden Zerstörung der Regenwälder beteiligt sind und für die Folgen genauso Verantwortung tragen wie die Menschen vor Ort. Nicht zuletzt lassen sie erkennen, dass dringend etwas zur Erhaltung und zum Schutz des Regenwaldes getan werden muss, und dass jeder Einzelne bereits im Kleinen bei sich selbst anfangen kann.

Das Thema »Tropischer Regenwald« lässt sich leider nicht durch die direkte Anschauung behandeln. Lokales Umweltlernen ist nicht möglich. LehrerInnen wie SchülerInnen sind zur Veranschaulichung auf Film und Bild angewiesen, damit sich tragfähige Vorstellungen und Bilder einstellen können. Denn vieles, was die SchülerInnen zum besagten Thema mitbringen, ist äußerst rudimentär. Selbst in den höheren Klassen haben die meisten von ihnen noch recht diffuse Vorstellungen vom Naturraum Regenwald.

Von daher empfiehlt es sich, die unterrichtliche Arbeit mit einer Sensibilisierungsphase beginnen zu lassen, die den SchülerInnen Gelegenheit gibt, die vorhandenen Vorkenntnisse und Voreinstellungen auf den Tisch zu bringen und der näheren Auseinandersetzung zugänglich zu machen (vgl. Abb. 15). Die beiden methodischen Zugänge »Brainstorming« (A 1) und »Mind-Map erstellen« (A 2) sind

Makrospirale zum »Tropischen Regenwald«

(Mögliche Arbeitsinseln und Arbeitsschritte)

Vorwissen/Voreinstellungen aktivieren

A 1: Brainstorming zum Thema »Tropischer Regenwald« (Stillarbeitsphase ⇨ Kleingruppengespräche ⇨ Präsentation im Plenum ⇨ Verfassen eines Protokolls)

A 2: Mind-Map erstellen (Stichwortsammlung in EA ⇨ Gruppenarbeit ⇨ Teampräsentation)

Neue Kenntnisse/Verfahrensweisen erarbeiten

A 3: Lehrfilm zum »Ökosystem Regenwald« erschließen (Mitschrift anfertigen ⇨ Kleingruppengespräche ⇨ Stichwortzettel entwickeln ⇨ Kurzvorträge anhand der Stichwortzettel)

A 4: Schaubilder zum Treibhauseffekt entwickeln (Textlektüre ⇨ Partnerarbeit ⇨ Präsentation im Rahmen eines »Museumsgangs«)

A 5: Informationstext zur Bedeutung des Regenwaldes auswerten (Einzelarbeit ⇨ Stichwortzettel erstellen ⇨ Doppelkreisgespräche ⇨ Arbeitsblatt bearbeiten ⇨ Kontrollphase in Kleingruppen)

A 6: Expertenvorträge zur Erschließung des Regenwaldes vorbereiten und halten (Arbeitsteilige Gruppenarbeit ⇨ Vorträge in Querschnittsgruppen ⇨ evtl. zwei Vorträge im Plenum)

A 7: Lernplakate zur Zerstörung des Regenwaldes erstellen (Textbearbeitung in EA ⇨ Gruppenarbeit ⇨ Plakate gestalten ⇨ Präsentation)

A 8: Stationengespräch zu themenbezogenen Bildern/Karikaturen (Gruppenbrainstorming ⇨ Überschriften/Kommentare formulieren ⇨ Auswertungsrunde im Plenum)

Komplexere Anwendungs-/Transferaufgaben

A 9: Hearing zum Schutz der Waldindianer (Rollenspezifische Vorbereitung in Gruppen: *Waldindianer, Politiker, Bergbauunternehmer, Holzexporteure, Umweltschützer, Siedler, Anhörungsausschuss* ⇨ Hearing unter Leitung des Anhörungsausschusses ⇨ Feedback im Plenum)

A 10: Radioreportage zur Lage des Regenwaldes produzieren (Auswertung des Informationsmaterials ⇨ Planung ⇨ Produktion ⇨ Präsentation)

Abb. 15 ⎯⎯⎯⎯⎯⎯⎯⎯⎯⎯⎯⎯⎯⎯⎯⎯⎯⎯⎯⎯⎯⎯ © Dr. H. Klippert

erprobte und bewährte Wege, um das Vorbewusstsein zu schärfen, diverse Fragen aufzuwerfen, Probleme zu markieren, Widersprüche aufzudecken und nicht zuletzt Neugierde auf Schülerseite zu wecken.

Die gezielte Erarbeitung neuer Kenntnisse und Erkenntnisse steht im Mittelpunkt der Arbeitsinseln A 3 bis A 8. Den Ausgangspunkt bildet ein einschlägiger Lehrfilm zum »Ökosystem Regenwald« (Lehrfilme zum Tropischer Regenwald halten die Bildstellen in großer Auswahl bereit, z.B. FWU: »Der Tropische Regenwald in Amazonien – Das Ökosystem«). Der Vorteil dieser Lehrfilme ist, dass sie in der Regel recht strukturiert und schülerorientiert aufbereitet sind und von den SchülerInnen mit Gewinn gesehen und erarbeitet werden können. Einen Lehrfilm *erarbeiten* (s. A 3) heißt dabei, dass die SchülerInnen den Film nicht nur »angucken«, sondern ihn als Informationsgrundlage aktiv und eigenständig erschließen. Die anschließende Übersetzung in einen Kurzvortrag ist eine Möglichkeit, diese Erarbeitung sicherzustellen.

Die einschlägigen Schulbücher bieten weiteres Text- und Bildmaterial zum Komplex Tropischer Regenwald. Die Arbeitsinseln A 6, A 9, A 10 umfassen diverse methodische Arrangements, die den SchülerInnen Raum und Anlass geben, sich in diese Text- und Bildmaterialien näher hineinzuarbeiten. Darüber hinaus halten die Umweltorganisationen eine große Menge an Informationen im Internet bereit (abzurufen unter http://www.umwelt.org). Besonders empfehlenswert ist hier der Regenwald-Report des »Rettet den Regenwald e.V.« sowie das Angebot von Robin Wood. Auch die SchülerInnen können unter diesen Adressen recherchieren und geeignete Materialien zum einen oder anderen Aspekt des Themenbereichs »Tropischer Regenwald« eruieren und auswerten.

Möglichkeiten zum aktiven Umgang mit Informationstexten eröffnen des Weiteren die Arbeitsinseln A 4, A 5 und A 7. Die SchülerInnen müssen aus den betreffenden Texten die relevanten Informationen herausfiltern und sodann produktiv verarbeiten. Als Produkte entstehen dabei unter anderen ein Schaubild (A 4) oder ein Lernplakat (A 7). Durch diese Produktionsarbeit werden die SchülerInnen veranlasst, sich intensiv mit den entsprechenden Informationen vertraut zu machen und diese konstruktiv auszuwerten. Gleiches gilt, wenn sie sich im Doppelkreis gegenübersitzen und die Aufgabe haben, sich wechselseitig bestimmte Zusammenhänge bzw. Sachverhalte zu erläutern (s. A 5). Oberflächliches Lesen der einzelnen Texte reicht unter diesen Umständen also nicht aus!

Die abschließenden Arbeitsinseln A 9 und A 10 geben den SchülerInnen Gelegenheit zum Perspektivenwechsel, d.h. die SchülerInnen müssen sich in die Situation betroffener Personen versetzen und versuchen, aus deren Perspektive heraus die Gründe zu beleuchten, warum die Zerstörung des Regelwaldes unverändert fortgeführt wird. Denn die meisten SchülerInnen äußern ad hoc entschiedenes Unverständnis gegenüber der anhaltenden Abholzung. Ein Perspektivenwechsel kann die Probleme, die den Schutz des Regenwaldes erschweren, aufzeigen. Im Rahmen des Hearings oder in Verbindung mit der anstehenden Radioreportage (A 9, A 10) übernehmen die SchülerInnen unter anderem die Rolle der Nutznießer des Raubbaus am Regenwald. Dadurch wird ihnen bewusst gemacht, wie kompliziert die Zusammenhänge sind und wie sehr die Menschen unter den in den Tropen vorherrschenden Bedingungen dazu neigen, kurzsichtig zu denken und zu handeln.

Natürlich wird im Rahmen der letztgenannten methodischen Arrangements auch der Frage nachgegangen, was denn zum Schutz des Regenwaldes getan werden kann. Diese Handlungsperspektive darf auf keinen Fall fehlen, sollen die SchülerInnen nicht ratlos und mutlos zurückbleiben. Auf Grund des Wissens um die Gründe für die Abholzung können zukunftsgerichtete Strategien entwickelt und diskutiert werden.

Einige ausgewählte Arbeitsinseln

Nähere Erläuterungen zu den schwarz unterlegten Arbeitsinseln folgen in den nachstehenden Abschnitten. Die in den Texten erwähnten Materialien (M 1ff.) werden im Anschluss dokumentiert. Diese exemplarische Konkretisierung soll Anregungen geben, wie EVA im Erdkundeunterricht in Gang gesetzt werden kann. Die eigene Unterrichtsvorbereitung wird dadurch freilich nicht ersetzt.

A 2: Mind-Map zum Thema »Tropischer Regenwald« erstellen

Diese Mikrospirale gibt den SchülerInnen Gelegenheit, schrittweise das zusammenzutragen, was sie bereits zum Tropischen Regenwald wissen. In einer etwa fünf Minuten dauernden Besinnungsphase sammeln die SchülerInnen zunächst in Einzelarbeit ihre Vorkenntnisse und notieren die entsprechenden Aspekte stichwortartig auf einem Zettel (evtl. auch schon als Mind-Map). Anschließend tauschen sie sich in mehreren Zufallsgruppen aus und strukturieren ihr Vorwissen gemeinsam. Die so entstehende Mind-Map wird auf einem Plakat festgehalten. Hierfür stehen jeder Gruppe ein Plakatschreiber und ein Plakat zur Verfügung. Nach etwa 20 Minuten präsentieren die Gruppen ihre Mind-Maps im Plenum. Dabei übernimmt jedes Gruppenmitglied einen Teil der Präsentation. Einleitend stellt ein Gruppenmitglied kurz dar, wie der Arbeitsprozess verlaufen ist und was gegebenenfalls schwer oder auch leicht gefallen ist. Die Mitschüler sind während der gesamten Präsentation aufgefordert, bei Unklarheiten nachzufragen. Etwaige fachliche Fehler bzw. Unzulänglichkeiten werden von Lehrerseite angesprochen. Verbleibende Unklarheiten/Fragen werden auf den Plakaten mit Fragezeichen markiert und im Laufe der Unterrichtseinheit geklärt. Die erstellten Mind-Maps begleiten also die Unterrichtseinheit und können bei Bedarf ergänzt und/oder modifiziert werden.

Die beschriebene Vorgehensweise bietet sich an für Klassen, die mit der Mind-Map-Methode einigermaßen vertraut sind. Bei ungeübteren Klassen können Ordnungszweige evtl. zunächst im Plenum gesammelt werden: Vegetation, Tiere, Menschen, Klima, Gefährdung etc.

A 3: Lehrfilm zum »Ökosystem Regenwald« erarbeiten

Diese Mikrospirale veranlasst die SchülerInnen, sich aktiv und intensiv mit dem Inhalt des genannten Lehrfilms auseinander zu setzen. Dabei erhalten sie zur Unterstützung verschiedene Stichwörter (z.B. Stockwerkbau, Artenvielfalt, Pflanzenfülle …), zu denen im Film Informationen gegeben werden. Auf diese Stichwörter können sie später bei ihrer mündlichen Zusammenfassung des Filminhalts ggf. zurückgreifen. Zum Arbeitsprozess im Einzelnen: In einem ersten Arbeitsschritt wird der Film eingespielt. Die SchülerInnen schreiben mit. Im nächsten Arbeitsschritt werden die notierten Informationen in Kleingruppen verglichen; eventuelle Unklarheiten werden besprochen. Gemäß dem Arbeitsauftrag erstellen die SchülerInnen sodann einen individuellen Stichwortzettel, anhand dessen sie den Filminhalt mündlich wiedergeben können. Mittels Los werden nun zwei bis drei SchülerInnen aus verschiedenen Kleingruppen ermittelt, die nacheinander vor der Klasse präsentieren. Abschließend erhalten die Vortragenden von den MitschülerInnen Rückmeldung bezüglich der Präsentation und der inhaltlichen Qualität der Vorträge.

A 4: Ein Schaubild zum Treibhauseffekt entwickeln

Diese Mikrospirale gibt den SchülerInnen Gelegenheit, sich im Visualisieren eines vorgegebenen Textinhalts zu üben. Auf diese Weise gelingt es vielen von ihnen recht gut, komplexere Zusammenhänge zu erschließen, zu verstehen und längerfristig zu behalten. Zum Arbeitsprozess im Einzelnen: Ausgehend von einem Schulbuchtext (M 1) erstellen die SchülerInnen in einem ersten Arbeitsschritt ein Schaubild, welches die Bedeutung des Regenwaldes für das Klima verdeutlicht. Zunächst wird der Text in Einzelarbeit bearbeitet. Anschließend besprechen die SchülerInnen in Partnerarbeit den Filminhalt und klären die angesprochenen Zusammenhänge. Dann entwerfen sie auf bereitgestellten DIN-A4-Blättern die besagten Schaubilder; hierbei wird zunächst mit Bleistift gearbeitet. Für diese Arbeitssequenz werden etwa 25 bis 30 Minuten benötigt. Der Lehrer hat während dieser Phase die Möglichkeit, die entstehenden Entwürfe zu sichten, Rückmeldungen zu geben und auf etwaige Fehler aufmerksam zu machen. Im zweiten Arbeitsschritt werden die erstellten Entwürfe mittels Farbstiften möglichst eindrucksvoll gestaltet. Die anschließende Präsentation erfolgt im Rahmen eines »Museumsgangs«, d.h. alle Schaubilder werden an den Außenwänden des Klassensaals aufgehängt und von den SchülerInnen in »Museumsatmosphäre« (leise) betrachtet. Im vierten und letzten Arbeitsschritt wird im Plenum die Qualität der Schaubilder näher kommentiert und nötigenfalls auch kritisiert. Mögliche Redewendungen können dabei sein: »Mir gefällt dieses Schaubild besonders gut, weil …« oder »Dieses Schaubild finde ich nicht so gelungen, weil …«.

A 5: Informationstext zur Bedeutung des Regenwaldes auswerten

In dieser Mikrospirale erarbeiten sich die SchülerInnen über mehrere Arbeitsschritte hinweg den Inhalt zweier zusammengehöriger Sachtexte. Die beiden Texte (s. *M 2*) werden so verteilt, dass die Hälfte der Klasse Text 1 und die andere Hälfte Text 2 hat. Außerdem erhält jeder Schüler ein DIN-A7-Kärtchen (Karteikärtchen). Die SchülerInnen lesen sich in einem ersten Arbeitsschritt den Text durch und halten die wichtigsten Informationen in Einzelarbeit auf einem Spickzettel fest (10 min). Im zweiten Arbeitsschritt werden je zwei SchülerInnen mit unterschiedlichen Texten zusammengebracht, und zwar durch Los oder durch Ziffern auf den Rückseiten der Texte. Diese »Zufallspartner« setzen sich in einem Doppelkreis gegenüber und informieren sich wechselseitig unter Zuhilfenahme ihrer Spickzettel zu den betreffenden Textinhalten. Der jeweilige Zuhörer schreibt das Gesagte stichwortartig mit, fragt bei Bedarf nach und fasst die dargebotenen Informationen anschließend in eigenen Worten nochmals zusammen. Auf diese Weise erschließen sich die jeweiligen Tandempartner den Gesamttext. Sie sind also zur Ermittlung aller Argumente gegen die Abholzung des Regenwaldes aufeinander angewiesen. Durch Partnerwechsel – z.B. gehen die im Innenkreis sitzenden SchülerInnen im Uhrzeigersinn drei Plätze weiter – kann der Informationsaustausch in einer zweiten Gesprächsrunde zusätzlich vertieft werden. In einem dritten und letzten Arbeitsschritt wird schließlich das als *M 3* abgebildete Arbeitsblatt ausgefüllt. Dieses sieht vor, dass die SchülerInnen zum erarbeiteten Text passende Fragen finden, deren Antworten auf dem Arbeitsblatt vorgegeben sind. Die ermittelten Fragestellungen werden abschließend in Kleingruppen verglichen und nötigenfalls besprochen.

A 6: Expertenvorträge zur Erschließung des Regenwaldes

Diese Mikrospirale hat zur Voraussetzung, dass im Vorfeld mehrere Experten-Themen abgesteckt und geeignete Informationen dazu gesucht bzw. zusammengestellt werden. Mögliche Themen können z.B. sein: Erze aus Amazonien, Holznutzung, Rinderhaltung, Kolonisationsprojekte, Palmölplantagen etc. Entsprechende Informationen finden sich u.a. in Schulbüchern, Fachzeitschriften und sonstigen Medien. Unter Umständen ist es auch recht sinnvoll, die Recherche den SchülerInnen zu überlassen, die im Internet eine ganze Menge eruieren können – zum Beispiel zum Palmölgeschäft in Indonesien (www.umwelt.org/regenwald/regenwaldreport/archiv/ 99-2/abfackeln.htm) oder zur Holznutzung (www.umwelt.org/regenwald/regenwald report/archiv/99-2/garten.htm).

Der Arbeitsprozess beginnt damit, dass sich die SchülerInnen in einem ersten Schritt in mehreren Stammgruppen mit ihrem jeweiligen Thema und Informationsmaterial vertraut machen. Das vorliegende Material wird gelesen, besprochen und so aufbereitet, dass ein entsprechender Kurzvortrag gehalten werden kann. Im nächsten Arbeitsschritt werden Querschnittsgruppen gebildet, in denen Vertreter aller Stammgruppen zusammenkommen. Diese »Experten« stellen sich wechselseitig ihr

Spezialwissen vor und beantworten eventuell auftretende Rückfragen der Zuhörer. Im dritten Arbeitsschritt kann aus jeder Stammgruppe ein Vertreter ausgelost werden, der nochmals im Plenum vorträgt. Bei Bedarf kann der Lehrer/die Lehrerin nachbessern.

A 7: Lernplakate zur Zerstörung des Regenwaldes in Amazonien erstellen

Diese Mikrospirale zeigt eine weitere Möglichkeit, wie sich die SchülerInnen eigenständig und produktiv mit neuen Informationen auseinander setzen können. Anhand des Textes *M 4* erstellen die SchülerInnen ein Lernplakat zum Thema »Gründe für die Zerstörung des Regenwaldes in Amazonien«. Die betreffenden Gründe sind in übersichtlicher Form zu visualisieren. Dazu wird der Text im ersten Arbeitsschritt in Einzelarbeit gelesen, markiert und ausgewertet. Im zweiten Arbeitsschritt werden mehrere Zufallsgruppen gebildet, deren Mitglieder sich die erstellten Exzerpte wechselseitig vorstellen und auf dieser Basis ein gemeinsames Plakat konzipieren und gestalten. Für diese Visualisierungsarbeit erhält jede Gruppe ein größeres Plakat, verschiedenfarbige Filzstifte sowie diverse Wachsmalstifte.

Die fertigen Plakate werden im dritten Arbeitsschritt im Plenum präsentiert, wobei alle Gruppenmitglieder eine Teilpräsentation übernehmen müssen, d.h. jedes Gruppenmitglied ist aktiv an der Plakatvorstellung beteiligt. Eine Alternative dazu: Die Gruppensprecher bzw. Sprechertandems werden ausgelost.

Zusammenfassende Hinweise zur Methodenpflege

Die skizzierten Arbeitsinseln und Arbeitsschritte eröffnen den SchülerInnen vielfältige Möglichkeiten zur Methoden-, Kommunikations- und Teampflege. Die SchülerInnen markieren und exzerpieren, sie ordnen und strukturieren, sie recherchieren und visualisieren, sie erstellen Schaubilder und Plakate, sie fertigen Stichwortzettel und Vortragsleitfäden, sie finden Überschriften und verfassen Kommentare, sie formulieren Fragen zu vorgegebenen Antworten und planen und produzieren eine Radioreportage. Neben diesen Lern- und Arbeitstechniken »pflegen« die SchülerInnen natürlich auch diverse Kommunikationstechniken. Das beginnt beim aktiven Zuhören, berichten, fragen, antworten, nacherzählen und argumentieren und reicht über offene Gespräche, Diskussionen und kleine Vorträge in Gruppen bis hin zur Präsentation irgendwelcher Produkte vor der Klasse. Hinzu kommen einschlägige Anforderungen und Lernchancen im Bereich der Teamarbeit. Die SchülerInnen sind u.a. gefordert und lernen, sich in ihren Gruppen zu einigen und gemeinsame Präsentationen abzusprechen. Sie üben sich darin, gemeinsam zu planen und Produkte zu erstellen, Verantwortung zu übernehmen und den Gruppenmitgliedern zu helfen, den Arbeitsprozess straff zu organisieren und die Gruppenergebnisse zu kontrollieren, engagiert mitzuarbeiten und sich an die Gruppenregeln zu halten, den Gruppenmitgliedern Feedback zu geben und etwaige Konflikte zu regeln etc.

M 1	**Treibhauseffekt und Regenwald**

Der Tropische Regenwald ist für das Klima sehr wichtig. Und das hat folgende Ursachen: Die Sonnenstrahlen durchdringen zunächst die Atmosphäre und erwärmen die Erdoberfläche. Die Sonnenstrahlung wird an der Erdoberfläche in Wärmestrahlung umgewandelt. Einige Gase in der Atmosphäre – vor allem Methan und CO_2 – verhindern, dass die gesamte Wärmestrahlung wieder in den Weltraum abgegeben wird (CO_2= Kohlendioxid entsteht bei der Atmung und bei der Verbrennung von Holz, Kohle, Öl, Benzin). Sie nehmen die Wärmestrahlung auf und werfen sie teilweise wieder zurück. So wird Wärme in der Erdatmosphäre festgehalten, wie es die Glasfenster eines Treibhauses tun würden. Dieser »Treibhauseffekt« macht das Leben von Pflanzen, Tieren und Menschen auf der Erde möglich – ohne ihn wäre es viel zu kalt.

Steigt aber der CO_2-Gehalt der Atmosphäre, so wird immer mehr Wärmestrahlung zurückgehalten und die Atmosphäre erwärmt sich immer weiter. Der Regenwald entzieht der Atmosphäre überschüssiges Kohlendioxid. Mit Hilfe des Sonnenlichts binden die Pflanzen dieses Gas und geben dafür Sauerstoff an die Atmosphäre ab (Fotosynthese). So trägt der Regenwald entscheidend zur Klimastabilität bei.

(Text verfasst in Anlehnung an TERRA, Ausgabe: Realschule Rheinland-Pfalz, Klassenstufe 8/9, Klett-Perthes-Verlag, Gotha 1996, S. 81)

© Dr. H. Klippert

M 2a   **Regenwälder – zu wertvoll zum Abholzen (Text A)**

Artenreichtum

Seit über 60 Millionen Jahren gibt es Regenwälder. Unzählige Tier- und Pflanzenarten, die schon längst als ausgestorben galten, haben dort überlebt. Die Regenwälder geben uns einen einmaligen Einblick in die Entwicklungsgeschichte des Lebens. Wissenschaftler schätzen, dass 50 bis 90 Prozent aller Tier- und Pflanzenarten der Erde nur im Tropischen Regenwald vorkommen. In den allermeisten Fällen sind sie bis heute nicht erforscht, meist noch nicht einmal entdeckt.

Arzneimittel

Die Indianer Boliviens kannten Bäume mit roten Blättern, deren Rinde wirksam die Tropenkrankheit Malaria bekämpfte. Heute ist deren Wirkstoff Chinin in vielen Arzneimitteln enthalten. Wild wachsende tropische Heilkräuter liefern Medikamente gegen Zuckerkrankheit, Bluthochdruck, Bilharziose, Leukämie, Malaria, Amöbenruhr, Asthma und vieles mehr. Über die Hälfte aller weltweit verschriebenen Medikamente enthalten pflanzliche Wirkstoffe, zumeist aus tropischen Arten. Aber nur ein Prozent der Regenwaldpflanzen sind überhaupt jemals auf ihre medizinische Wirkung getestet worden.

Nahrungsmittel

Allein in Indonesien werden seit Menschengedenken rund 4000 Pflanzenarten als Nahrungsmittel verwendet, obwohl davon bis heute lediglich ein Zehntel allgemein verbreitet ist. In Neuguinea sind allein 251 Baumsorten mit essbaren Früchten bekannt, obwohl davon bis heute nur 43 im Anbau genutzt werden. In abgelegenen Dschungeln wachsen heute noch die wilden Mutterpflanzen von Kaffee-, Tee- und Kakaosorten, Banane, Maniok, Yamswurzel, Ölpalme, Papaya, Passionsfrucht, Avocado und viele mehr.

Pflanzliche Rohstoffe

Neben den bekannten Edelhölzern bietet der Regenwald eine unübersehbare Palette pflanzlicher Rohstoffe: Öle aus Palmkernen oder Nüssen; Fasern für Kleidung und Tauwerk (z.B. aus vielen Feigenarten); Milchsaft von Hevea brasiliensis für Gummi; Rattan (Stämme malayischer Kletterpalmen) für Möbel; Harze für Kerzen, Farben, Schminke, Palmblätter zum Weben von Matten, zur Herstellung von Körben und Hüten; Gerbstoffe zu Herstellung von Leder und Tauwerk; und vieles mehr …

© Dr. H. Klippert

M 2b	**Regenwälder – zu wertvoll zum Abholzen (Text B)**

Genbank

Immer wieder kommt es vor, dass eine Krankheit oder ein Schädling die gesamte Ernte vernichtet. Jetzt ist es wichtig, die wild wachsende Mutterpflanze zu besitzen. Indem man diese in die hochgezüchtete Pflanzen einkreuzt, kann man Formen züchten, die gegen schädliche Umwelteinflüsse widerstandsfähiger sind. Werden Tier- oder Pflanzenarten ausgerottet, so geht die in ihnen gespeicherte Erbinformation (= Gene) für immer verloren. Es ist, als würde eine Bibliothek abbrennen, deren Bücher nur hier und an keiner anderen Stelle der Erde gelagert sind.

Lebensgrundlage für die Ureinwohner

Heute schätzt man die Urbevölkerung des Regenwaldes auf nur noch zwei Millionen Menschen in weltweit etwa 1000 Stämmen. Es sind Waldvölker wie die Pygmäen in Afrika, die Indianer Südamerikas (z.B. Xingu, Jivaros, Yanomami), die Volksstämme der Penan und Dayak auf Borneo und viele mehr. Alle Ureinwohner haben sich dem Leben im Wald perfekt angepasst. Der Regenwald liefert ihnen alles, was sie brauchen: Nahrung, Feuerholz, Baumaterial und Medikamente. Sie sind dem Urwald dafür dankbar; ihn zu missbrauchen oder zu zerstören gilt als Verbrechen. Sie zeigen eindrucksvoll, wie man von und mit dem Wald leben kann, ohne ihn zu zerstören.

Klimastabilität

Bei jeder Verbrennung (auch beim Autofahren) entsteht Kohlendioxid. Dieses Gas nimmt Wärmestrahlen auf und hält die Wärme so in der Erdatmosphäre fest, wie es die Glasfenster eines Treibhauses tun würden. Der »Treibhauseffekt« führt zur allmählichen Erwärmung unserer Erdatmosphäre. Der Regenwald entzieht der Atmosphäre überschüssiges Kohlendioxid. Mit Hilfe des Sonnenlichts wird dieses Gas in den Pflanzen gebunden und als »Abfall« wird Sauerstoff erzeugt.

Wasserkreislauf

Die Regenwälder spielen eine wichtige Rolle für den gesamten Wasserkreislauf der Erde. An der gewaltigen Blattoberfläche des Regenwaldes verdunstet eine große Menge Wasser und wird so wieder an die Atmosphäre abgegeben. Das verdunstete Wasser kondensiert und fällt als Regen wieder nieder. Billionen Tonnen Wasser verbleiben so in einem endlosen Kreislauf. Nur ein geringer Teil des Niederschlages gelangt über das Grundwasser und die Flüsse ins Meer. Wird der Wald zerstört, verdunstet nur noch wenig Wasser vor Ort: Es wird regional wärmer, windiger und trockener. An den Unterläufen der Flüsse drohen Überschwemmungskatastrophen.

(Aus: Seydlitz Erdkunde 2, Schroedel Verlag, Hannover 1997, S. 104, 162)

© Dr. H. Klippert

M 3	**Arbeitsblatt zu den Infotexten** **»Regenwälder – zu wertvoll zum Abholzen«**

? **Passende Fragen finden** **?**

➡ Überlege dir elf W-Fragen zu den vorgegebenen Antworten! Achte darauf, dass Fragen und Antworten eindeutig zueinander passen.

1. Frage: ....

Antwort: Seit über 60 Millionen Jahren.

2. Frage: ....

Antwort: Dann gehen die in ihnen gespeicherten Erbinformationen für immer verloren.

3. Frage: ....

Antwort: Es sind nur noch etwa zwei Millionen Menschen weltweit.

4. Frage: ....

Antwort: Es wird regional wärmer, windiger und trockener.

5. Frage: ....

Antwort: Durch die Verdunstung an den Blättern.

6. Frage: ....

Antwort: Nahrung, Feuerholz, Baumaterial und Medikamente.

7. Frage: ....

Antwort: Nur ein Prozent der Regenwaldpflanzen.

8. Frage: ....

Antwort: Indem er der Atmosphäre überschüssiges Kohlendioxid entzieht.

9. Frage: ....

Antwort: Edelhölzer, Öle, Nüsse, Fasern, Milchsaft, Rattan und viele mehr.

10. Frage: ....

Antwort: Sie liefern Medikamente gegen viele Krankheiten.

11. Frage: ....

Antwort: Etwa 50–60 % kommen nur im Tropischen Regenwald vor.

© Dr. H. Klippert

M 4a Nutzung und Zerstörung des Tropischen Regenwaldes in Amazonien

Weltweit ist inzwischen die Hälfte der Regenwälder vernichtet worden. Dies hat schwerwiegende Folgen für das Klima, die Artenvielfalt und für die Waldvölker. Für die Politiker sind jedoch andere Faktoren vorrangig: Unterentwicklung, Armut und Schuldenkrise in den Entwicklungsländern und die Sicherung von Rohstoffen und Absatzmärkten für die Industrienationen machen die Erschließung der Regenwälder scheinbar notwendig; in Wahrheit entstehen dadurch nur neue Abhängigkeiten.

Die meisten Regenwaldböden sind außerordentlich nährstoffarm. Die üppige Pflanzenfülle ist nur durch einen funktionierenden Nährstoffkreislauf möglich. Bei großflächiger Brandrodung wird dieser Kreislauf gestört und die Nährstoffe werden von den vielen Regenfällen schnell fortgespült. Der ungeschützte Boden wird zudem stark abgetragen.

Die schonende Nutzung des Regenwaldes ist bisher nur den Naturvölkern gelungen. Ihr Wissen über den Wald ist unübertroffen. Neben Sammelwirtschaft, Jagd, Fischfang und Anbau von Feldfrüchten werden auch Bäume gepflanzt, um Schatten zu spenden oder den Boden mit Stickstoff anzureichern, Jagdwild anzulocken oder Früchte für die Kinder und Enkelkinder sicherzustellen. Die Vernichtung des Regenwaldes entzieht den Naturvölkern die Existenzgrundlage.
Bei der Vernichtung spielt der internationale Tropenholzhandel eine herausragende Rolle. Etwa ein Viertel der jährlich weltweiten Zerstörung ist direkte Folge der Holzindustrie. Wichtigste Konsumenten sind Japan, Europa und die USA; Deutschland gehört zu den größten europäischen Verbrauchern. Die Tropenhölzer (z.B. Mahagoni, Limba, Palisander) sind wegen ihrer Härte, Beständigkeit und auffälligen Färbung sehr begehrt. Ihre Gewinnung ist aufwändig und mühsam. Anhand von Luftbildern wird festgestellt, wo sich der Einschlag lohnt.

Häufig auch mit Entwicklungshilfegeldern werden diese Gebiete erschlossen. Auf einem Hektar befinden sich meist nur drei bis vier nutzbare Bäume. Durch das Fällen und Abtransportieren werden aber etwa 70% der Pflanzen zerstört. Die Holzwirtschaft hat durch Raubbau die eigene Existenzgrundlage bereits zerstört: Begehrte Edelhölzer finden sich nur noch in den Naturreservaten und Indianergebieten. Trotzdem werden sie – meist illegal – weiter eingeschlagen und exportiert, auch nach Europa.

© Dr. H. Klippert

> ## M 4b Nutzung und Zerstörung des Tropischen Regenwaldes in Amazonien

Neben der Tropenholzgewinnung ist der Hunger der industrialisierten Welt nach mineralischen Rohstoffen (z.B. Eisenerz, Bauxit für die Aluminiumherstellung, Mangan, Nickel, Kupfer, Gold oder Erdöl) eine weitere wichtige Ursache für die Zerstörung der Tropischen Wälder. Unzählige Bäume fallen auch den Köhlern zum Opfer, die Holzkohle für die Erzverhüttung herstellen.

Um Industriezentren aufbauen zu können, werden zur Stromgewinnung gigantische Seen aufgestaut, in denen große Regenwaldflächen versinken. Goldsucher graben ganze Flussläufe um, verseuchen Wasser und Boden mit hochgiftigem Quecksilber und dringen illegal in die Indianergebiete ein. All diesen Aktivitäten ist gemeinsam, dass sie von ausländischen Konsortien, Konzernen oder Firmen durchgeführt werden und dass große Teile der Gewinne ebenfalls ins Ausland transferiert werden. Gemeinsam ist diesen Eingriffen aber auch, dass sie Auslöser für die Zuwanderung von landlosen Siedlern sind. Sie werden in die Regenwaldgebiete abgedrängt, da sie in ihren Heimatregionen keine Überlebenschance mehr haben. Dies ist nach dem Motto »Land ohne Menschen für Menschen ohne Land« auch von den Politikern so gewollt. Die Menschen aus den Slums der Großstädte versprechen sich hier eine hoffnungsvolle Zukunft. Der nährstoffarme Boden macht den Siedlern jedoch häufig einen Strich durch die Rechnung; der Aufbau einer langfristigen Existenz ist kaum möglich.

Rinderhaltung zur Fleischproduktion im großen Stil trägt ebenfalls zur Zerstörung der Wälder bei. Großgrundbesitzer und multinationale Konzerne haben durch Brandrodung riesige Urwaldgebiete in Rinderweiden umgewandelt. Gras wird vom Flugzeug aus eingesät. Der empfindliche Boden verträgt diese Umnutzung jedoch häufig nicht, er erodiert, versteppt und kann wohl nie wieder aufgeforstet werden. Wegen der großen Nachfrage nach Rindfleisch in Brasilien, Nordamerika und Europa werden die Weideflächen jedoch ausgedehnt.

(Texte 4a und 4b in Anlehnung an: Beiheft zu Tropischer Regenwald in Amazonien (Film), FWU Grünwald 1993. (VHS 42 10271)
Seydlitz Erdkunde 2, Schroedel Verlag, Hannover 1997, S.158f.

© Dr. H. Klippert

1.2 Französische Revolution

(Frank Müller)

Die Französische Revolution ist ein zentrales Thema des Geschichtsunterrichts in der Sekundarstufe I, eingebettet zwischen dem Jahrhundert der Aufklärung und Europa zur Zeit Napoleons. Der Begriff »Revolution« taucht in dieser Epoche erstmals auf, wird aber später im Zusammenhang mit der Deutschen Revolution von 1848, der Russischen Oktoberrevolution oder der Chinesischen Revolution erneut elementarer Bestandteil des Geschichtsunterrichts sein. Der Begriff »Revolution« wird schließlich auch auf andere Bereiche übertragen, in denen ein umfassender Wandel stattfindet – so spricht man zum Beispiel im Zeitalter der Industrialisierung von der »industriellen Revolution«.

Um geschichtliche Prozesse und Entwicklungen verstehen zu können, bedarf es des sukzessiven Aufbaus von Grundwissen und Strukturwissen (Zusammenhänge erkennen). Am Beispiel der Französischen Revolution lässt sich recht gut historisches Denken, Analysieren und Argumentieren üben sowie in exemplarischer Weise aufzeigen, wie es zur Umwandlung bestehender Verhältnisse kommen kann und wie die gewaltsame Erhebung eines Volkes gegen die Herrschenden zu neuen Formen des politischen und sozialen Lebens führt.

Die nachfolgend abgebildete Makrospirale (Abb. 16, S. 106) zur Französischen Revolution gibt den SchülerInnen Gelegenheit, sich die Spannungen zwischen der alten Ordnung und den neuen wirtschaftlichen, politischen und sozialen Verhältnissen klar zu machen und einen Eindruck davon zu bekommen, warum das französische Bürgertum nach sozialer Emanzipation strebte. Der Absolutismus war in Prunk und Verschwendung erstarrt, Wirtschaftskrisen erschütterten das Land und waren Ursache und Vorbote der nahenden Staatskrise.

Die ersten drei Arbeitsinseln dienen der Auffrischung und Mobilisierung des geschichtlichen Vorwissens der SchülerInnen. Denn erfahrungsgemäß bringen die Jugendlichen eine ganze Menge Halbwissen, Vorurteile und Klischees mit, die den weiteren Lernprozess erheblich überlagern und beeinträchtigen können. Von daher müssen diese »Bestände« ins Bewusstsein gehoben und der (selbst-)kritischen Auseinandersetzung zugänglich gemacht werden. Das Brainstorming im Rahmen der ersten Arbeitsinsel (»ABC-Methode«) ruft wesentliche Ereignisse und Begrifflichkeiten des Absolutismus nochmals in Erinnerung (s. A 1). Die Thesendiskussion in der zweiten Arbeitsetappe frischt ebenfalls Gelerntes auf und zeigt der je zuständigen Lehrkraft, wo die SchülerInnen in Sachen Absolutismus mit ihrem Vorwissen stehen und welche Defizite es noch gibt. Die Arbeitsinsel A 3 schließlich konfrontiert die SchülerInnen mit der in vielen Geschichtsbüchern abgedruckten Karikatur

Makrospirale zur »Französischen Revolution«

(Mögliche Arbeitsinseln und Arbeitsschritte)

Vorwissen/Voreinstellungen aktivieren

A 1: Das ABC des Absolutismus (Fachbegriffe notieren ⇨ in PA vier Begriffe eingrenzen ⇨ in GA sechs Begriffe festlegen ⇨ Präsentation)

A 2: Diskussion einer zentralen These zum Absolutismus (Zettelabfrage ⇨ Innen-/Außenkreisgespräche ⇨ Pro-und-Kontra-Debatte)

A 3: Mind-Map erstellen (Gruppen-Mind-Map zur Karikatur erstellen ⇨ Ergebnispräsentation nach Los ⇨ Arbeitsblatt bearbeiten)

Neue Kenntnisse/Verfahrensweisen erarbeiten

A 4: Lehrervortrag erarbeiten (Lehrervortrag ⇨ klärende Gespräche in Gruppen ⇨ Nacherzählen im Doppelkreis ⇨ Fragerunde)

A 5: Expertenmethode (Lesephase ⇨ arbeitsteilige GA ⇨ Berichte in Mischgruppen ⇨ Vortrag konzipieren ⇨ Präsentation)

A 6: Steckbrief verfassen (Texterarbeitung in Partnerarbeit ⇨ Steckbrief beschriften und gestalten ⇨ Ergebnispräsentation nach Los)

A 7: Tafelbilder erstellen (Markieren in EA ⇨ Text in PA strukturieren ⇨ Tafelbild-Fragment in GA klären und ergänzen ⇨ Präsentation)

A 8: Quellen erschließen (Partnerarbeit ⇨ Vergleich in Gruppen ⇨ Doppelkreisgespräche ⇨ Expertenbefragung im Plenum)

A 9: Lernspiel erarbeiten (Lese- und Planungsphase in PA ⇨ Produktion des Lernspiels in GA ⇨ Spiel durchführen ⇨ Reflexion)

Komplexere Anwendungs-/Transferaufgaben

A 10: Vier-Ecken-Argumentation (Thesendiskussion in Neigungsgruppen ⇨ Argumentationskarten erstellen ⇨ Vorträge im Plenum halten)

A 11: Der große Preis (Fragen in PA sammeln ⇨ in Gruppen besprechen ⇨ Kärtchen erstellen und in Schema einordnen ⇨ Spielphase)

A 12: Stellung beziehen (Begriffe suchen ⇨ Begriffe in Kleingruppen klären ⇨ im Plenum zu ausgewählten Begriffen Stellung beziehen)

A 13: Lernplakat erstellen (in PA Essenzials sammeln ⇨ in Zufallsgruppen Plakate entwerfen und gestalten ⇨ Tandempräsentation)

Abb. 16   © Dr. H. Klippert zur Situation des Dritten Standes. Dazu ist eine Mind-Map zu erstellen, die unterschiedliche Assoziationen bündelt, Fragen aufwirft und nicht zuletzt Neugierde weckt.

Die nächsten sechs Arbeitsinseln A 4 bis A 9 geben den SchülerInnen in vielfältiger Weise Gelegenheit, sich neue Kenntnisse und Erkenntnisse zum Komplex Französische Revolution zu erarbeiten und in der Auseinandersetzung mit den Mitschülerinnen und Mitschülern zu festigen. Dabei werden sowohl kommunikative Fähigkeiten und Fertigkeiten gepflegt als auch diverse Anlässe zur Partner- und Gruppenarbeit gegeben. Letzteres ist ein wichtiger Beitrag zur Teamentwicklung im Klassenraum.

Die Arbeitsinseln A 10 bis A 13 schließlich sind im Transferbereich angesiedelt und stellen die SchülerInnen vor übergreifende Wiederholungs- und Vertiefungsaufgaben. Das beginnt mit anspruchsvollen Argumentationsaufgaben (A 10) und reicht über das Sammeln und Festigen von Fragen und Fachbegriffen (A 11 und A 12) bis hin zur Zusammenfassung wichtiger Lernergebnisse in Form von Lernplakaten.

Einige ausgewählte Arbeitsinseln

Nähere Erläuterungen zu den schwarz unterlegten Arbeitsinseln folgen in den nachstehenden Abschnitten. Die in den Texten erwähnten Materialien (M 1ff.) werden im Anschluss dokumentiert. Diese exemplarische Konkretisierung soll Anregungen geben, wie EVA im Geschichtsunterricht in Gang gesetzt werden kann. Die eigene Unterrichtsvorbereitung wird dadurch freilich nicht ersetzt.

A 1: Das ABC des Absolutismus

Diese Mikrospirale dient dazu, die SchülerInnen zum Nachdenken und Reflektieren über die Zeit des Absolutismus zu veranlassen. Im ersten Arbeitsschritt erhalten die SchülerInnen ein Arbeitsblatt, auf dem die Buchstaben des Alphabets senkrecht untereinander gesetzt sind (s. M 1). Nun müssen sie zu den vorgegebenen Buchstaben in Einzelarbeit wichtige Begriffe aus der Zeit des Absolutismus finden und schriftlich fixieren. Im zweiten Arbeitsschritt vergleichen und besprechen sie die notierten Wörter in Partnerarbeit und verständigen sich auf je vier Begriffe, die sie farblich kennzeichnen. Im dritten Arbeitsschritt werden sodann mehrere Zufallsgruppen gebildet, deren Mitglieder die vorliegenden Fachbegriffe nochmals vergleichen und besprechen, dann sechs als besonders bedeutsam erachtete »Schlüsselbegriffe« herausfiltern und diese in eine plausible Rangfolge bringen. Im vierten und letzten Arbeitsschritt werden die betreffenden »Schlüsselbegriffe« im Plenum reihum von wechselnden Gruppensprechern präsentiert und erläutert. Rückfragen, Kommentare, Diskussionen und ergänzende Beiträge der Lehrkraft runden das Bild ab.

A 2: Diskussion einer zentralen These

Diese Mikrospirale setzt ebenfalls beim Absolutismus an und verlangt von den SchülerInnen, dass sie anhand einer spezifischen These ihr entsprechendes Vorwissen aktivieren. Im ersten Arbeitsschritt erhalten die SchülerInnen die besagte These. Diese These sollte so gehalten sein, dass sowohl positive als auch negative Einschätzungen möglich sind. Eine mögliche These könnte z.B. lauten: »Die absolutistische Herrschaft hat dem Volk nur Negatives und Belastungen gebracht!« Die SchülerInnen bekommen einen kleinen Zettel, auf dem sowohl die These als auch eine Bewertungsskala von +2 bis –2 zu finden sind. Sie kreuzen nach einer kurzen Phase des Nachdenkens diejenige Ziffer an, die ihrer persönlichen Einschätzung am ehesten entspricht. –2 bedeutet hierbei eine deutliche Ablehnung der These, +2 eine klare Zustimmung. Damit sie später gut argumentieren können, machen sie sich ferner einige Notizen zur Begründung ihrer Einschätzung. Im zweiten Arbeitsschritt erfolgt sodann die Veröffentlichung und Diskussion der unterschiedlichen Sichtweisen. Dazu heften die SchülerInnen zunächst einen kleinen roten Klebepunkt in die entsprechenden Bewertungsrubriken an der Tafel, sodass nach und nach ein aktuelles »Stimmungsbild« entsteht. Die so kenntlich gemachten Voten erläutern sich die SchülerInnen sodann im Rahmen von Innen-/Außenkreisgesprächen. Dann folgt im dritten Arbeitsschritt eine thesenzentrierte Pro-und-Kontra-Debatte im Plenum, an der je zwei SchülerInnen mit eher zustimmenden und eher ablehnenden Voten teilnehmen. Auf diese Weise kommt es zu einer mehr oder weniger ausgeprägten Kontroverse, in die sich bei Bedarf auch einzelne Zuhörer einschalten können, indem sie den angebotenen »freien Stuhl« nutzen. Im vierten und letzten Arbeitsschritt können von Lehrer- und/oder Schülerseite abschließende Erläuterungen und Klarstellungen zum Komplex »Absolutismus« eingebracht werden.

A 5: Expertenvorträge vorbereiten und halten

Diese Mikrospirale gehört bereits zur Informationsphase und gibt den SchülerInnen Gelegenheit, sich zu unterschiedlichen Aspekten der Französischen Revolution einschlägige Informationen zu beschaffen und diese in gestuften Gesprächen weiter zu vermitteln. Der erste Arbeitsschritt sieht so aus, dass insgesamt fünf Zufallsgruppen gebildet werden, die sich arbeitsteilig z.B. mit den folgenden Themengebieten befassen: »Freiheit, Gleichheit, Brüderlichkeit«, »Nationalversammlung«, »die Diktatur der Jakobiner«, »die Verfassung Frankreichs von 1791« und »der König gerät in die Hände der Revolutionäre«. Jede Gruppe erhält zu ihrem Spezialgebiet einen einschlägigen Text, der zunächst individuell zu lesen, dann zu besprechen und schließlich als Vortragsleitfaden auszuarbeiten ist. Im dritten Arbeitsschritt werden sodann mehrere Querschnittsgruppen gebildet, in denen Experten aus allen fünf Stammgruppen sitzen. Diese »Experten« stellen sich wechselseitig ihre Spezialgebiete bzw. -informationen vor. Auftretende Fragen werden besprochen und unter Umständen unter Einbeziehung des Lehrers geklärt. Auf diese Weise ist gewährleistet, dass in jeder Gruppe jeder Text vorgestellt und diskutiert wird. Im vierten Arbeitsschritt konzipieren die Mitglieder der jeweiligen Mischgruppe einen gemeinsamen Vortrag, der die wesentlichen Elemente der einzelnen Texte mit aufnimmt. Im fünften und letzten Arbeitsschritt werden die so erarbeiteten Vorträge von zwei Gruppen im Plenum vorgestellt. Dabei werden sowohl die beiden Gruppen als auch deren Sprecher mittels Los bestimmt. Der Vorteil dieses Losverfahrens: Die SchülerInnen sind in hohem Maße zu einer verbindlichen Mitarbeit in ihren Gruppen »gezwungen«. Dafür sorgen nicht zuletzt die Gruppenmitglieder. Noch ein Hinweis zur Gruppenbildung: Die Expertenmethode funktioniert natürlich am besten, wenn die Zahl der SchülerInnen glatt durch fünf oder auch durch vier teilbar ist. Da dieser Fall jedoch relativ selten gegeben ist, wird bei anderen Schülerzahlen so verfahren, dass zum einen oder anderen Text eine Doppelbesetzung gebildet wird. Das ist bei schwächeren SchülerInnen unter Umständen sogar sehr angebracht, da diese Tandemlösung ein Mehr an Sicherheit und Überzeugungskraft mit sich bringt.

A 6: Steckbrief erstellen und präsentieren

Im Mittelpunkt dieser Mikrospirale steht einer der führenden Revolutionäre, nämlich Robespierre. Die SchülerInnen erhalten in einem ersten Arbeitsschritt einen Text mit einschlägigen Daten zur Person und zum politischen Wirken Robespierres. Diese Informationen werden zunächst gelesen und dann in Partnerarbeit ausgewertet. Im zweiten Arbeitsschritt gehen die SchülerInnen in mehreren Zufallsgruppen daran, einen möglichst aussagekräftigen Steckbrief zu erstellen und übersichtlich zu gestalten. Zur Orientierung und Erleichterung kann unter Umständen auch die Vorlage *M 2* bereitgestellt werden, die von den SchülerInnen näher auszufüllen ist. Im dritten und letzten Arbeitsschritt schließlich stellen ausgeloste Gruppensprecher die Person Robespierre anhand ihrer Steckbriefe vor. Präsentiert wird in der Regel von zwei unterschiedlichen Gruppen.

A 7: Tafelbilder erstellen

Diese Mikrospirale zeichnet sich dadurch aus, dass die SchülerInnen ansatzweise visualisieren und gestalten lernen. In einem ersten Arbeitsschritt erhalten sie einen Grundlagentext, den sie individuell lesen und markieren müssen, bevor sie in Partnerarbeit daran gehen, wichtige Inhalte herauszuarbeiten, zu besprechen und so zu strukturieren, dass sie ein zusammenfassendes Tafelbild ergeben können. Dabei wird mit verschiedenen Überschriften, Farben und Formen gearbeitet. Die so erstellten Tafelbild-Entwürfe werden im zweiten Arbeitsschritt von ausgelosten Gruppensprechern präsentiert und bei Bedarf diskutiert. Im dritten Arbeitsschritt stellt die zuständige Lehrkraft ihren eigenen Tafelbildentwurf vor und kommentiert sowohl diesen als auch die unterschiedlichen Produkte der Schülergruppen hinsichtlich wichtiger Gestaltungsmerkmale eines Tafelbilds. Alternativ dazu kann unter Umständen so verfahren werden, dass den SchülerInnen zum besagten Text ein unvollständiges Tafelbild vorgegeben wird, das sie mittels gezielter Textlektüre und Kleingruppengespräche zu vervollständigen haben. Eine weitere Variante: Die SchülerInnen erhalten unterschiedliche Puzzleteile, die sich durch überlegte Anordnung zu einem kompletten Tafelbild zusammenfügen lassen. Dieses Tafelbild ist abschließend in einem kleinen Vortrag vorzustellen.

A 9: Lernspiel entwickeln

Diese Mikrospirale ist bewusst sehr offen gehalten und verlangt von den SchülerInnen eine Menge Eigeninitiative und Selbsttätigkeit. Im ersten Arbeitsschritt werden Zufallsgruppen gebildet, die die Aufgabe bekommen, ein eigenes Lernspiel zum Thema »Französische Revolution« zu erarbeiten und die entsprechenden Informationen und Klärungen sicherzustellen. Dabei ist es unerheblich, ob die SchülerInnen ein Ereignisspiel, ein Puzzle, ein Fragespiel, ein Würfelspiel, ein Quartettspiel, ein Denkspiel, ein Tippspiel, ein Kreuzworträtsel, ein Fehlersuchspiel oder irgendein anderes Lernspiel entwickeln und gestalten. Der Zeitrahmen, der ihnen zur Spielerstellung zur Verfügung steht, ist relativ großzügig zu bemessen, da die Planung, Informationsbeschaffung und Spielgestaltung doch recht zeitaufwändig sind. Alle Lernspiele sollten kurze und leicht verständliche Regeln aufweisen, damit die SchülerInnen die Spielprozeduren rasch beherrschen. In einem zweiten Arbeitsschritt werden die erstellten Lernspiele ausprobiert, und zwar zunächst in der jeweiligen Produzentengruppe; dann werden sie zwischen den Gruppen ausgetauscht und nochmals durchgespielt. Im dritten Arbeitsschritt werden die gesammelten Spielerfahrungen ausgewertet und Änderungsvorschläge vorgebracht und besprochen. Ergänzende Hinweise und Klarstellungen der Lehrkraft runden den Arbeitsprozess ab.

A 10: Vier-Ecken-Argumentation

Diese Mikrospirale gehört bereits zur Anwendungs- und Transferphase. Dreh- und Angelpunkt der ersten Arbeitsphase sind ausgewählte Thesen, die auf Pappschilder geschrieben und in den vier Ecken des Klassenraumes ausgehängt werden. Diese Thesen können z.B. lauten: »Die Revolution frisst ihre Kinder!« – »Die Französische Revolution hat den Menschen Wohlstand gebracht!« – »Der dritte Stand ist der Gewinner der Revolution!« – »Letztendlich hat die Französische Revolution nichts gebracht!«. Die SchülerInnen versammeln sich in der Mitte des Klassenraumes und ordnen sich derjenigen These zu, der sie am ehesten zustimmen können bzw. – alternativ – die sie am liebsten diskutieren möchten. Sie begeben sich also in die gewünschte Ecke, wobei die Schülerzahl pro Ecke nach oben hin auf z.B. acht begrenzt ist. Die jeweiligen Gruppenmitglieder diskutieren ihren Impulssatz und sammeln möglichst stichhaltige Argumente und Begründungen. Ziel dieser Arbeit ist es, eine möglichst überzeugende Stellungnahme der eigenen Gruppe vorzubereiten. Im zweiten Arbeitsschritt erstellen die betreffenden Gruppen spezifische Argumentationskarten, die zur Visualisierung der vorgesehenen Argumentation herangezogen werden können. Diese Visualisierung und Präsentation der erarbeiteten Stellungnahmen ist Gegenstand des dritten Arbeitsschrittes. Präsentiert wird jeweils im Tandem, wobei die beiden GruppensprecherInnen per Los ermittelt werden. Etwaige sachliche Fehler während der Vorträge werden von Lehrer- und/oder Schülerseite korrigiert. Im vierten und letzten Arbeitsschritt kann die zuständige Lehrperson ergänzende Informationen und Erläuterungen zu den vier Thesen einbringen.

A 11: Der große Preis

Diese Mikrospirale zeichnet sich dadurch aus, dass die SchülerInnen wichtige Inhalte des Themenbereichs »Französische Revolution« nochmals wiederholen und festigen. Dazu werden mehrere Oberbegriffe/Schlüsselbegriffe auf Kärtchen geschrieben und entsprechend der abgebildeten Skizze nebeneinander an einer Pinnwand oder an der Tafel befestigt.

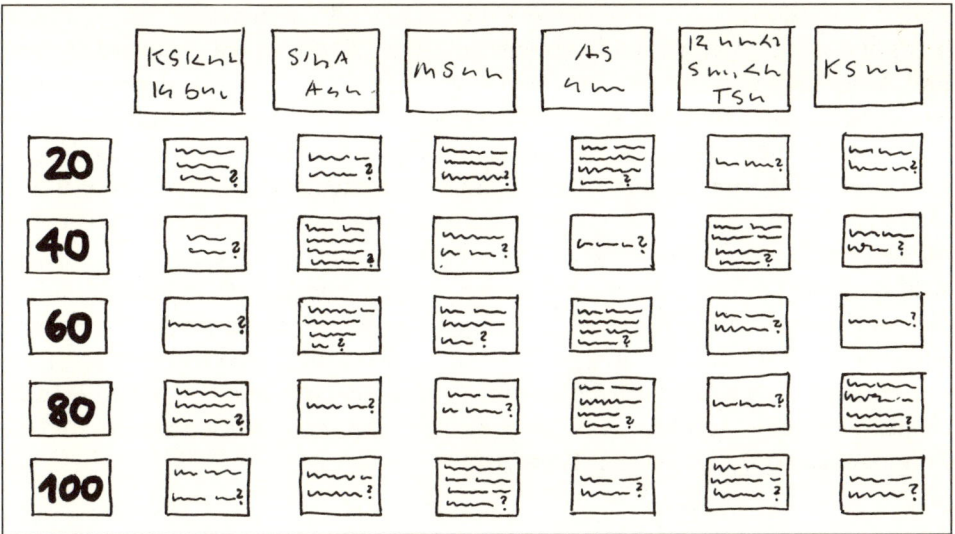

An der linken Seite des entstehenden Rasters werden Kärtchen mit den Ziffern 1 bis X ausgehängt. Außerdem müssen passend zu den aushängenden Oberbegriffen Fragekärtchen mit den entsprechenden Antworten auf der Rückseite erstellt werden. Die Zuordnung dieser Fragekärtchen zu den betreffenden Oberbegriffen erfolgt später so, dass Aufgaben mit ähnlichem Schwierigkeitsgrad der gleichen Punktzahl im abgebildeten Schema zugeordnet werden. Zum Arbeitsprozess im Einzelnen: Im ersten Arbeitsschritt werden mehrere Zufallsgruppen gebildet, die die Aufgabe erhalten, einschlägige Fragen zur Französischen Revolution zu sammeln, diese auf Kärtchen zu schreiben und nach Schwierigkeitsgraden zu ordnen. Im zweiten Arbeitsschritt sammelt der Lehrer/die Lehrerin die erstellten Fragekärtchen ein und klebt diese in das bestehende Schema an der Pinnwand/Tafel. Nun beginnt die Spielphase. Ein erster Schüler nennt einen Oberbegriff und eine Zahl. Das entsprechende Fragekärtchen wird vorgelesen. Wer die Antwort weiß, meldet sich, und gibt ggf. seine Antwort. Ist die Antwort richtig, so erhält er die betreffende Punktzahl. Wird die Frage falsch oder nicht beantwortet, so können sich andere SchülerInnen melden und sich mit der Beantwortung versuchen. Hierbei gilt: Wer zuerst aufzeigt, darf als Erster antworten. Derjenige, der die Frage richtig beantwortet hat, darf die nächste Aufgabe auswählen usw. Sieger ist schließlich, wer am Ende die meisten Punkte gesammelt hat. Abgerundet wird dieses Quiz mit ergänzenden Hinweisen und Erläuterungen der Lehrperson.

Zusammenfassende Hinweise zur Methodenpflege

Wie sich aus den vorstehenden Ausführungen ersehen lässt, werden die SchülerInnen in methodischer, kommunikativer und kooperativer Hinsicht beträchtlich gefordert und gefördert. Sie üben sich in differenzierter Form in Sachen Informationsbeschaffung, -verarbeitung und -aufbereitung. Die Palette der entsprechenden Lern- und Arbeitstechniken reicht vom Markieren, Exzerpieren und Strukturieren über das Erstellen von Mind-Maps, Begriffskärtchen, Fragekärtchen, Steckbriefen, Tafelbildern und Vortragsleitfäden bis hin zur Produktion von Lernplakaten und Lernspielen. Hinzu kommen im kommunikativen Bereich Leistungsanforderungen wie aktives Zuhören, freies Erzählen, Argumentieren, Debattieren, Fragen, Antworten, Melderegeln beachten, Präsentieren und Vorträge halten. Im Bereich der Teampflege schließlich geht es um Partner- und Gruppenarbeit, um regelgebundenes Mitarbeiten und kooperatives Präsentieren, um gemeinsame Entscheidungsprozesse und wechselseitiges Helfen, um gruppeninternes Feedback und gelegentliches Konfliktmanagement. So gesehen lernen die SchülerInnen nicht nur etwas in Sachen Französische Revolution, sondern auch und nicht zuletzt in puncto Arbeitstechniken, Kommunikationstechniken und Teamarbeit.

| **M 1** | **ABC des Absolutismus** |

Versuche zunächst alleine und dann zusammen mit deinem Partner wichtige Begriffe zum Zeitalter des Absolutismus zu finden. Trage diese Begriffe in das folgende alphabetische Schema ein!

A ....

B ....

C ....

D ....

E ....

F ....

G ....

H ....

I ....

J ....

K ....

L ....

M ....

N ....

O ....

P ....

Q ....

R ....

S ....

T ....

U ....

V ....

W ....

X ....

Y ....

Z ....

© Dr. H. Klippert

M 2   **Vorlage für einen »Steckbrief«**

NAME:

G.F.B. AM:

GESTORBEN AM:

CHARAKTEREIGENSCHAFTEN:

REVOLUTIONSGRUPPE:

ZIELE:

© Dr. H. Klippert

1.3 Menschenrechte

(Simone Grentrup, Inge Tillmann)

Zielgruppe der vorliegenden Makrospirale zu ausgewählten Aspekten des Themas Menschenrechte sind in erster Linie SchülerInnen der Sekundarstufe I. Durchgeführt und mit gutem Erfolg erprobt wurden die skizzierten Lern- und Arbeitsarrangements in der 9. Klasse der Hauptschule sowie in der Fachstufe I der berufsbildenden Schule. Durch die starke Betonung der Selbsttätigkeit der SchülerInnen und durch die Wahl kreativer und produktiver Zugänge zur Problematik der Menschenrechte konnten die SchülerInnen zu einer recht engagierten und motivierten Auseinandersetzung veranlasst werden. Die persönliche Betroffenheit der SchülerInnen war sehr groß – insbesondere dort, wo sie aufgefordert waren, sich aus der »Innenperspektive« mit den Opfern von Menschenrechtsverletzungen zu befassen und aus deren Blickwinkel Stellung zu beziehen. Anlass dazu gaben u.a. die Arbeitsinseln A 6, A 7, A 8 und A 9. Bleibt nur zu hoffen, dass die SchülerInnen ihr unterrichtliches Engagement gelegentlich in den politischen Alltag übertragen werden, wenn es gilt, akute Menschenrechtsverletzungen anzuprangern und ins Bewusstsein der Bevölkerung zu heben.

Um die Übertragung der skizzierten Arbeitsarrangements A 1 bis A 9 in den Unterrichtsalltag hinein zu erleichtern, sind die betreffenden Mikrospiralen so konzipiert worden, dass sie sich überwiegend in den nach wie vor gängigen 45-Minuten-Einheiten realisieren lassen. Auch bei der Auswahl der korrespondierenden Unterrichtsmaterialien wurde Wert darauf gelegt, dass diese ohne größere Umstände vorbereitet bzw. aufbereitet werden können. Leider können im Anhang aus Platzgründen nur einige der eingesetzten Materialien dokumentiert werden.

Zum Aufbau der Makrospirale (Abb. 17): In einer ersten Phase erhalten die SchülerInnen Gelegenheit, ihre Vorkenntnisse und Voreinstellungen in Sachen Menschenrechte zu aktivieren und im Gespräch mit den MitschülerInnen abzugleichen, zu hinterfragen und ansatzweise zu objektivieren. Die entsprechenden methodischen Verfahrensweisen sind das Doppelkreisgespräch, die Brainstorming-Methode und das Stationengespräch. Im Mittelpunkt der zweiten größeren Arbeitsphase steht die gezielte Erarbeitung neuer Kenntnisse und Erkenntnisse. Das beginnt mit Piktogrammen, die einen Überblick über die Gesamtpalette der Menschenrechte vermitteln, und reicht über die Erarbeitung historischer Grundinformationen mittels Mind-Map, szenischem Spiel und fiktivem Tagebucheintrag bis hin zur Erschließung aktueller Menschenrechtsverletzungen im Rahmen der Expertenmethode. Die beiden Arbeitsinseln A 8 und A 9 schließlich geben den SchülerInnen Raum und Anlass, die erworbenen Kenntnisse und Einsichten zusammenhängend anzuwenden.

Makrospirale zum Thema »Menschenrechte«

(Mögliche Arbeitsinseln und Arbeitsschritte)

Vorwissen/Voreinstellungen aktivieren

A 1: Doppelkreisgespräch zu alten Gesetzesauszügen (Besinnungsphase ➪ Meinungsaustausch in PA ➪ Statements im Plenum)

A 2: Brainstorming zu den geltenden Menschenrechten (in EA fünf Beispiele benennen ➪ Austausch in Gruppen ➪ Tabelle erstellen (Recht auf …; Schutz vor…; Verbot von …) ➪ Stafettenpräsentation im Plenum)

A 3: Stationengespräch zu ausgewählten Karikaturen (Gruppengespräche ➪ Statements erarbeiten ➪ Präsentation im Plenum nach Los)

Neue Kenntnisse/Verfahrensweisen erarbeiten

A 4: Menschenrechts-Piktogramme auswerten (Erstellen einer individuellen Rangordnung ➪ Begründung notieren ➪ Austausch in Gruppen und Erstellen einer Gruppenrangliste ➪ Kooperative Präsentation)

A 5: Szenisches Spiel zu einzelnen historischen Etappen der Menschenrechte (Textarbeit ➪ Erstellen einer Mind-Map ➪ Vorbereitung der Spielszenen in GA ➪ Präsentation im Plenum)

A 6: Tagebucheintrag zum Alltag der Juden im Dritten Reich verfassen (Lesen des Info-Blattes ➪ Tagebucheintrag schreiben ➪ Vorlesen der Schülerprodukte in Gruppen ➪ Auswahl eines »Produkts« ➪ Präsentation der ausgewählten Produkte im Plenum ➪ Reflexion)

A 7: Expertenvorträge zu aktuellen Menschenrechtsverletzungen (arbeitsteilige Erarbeitung von Fallbeispielen in Gruppen; *aktuelle Fallbeispiele finden sich in: www.amnesty.de* ➪ Nachschlagen des jeweiligen Landes im Atlas ➪ Vorstellen der Fälle in Mischgruppen ➪ Erstellen einer Tabelle/Gesamtübersicht ➪ Besprechung und Kontrolle der Arbeitsergebnisse im Plenum)

Komplexere Anwendungs-/Transferaufgaben

A 8: Protestbriefe verfassen (Lehrervortrag zur ai-Aktion »Briefe gegen das Vergessen« ➪ Lesephase zur »Aktion des Monats« (www.amnesty.de) ➪ Brief in PA schreiben ➪ Verlesen der Briefe im Plenum)

A 9: Fishbowl zum Thema »Todesstrafe« (Lesephase ➪ arbeitsteilige GA ➪ Pro-und-Kontra-Diskussion im Plenum ➪ Feedback durch Jury ➪ Auswertungsphase)

Abb. 17

© Dr. H. Klippert

Dementsprechend werden »Briefe gegen das Vergessen« verfasst sowie Fishbowl-Gespräche zum Thema Todesstrafe geführt.

Wie an anderer Stelle bereits erwähnt, stellen die nachfolgend skizzierten Arbeitsinseln A 1 bis A 9 keine in sich geschlossene »klassische« Unterrichtseinheit dar. Vielmehr handelt es sich dabei um »Bausteine«, die wahlweise in den alltäglichen Unterricht integriert werden können. Sie ermöglichen ein ausgeprägtes eigenverantwortliches Arbeiten und Lernen der SchülerInnen und bieten zudem auch »EVA-Neulingen« die Chance, gezielt zu experimentieren und eigene Erfahrungen in puncto EVA zu sammeln. Darüber hinaus geben die skizzierten Mikrospiralen den Anwendern eine Fülle von Anregungen, wie man inhaltlich-fachliches Lernen mit methodischem, kommunikativem und kooperativem Arbeiten und Lernen verbinden kann, und wie die entsprechende »Methodenpflege« im Fachunterricht – hier Sozialkunde – bewerkstelligt werden kann, und zwar ohne übermäßigen Zeit- und Vorbereitungsaufwand der betreffenden Lehrerinnen und Lehrer.

Es wäre ein Erfolg, wenn die SchülerInnen nach Erarbeitung einzelner Module der vorliegenden Makrospirale bereit und in der Lage wären, z.B. eine etwas größere Reportage zum Thema Menschenrechte zu erstellen, Vertreter einschlägiger Institutionen bzw. Betroffene gezielt zu interviewen, Porträts bedeutender Menschenrechtler wie z.B. Mahatma Gandhi, Martin Luther King oder Nelson Mandela zu erarbeiten, zu gestalten und im Rahmen einer kleinen Ausstellung zu präsentieren.

Einige ausgewählte Arbeitsinseln

Nähere Erläuterungen zu den schwarz unterlegten Arbeitsinseln folgen in den nachstehenden Abschnitten. Die in den Texten erwähnten Materialien (M 1ff.) werden im Anschluss dokumentiert. Diese exemplarische Konkretisierung soll Anregungen geben, wie EVA im Sozialkundeunterricht in Gang gesetzt werden kann. Die eigene Unterrichtsvorbereitung wird dadurch freilich nicht ersetzt.

A 3: Stationengespräch zu ausgewählten Karikaturen

Diese Mikrospirale zielt darauf ab, die SchülerInnen anhand verschiedener Karikaturen zur Mobilisierung ihrer Vorkenntnisse und Voreinstellungen zu veranlassen. Der erste Arbeitsschritt beginnt damit, dass die Lehrperson mehrere Karikaturen in ausreichendem Abstand verdeckt an die Außenwände des Klassenraumes hängt (vgl. M 1). Nun werden entsprechend der Karikaturenzahl durch Abzählen Schülergruppen gebildet. Die SchülerInnen mit der Ziffer 1 versammeln sich vor Karikatur 1, diejenigen mit der Ziffer 2 vor Karikatur 2 usw. Die betreffenden Gruppen haben nun ca. drei Minuten Zeit, um die erste Karikatur zu »würdigen«, wobei sie zwei Leitfragen nachgehen: »*Was ist auf der Karikatur zu sehen?*« und »*Was hat diese Karikatur mit Menschenrechten zu tun?*«. Dann wandern sie im Uhrzeigersinn zur nächsten Karikatur usw. An jeder Station hängt eine »Wortkarte«, auf die die Gruppen-mitglieder eine passende Überschrift zur jeweiligen Karikatur notieren. Nach Ab-schluss dieses Stationengesprächs beginnt der zweite Arbeitsschritt. Die betreffenden Gruppen losen je eine Karikatur und erarbeiten dazu in ca. 10 bis 15 Minuten eine differenziertere Stellungnahme. Dabei können sie auf die Notizen auf den »Wortkar-ten« zurückgreifen. Zum Abschluss erstellt jede Gruppe einen kleinen Spickzettel bzw. Vortragsleitfaden zu ihrer Karikatur. Die so vorbereiteten Stellungnahmen wer-den im dritten und letzten Arbeitsschritt von den per Los ermittelten Gruppenspre-chern vorgetragen. Ergänzende Kommentare und Erläuterungen des Lehrers können den Arbeitsprozess abrunden.

A 4: Menschenrechts-Piktogramme auswerten

Diese Mikrospirale dient dazu, den SchülerInnen einen Überblick über die wichtigs-ten Menschenrechte zu vermitteln. Vorbereitend kopiert der zuständige Lehrer das in *M2* dokumentierte Arbeitsblatt, auf dem die betreffenden Menschenrechte sym-bolhaft als Piktogramme dargestellt sind. Außerdem kopiert er diese Vorlage noch-mals auf Folie und schneidet zwecks späterer Präsentation die einzelnen Pikto-gramme aus, sodass kleine Folienteile entstehen. Die SchülerInnen erhalten nun in einem ersten Arbeitsschritt das besagte Arbeitsblatt, sondieren die einzelnen Pikto-gramme und wählen nach zwei bis drei Minuten die vier Menschenrechte aus, die ihnen am wichtigsten erscheinen und bringen diese durch Ziffernzuordnung in eine Rangordnung. Außerdem notieren sie sich auf einem gesonderten Blatt ihre Begrün-dung für die getroffene Auswahl und Reihung. Im zweiten Arbeitsschritt werden nun mehrere Zufallsgruppen gebildet, deren Aufgabe es ist, die individuellen Aus-wahlentscheidungen der Gruppenmitglieder auszuwerten, die vorhandenen Unter-schiede und Gemeinsamkeiten zu klären und zu besprechen sowie am Ende eine gemeinsame »Rangliste« der fünf wichtigsten Menschenrechte aufzustellen. Dieser Einigungsprozess ist insofern von Bedeutung, als die SchülerInnen auf diesem Weg sowohl die Tragweite der einzelnen Menschenrechte klären als auch einen persönli-chen Bezug zu diesen Normen herstellen. Im dritten und letzten Arbeitsschritt er-folgt schließlich eine Teampräsentation im Plenum, d.h. die jeweiligen Gruppenmit-glieder präsentieren und erläutern im Wechsel die fünf ausgewählten Menschenrech-te. Dabei greifen sie auf die vom Lehrer vorbereiteten »Folienschnipsel« zurück, die auf den Overheadprojektor gelegt werden und so der zusätzlichen Visualisierung der vorgetragenen Anmerkungen dienen. Da die Schülergruppen erfahrungsgemäß ähn-liche Ranglisten haben, genügt es, wenn zwei Gruppen präsentieren. Empfehlens-wert ist auch hier das Losverfahren.

A 5: Szenisches Spiel zur historischen Genese der Menschenrechte

Im Zentrum dieser Mikrospirale steht die mehrstufige Erarbeitung einschlägiger Grundinformationen zur Genese der Menschenrechte. Zur inhaltlichen Vorbereitung erhalten die SchülerInnen entsprechende Textinformationen *(Magna Charta, Bill of Rights etc.)*. Dazu kann auf die gängigen Sozialkunde- und/oder Geschichtsbücher zurückgegriffen werden. Im ersten Arbeitsschritt haben die SchülerInnen die Aufgabe, die vorliegenden Texte still zu lesen und Unklares z.B. durch Fragezeichen zu kennzeichnen. Die dabei entstandenen Fragen werden im Lehrer-Schüler-Gespräch geklärt. Im zweiten Arbeitsschritt markieren die SchülerInnen in den betreffenden Texten nun jene Schlüsselbegriffe, die ihnen für das Erstellen einer Mind-Map wichtig erscheinen. Dann werden die Mind-Maps erstellt. Bei Lerngruppen, die mit dieser Methode noch wenig Erfahrung haben, sollte dieser Schritt in Partnerarbeit erfolgen; in geübten Klassen ist Einzelarbeit angezeigt. Zudem bietet sich für leistungsschwächere SchülerInnen an, dass einige Vorgaben z.B. zur Beschriftung von Haupt- und Nebenästen sowie zu den Farben dieser Äste gemacht werden. Im dritten Arbeitsschritt werden sodann mehrere Zufallsgruppen gebildet, deren Mitglieder sich die erstellten Mind-Maps wechselseitig präsentieren und auftretende Fragen besprechen. Im vierten Arbeitsschritt gehen die gleichen Gruppen nun daran, zu der ihnen »zugelosten« historischen Situation eine kleine Spielszene vorzubereiten, die das Entstehen bestimmter Menschenrechtserklärungen so veranschaulicht, dass die MitschülerInnen sie erraten können. Der entsprechende Arbeitsauftrag könnte z.B. lauten: »*(a) Erarbeitet eine kurze Szene, die möglichst anschaulich das Entstehen der ›Magna Charta‹ verdeutlicht! (b) Spielt die Szene vor der Klasse vor, sodass eure Mitschülerinnen und Mitschüler erraten können, um welche Urkunde es sich handelt!*« Die so erstellten Spielszenen werden im fünften und letzten Arbeitsschritt vor der Klasse präsentiert. Abgeschlossen und abgerundet wird der skizzierte Arbeitsprozess mit einer kurzen Reflexionsphase der SchülerInnen sowie mit gezielten Hinweisen und Erläuterungen des Lehrers.

A 6: Fiktiver Tagebucheintrag zum Alltag der Juden im Dritten Reich

Vorrangiges Anliegen im Rahmen dieser Mikrospirale ist es, die SchülerInnen über den Alltag der Juden im Dritten Reich nicht nur zu informieren, sondern ihnen zudem Gelegenheit zu geben, sich in die Situation der Juden in dieser Zeit hineinzuversetzen und deren Alltagserfahrungen nachzuspüren. Mit anderen Worten: Sie sollen nicht nur im kognitiven Sinne *verstehen*, wie die Juden diskriminiert, isoliert und gedemütigt wurden, sondern dieses ansatzweise auch *emotional erfassen*. Als geeignetes Verfahren bietet sich hierbei die Methode der »Perspektivübernahme« an, die dadurch gekennzeichnet ist, dass die SchülerInnen in der »Ich-Form« aus der Perspektive eines fremden Menschen schreiben und dessen Erfahrungen und Empfindungen zu erfassen versuchen. Zum Arbeitsprozess im Einzelnen: Im ersten Arbeitsschritt erhalten die SchülerInnen den Informationstext *M 3*, in dem aufgelistet wird, was den Juden in der NS-Zeit alles verboten war. Dieser Text wird in Einzelarbeit gelesen, markiert und sodann als Grundlage verwandt, um aus der Sicht eines jüdischen Jugendlichen einen Tagebucheintrag zu verfassen. Was dabei erarbeitet werden kann, zeigt der nachfolgende Text im Kasten.

Tagebucheintrag einer Schülerin
(Birgit Mönch, BBS Wirtschaft Koblenz)

Liebes Tagebuch!
Heute wäre ich fast ins Zuchthaus gekommen! Ich hielt es in unserer kleinen 2-Zimmer-Wohnung nicht mehr aus und wollte mich etwas in der Stadt umsehen. Doch du kennst ja meine Abneigung gegen den Judenstern. Also traute ich mich ohne ihn auf die Straße. Es war sehr schönes Wetter und so ging ich in den Stadtpark, der nur für »arische Bürger« erlaubt ist. Ich konnte mich tatsächlich ohne erwischt zu werden ein paar Stunden darin aufhalten und auf der Wiese liegen. Danach ging ich in das Naturkundemuseum. Es war ein langer Weg. Doch erstens bin ich froh über jede Bewegung und zweitens reicht mein Mut nicht aus, auch noch mit der Straßenbahn zu fahren. Es war jedenfalls sehr schön in dem Museum. Endlich wieder etwas andere Bildung als zu Hause jeden Tag die gleichen Bücher lesen. Ich stand gerade vor einem ausgestopften Eichhörnchen, als mich von hinten jemand an der Schulter packte. Als ich mich umdrehte, erkannte ich meinen alten Lehrer Specht. Er war mir schon damals als Nazi bekannt. Er fragte mich, was mir denn einfalle, ob ich denn das Schild, »für Juden verboten« nicht gelesen hätte. Er sah sehr wütend aus und drohte, mit mir zum Aufseher zu gehen. Aber ich bekniete ihn, mich doch laufen zu lassen. Gott sei Dank bekam er Mitleid mit mir und ich konnte nach Hause gehen. Einen solchen Leichtsinn werde ich nicht wieder in dieser schrecklichen Zeit machen. Naja, wieder einen Tag überlebt. Ich habe jetzt schon Angst davor, was morgen wohl geschieht.
PS: Unsere Nachbarn, die Abendroths, wurden gestern Nacht abgeholt. Sie haben uns ihren Schmuck zum Aufpassen gegeben.

Der zweite Arbeitsschritt sieht nun so aus, dass mehrere Zufallsgruppen gebildet werden, deren Mitglieder sich ihre fiktiven Tagebucheinträge gegenseitig vorlesen. Dabei achtet ein vorab zu bestimmendes Gruppenmitglied als »RegelbeobachterIn« darauf, dass die präsentierten Beiträge während der Vorlesephase weder kommentiert noch kritisiert werden. Am Ende dieser Vorlesephase wird einer der vorgestellten Tagebucheinträge gruppenintern für die Präsentation im Plenum ausgewählt. Die so eingegrenzten Tagebucheinträge werden im dritten Arbeitsschritt vor der Klasse vorgelesen. Da hierdurch Betroffenheit und Emotionen ausgelöst werden können, empfiehlt sich für den vierten und letzten Arbeitsschritt eine sensible Feedback- und Reflexionsrunde, die auf der Sachebene (Was wollte das NS-Regime mit dieser Behandlung der Juden bezwecken?), auf der Methodenebene (Was hat die »Perspektivübernahme« bei euch bewirkt?) oder auch auf der persönlichen Ebene (Wie habt ihr euch beim Verfassen des Tagebucheintrags gefühlt?) ansetzen kann. Zur Vertiefung dieser Mikrospirale kann unter Umständen die folgende Hausaufga-

be erteilt werden: »Stelle dir vor, du bist ein junger Redakteur/eine junge Redakteu-
rin der französischen Zeitung ›Le Monde‹ und sollst im September 1935 in Verbindung mit den ›Nürnberger Gesetzen‹ einen Artikel unter der Überschrift ›Menschenrechte werden in Deutschland mit Füßen getreten‹ schreiben. Du willst mit
deinem Artikel über die massive Gefährdung der Menschenrechte in Deutschland
›aufklären‹ und an die Verantwortung der Menschen im Ausland ›appellieren‹. Dein
Artikel sollte eine halbe DIN-A4-Seite umfassen.«

A 9: Fishbowl zum Thema »Todesstrafe«

Diese Mikrospirale gibt den SchülerInnen Gelegenheit, sich mit dem Problemfeld
»Todesstrafe« auseinander zu setzen und unter Verwendung einschlägiger Zeitungsartikel das Für und Wider zu erörtern. Dafür ist eine Doppelstunde vorgesehen. Der
Arbeitsprozess beginnt damit, dass die SchülerInnen in einem ersten Arbeitsschritt
eine der beiden Rollen »Pro« oder »Kontra« ziehen und in einer individuellen Besinnungsphase überlegen, was wohl für bzw. gegen die Todesstrafe spricht. Die gefundenen Argumente werden auf einer Karteikarte notiert. Im zweiten Arbeitsschritt
werden die Pro-Vertreter und die Kontra-Vertreter per Losverfahren zu je zwei oder
drei Untergruppen zusammengefasst, deren Aufgabe es ist, zunächst die gefundenen
Argumente auszutauschen und dann einen zur Rolle passenden Zeitungsartikel
(s. *M 4*) zu lesen, zu markieren und die darin enthaltenen Argumente herauszu-
schreiben. Auf diese Weise wird die anschließende Pro-und-Kontra-Debatte vorbereitet. Diese Debatte steht im Mittelpunkt des dritten Arbeitsschrittes. Bestritten
wird sie von den Vertretern der einzelnen Pro- und Kontra-Gruppen. Das entsprechende Fishbowl-Arrangement sieht so aus, dass die betreffenden Gruppensprecher-
rInnen (je zwei oder drei auf der Pro- und auf der Kontra-Seite) im Halbkreis vor
der Klasse sitzen und unter der Leitung des in der Mitte sitzenden Moderators (LehrerIn) zum Thema »Todesstrafe – ja oder nein?« argumentieren und diskutieren.
Der Moderator stellt zu Beginn der Debatte seine »Talkgäste« kurz vor und setzt die
Diskussion mit einigen einleitenden Worten in Gang. Diese »Inszenierung« (dazu
gehören auch Namensschilder) wirkt erfahrungsgemäß inspirierend und motivierend auf die SchülerInnen. Außerdem steht auf jeder Seite des Diskutanten-Halb-
kreises ein »freier Stuhl«, der den Zuhörern die Möglichkeit bietet, sich kurzzeitig in
die Diskussion einzuschalten. Kurzzeitig deshalb, weil dieser Stuhl nach Vorbringen
eines Argumentes zwingend wieder verlassen werden muss (Schleudersitz!). Die Zuhörer haben ferner die Aufgabe, das Gesprächs- und Interaktionsverhalten der Diskutanten zu beobachten und anhand des abgebildeten Beobachtungsbogens zu protokollieren (siehe Kasten). Damit sie dabei nicht überfordert sind, müssen sie sich
grüppchenweise auf einzelne Diskutanten konzentrieren. Im vierten und letzten Arbeitsschritt schließlich wird der Diskussionsverlauf ausgewertet und reflektiert. Dabei wird sowohl die Sachebene als auch die Interaktionsebene näher unter die Lupe
genommen. Als weitere Feedback-Instanz kann unter Umständen eine *Jury* einge-

setzt werden, die die laufende Debatte unter Zuhilfenahme des Beobachtungsbogens verfolgt und den Diskutanten am Ende ein gezieltes Feedback gibt, welches durch die übrigen ZuhörerInnen auf Grund ihrer Notizen ergänzt oder auch korrigiert werden kann. Auch die Lehrperson kann sich in dieser Phase mit gezielten Kommentaren und Erläuterungen einbringen. Selbstverständlich kann der angesprochene Beobachtungsbogen auch gemeinsam mit den SchülerInnen entwickelt werden. Allerdings sollte diese Entwicklungsarbeit ggf. im Vorfeld der skizzierten Debatte geleistet werden, damit nicht ein von der Sache ablenkender »Exkurs« nötig wird.

Beobachtungsbogen

	(+)		(0)		(–)	
Bringt gute Argumente						Schwafelt nur
Bleibt sachlich						Provoziert andere
Geht auf Vorredner ein						Redet nur seinen Kram
Redet in ganzen Sätzen						Spricht bruchstückhaft
Wirkt souverän						Ist wenig überzeugend
Hält sich an Regeln						Ignoriert die Regeln

(Erstellt in Anlehnung an Klippert 1996, S. 152)

Zusammenfassende Hinweise zur Methodenpflege

Dass die SchülerInnen nicht nur hinsichtlich der Menschenrechte dazulernen, sondern auch und nicht zuletzt in methodischer, kommunikativer und teamspezifischer Hinsicht gefordert und gefördert werden, geht aus den vorstehenden Ausführungen bereits hervor. Was den Bereich der Lern- und Arbeitstechniken angeht, so erhalten die SchülerInnen u.a. Gelegenheit, Texte zu lesen und Wichtiges zu markieren, sich gezielt Notizen zu machen und mit Karteikarten zu arbeiten, Schlüsselbegriffe zu formulieren, Begründungen stichwortartig festzuhalten und mit dem Overheadprojektor zu arbeiten, Informationen zu strukturieren und Mind-Maps zu erstellen, Tabellen anzulegen und kreativ zu schreiben, Statements zu formulieren und im Atlas nachzuschlagen. Ähnlich vielfältig sind die kommunikativen Ziele und Lernchancen, die den SchülerInnen offeriert werden. Das beginnt beim freien Reden und Argumentieren in Gruppenphasen wie auch im Plenum und reicht über das aktive Zuhören und gezielte Präsentieren bis hin zur themenzentrierten Kommunikation, zu

Diskussionen, Vorträgen und Debatten (Pro und Kontra). Auch in puncto Teampflege wird den SchülerInnen einiges geboten. Sie erhalten immer wieder Gelegenheit, in Tandems und in Gruppen zu arbeiten, gemeinsam Produkte zu erstellen und
Entscheidungen zu treffen, Regeln anzuwenden und einfühlsam miteinander umzugehen, Feedback zu geben und Feedback anzunehmen, Gruppenergebnisse zu vertreten und kooperativ zu präsentieren.

M 1   Karikaturen zum Thema »Menschenrechte«

(Eine kleine Auswahl)

Aus: Andreas/Groß/Piroth/Schreiber:
Sozialkunde – Ein handlungsorientiertes
Lehrbuch. Köln/München 1996.

Menschenrechte. Karikatur von T. M. Bunk, 1986.

Aus: Schneider/Zindel/Pollert:
Blickpunkt Politik. Darmstadt ^{5}1995.

Der Schrei. Lithographie von Edward Munch, 1893 (Ausschnitt).

Die abgebildeten Karikaturen sind nur Beispiele! In Schulbüchern, Zeitschriften und
sonstigen Lehrmitteln für den schulischen Bereich lassen sich zahlreiche Karikaturen
zum Thema »Menschenrechte« finden, die sich für den unterrichtlichen Einsatz eignen.
Damit die betreffenden Vorlagen für das besagte Stationengespräch brauchbar sind,
müssen sie möglichst auf DIN-A4-Format, mindestens jedoch auf DIN-A5-Format vergrößert werden. Das macht im Augenblick zwar einige Arbeit, bringt langfristig aber
auch einen erheblichen Nutzen, da die Bilder die SchülerInnen eine geraume Zeit »beschäftigen« und außerdem wiederholt verwendbar sind.

© Dr. H. Klippert

M 2 Piktogramme zum Thema »Menschenrechte«

○ Recht auf Religionsfreiheit

○ Recht auf Arbeit

○ Recht auf Gleichheit vor Gericht

○ Recht auf Meinungsfreiheit

○ Recht auf Bildung

○ Recht auf Asyl

○ Recht auf gleichen Lohn bei gleicher Arbeit

○ Recht auf allgemeine, gleiche und geheime Wahlen

○ Recht auf Gesundheit und Versorgung

○ Recht auf gleiche Behandlung trotz unterschiedlicher politischer Auffassung

○ Recht auf Demonstrationsfreiheit

○ Recht auf Nahrung

○ Recht auf Gleichberechtigung der Geschlechter

○ Recht auf gesunde Umwelt

○ Recht auf Frieden

○ Recht auf Freizügigkeit

○ Recht auf Freiheit

○ Recht auf Liebe

○ Recht auf Anerkennung

○ Recht auf Leben

*(Quelle: Hanneforth, Dirk: Heiße Diskussion in der Klasse. 2. Auflage.
AOL-Verlag, Lichtenau 1998, S. 39)*

© Dr. H. Klippert

M 3   Verletzung der Menschenrechte im Dritten Reich

Arbeitsauftrag

⇨ *Verfasse mit Hilfe der unten angeführten Informationen zum Leben der Juden in der NS-Zeit einen fiktiven Tagebucheintrag. Stelle dir dabei vor, dass du dich in der Situation eines Jugendlichen deines Alters in der damaligen Zeit befindest. Schreibe in der Ich-Form!*
⇨ *Lest euch anschließend eure Tagebucheinträge in den zu bildenden Gruppen gegenseitig vor. Wählt am Ende jenen Tagebucheintrag aus, den ihr für den besten haltet. Überlegt euch eine Begründung!*

Was den Juden in der NS-Zeit verboten war …

❏ Juden mussten einen »Zusatznamen« in ihren mit »J« gekennzeichneten Pass eintragen lassen; die Frauen hießen künftig zusätzlich »Sara«, die Männer »Israel«.
❏ Ihre Kinder durften nur noch jüdische Schulen besuchen.
❏ Der Besuch von Theateraufführungen, Konzerten, Vorträgen und Kinos war Juden verboten; das Betreten von Bibliotheken untersagt.
❏ Parks sowie alle öffentlichen Anlagen und bestimmte Sperrgebiete, wie z.B. das Regierungsviertel, durften von Juden nicht mehr betreten werden.
❏ Juden war es untersagt, Zeitungen zu abonnieren oder am Kiosk zu kaufen.
❏ Sie durften weder Autos noch Fahrräder besitzen.
❏ Selbst die Benutzung öffentlicher Verkehrsmittel, wie Bus oder Straßenbahn, war in der Regel verboten.
❏ Sie durften sich nicht mehr beim Friseur die Haare schneiden lassen; keine Wäschereien benutzen.
❏ Ihre Telefonanschlüsse wurden abgeschaltet; öffentliche Telefonzellen durften sie nicht betreten.
❏ Juden mussten in der Rüstungsindustrie Schwerstarbeit leisten oder andere niedrige »Hofarbeit« verrichten.
❏ Einkaufen durften sie nur in wenigen, besonders gekennzeichneten Geschäften.
❏ An Nahrungsmitteln standen ihnen schließlich nur 2 kg Kartoffeln und 1 kg Kohlrüben pro Person und Woche zu.
❏ Ihren Wohnsitz durften Juden nicht wechseln.
❏ Ihre Wohnungstür mussten sie durch einen Davidstern markieren.
❏ Zwischen 20 Uhr abends und 5 Uhr morgens durften sie ihre Wohnung nicht verlassen.
❏ Mieterschutz gab es für sie nicht.
❏ Gegebenenfalls mussten sie ihre Wohnung für bombengeschädigte Volksgenossen zur Verfügung stellen und zu anderen Juden ziehen.
❏ Anspruch auf ein eigenes Zimmer hatten sie nicht.
❏ Juden durften kein Radio besitzen.
❏ Elektrische Apparate, wie Kochplatten, Tauchsieder, Bügeleisen, mussten abgeliefert werden; ebenfalls Fotoapparate und Feldstecher, schließlich auch Woll- und Pelzkleidung.

(Aus: W. Michel [Hrsg.]: Politik für berufliche Schulen. Cornelsen Verlag 1993, S. 310)

© Dr. H. Klippert

M 4a	**Pro und Kontra Todesstrafe**

Zeitungsartikel 1
»Mörder sollen wissen, was ihnen blüht«

»Ich bin für die Todesstrafe, wenn Raubmörder – wie die Brüder LaGrand – zu 100 Prozent bewiesen, einen Bankmanager eiskalt und bestialisch töten und mit dieser Tat auch eine junge Angestellte für ihr Leben körperlich und psychisch schädigen. Diese Meinung vertreten auch 70 bis 80 Prozent meiner Landsleute. Die Todesstrafe darf nach meiner Meinung nicht verhängt werden, wenn der Mord nicht zu 100 Prozent bewiesen ist oder im Affekt begangen wurde. Dann müssen mildernde Umstände gelten. Die Todesstrafe wurde in 38 US-Staaten seit 1976 nicht in erster Linie aus Vergeltung, sondern zur präventiven Abschreckung wieder eingeführt …
Ich verstehe die Aufregung in Deutschland nicht: Die Gebrüder LaGrand haben nach den Erkenntnissen der amerikanischen Staatsanwaltschaft erst in der letzten Minute Reue gezeigt. Sie gehörten auch im Gefängnis zu einer kriminellen Bande und waren – so der Staatsanwalt – zur Rehabilitation nicht fähig. Deshalb konnten sie nicht mit Gnade rechnen. Aber die Amerikaner sind nicht blutrünstig, wie ihnen jetzt einige deutsche Medien vorwerfen. Die Brüder LaGrand saßen auch nicht 17 Jahre im Gefängnis, um sie zu quälen. Sie saßen so lange im Gefängnis, weil sie jede juristische Instanz ausgeschöpft haben. Und dann haben sie es geschafft, fünf Minuten vor zwölf so sehr auf der deutschen Medien-Tastatur zu spielen, dass eine Bundestagsabgeordnete vor laufender Kamera in Tränen ausgebrochen ist. Es wäre aber verdammt wichtiger für das deutsch-amerikanische Verhältnis, den amerikanischen Opfern beizustehen …
Die deutsche Bürokratie wusste übrigens spätestens seit 1992 von dem Fall. Von einem Versäumnis der amerikanischen Justiz kann deshalb keine Rede sein, wenn die Deutschen erst in letzter Minute den Internationalen Gerichtshof anrufen. Es handelt sich wohl eher um ein Versäumnis der deutschen Bürokratie … Die Deutschen sollten lieber vor ihrer eigenen Haustür kehren … als mit dem moralischen Zeigefinger auf Amerikaner zu zeigen.
Jetzt wird von staatlich angeordnetem Mord geredet. Ich sage aber: Jeder Krieg ist auch Mord, aber manchmal notwendig. Und wer einen niederträchtigen Mord begeht, verwirkt auch seine Menschenrechte … Ich bin jedenfalls davon überzeugt, dass eine drohende Todesstrafe bereits viele Verbrechen verhindert hat.«

(Don F. Jordan in der Rheinzeitung vom 6./7. März 1999)

© Dr. H. Klippert

M 4b	**Pro und Kontra Todesstrafe**

Zeitungsartikel 2
»USA verstoßen gegen die Menschenrechte«

»Im Strafgefängnis von Arizona sind dieser Tage zwei deutsche Staatsangehörige hingerichtet worden. Die Hinrichtung geschah 17 Jahre nach einer Straftat, zu deren Zeitpunkt einer der Täter gerade 18 Jahre alt war. Die Täter hatten kein faires Strafverfahren, weil die Deutsche Botschaft nicht – wie in Artikel 36 des Wiener Konsularabkommens vorgeschrieben – für eine angemessene Verteidigung sorgen konnte. Die Hinrichtung wurde gleichwohl und trotz vielfältiger internationaler Proteste vollzogen.

Als Staatsrechtler stelle ich mit großer Empörung fest, dass die USA und der Staat Arizona damit in schwerwiegender Weise gegen geltendes Völkerrecht und gegen die Menschenrechte verstoßen haben. Ich äußere diesen Protest nicht etwa, weil es sich bei den Hingerichteten um Deutsche handelt, sondern weil ich mich für diesen lang erkämpften Kernbestand der Menschenrechte mitverantwortlich fühle. Gerade in diesen Monaten erinnern sich die Deutschen voller Dankbarkeit daran, dass es vor allem die Vereinigten Staaten waren, die vor einem halben Jahrhundert halfen, nach dem Terror der Nazizeit in unserem Land eine auf Menschenrechte und Demokratie gegründete staatliche Ordnung wiederherzustellen. Mit umso größerem Bedauern ist festzustellen, dass die USA derzeit mehr und mehr diese Vorreiterrolle in Sachen Menschenrechte … verspielen … Die Todesstrafe ist ein Verstoß gegen das Menschenrecht auf Leben und menschliche Würde, weil sie durch nichts zu rechtfertigen ist. Sie schreckt nicht von der Begehung von Straftaten ab, verursacht vielmehr ein Klima der Gewalttätigkeit, in dem neues Unrecht geschieht. Sie schafft nicht Genugtuung für die Opfer, schließt wirkliche Wiedergutmachung vielmehr auf Dauer aus. Sie trifft erwiesenermaßen auch Unschuldige und im Strafprozess nicht angemessen Verteidigte.

Sie ist ein Mittel, mit dem in den USA und anderswo eine Diskussion über die wahren Ursachen der Gewalt und Kriminalität verdrängt wird. Ihr einziger Grund ist die primitive Rache … Populistische Rufe nach der Todesstrafe scheinen gerade in der modernen Mediengesellschaft die Argumente der Vernunft zu übertönen. Gnadenlosigkeit wird zum Wahlkampfschlager nicht nur für um die Wiederwahl fürchtende amerikanische Gouverneure.«

(Prof. Friedhelm Hufen in der Rheinzeitung vom 6./7. März 1999)

© Dr. H. Klippert

2. EVA-Beispiele aus dem Bereich des Deutschunterrichts

Anhand der nachfolgend skizzierten Makro- und Mikrospiralen wird exemplarisch verdeutlicht, wie das eigenverantwortliche Arbeiten und Lernen der SchülerInnen im Rahmen des Deutschunterrichts gefördert werden kann. Inhaltlich geht es dabei um die drei Themen »Wortarten«, »Berufswahlvorbereitung« sowie »Bertolt Brecht: Leben des Galilei«. Das erste Thema ist für die Klassenstufe 5 konzipiert, das zweite bezieht sich primär auf die Jahrgangsstufen 8 und 9 und das dritte ist ein typisches Oberstufenvorhaben. Im Rahmen dieser Themenstellungen erhalten die Schülerinnen und Schüler in vielfältiger Weise Gelegenheit, sich in puncto EVA zu üben sowie grundlegende Arbeits-, Kommunikations- und Kooperationstechniken anzuwenden und zu festigen.

Der Deutschunterricht ist für den hier in Rede stehenden EVA-Ansatz geradezu prädestiniert. Denn in den gängigen Deutsch-Lehrplänen gibt es eine ganze Fülle von Lernzielen, die ohne eigenverantwortliches, methodenzentriertes Arbeiten und Lernen der SchülerInnen schwerlich zu realisieren sind. Dreh- und Angelpunkt des Deutschunterrichts ist die »Förderung der Ausdrucksfähigkeit der SchülerInnen in Wort und Schrift sowie die Arbeit an und mit Texten«. Das aber verlangt u.a. das Einüben elementarer Techniken des selektiven Lesens, des Markierens, Nachschlagens, Recherchierens, Exzerpierens, Strukturierens, Zitierens, Protokollierens und freien Schreibens. Hinzu kommt die Befähigung der SchülerInnen zum adressaten-, situations- und textsortenbezogenen Sprechen und Kommunizieren – eine Zielsetzung, die erfordert, dass die SchülerInnen lernen bzw. gelernt haben zu diskutieren, zu argumentieren, zu fragen, zu präsentieren und einander zuzuhören. Gerade die viel beklagten Gesprächsdefizite in den Klassen machen es notwendig, dass die SchülerInnen im Deutschunterricht verstärkt in kommunikativer Hinsicht gefordert und gefördert werden. Denn Sprechen lernt man nun einmal nicht durch Schweigen oder durch irgendwelche Formen des individuellen Schreibens, sondern nur dadurch, dass man möglichst oft zum freien Sprechen, Argumentieren, Präsentieren und Diskutieren herausgefordert wird.

Auch das Schreibvermögen der SchülerInnen ist laut Lehrplan Schritt für Schritt zu entwickeln und zu festigen. Dementsprechend müssen die verantwortlichen Lehrkräfte möglichst oft und möglichst konsequent nach Schreibanlässen Ausschau halten, die die SchülerInnen zum Verfertigen eigener Texte veranlassen. Der Einsatz assoziativer, produktiver und kreativer Methoden kann diesbezüglich gute Dienste leisten und den SchülerInnen in vielfältiger Weise Gelegenheit eröffnen, eigenverantwortlich Texte zu produzieren und so den konstruktiven Umgang mit der deutschen

Sprache zu üben. Wenn im Unterricht anspruchsvollere EVA-Arrangements wie Expertenbefragungen, Hearings, Rollenspiele, Planspiele, Debatten, Vorträge und Referate zum Tragen kommen sollen, dann müssen die SchülerInnen die entsprechenden Basiskompetenzen eingeübt haben. So gesehen trägt die konsequente Forcierung des EVA-Unterrichts maßgeblich dazu bei, dass die intendierte Öffnung des Unterrichts in den Schulen erfolgreich vonstatten gehen kann.

Natürlich setzt dies alles nicht nur geeignete Methoden, sondern auch und zugleich angemessene Rahmenbedingungen im Unterricht voraus. Das beginnt bei der Stundentafel und reicht über die Sitzordnung bis hin zu den materiellen Ressourcen, die eine EVA-orientierte Bildungsarbeit verlangt. Zu diesen Ressourcen gehören sowohl Plakate, Folien, Stifte, Visualisierungskärtchen und andere Verbrauchsmaterialien als auch einschlägige Lexika, Wörterbücher, Overheadprojektoren, Pinnwände, CD-ROMs, Computeranlagen, Computerprogramme, Internet-Zugänge und anderes mehr. Allerdings hilft die beste Hard- und Software nichts, wenn nicht auch die Lernorganisation dem entspricht. Von daher ist verstärkt auf Doppelstunden und gelegentliche »Projekttage« zu setzen sowie darauf, dass die SchülerInnen eine kommunikations- und interaktionsfördernde Sitzordnung vorfinden (vgl. Klippert 1998, S. 51ff.).

2.1 »Wortarten« im 5. Schuljahr

(Doris Klippert)

Eine zentrale Aufgabe des Deutschunterrichts in der Orientierungsstufe (Klasse 5/6) ist es, den Sprachgebrauch der SchülerInnen zu verbessern und ihnen grundlegende Einsichten in die unterschiedlichen Bauformen der Sprache zu vermitteln (vgl. dazu z.B. Lehrplan Deutsch für Rheinland-Pfalz, S. 77). Zu diesen Bauformen gehört der Bereich »Wortarten«. Da dieser Bereich recht umfangreich ist, bedarf er einer Eingrenzung.

Im 5. Schuljahr, auf das sich die vorliegende Lernspirale bezieht, ist es sinnvoll, sich auf Flexion von Verben, Nomen und Adjektiven zu beschränken. Gerade das Konjugieren der Verben muss intensiv geübt werden, damit die SchülerInnen lernen, die Fachbegriffe richtig anzuwenden und gegebenenfalls auf die eine oder andere Fremdsprache zu übertragen. Ähnlich ist es mit den Fachtermini bei der Deklination der Nomen und der dazugehörigen Artikel.

In unseren Sprachbüchern und den korrespondierenden Arbeitsheften finden sich viele Seiten zu diesen Themen. Allerdings lassen diese Lehrmittel zumeist vergleichsweise wenig Raum für das eigenverantwortliche Arbeiten und Lernen der SchülerInnen sowie für die damit verbundene Methoden-, Kommunikations- und Teampflege. Außerdem zeigt sich, dass die angebotenen Übungen in aller Regel nicht ausreichen, um den SchülerInnen die nötigen Fähigkeiten und Kenntnisse zu vermitteln und diese hinreichend zu festigen. Gleichzeitig sind die SchülerInnen von sturer Paukerei und formalistischen Abfragen im Grammatikbereich nicht gerade begeistert. Von daher sind im Rahmen der dokumentierten Makrospirale ganz bewusst diverse Lernarrangements vorgesehen worden, die den SchülerInnen Gelegenheit geben, die betreffenden Zeitformen und/oder lateinischen Fachbegriffe in spielerischer Weise zu erarbeiten und anzuwenden. So gesehen sind die ausgewiesenen Arbeitsinseln A 1 bis A 11 eine sinnvolle Ergänzung und Bereicherung der gängigen Lernangebote in den Sprachbüchern und Arbeitsheften – nicht mehr, aber auch nicht weniger!

Zur Ausgangssituation in der fünften Jahrgangsstufe: Im 5. Schuljahr sind auf Grund der neu gebildeten Klassen häufig SchülerInnen aus verschiedenen Orten oder Grundschulklassen zusammen, die zum Teil über deutlich differierendes Grundwissen verfügen. Gerade in einer solchen Situation ist es wichtig, dass nicht nur neuer Stoff gepaukt, sondern die bei den SchülerInnen vorhandenen Kenntnisse und Fähigkeiten behutsam hervorgeholt und aufgearbeitet werden – und zwar so, dass sich niemand bloßgestellt und/oder frustriert fühlt. Diesem Anspruch folgen die ersten Arbeitsinseln.

Makrospirale zum Thema »Wortarten«

(Mögliche Arbeitsinseln und Arbeitsschritte)

Vorwissen/Voreinstellungen aktivieren

A 1: Wortmaterial zuordnen (Arbeitsblatt bearbeiten ⇨ Kärtchen in GA ordnen ⇨ Stafettenpräsentation an der Tafel ⇨ Lehrerinfo)

A 2: Wörter bilden und zuordnen (Arbeitsblatt »Wortrad« bearbeiten ⇨ Ordnungsschema finden ⇨ neues Blatt gestalten ⇨ Präsentation im Plenum ⇨ evtl. ergänzende Lehrerinformation)

Neue Kenntnisse/Verfahrensweisen erarbeiten

A 3: Nachschlagen im Duden: Singular- und Pluralformen von Nomen (Arbeitsblatt bearbeiten ⇨ Kontrollphase in PA ⇨ Präsentation)

A 4: Quartett zu den vier Fällen des Nomen herstellen (nach Anleitung Spielkarten erstellen ⇨ das Spiel ausprobieren ⇨ Karten mit anderen Gruppen austauschen und erneut spielen)

A 5: Dominospiel zu den Zeit- und Verbformen herstellen (Gruppenarbeit nach Anleitung ⇨ Spiel durchführen ⇨ Auswertung)

A 6: Informationen ordnen und in Tabelle eintragen (Sätze nach Zeitform ordnen und ins Heft übertragen ⇨ Verbformen unterstreichen ⇨ Tabelle anlegen ⇨ In PA kontrollieren)

A 7: Gegenstände mittels Adjektiven beschreiben (Gegenstände unter Beachtung bestimmter Regeln im Sitzkreis beschreiben ⇨ Wörter notieren ⇨ in PA Wortmaterial anwenden)

A 8: Würfelspiel zu den Zeit- und Personalformen des Verbs (in Gruppen Spiel durchführen ⇨ Fragerunde im Plenum ⇨ Auswertung)

Komplexere Anwendungs-/Transferaufgaben

A 9: Lernplakate erstellen (Gelerntes in Expertengruppen rekapitulieren ⇨ Plakat gestalten/strukturieren ⇨ Tandempräsentation)

A 10: Arbeit mit einer Bildkartei (Bild auswählen ⇨ in Gruppen je ein Bild eingrenzen ⇨ Gefühlsadjektive auf Kärtchen notieren ⇨ Präsentation + Ordnung der Adjektive ⇨ Hefteintrag ⇨ Wortmaterial anwenden)

A 11: Wortartentest erstellen (Mögliche Fragen in EA notieren ⇨ Abfrage in PA ⇨ Frage-Anwort-Kette im Plenum ⇨ Auswertung)

Abb. 18

© Dr. H. Klippert

Arbeitsinsel 1 dient der Mobilisierung des Vorwissens in der Weise, dass sich die SchülerInnen mit dem dokumentierten Arbeitsblatt *M 1* auseinandersetzen und dabei gezielt überlegen müssen, was sie davon bereits kennen. Welche Wörter gehören zusammen? Habe ich die Fremdwörter schon einmal gehört? Wie heißen die deutschen Wörter dazu? Derartige Leitfragen spielen in dieser ersten Sequenz eine Rolle.

Eine ähnliche Zielrichtung gilt für Arbeitsinsel 2, nur mit dem Unterschied, dass sich die SchülerInnen diesmal mit Hilfe des »Wortrads« ihr Wortmaterial selbst erarbeiten müssen. Begriffe wie Nomen, Verb oder Adjektiv werden also nicht vorgegeben. Welche Einstiegsvariante man letztlich wählt, hängt vom Niveau und von den Vorerfahrungen der jeweiligen Klasse ab. Bei der Variante A 2 kann es gut sein, dass die zuständige Lehrkraft einiges an Zusatzinformationen einbringen muss.

Die Arbeitsinseln A 10 sowie A 3 bis A 8 beschäftigen sich auf unterschiedliche Weise mit einzelnen Wortarten: Zweimal geht es um Nomen, dreimal um Verben und zweimal um Adjektive. Die gewählte Ziffernfolge bedeutet natürlich keine Rangfolge, die eingehalten werden muss. Die ausgewiesenen Arbeitsinseln sind – wie erwähnt – methodische Möglichkeiten, die von den interessierten Lehrkräften wahlweise genutzt werden können. Ihre unterrichtliche Umsetzung wird u.a. dadurch erleichtert, dass sie sich in aller Regel in Einzel- oder Doppelstunden realisieren lassen.

Für die Arbeitsinseln A 4 und A 5 gilt die Besonderheit, dass die SchülerInnen die benötigten Spielmaterialien in Gruppen selbst herstellen müssen und dabei nicht zuletzt in puncto Kommunikation und Teamarbeit gefordert sind. Ähnliches gilt für das Würfelspiel in A 8. Allerdings hat sich während der Erprobung gezeigt, dass es aus zeit- und arbeitsökonomischen Gründen in der Regel sinnvoll ist, die benötigten Würfel vorab im Werkunterricht aus Holz herzustellen, um mehr Zeit für die vertiefenden Übungen und Anwendungen zur Verfügung zu haben.

Beim hier gewählten Thema »Wortarten« empfiehlt sich darüber hinaus die Produktion anschaulicher und einprägsamer Lernplakate zu den einzelnen Wortarten (vgl. A 9). Diese Produktionsarbeit kann arbeitsteilig geleistet werden. Die erstellten Plakate werden anschließend im Klassenraum ausgehängt und wirken durch ihre Präsenz dem Vergessen entgegen. Als gedächtnisstützende Maßnahme bietet sich des Weiteren die Produktion eines Wortarten-Tests an. Indem die SchülerInnen dafür einschlägige Fragen formulieren, wiederholen sie nicht nur den Lernstoff, sondern lernen auch und zugleich Wichtiges von Unwichtigem zu unterscheiden und sich sinnvoll auf einen Test vorzubereiten (A 11).

Einige ausgewählte Arbeitsinseln

Nähere Erläuterungen zu den schwarz unterlegten Arbeitsinseln folgen in den nachstehenden Abschnitten. Die in den Texten erwähnten Materialien (M 1ff.) werden im Anschluss dokumentiert. Diese exemplarische Konkretisierung soll Anregungen geben, wie EVA im Deutschunterricht in Gang gesetzt werden kann. Die eigene Unterrichtsvorbereitung wird dadurch freilich nicht ersetzt.

A 1: Wortmaterial zuordnen

Die Arbeit beginnt damit, dass sich die SchülerInnen Arbeitsblatt *M 1* anschauen (siehe Anhang) und individuell überlegen, wie ein mögliches Ordnungsschema aussehen könnte. Erst nach dieser »Besinnungsphase« folgt die Auseinandersetzung in der 4er-Gruppe. Die Gruppenmitglieder erhalten einen Briefumschlag mit unterschiedlichen Kärtchen und müssen sich darauf verständigen, wie diese Kärtchen anzuordnen sind. Dabei wird probiert, gefragt, diskutiert und ein mehr oder weniger stimmiger Ordnungsrahmen entwickelt. Die Lehrkraft sollte sich in dieser Phase weitgehend aus der Gruppenarbeit heraushalten.

Der zweite Arbeitsschritt sieht so aus, dass der/die LehrerIn das Arbeitsblatt *M 1* vorbereitend auf DIN-A3-Format vergrößert, auseinanderschneidet und die so entstandenen Kärtchen gleichmäßig auf die einzelnen Schülergruppen verteilt bzw. verlost. Jede Gruppe hat also ein bis zwei Kärtchen. Das Kärtchen »NOMEN« bleibt draußen. Es wird als Erstes von der Lehrerin links oben an der Tafel befestigt. Mit der Aufforderung:« Wer will weitermachen?« beginnt die Stafettenpräsentation; diese Präsentation läuft solange, bis alle Kärtchen in einer sinnvollen Zuordnung an der Tafel hängen. Die KlassenkameradInnen können in dieser Phase korrigierend eingreifen. Auch von Lehrerseite können ergänzende/korrigierende Hinweise eingebracht werden. Das fertige Tafelbild zeigt am Ende die unterschiedlichen lateinischen und deutschen Fachbegriffe mit den entsprechenden Beispielen. Weitere Wörter können schriftlich oder mündlich ergänzt werden.

A 4: Ein Quartett herstellen und spielen

Die Lernaktivitäten im Rahmen dieser Arbeitsinsel haben zwei Schwerpunkte: a) das Herstellen des Spiels und b) die Erprobung der erstellten Quartett-Spiele. Zur Herstellung der Quartette werden Karton, Scheren und Stifte benötigt. Der Ablauf des Herstellungsprozesses: Die jeweilige Gruppe einigt sich zunächst auf einen Oberbegriff für ihr Spiel (z.B. Schule, Essen, Garten o.ä.), dann muss jedes Gruppenmitglied zwei dazu passende Nomen nennen. (siehe *M 2*). Nun werden alle Fälle dieser Nomen mit bestimmtem und unbestimmtem Artikel auf einen Zettel geschrieben und gegenseitig kontrolliert. Abschließend schneidet jedes Gruppenmitglied seine acht Karten aus dem DIN-A4-Karton aus und beschriftet und gestaltet diese in möglichst ansprechender Weise. Dabei einigt sich die Gruppe auf eine einheitliche Vorgehensweise.

Sind alle Gruppenmitglieder fertig, so wird das erstellte Quartettspiel erprobt. Hierbei ist es wichtig, dass sich alle SchülerInnen an die vorgegebenen Formulierungen und Spielregeln halten. Sofern die Zeit ausreicht und die Motivation der SchülerInnen stimmt, können die Spielkarten zusätzlich zwischen den Gruppen ausgetauscht und die betreffenden Quartettspiele nochmals durchgeführt werden. Darüber hinaus ist es möglich, dem gestalterischen Element größere Bedeutung beizumessen und die am schönsten gestalteten Spielkarten prämieren und/oder in eine Epochalnote einfließen zu lassen. Denkbar wäre auch, dass die relativ aufwändige Gestaltungsarbeit als Hausaufgabe erledigt wird.

A 7: Gegenstände mittels Adjektiven beschreiben

Diese Mikrospirale gibt den SchülerInnen Gelegenheit, eine Vielzahl von Adjektiven zu finden und sich dabei in puncto Zuhören, Memorieren und Anwenden von Begriffen zu üben sowie darin, vorgegebene Regeln einzuhalten. Der Arbeitsablauf im Einzelnen: Im ersten Schritt erklärt die Lehrerin die Spielregeln. Die SchülerInnen sitzen währenddessen im Kreis, in der Mitte befinden sich für alle sichtbar zehn bis zwölf unterschiedliche Gegenstände (z.B. Uhr, Mäppchen, Messer, Orange etc.). Ein erster Schüler beschreibt einen der Gegenstände mit drei bis fünf Adjektiven; anschließend wiederholt ein zweiter Schüler die genannten Adjektive und errät den gesuchten Gegenstand. War alles richtig, darf er weitermachen und seinerseits einen zweiten Gegenstand aussuchen und mittels Adjektiven beschreiben usw.

Bei einer großen Klasse sollten zwei bis drei Sitzkreise gebildet werden, damit möglichst viele SchülerInnen zu Wort kommen. Um eine möglichst große Vielfalt an Gegenständen zu erreichen, empfiehlt sich die gezielte Suche und Bereitstellung geeigneter Gegenstände seitens der Lehrkraft. Denn erfahrungsgemäß kann man sich nicht auf das verlassen, was im Klassenraum vorzufinden ist.

Nach Abschluss der Spiel- und Ratephase notiert sich jeder Schüler 20 Adjektive, die vorher benutzt wurden. Sodann wird zusammen mit dem Tischnachbarn eine gezielte Gegenstandsbeschreibung unter Verwendung möglichst vieler Adjektive vorgenommen. Hierbei ist auf ganze Sätze zu achten sowie darauf, dass der beschriebene Gegenstand in der vorangehenden Spiel- bzw. Ratephase noch nicht benutzt wurde. Die erstellten Gegenstandsbeschreibungen werden anschließend im Plenum vorgelesen und die Zuhörer müssen erraten, welcher Gegenstand jeweils gemeint ist.

A 8: Würfelspiel zu den Zeit- und Personalformen des Verbs

Diese Mikrospirale dient der systematischen Wiederholung und Festigung des anstehenden Lernstoffes. Ziel des Spiels ist es, in kleinen Gruppen Zeitformen des Verbs in Kombination mit verschiedenen Personalformen zu üben. Dazu wird für jede Gruppe folgendes Material benötigt: ein Würfel mit Personalformen (1. Pers. Singular, … 3. Pers. Plural), ein Würfel mit Zeitformen (in Klasse 5: Präsens, Perfekt, Präteritum und Futur I) sowie 20 Infinitivkärtchen (siehe M 3). Darüber hinaus erhält jeder Schüler ein Arbeitsblatt (siehe M 4), auf dem er einmal die passenden Eintragungen vornimmt und zum Zweiten die erreichte Punktzahl ermittelt und notiert. Das Aufschreiben der betreffenden Begriffe ist deshalb sinnvoll, weil sich die SchülerInnen auf diese Weise die unterschiedlichen Formen besser einprägen; außerdem besteht noch eine Korrekturmöglichkeit. Wenn nur mündlich gearbeitet wird, können sich leichter Fehler einschleichen, die nicht mehr korrigiert werden.

Zum Spielablauf: Nachdem die Spielmaterialien verteilt sind, wird allen SchülerInnen der Spielablauf erklärt und zunächst eine Proberunde durchgeführt. Dann läuft das Spiel in Gruppen weiter, und zwar für etwa 20 Minuten. Während dieser Zeit nehmen die Gruppenmitglieder auf ihren Arbeitsblättern die entsprechenden Eintragungen vor und kontrollieren sich wechselseitig. Am Ende wird der Gruppensieger ermittelt; gewonnen hat, wer die höchste Punktzahl erreicht hat.

Im nächsten Schritt benutzen die SchülerInnen ihre Arbeitsblätter für eine mündliche Übung im Plenum. Diese läuft so ab, dass zunächst ein erster Schüler eine Verbform aus der vierten Spalte von M 8 vorliest (z.B. »ich lief«); ein zweiter Schüler, der das Wort erhält, bestimmt die Zeit- und Personalform sowie den zugehörigen Infinitiv: »1. Pers. Singular Präteritum von laufen«. Dann liest dieser letztere Schüler von seinem Arbeitsblatt eine neue Verbform vor, nimmt einen dritten Schüler dran usw. Diese Ketten-Kommunikation kann über 10–15 Minuten laufen, wobei möglichst viele SchülerInnen beteiligt sein sollten.

Der skizzierte Spielverlauf lässt sich unter Umständen auch dahingehend vereinfachen, dass die Personalpronomen via Würfel vorgegeben werden. Dann geht es nur noch um das Finden der Zeitform. In der zweiten Phase wird mündlich noch mal das Gleiche durchgespielt, was zuvor aufgeschrieben wurde. Den bisherigen Erfahrungen zufolge können beide Varianten auch mit schwachen Schülern durchgespielt werden, sofern diese in den Personal- und Zeitformen einigermaßen sicher sind.

A 10: Arbeit mit einer Bildkartei

Bei dieser Mikrospirale geht es darum, dass die SchülerInnen anhand unterschiedlicher Bilder überlegen und beschreiben, mit welchen Adjektiven man die Gefühle ausdrücken kann, die von diesen Bildern ausgehen bzw. ausgelöst werden. Zum Arbeitsprozess im Einzelnen: Im ersten Schritt sichten die SchülerInnen die ausliegenden Bilder und wählen je eines aus. Dann präsentieren sie in mehreren Zufallsgruppen ihre ausgewählten Bilder, nachdem sie sich zuvor zu folgenden Leitfragen Gedanken und Notizen gemacht haben: (a) Was ist auf dem Bild zu sehen? (b) Warum habe ich das Bild ausgewählt? (c) Welche Gefühle/Stimmungen kommen darin zum Ausdruck?

Im dritten Arbeitsschritt muss sich die jeweilige Gruppe auf ein Bild verständigen, das alle anspricht. Zu diesem Bild suchen und notieren die Gruppenmitglieder je fünf passende Adjektive und übertragen diese auf kleine Kärtchen. Im vierten Schritt präsentieren je zwei ausgeloste Vertreter der einzelnen Gruppen das ausgewählte Bild unter besonderer Beachtung der gefundenen Adjektive. Dabei wird folgendes Grobschema an der Tafel vorgegeben: POSITIV ⇔ NEUTRAL ⇔ NEGATIV.

Die erstellten Kärtchen mit den Adjektiven werden in dieses Schema eingeordnet und an der entsprechenden Stelle an der Tafel angeheftet.

Die SchülerInnen haben während der Präsentation das Recht, ihr Veto einzulegen, sofern sie ein Adjektiv in einer anderen Spalte sehen möchten. Das so entstehende Tafel-Schema wird danach von allen ins Heft übertragen. Im fünften und letzten Arbeitsschritt haben die SchülerInnen schließlich die Aufgabe, in Einzel- oder Partnerarbeit entgegengesetzte Adjektive (z.B. fröhlich – traurig, wütend, böse) zusammenzustellen. Das erarbeitete Wortmaterial wird im nächsten Aufsatz Verwendung finden.

Zu der angesprochenen Bildkartei gelangt man, indem man Illustrierte und Zeitschriften aufmerksam durchblättert und geeignete Motive sucht. Diese kann man entweder direkt ausschneiden, auf Pappe aufkleben und in Klarsichthüllen »einbinden« oder sie können abfotografiert, eventuell vergrößert und auf stabiles Fotopapier im DIN-A4-Format übertragen werden. Auch fertige Fotokarteien, wie sie einige Verlage z.B. für den religionspädagogischen Bereich anbieten, können gute Dienste leisten. Die Suche und Herstellung geeigneter Bilder kann unter Umständen dadurch erleichtert werden, dass diese Arbeit zu einem kleinen »Projekt« der SchülerInnen gemacht wird.

Zusammenfassende Hinweise zur Methodenpflege

Das schrittweise Vorgehen Einzelarbeit $\Rightarrow$ Gruppenarbeit $\Rightarrow$ Plenum stellt sicher, dass sich die SchülerInnen recht intensiv mit der jeweiligen Aufgabe beschäftigen und diverse Arbeits-, Kommunikations- und Kooperationstechniken anwenden und »pflegen« müssen. Da gilt es z.B. Wörter zuzuordnen, Wörter zu unterstreichen, Kärtchen zu beschriften, im Duden nachzuschlagen, eine Tabelle anzulegen, einen Arbeitsvorgang zu planen, Lernplakate zu gestalten, Fragen zu formulieren sowie Übungstests zu erstellen. Das wären einige der zur Anwendung gelangenden Lern- und Arbeitstechniken. Hinzu kommen einschlägige Anforderungen und Leistungen im kommunikativen und im kooperativen Bereich. Das beginnt beim aktiven Zuhören und freien Reden vor der Klasse und reicht über das Argumentieren in Gruppen und im Plenum, über Frage-Antwort-Spiele, Kettengespräche, Stuhlkreisgespräche, Stafetten- und Tandempräsentationen bis hin zum regelgebundenen Arbeiten im Team, d.h. bis hin zu Partnerarbeit und Partnerkontrolle, wechselseitiger Hilfe und Unterstützung, Gruppendiskussionen und Gruppenentscheidungen, Kompromisssuche und Kompromissfindung, Regelbeachtung und Konfliktmanagement. So gesehen dient die skizzierte Makrospirale nicht nur dem inhaltlichen Kenntnis- und Fähigkeitserwerb in Sachen Wortarten, sondern auch und nicht zuletzt der Pflege grundlegender Arbeits-, Kommunikations- und Kooperationstechniken.

M 1	Arbeitsblatt zum Zerschneiden
NOMEN	ADJEKTIV
VERB	GARTEN
TÄTIGKEITSWORT	WIEWORT
SCHÖN	NAMENWORT
SCHULE	KLETTERN
LESEN	SPIELEN
HUND	KLEIN
SCHNELL	

© Dr. H. Klippert

M 2   Spielanleitung zur Herstellung eines Quartettspiels

Material: Pro Schüler werden acht Spielkarten benötigt, wobei vier Karten ein Quartett bilden (siehe unten). Es werden nur Singularformen benutzt.

Ziel des Spiels: Ziel ist es, möglichst viele Quartette zusammenzubekommen. Wer am Ende die meisten Quartette hat, ist Sieger.

Spielablauf: Alle Spielkarten werden gemischt und gleichmäßig an die Spieler verteilt. Die Spieler nehmen die Karten auf. Der jüngste Spieler beginnt mit einer Frage an einen Mitspieler seiner Wahl. Er erfragt eine Karte, die zu denen passt, die er auf der Hand hält.

> *Beispiel:* Spieler 1 fragt: »Hast du den *Nominativ von Kamm*?« ➪ Spieler 2 fragt zurück: »Meinst du *ein Kamm* oder *der Kamm*? ➪ Spieler 1: »Ja« ➪ Spieler 2: »Habe ich nicht.« (wenn Spieler 2 die Karte hat, gibt er sie an Spieler 1. Nun ist Spieler 2 als Fragesteller an der Reihe usw.)

Wichtig ist, dass immer in der angeführten Art und Weise gefragt wird. Dadurch wird erreicht, dass alle Spieler mitdenken und die Fälle des Nomens geübt werden. Sind sich die Spieler in einem Fall nicht einig, muss nachgeschlagen bzw. mit Hilfe der Mitschüler für die nötige Klärung gesorgt werden.

Wird eine Frage mit »Nein« beantwortet, darf der Gefragte weitermachen. Sobald ein Spieler ein Quartett vollständig hat, legt er es offen vor sich auf den Tisch.

Zwei Quartett-Beispiele

ein Kamm der Kamm	eines Kamm(e)s des Kamm(e)s	einem Kamm dem Kamm	einen Kamm den Kamm
eine Dose die Dose	einer Dose der Dose	einer Dose der Dose	eine Dose die Dose

© Dr. H. Klippert

M 3   **Arbeitsanweisung:**

1. Schneide die Infinitivkärtchen aus!
2. Lege sie umgedreht als Stapel aufeinander!

laufen	kommen	gehen	reisen
fahren	rennen	sein	eintreffen
suchen	schreiben	eilen	ankommen
finden	haben	reden	nachschlagen
helfen	fragen	kochen	warten

© Dr. H. Klippert

| | | **Arbeitsanweisung:** | | |

M 4

Trage die gewürfelten Formen und die gezogenen Infinitive hier ein und ergänze die Verbformen!

Personalform	Zeitform	Infinitiv	Verbform	Punkte
1. Pers. Singular	Präteritum	laufen	ich lief	2

© Dr. H. Klippert

2.2 Berufswahlvorbereitung

(Frank Müller)

Ein wesentliches Ziel des Deutschunterrichts in den Jahrgangsstufen 8 und 9 besteht darin, den SchülerInnen in Sachen Bewerbung, Lebenslauf und Vorstellungsgespräch zu helfen und sie zu befähigen, sich über ihre beruflichen Möglichkeiten, Chancen und Risiken gezielt zu informieren. Das damit angesprochene Aufgabenspektrum lässt sich dem Lernbereich »sachorientiertes und argumentierendes Sprechen und Schreiben« sowie dem im Lehrplan für die Klasse 9 festgelegten Arbeitsauftrag »sich bewerben« zuordnen (vgl. Lehrplan Deutsch für Rheinland-Pfalz, S. 15, 51).

Hierbei geht es nicht nur um das Einüben standardisierter Textformen wie Bewerbungsschreiben und Lebenslauf, sondern auch und zugleich um die Auseinandersetzung mit den eigenen Fähigkeiten und Berufsaussichten sowie darum, einschlägige Informationen zu den Auswahlkriterien und Testaufgaben der Betriebe zu bekommen bzw. zu erarbeiten. Dementsprechend werden in diesem Beitrag Möglichkeiten und Methoden vorgestellt, wie die SchülerInnen in puncto Eigenverantwortliches Arbeiten und Lernen gezielt gefordert und gefördert werden können. Dabei geht es u.a. um Informationsbeschaffung und Informationsverarbeitung, um Methodenlernen und kommunikatives Lernen, um den Erwerb von Teamfähigkeit und Entscheidungskompetenz. Kurzum: Angesagt ist auch und zugleich das Einüben grundlegender Arbeits-, Kommunikations- und Kooperationstechniken. In den gängigen Sprach- und Lesebüchern finden sich diesbezüglich zwar diverse Unterrichtsmaterialien und -anregungen. Allerdings sind diese über weite Strecken so ausgerichtet, dass die SchülerInnen in erster Linie Vorgegebenes lesen, Fragen beantworten, aufschreiben und eben »lernen« müssen. Dem eigenverantwortlichen, methodenzentrierten Arbeiten und Lernen der SchülerInnen wird dagegen vergleichsweise wenig Raum gegeben.

Hier nun setzt die Lernspirale zur Berufswahlvorbereitung im Deutschunterricht an. Die abgebildete Makrospirale umfasst unterschiedliche Arbeitsinseln zu Themenbereichen wie Berufswahl, Arbeitswelt, Wege zur beruflichen Selbsterkundung, Bewerbungsverfahren, Einstellungstest und Vorstellungsgespräch. Bei alledem geht es darum, den SchülerInnen einen gewissen Eindruck davon zu vermitteln, welche Anforderungen in der modernen Arbeits- und Berufswelt gestellt werden und welche Bedeutung von daher solchen »Schlüsselqualifikationen« wie Lernkompetenz und Methodenbeherrschung, Selbstständigkeit und Eigeninitiative, Planungs- und Organisationsfähigkeit, Kommunikations- und Teamfähigkeit zukommt. Kompetenzen dieser Art werden in den heutigen Bewerbungsverfahren zunehmend gefor-

Makrospirale zum Thema »Berufswahl«

(Mögliche Arbeitsinseln und Arbeitsschritte)

Vorwissen/Voreinstellungen aktivieren

A 1: Arbeit mit themenzentrierter Bildkartei (Bild auswählen ⇨ Partner-gespräche ⇨ Vorstellung der Bilder im Sitzkreis ⇨ Ausstellung)

A 2: Geschichten schreiben (Zeitungsmeldung weiterschreiben ⇨ Texte in Gruppen vorlesen ⇨ Auswahl eines Textes ⇨ Präsentation)

A 3: Erwartungen und Ängste artikulieren (Individuelle Besinnungs-phase ⇨ Stummes Schreibgespräch in Gruppen ⇨ Museumsgang)

A 4: Karikaturenrallye (Stationengespräche zu 6 Karikaturen ⇨ zur je-weiligen Karikatur Überschrift notieren ⇨ Statements im Plenum)

Neue Kenntnisse/Verfahrensweisen erarbeiten

A 5: Fallbeispiel bearbeiten (Tipps zum Vorstellungsgespräch notieren ⇨ in PA 4 Tipps fixieren ⇨ Clustering mit Kärtchen an der Tafel)

A 6: Doppelkreisgespräche zum Bewerbungsverfahren (Texte erarbeiten ⇨ Doppelkreisvorträge ⇨ Wiederholen ⇨ Tafelbild erstellen)

A 7: Lebenslauf schreiben (fehlerhaften Lebenslauf sondieren ⇨ in PA neue Version verfassen ⇨ eigenen Lebenslauf schreiben)

A 8: Produktive Filmarbeit (Filminhalt mitschreiben ⇨ in GA Inhalts-aspekte besprechen und strukturieren ⇨ Vorträge im Plenum)

A 9: Testaufgaben bearbeiten (Einzelarbeit ⇨ Partnerarbeit ⇨ Gruppen-kontrolle ⇨ Ergebnispräsentation im Plenum ⇨ Lehrerinfos)

Komplexere Anwendungs-/Transferaufgaben

A 10: Berufswahl-Quiz (Frage-Antwort-Kärtchen in PA erstellen ⇨ Kon-trollphase in Gruppen ⇨ Frage-Antwort-Spiel im Plenum)

A 11: Entscheidungsspiel durchführen (Gruppenarbeit ⇨ »Gutachten« erstellen ⇨ Hearing zur Bewerberauswahl ⇨ Fragerunde)

A 12: Plakate zum Berufswahlprozess erstellen (Brainstorming in PA ⇨ Plakatproduktion in Gruppen ⇨ Tandempräsentation nach Los)

Abb. 19

© Dr. H. Klippert

dert und überprüft. Da sich mit diesen Berufswahlaspekten bekanntermaßen nicht nur der Deutschunterricht, sondern auch Fächer wie Sozialkunde und Arbeitslehre beschäftigen, ist es sinnvoll, die vorgesehene Unterrichtsgestaltung mit den betreffenden Kolleginnen und Kollegen abzustimmen und unter Umständen auch fächerübergreifend vorzugehen.

Der Aufbau der abgebildeten Makrospirale sieht so aus, dass sich die SchülerInnen im Rahmen der ersten drei Arbeitsinseln mit ihren Erwartungen, Wünschen und Befürchtungen bezüglich ihrer Berufswahl auseinandersetzen müssen. Dazu werden ihnen verschiedene Kommunikations-, Reflexions- und Produktionsanlässe angeboten (s. A 1 bis A 4). Im Mittelpunkt der nächsten fünf Arbeitsinseln A 5 bis A 9 stehen sodann die Beschaffung und Verarbeitung einschlägiger Informationen und Tipps zum Berufswahlprozess, damit die bevorstehenden Hürden leichter genommen werden können als das gemeinhin der Fall ist. Die letzten drei Arbeitsinseln A 10 bis A 12 dienen schließlich dazu, verschiedene Aspekte der Berufswahl tiefergehend zu behandeln und/oder zu problematisieren. Dazu werden entsprechende Anwendungs- und Transferaufgaben gestellt – angefangen beim Erstellen eines übergreifenden Tests und/oder Plakats zur Berufswahl-Thematik bis hin zur Durchführung eines Entscheidungsspiels. Welche der angeführten Arbeitsinseln im Endeffekt aufgegriffen werden, ist Sache der je zuständigen Lehrkräfte. Gleiches gilt für die eingesetzten Lehr-/Lernhilfen. Denkbar ist z.B. auch der Einsatz einschlägiger Literatur (z.B. Heinrich Böll: Anekdote zur Senkung der Arbeitsmoral) oder die Analyse von Zeitungsberichten und Stellenanzeigen.

Einige ausgewählte Arbeitsinseln

Nähere Erläuterungen zu den schwarz unterlegten Arbeitsinseln folgen in den nachstehenden Abschnitten. Die in den Texten erwähnten Materialien (M 1ff.) werden im Anschluss dokumentiert. Diese exemplarische Konkretisierung soll Anregungen geben, wie EVA im Rahmen des Deutschunterrichts in Gang gesetzt werden kann. Die eigene Unterrichtsvorbereitung wird dadurch freilich nicht ersetzt.

A 1: Arbeit mit der Bildkartei

Diese Mikrospirale dient dazu, die SchülerInnen anhand unterschiedlicher Bildimpulse zur Mobilisierung ihres Vorwissens und ihrer Voreinstellungen bezüglich der modernen Berufs- und Arbeitswelt zu veranlassen. Die betreffenden Bilder können thematisch passende Fotos, Karikaturen, Zeichnungen oder auch Symbole sein. Sie stehen den SchülerInnen wahlweise zur Verfügung und lassen in der Regel recht unterschiedliche Assoziationen zu. Die Zahl der Bilder sollte nach Möglichkeit deutlich größer sein als die Zahl der SchülerInnen. Ist dieses nicht der Fall, müssen vor der Bildauswahl Tandems oder Trios gebildet werden, die sich auf je eines der angebote-

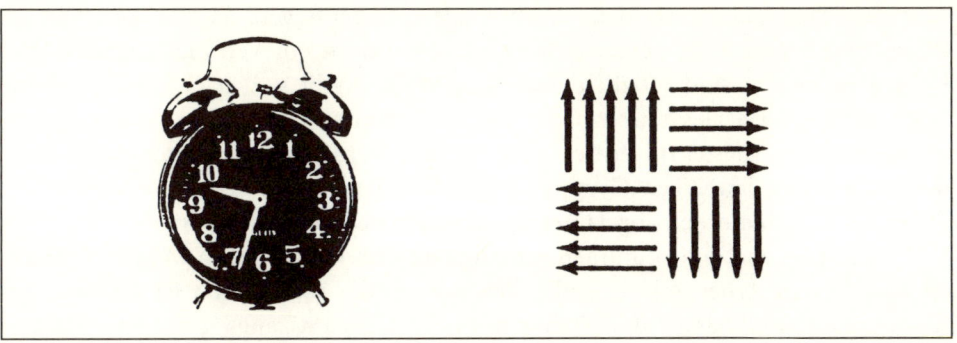

nen Bilder zu verständigen haben. Zum Arbeitsprozess im Einzelnen: Zunächst schreibt der Lehrer die Impulsfrage »Wie seht ihr die heutige Berufs- und Arbeitswelt?« an die Tafel und legt die besagten Bilder auf dem Fußboden aus. Dann beginnt der erste Arbeitsschritt: Die SchülerInnen sichten die ausliegenden Bilder und wählen nach ca. zwei Minuten eines aus, das ihnen hilft, eine persönliche Aussage zur modernen Arbeits- und Berufswelt zu machen. Im zweiten Arbeitsschritt finden sich die SchülerInnen zu Dritt oder zu Viert im Raum zusammen und stellen sich wechselseitig ihre Bildassoziationen vor. Dabei geht es nicht um Richtig oder Falsch! Im dritten Arbeitsschritt schließlich wird ein Stuhlkreis gebildet und die SchülerInnen präsentieren ihre ausgewählten Bilder vor der Klasse und erläutern ihre zugehörigen Gedanken. Die präsentierten Bilder werden in der Mitte des Kreises abgelegt, sodass nach und nach eine differenzierte Bilderlandschaft entsteht. Ergänzende Anmerkungen der Lehrperson können die Präsentation abrunden.

A 3: Erwartungen und Ängste artikulieren

Im Mittelpunkt dieser Mikrospirale steht das Impulsblatt *M 1*, das den SchülerInnen Gelegenheit gibt, ihre unterschiedlichen Wünsche, Erwartungen und Befürchtungen zur bevorstehenden Berufswahl zu notieren. Im ersten Arbeitsschritt erhält jeder Schüler das besagte Impulsblatt und füllt es stichwortartig aus. Nach dieser individuellen Besinnungsphase werden mittels Losverfahren mehrere Kleingruppen mit je drei bis vier Personen gebildet, die sich im Halbkreis vor ihren jeweiligen Tisch setzen und auf diesem einen größeren Papierbogen mit dem Impulssatz in der Mitte finden: »Wenn ich an meine Berufswahl denke, dann ...«. Außerdem stehen ihnen verschiedenfarbige Filzstifte zur Verfügung. Nun beginnt der zweite Arbeitsschritt. Wer einen Gedanken notieren möchte, schreibt diesen mit Filzstift auf den Papierbogen. Die Gruppenmitglieder fügen weitere Gedanken an. Sie können aber auch den einen oder anderen »Impuls« der MitschülerInnen aufgreifen und durch eigene Anmerkungen ergänzen und erweitern. So kommt es zu einem »Schreibgespräch«, das in der Regel über ca. 15 Minuten läuft. Jeder kann das notieren, was ihm einfällt bzw. wichtig erscheint. Bei Unklarheiten können Fragezeichen, bei Verstärkungen

Ausrufezeichen gesetzt werden. Auch Fragen, Gegenfragen, kurze Kommentare, Pfeile, zeichnerische Elemente, farbliche Hervorhebungen, Verbindungslinien und Unterstreichungen sind möglich. Auf diese Weise ergibt sich nach und nach eine recht differenzierte Gesamtschau der die SchülerInnen bewegenden Wünsche, Erwartungen und Ängste. Im dritten Arbeitsschritt werden die so entstehenden »Produkte« von den jeweiligen Gruppenmitgliedern intern erläutert und besprochen. Dabei kann auch auf den abgelaufenen Arbeitsprozess sowie die persönlichen Empfindungen während des »stummen Schreibgesprächs« eingegangen werden. Im vierten und letzten Arbeitsschritt schließlich werden die ausgefüllten Papierbögen im Klassenraum ausgehängt, und Rahmen eines »Museumsgangs gesichtet, erläutert und bei Bedarf auch besprochen. Diese Verfahrensweise fördert erfahrungsgemäß nicht nur die aktiven und extrovertierten SchülerInnen sondern auch und besonders die weniger redegewandten, stillen SchülerInnen, die sich im Rahmen des »stummen Schreibgesprächs« eher trauen, eigene Beiträge zu bringen, da sie nicht gleich von anderen bevormundet, kritisiert oder gar gehänselt werden.

A 4: Karikaturen-Rallye

Diese Mikrospirale dient dazu, die SchülerInnen über die Chancen und Risiken ihrer Berufswahlentscheidung nachdenken zu lassen und entsprechende Gespräche in Gang zu bringen. Dreh- und Angelpunkt dieses Arbeitsprozesses sind sechs themenzentrierte Karikaturen, die auf den Rückseiten mit den Ziffern 1 bis 6 beschriftet sind und an den Außenwänden des Klassenraumes verdeckt ausgehängt werden. Der erste Arbeitsschritt beginnt nun damit, dass die SchülerInnen der Klasse mehrfach von 1 bis 6 zählen und sich entsprechend der gezählten Ziffer der einen oder anderen Karikatur zuordnen. So entstehen sechs Gruppen mit in der Regel vier bis fünf Mitgliedern, deren Aufgabe es ist, im 3-Minuten-Takt von Station zu Station zu wandern und zur jeweiligen Karikatur einen kurzen Gedanken- und Meinungsaustausch zu pflegen. Die korrespondierenden Leitfragen sind: (a) Was will der Karikaturist mit seiner Karikatur wohl aussagen? und (b) Was haltet ihr von dieser Aussage? Außerdem sucht jede Gruppe zu jeder Karikatur eine möglichst treffende Überschrift, schreibt diese auf ein Kärtchen und heftet das jeweilige Kärtchen mit der Schrift verdeckt zur Wand neben die betreffende Karikatur. Im zweiten Arbeitsschritt erhalten die sechs Gruppen Gelegenheit zur vertiefenden Auseinandersetzung mit je einer Karikatur. Zu diesem Zweck werden die sechs Karikaturen von der Wand abgenommen und unter den sechs Gruppen verlost. Jede Gruppe hat nun zehn Minuten Zeit, um zu ihrer jeweiligen Karikatur eine differenziertere Stellungnahme unter Beachtung der beiden genannten Leitfragen zu erarbeiten. Die so entstehenden Stellungnahmen werden im dritten Arbeitsschritt von ausgelosten Gruppensprechern vorgetragen und bei Bedarf besprochen. Außerdem werden die Kärtchen mit den einzelnen Überschriften aufgedeckt, vorgelesen und von den je verantwortlichen Gruppenmitgliedern kommentiert.

A 5: Fallbeispiel bearbeiten

Diese Mikrospirale dient sowohl der Erarbeitung neuer Informationen als auch der Auffrischung und Vertiefung bereits vorhandener Kenntnisse. Inhaltlich geht es hierbei um das Vorstellungsgespräch. Im ersten Arbeitsschritt wird den SchülerInnen das in *M 2* abgebildete Fallbeispiel an die Hand gegeben. Dieses Fallbeispiel handelt von einem Mädchen, das zu einem Vorstellungsgespräch eingeladen wurde, aber noch nicht so recht weiß, was sie dort erwartet und wie sie sich am besten vorbereiten kann. Die SchülerInnen lesen den Kurztext und überlegen sich in Einzelarbeit einige erste Tipps für die Vorbereitung des Vorstellungsgesprächs. Im zweiten Arbeitsschritt erhalten sie einschlägiges Informationsmaterial zum Thema Vorstellungsgespräch, arbeiten dieses in Partnerarbeit durch und filtern schließlich fünf zentrale Tipps heraus und schreiben diese mit Filzstift auf getrennte Kärtchen zwecks späterer Präsentation. Im dritten und letzten Arbeitsschritt werden die ausgewählten Tipps mittels der beschrifteten Kärtchen im Plenum vorgestellt, näher erläutert und nötigenfalls auch diskutiert. Hierbei ist auf eine sinnvolle Zuordnung und Verknüpfung der einzelnen Kärtchen zu achten (Clustering!), damit eine möglichst übersichtliche Strategielandschaft entsteht. Ergänzende Kommentare und Informationen der Lehrperson runden den Arbeitsprozess ab.

A 7: Lebenslauf schreiben

Diese Mikrospirale zielt darauf, dass die SchülerInnen Kriterien für das Erstellen eines »guten« Lebenslaufs erarbeiten. Gestartet wird dieser Arbeitsprozess damit, dass die SchülerInnen einen unzulänglichen Lebenslauf in Kopie erhalten (s. *M 3*). Der entsprechende Text wird individuell gelesen und markiert und dann in Zufallsgruppen auf der Basis des vorhandenen Vorwissens problematisiert und besprochen. Im zweiten Arbeitsschritt bekommen die SchülerInnen einige Zusatzinformationen zur Gestaltung eines Lebenslaufs; diese werden in Gruppen ausgewertet und dann zum Anlass genommen, den vorliegenden mangelhaften Lebenslauf möglichst überzeugend zu überarbeiten. Dabei geht es keinesfalls nur um inhaltliche Gesichtspunkte, sondern auch um Gestaltungsfragen und sprachliche Besonderheiten. Die überarbeiteten Fassungen werden von zwei Gruppen vorgestellt und nötigenfalls nochmals problematisiert. Im dritten Arbeitsschritt werden die herausgefundenen Kriterien für einen guten Lebenslauf an der Tafel zusammengestellt und von Lehrerseite ergänzend erläutert und begründet. Im vierten und letzten Arbeitsschritt verfassen die SchülerInnen in Einzelarbeit unter Beachtung dieser Kriterien einen persönlichen Lebenslauf. Diese Arbeit kann unter Umständen auch als nachbereitende Hausaufgabe erledigt werden.

A 8: Entscheidungsspiel durchführen

Diese Mikrospirale gehört bereits zur Transferphase und stellt die SchülerInnen vor die Aufgabe, die erarbeiteten Kenntnisse und Tipps in Sachen Berufswahl im Rahmen eines Entscheidungsspiels anzuwenden. Im Mittelpunkt dieses Entscheidungsspiels stehen mehrere Jugendliche, die sich für den Beruf des Bankkaufmanns/der Bankkauffrau bei der Sparkasse Bergedorf beworben haben (das komplette Spielmaterial findet sich in Klippert 1991, S. 140ff.). Zu allen BewerberInnen liegen »Personalakten« vor (s. M 4); außerdem stehen den SchülerInnen berufskundliche Grundinformationen zur Verfügung, die u.a. Aufschluss darüber geben, welche Aufgaben und Tätigkeiten ein Bankkaufmann zu erledigen hat und welche Anforderungen die betreffenden Geldinstitute stellen. Zum Arbeitsprozess im Einzelnen: Im ersten Arbeitsschritt werden mehrere Schülergruppen gebildet, die die angeführten Unterlagen zwecks näherer Bearbeitung und Meinungsbildung erhalten. Die jeweiligen Gruppenmitglieder lesen die Informationen durch, markieren wichtige Stellen und diskutieren anschließend gruppenintern, welchem Bewerber wohl der Zuschlag zu geben ist. Dabei ist auf die in den vorangehenden Etappen der Makrospirale erarbeiteten Kenntnisse und Kriterien zurückzugreifen. Im zweiten Arbeitsschritt werden die Gründe für die Auswahl des einen oder anderen Bewerbers schriftlich fixiert, und zwar so, dass jedes Gruppenmitglied in der Lage ist, anschließend das Gruppenvotum in freier Rede vorzutragen. Im dritten Arbeitsschritt folgt sodann ein Hearing unter Vorsitz des Filialleiters (Lehrer/Lehrerin). Dieses Hearing läuft so ab, dass die per Los ermittelten Gruppensprecher die Voten ihrer Gruppen vortragen und sich den (kritischen) Nachfragen des Filialleiters stellen. Eine übergreifende Auswertung und eine Aussprache runden dieses Entscheidungsspiel ab. Dabei können von Lehrerseite ergänzende Erläuterungen, Hinweise und Problemanzeigen eingebracht werden.

Abschließend lässt sich zur skizzierten Makrospirale sagen, dass die beschriebenen Arbeitsinseln natürlich nicht allein im Deutschunterricht ihren Platz haben, sondern sehr wohl auch in Sozialkunde oder Arbeitslehre angesiedelt sein können. Von daher empfiehlt es sich, an der jeweilige Schule klare Absprachen zwischen den verschiedenen Fachvertretern zu treffen und möglicherweise auch fächerübergreifend zu arbeiten. Letzteres hätte u.a. den Vorteil, dass dann für die Realisierung der unterschiedlichen Arbeitsinseln mehr Zeit zur Verfügung stünde. Möglich ist selbstverständlich auch, das in den meisten Schulen stattfindende Berufspraktikum einzubeziehen und in diesem Rahmen die eine oder andere Arbeitsinsel anzusiedeln. So gesehen sind die Spielräume zur Umsetzung der skizzierten Makrospirale ganz beträchtlich.

Zusammenfassende Hinweise zur Methodenpflege

Neben der inhaltlichen Auseinandersetzung und Klärung zur Berufswahl-Thematik erhalten die SchülerInnen in vielfältiger Weise Gelegenheit, sich in methodischer, kommunikativer und teamspezifischer Hinsicht zu üben. Das lässt sich aus der abgebildeten Makrospirale ersehen. In puncto Lern- und Arbeitstechniken sind die SchülerInnen u.a. gefordert, wichtige Informationen zu markieren und zu exzerpieren, freie Texte zu schreiben, Überschriften zu fixieren, Tafelbilder zu erstellen, Assoziationsketten zu visualisieren, unterschiedliche Tipps auf Kärtchen zu schreiben und möglichst übersichtlich zu clustern, einen Informationsfilm gezielt mitzuschreiben, einen entsprechenden Vortragsleitfaden (»Spickzettel«) zu entwickeln, einen Lebenslauf zu gliedern und zu schreiben, Lernplakate zu gestalten, Frage-Antwort-Kärtchen zu erstellen etc. Im kommunikativen Bereich werden ebenfalls beträchtliche Lernchancen eröffnet. Das beginnt beim freien Sprechen und aktiven Zuhören im Doppelkreis und reicht über diverse Assoziations- und Argumentationsübungen im Stuhlkreis bis hin zu freien Vorträgen, Plädoyers und Frage-Antwort-Runden im Plenum wie in Kleingruppen. Dabei werden zahlreiche Rhetorikaspekte aufgefrischt und/oder vertiefend eingeübt. Was schließlich den Bereich der Teamarbeit betrifft, so können die SchülerInnen auch diesbezüglich eine Menge lernen – angefangen beim Treffen gemeinsamer Entscheidungen (Bilder auswählen, Texte auswählen etc.) über das verständnisvolle Argumentieren und Zuhören in Partner- wie in Gruppenarbeitsphasen bis hin zur regelgebundenen Planung und Gestaltung von Gruppenprozessen sowie zum sensiblen Feedback und Konfliktmanagement.

M 1

Zum Thema Berufswahl fällt mir ein …

© Dr. H. Klippert

M 2 **Fallbeispiel**

»Anna muss zum Vorstellungsgespräch«

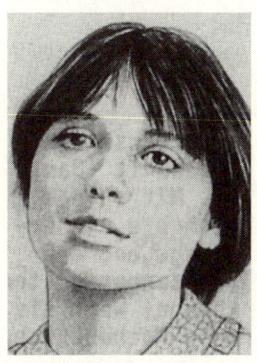

Anna Ries, 15 Jahre, ist Schülerin der 10. Klasse der Realschule in Landau. Da sie Ende des Schuljahres aus der Schule entlassen wird, hat sie in den letzten Wochen mehrere Bewerbungen an verschiedene Krankenhäuser in der Region geschickt.

Anna ist ein ruhiges, zurückhaltendes Mädchen. Sie ist eine durchaus gute Schülerin. Vor allem die Fächer Deutsch, Sozialkunde und Religion machen ihr Freude. In ihrer Freizeit liest sie sehr viel und gern; ihre schriftlichen Leistungen sind gut bis sehr gut, aber an mündlichen Gesprächen im Unterricht beteiligt sie sich kaum, da sie ziemlich unsicher ist und nichts Falsches sagen möchte.

Vorletzte Woche hat sie ein Referat in Biologie vortragen sollen. Aber vor lauter Angst hat sie völlig den Faden verloren, einen roten Kopf bekommen und am Ende nur so »rumgestottert«. Das hat ihr einen ziemlichen Knacks gegeben. Sie hatte das Referat zwar sorgfältig geschrieben, aber frei vortragen konnte sie's dann doch nicht.

Deshalb überkommt Anna schon jetzt Panik, wenn sie daran denkt, dass sie in zwei Wochen das erste Vorstellungsgespräch im Krankenhaus in Annweiler hat. Gestern nämlich hat sie die entsprechende Einladung bekommen. Sie hat sich den Termin in ihrem Kalender notiert, allerdings mit einem ziemlich mulmigen Gefühl in der Magengegend.

Was wird bei einem solchen Vorstellungsgespräch eigentlich verlangt? Wie muss man sich da verhalten? Und wie kann man sich darauf vorbereiten? Heute Nachmittag kommen zwei von Annas Freundinnen vorbei. Mit ihnen will sie sprechen. Vielleicht können sie ihr einige Tipps geben?!

© Dr. H. Klippert

M 3	**Ein fragwürdiger Lebenslauf**

Frank Müller

Lebenslauf

An einem strahlenden Sonntag des Jahres 1985 erblickte ich in dem altehrwürdigen Städtchen Weil, inmitten des Heckengäues gelegen und gleichzeitig Pfortte zum Schwarzwald, das Licht der Welt. Meine Wiege stand ganz in der Nähe des Standbildes von Johannes Keppler.

Ich bin und war das einzige Kind armer, aber glücklicher Eltern (»Freddy« und Gisela); seitdem wohne ich in der Kurt-Schumacher-Straße und bin Deutsch. In der Schule mache ich am liebsten Sport, Physik und Kunst. Meine Hobbys sind Handballspielen (Torwart, »Sieben-Meter-Kicken«) und Musik hören. Ich baue auch alte Radios auseinander und reparier sie (manchmal mit Erfolg). So habe ich auch schon überall in unserer Wohnung Lautsprecher gestellt.

Ich möchte Radio- und Fernsehtechniker werden, aber ich weiß nicht so recht. Da mir Leute oft auf die Nerven gehen, will ich auch einen Beruf, in dem ich allein arbeiten kann.

Sollten sie Interese zeigen, können Sie sich gerne bei mir melden. Ich bin nachmittags nach der Schul 1 Stunde zu Hause. Dann könne Sie die Telefonnummer 06341/20044 wählen. Danach bin ich erst wieder ab 16.30 Uhr zu Hause zu erreichen. Sie können aber auch meiner Oma Bescheid sagen; die ist immer zu Hause.

Bis bald

Frank Müller

© Dr. H. Klippert

| **M 4** | **Die »Personalakten« der vier BewerberInnen** |

Heiko Ernst

Schulabschluss: Abschluss der 10. Klasse der Hauptschule

Zeugnisnoten: Mathematik: 3; Deutsch: 2; Englisch: 2; Durchschnittsnote der anderen Fächer 1.9. Informatik-AG wurde nicht besucht.

Bewerbungsunterlagen: Sehr ordentlich und übersichtlich; gut aufgebautes Bewerbungsschreiben.

Testergebnis: Rechnerisches Denken: 3; Aufsatz: 2.6; Rechtschreibung: 1.8; Konzentrationstest: 1.8.

Vorstellungsgespräch: Heiko war ziemlich zurückhaltend und teilweise auch unsicher, ansonsten aber freundlich und gut vorbereitet.

Gesundheitszeugnis: Heiko ist für alle Berufe geeignet.

Rita Sander

Schulabschluss: Abschlusszeugnis der Realschule in Konz

Zeugnisnoten: Mathematik: 3; Deutsch: 2; Englisch: 3; Durchschnitt aller anderen Fächer: 2.2. An Informatik-AG teilgenommen.

Bewerbungsunterlagen: Hat sich viel Mühe gegeben; Bewerbungsschreiben offenbar nach Vorlage.

Testergebnis: Rechnerisches Denken: 2; Aufsatz: 2.2; Rechtschreibung: 1.5; Konzentrationstest: 3.0.

Vorstellungsgespräch: Rita war freundlich und korrekt gekleidet, allerdings recht schüchtern und sprachlich etwas unbeholfen.

Gesundheitszeugnis: Brillenträgerin; erhebliche Sehschwäche

Anke Berger

Schulabschluss: Abitur am Heinrich-Heine-Gymnasium

Zeugnisnoten: Mathematik: 4; Deutsch 2; Englisch: 1; Durchschnitt aller anderen Fächer: 2.4. Informatik-AG wurde nicht besucht.

Bewerbungsunterlagen: Hat sich keine besondere Mühe gegeben; Rechtschreibfehler; Passbild fehlt.

Testergebnis: Rechnerisches Denken: 3; Aufsatz: 1.2; Rechtschreibung: 3; Konzentrationstest: 3.2.

Vorstellungsgespräch: Anke hinterließ einen ausgezeichneten Eindruck: selbstsicher, flexibel, redegewandt und sehr interessiert.

Gesundheitszeugnis: Für alle Berufe geeignet, außer dort, wo Haut besonders belastet ist.

Lutz Enders

Schulabschluss: Abschluss der Gesamtschule (10. Klasse)

Zeugnisnoten: Mathematik: 2; Deutsch: 2; Englisch: 2; Durchschnitt aller anderen Fächer: 2.0. Teilnahme an Informatik-AG.

Bewerbungsunterlagen: Sehr schöne formale Gestaltung; die Frage ist allerdings, ob Lutz das alleine gemacht hat.

Testergebnis: Rechnerisches Denken: 2.5; Aufsatz: 2; Rechtschreibung: 3; Konzentrationstest: 2.

Vorstellungsgespräch: Lutz zeigte sich recht aufgeschlossen und redegewandt, stellte gute Fragen, war teilweise aber schon übereifrig.

Gesundheitszeugnis: Sportlich; für alle Berufe geeignet.

(Quelle: Spielidee und Spielunterlagen sind entnommen aus: Klippert 1991, S. 140ff.)

© Dr. H. Klippert

2.3 Bertolt Brecht: »Leben des Galilei«

(Erich Clemens)

Diese Makrospirale eignet sich für OberstufenschülerInnen, die in methodischer Hinsicht bereits einigermaßen geübt sind und über halbwegs tragfähige Kompetenzen in den methodischen Bereichen Gruppenarbeit, selbstständiges Recherchieren, Verarbeiten von Informationen sowie Visualisieren und Präsentieren verfügen. Etwaige Unzulänglichkeiten und/oder Schwierigkeiten in diesen Bereichen lassen sich im Rahmen der ausgewiesenen Arbeitsinseln allerdings auch vermindern, indem gezielte Versuche und Reflexionen gestartet werden. Das gilt für die Referatgestaltung und -präsentation genauso wie für das vorgesehene Mind-Mapping, für Hearing, Anklage und Laudatio sowie für diverse Strukturierungs- und Visualisierungsmethoden, die im Rahmen der abgebildeten Makrospirale eine Rolle spielen. Die methodischen Anforderungen und Übungsmöglichkeiten sind also beträchtlich und stellen sicher, dass die SchülerInnen nicht nur das besagte Brecht-Werk erschließen, sondern auch und zugleich Gelegenheit erhalten, sich in wissenschaftsmethodischer und -propädeutischer Hinsicht zu üben. Näheres dazu zeigen die Mikrospiralen A 1ff.

Brechts »Leben des Galilei« lässt sich mit den gängigen Lehrplanvorgaben für den Deutschunterricht in der Oberstufe problemlos in Einklang bringen. Der rheinland-pfälzische Lehrplan für das Grund- und Leistungsfach Deutsch in der gymnasialen Oberstufe sieht im »Vorschlag 4« (S. 99f.) beispielsweise vor, dass eine entsprechende Schwerpunktbildung im Deutsch-Leistungskurs erfolgen kann. Welche didaktischen Akzente dabei gesetzt werden, ist Sache der je verantwortlichen Lehrkraft und hängt selbstverständlich auch davon ab, wie viel Unterrichtszeit zur Verfügung steht und welche Voraussetzungen und Interessen im jeweiligen Leistungskurs vorherrschen.

Thematisiert wird am Beispiel von B. Brechts »Leben des Galilei« vor allem der übergeordnete Aspekt der *Verantwortung des Wissenschaftlers*. Dazu kann natürlich auch noch auf andere literarische Werke zurückgegriffen werden (siehe die Autoren- und Literaturangaben in A 10), die vergleichend untersucht werden können. Neben diesen literarischen Zugängen bieten sich zudem aktuelle Texte und Berichte aus Medien oder aus dem Internet zur vertiefenden Diskussion und Erörterung an.

Zum Aufbau der abgebildeten Makrospirale: Eröffnet wird die Auseinandersetzung mit B. Brechts »Leben des Galilei« mit zwei ersten Arbeitsinseln, die den SchülerInnen Gelegenheit geben, ihr korrespondierendes Vorwissen über Galileo Galilei und Bertolt Brecht zu aktivieren und in ersten Ansätzen zu reflektieren und mit den MitschülerInnen zu besprechen. Die beiden Mikrospiralen A 1 und A 2 ermöglichen

Makrospirale zu Brechts »Leben des Galilei«

(Mögliche Arbeitsinseln und Arbeitsschritte)

Vorwissen/Voreinstellungen aktivieren

A 1: Quiz zu Galilei erstellen (Recherche in Zufallsgruppen ⇨ Quiz erstellen ⇨ Quiz durchführen ⇨ Auswertungsphase)

A 2: Mind-Map zu Brechts Leben und Werk erstellen (Recherche in Zufallsgruppen ⇨ Erstellung von Mind-Maps auf Papier oder am PC ⇨ Tandempräsentation)

Neue Kenntnisse/Verfahrensweisen erarbeiten

A 3: Strukturierter Leseauftrag (Textarbeit ⇨ Vergleich der Ergebnisse in GA ⇨ Erstellung von OH-Folien ⇨ Präsentation nach Los)

A 4: Test erarbeiten (Brainstorming in GA ⇨ Fragebogen mit Lösungsblatt erstellen ⇨ Test durchführen ⇨ Testergebnisse bewerten)

A 5: Dramenaufbau analysieren und visualisieren (Einzelarbeit ⇨ Ergebnisabgleich in GA ⇨ Plakat/Folie erstellen ⇨ Präsentation im Tandem ⇨ Feedback)

A 6: *Referat 1:* Der historische Hintergrund des Brecht-Dramas (häusliche Lektüre ⇨ Referaterarbeitung in Zufallsgruppen ⇨ kooperative Präsentation ⇨ Bewertung)

A 7: Anklage/Laudatio (Textarbeit ⇨ Anklage/Laudatio in GA erarbeiten ⇨ Probevorträge in PA ⇨ Präsentation im Plenum nach Los)

A 8: Expertenvorträge zum »Epischen Theater« (Einzelarbeit ⇨ Stammgruppen ⇨ Mischgruppen ⇨ Plenarvorträge ⇨ Lehrerinput)

A 9: *Referat 2:* Die Entwicklung unseres Weltbildes (die Arbeitsschritte sind die gleichen wie in A 6)

Komplexere Anwendungs-/Transferaufgaben

A 10: *Referat 3:* Literarischer Vergleich mit Dürrenmatt: Die Physiker / Kipphardt: In der Sache J. Robert Oppenheimer / Kaiser: Gas I und II (die Arbeitsschritte sind die gleichen wie in A 6)

A 11: Hearing zur Verantwortung des Wissenschaftlers (Quellenarbeit in Gruppen ⇨ Positionspapier erarbeiten ⇨ Anhörung ⇨ Auswertung)

A 12: *Referat 4:* Meilensteine der Theatertheorie von Aristoteles bis Brecht (die Arbeitsschritte sind die gleichen wie in A 6)

Abb. 20

© Dr. H. Klippert

zwei unterschiedliche Zugänge zu den genannten Personen und deren Lebenswerk; in Form und Inhalt dagegen können sie sich ergänzen; was die Zielpersonen betrifft, sind sie sogar völlig austauschbar.

Die nächsten sieben Arbeitsinseln A 3 bis A 9 dienen vorrangig dazu, den SchülerInnen neue Kenntnisse und Verfahrensweisen zu vermitteln und entsprechende Arbeitsaufträge bearbeiten zu lassen. Das beginnt mit einem strukturierten Leseauftrag und reicht über die Entwicklung und Durchführung einschlägiger Wissenstests sowie die Gestaltung spezifischer Folien und Plakate bis hin zu Expertenvorträgen, Referaten und sonstigen Präsentationen (Anklage, Laudatio etc.). Inhaltlich ist diese Arbeit so akzentuiert, dass sich die SchülerInnen zum einen mit Brechts Drama im engeren Sinne auseinandersetzen und sich entsprechende Kenntnisse aneignen. Zum Zweiten erhalten sie Gelegenheit, sich durch die Bearbeitung weiterer Themen und Texte den persönlichen Wissenshorizont zu erweitern und Einblicke in übergeordnete Zusammenhänge wie z.B. die astronomische Entwicklung unseres Weltbildes oder den religionsgeschichtlichen Hintergrund des Brecht-Dramas zu bekommen.

Im Rahmen der letzten drei Arbeitsinseln A 10 bis A 12 geht es schließlich um das übergeordnete Leitthema »Verantwortung des Wissenschaftlers« und um den literarischen Vergleich mit Werken ähnlicher Thematik – auch aus anderen Epochen. Die »Meilensteine der Theatertheorie von Aristoteles bis Brecht« runden die Makrospirale ab.

Einige ausgewählte Arbeitsinseln

Nähere Erläuterungen zu den schwarz unterlegten Arbeitsinseln folgen in den nachstehenden Abschnitten. Die in den Texten erwähnten Materialien (M 1ff.) werden im Anschluss dokumentiert. Diese exemplarische Konkretisierung soll Anregungen geben, wie EVA im Deutschunterricht in Gang gesetzt werden kann. Die eigene Unterrichtsvorbereitung wird dadurch freilich nicht ersetzt.

A 1: Quiz zu Galilei erstellen

Diese Mikrospirale hat bewusst einen gewissen Wettbewerbscharakter und soll in »unterhaltsamer« Weise zur Titelfigur Galilei hinführen und vorhandenes bzw. erarbeitetes Vorwissen aktivieren. Die Lernaktivitäten der SchülerInnen im Einzelnen: Zur Vorbereitung des Quiz recherchieren die SchülerInnen in einem ersten Arbeitsschritt über einen Zeitraum von ca. einer Woche Daten und Fakten zur Person und zum Lebenswerk Galileis. Dazu werden vorab Zufallsgruppen von drei bis vier TeilnehmerInnen gebildet, die diese Recherchearbeit absprechen und leisten. Recherchiert wird zum einen in den bekannten öffentlichen Büchereien und Schulbibliotheken, zum anderen natürlich auch im Rückgriff auf CD-ROMs (z.B. Microsoft ENCARTA) oder auf das Internet. Diese Informationsbeschaffung klappt in der gymnasialen Oberstufe inzwischen recht effektiv, da die SchülerInnen diesbezüglich immer wieder gefordert und gefördert werden. Darüber hinaus wird selbstverständlich auch geeignetes Material von der zuständigen Lehrperson eingebracht – quasi als »Kurs-Handapparat«. Nach Ablauf der vereinbarten Recherchezeit gehen die besagten Schülergruppen im zweiten Arbeitsschritt daran, je 15 Quizfragen zur Person und zum Lebenswerk Galileis zusammenzustellen, auf Karteikärtchen zu schreiben und auf den Rückseiten dieser Karteikärtchen die passenden Antworten zu notieren. Dann erfolgt im dritten Arbeitsschritt das Quiz. Dieses Quiz läuft so ab, dass die Lehrperson als Quizmaster agiert und aus den von den Gruppen gelieferten Kärtchen-Stapeln abwechselnd Fragekarten zieht, die von wechselnden Vertretern der jeweils anderen Gruppen zu beantworten sind. Dieses Quiz wird in der Regel fünf Runden lang gespielt. Sieger ist am Ende jene Gruppe, die die meisten richtigen Antworten gegeben hat. In einer abschließenden Feedbackrunde können weitere (nicht gezogene) Fragen erörtert werden. Und natürlich kann das Quiz auch über mehr als fünf Runden fortgesetzt werden, sofern die SchülerInnen dieses wünschen.

A 4: Test erarbeiten

Diese Mikrospirale schließt an die Arbeitsergebnisse aus Phase A 3 an und gibt den SchülerInnen Gelegenheit, die anhand des Arbeitsbogens *M 1* ermittelten Informationen vertiefend zu behandeln und zu festigen. Zum Arbeitsprozess im Einzelnen: Im ersten Arbeitsschritt werden mittels Losverfahren mehrere Kleingruppen mit je drei bis vier SchülerInnen gebildet, die unter Zuhilfenahme von *M 1* spezifische Tests zu Brechts »Leben des Galilei« erstellen. Die SchülerInnen diskutieren in ihren Gruppen über die Relevanz bestimmter Fragestellungen und verständigen sich auf die entsprechenden Antworten. Diese Auseinandersetzung mit Brechts Drama führt sowohl zur inhaltlichen Klärung als auch zum Erstellen einschlägiger Tests mit kniffligen Fragen, auf die die MitschülerInnen Antwort wissen sollten. Bewährt hat sich dabei die Beschränkung des Testumfangs auf je 15 Fragen, da sich auf diese Weise die bei der späteren Testbearbeitung erreichte Punktzahl problemlos in das Notensystem der gymnasialen Oberstufe umrechnen lässt. Die Erarbeitung der Testbögen sollte in einer Stunde abgeschlossen sein. Die anschließende Layout-Gestaltung mittels PC sowie die Vervielfältigung der Tests für die anderen Schülergruppen liegt in der Verantwortung der betreffenden Gruppen. Die so erstellten Testbögen werden im zweiten Arbeitsschritt zwischen den einzelnen Arbeitsgruppen ausgetauscht und im Rahmen einer etwa 10-minütigen Gruppenarbeit bearbeitet. Im dritten Arbeitsschritt gehen die ausgefüllten Testbögen an die Ursprungsgruppen zurück und werden von diesen geprüft, korrigiert, bewertet und erneut den getesteten Gruppen zugestellt. Im vierten Arbeitsschritt haben die getesteten Gruppen sodann die Möglichkeit, die attestierten Wissensdefizite durch gezielte Nacharbeit zu beheben. Dabei kann u.a. die zuständige Lehrperson befragt werden; möglich ist allerdings auch die gezielte Ansprache »cleverer« MitschülerInnen aus anderen Gruppen. Ein fünfter und letzter Arbeitsschritt kann schließlich darin bestehen, dass die SchülerInnen in der nächsten Unterrichtsstunde einen von Lehrerseite erarbeiteten und eingebrachten Wissenstest zu Brechts »Leben des Galilei« bearbeiten müssen. Einen Test also, der selbstverständlich mit dem korrespondiert, was die Schülergruppen in ihre Testversionen an Fragestellungen aufgenommen haben. Auf diese Weise kann nicht zuletzt die Angst der Schülerinnen und Schüler vor den gängigen Testverfahren im Unterricht gemindert werden.

A 6: Gruppenreferate erstellen und präsentieren

Diese Mikrospirale taucht im Rahmen der skizzierten Unterrichtssequenz gleich mehrfach auf, allerdings mit unterschiedlicher inhaltlicher Ausrichtung. Damit das Prozedere klar wird, seien im Folgenden einige grundsätzliche Anmerkungen zum Prozess der Referaterstellung, -präsentation und -bewertung gemacht. In einem ersten Arbeitsschritt werden gemeinsam mit den SchülerInnen mögliche Referatthemen zum Rahmenthema »Leben des Galilei« eruiert, auf Kärtchen geschrieben und an die Tafel gepinnt. In einem vom Lehrer moderierten Klärungsprozess werden dann die vorliegenden Themenvorschläge präzisiert, zusammengefasst (geclustert), ergänzt und schließlich durch Gewichtung auf vier Referatthemen eingegrenzt, die vom Arbeitsumfang her etwa gleich hohe Anforderungen stellen. Darüber hinaus wird durch die Gewichtung mittels Klebepunkten dafür gesorgt, dass die vier Kernthemen in eine Rangordnung von 1 bis 4 gebracht werden. Nun werden mittels Losverfahren die vorgesehenen vier Arbeitsgruppen gebildet und den zur Auswahl stehenden Themen zugeordnet. Diese Zuordnung kann zum einen nach Interesse und Neigung erfolgen. Sie kann zum anderen aber auch mittels Los geregelt werden, wobei diejenigen SchülerInnen, die die Ziffer 1 ziehen, das Thema auf Rangplatz 1 bearbeiten, diejenigen mit der Ziffer 2 das Thema auf Rangplatz 2 angehen etc. Dieses letztere Verfahren hat den Vorteil, dass es kein langes Hin und Her gibt, bis sich schließlich arbeitsfähige Gruppen herauskristallisieren, sondern dass durch das Losverfahren zügig sichergestellt wird, dass sich leistungs- und verhaltensheterogene Gruppen bilden, die erfahrungsgemäß eine recht ausgeprägte Synchronisation und Effizienz des weiteren Arbeitprozesses gewährleisten.

Nun folgt der zweite Arbeitsschritt. Die vier Arbeitsgruppen recherchieren mit Hilfe der zur Verfügung stehenden Medien über einen Zeitraum von ca. zwei bis drei Wochen zu ihrem jeweiligen Thema und arbeiten nach und nach das anstehende Referat aus. Diese Arbeit wird teilweise im Unterricht direkt, teilweise aber auch im Rahmen häuslicher Vor- oder Nachbereitung geleistet. Wichtig dabei ist, dass vorab ein klar definierter Abgabezeitpunkt festgelegt wird und für die Referatgestaltung selbst gewisse Standards geklärt und vereinbart werden. Im dritten Arbeitsschritt erfolgt sodann die Präsentation der einzelnen Referate. Die Reihenfolge, in der präsentiert wird, kann wiederum per Los ermittelt werden, damit alle Gruppen die gleiche Chance haben, in der Anfangsphase der »Referatserie« dranzukommen. Die Präsentationen selbst sollten kooperativ erfolgen, d.h. alle Gruppenmitglieder sollten aktiv beteiligt sein und unterschiedliche Aspekte des jeweiligen Themas in freier Rede vor der Klasse vorstellen. Alternativ dazu kann auch eine »Tandempräsentation« vorgesehen werden, wobei die betreffenden Gruppensprecher ausgelost werden. Dieses Losverfahren hat den Vorteil, dass alle SchülerInnen während der Referaterarbeitung aktiv mitarbeiten müssen, und dass sie ferner von den jeweiligen Gruppenmitgliedern angehalten werden, sich am laufenden Arbeitsprozess möglichst engagiert zu beteiligen. Sollten einzelne Gruppen gegen vereinbarte Regeln bzw. Terminabsprachen verstoßen, greifen vorab festgelegte Sanktionen (z.B. Punktabzug). Die jeweilige Referatdauer sollte rund 30 Minuten betragen, damit das betreffende Referat in einer Unterrichtsstunde abgeschlossen werden kann.

Im vierten und letzten Arbeitsschritt geht es um die Bewertung der Referate. Nachdem alle Referate vorgetragen worden sind, bewerten sich die vier Gruppen wechselseitig, d.h. jede Gruppe versucht anhand vorliegender Bewertungskritierien und -raster die Präsentationen der jeweils anderen Gruppen zu bewerten. Als gängige Bewertungskriterien haben sich dabei u.a. bewährt: Informationsgehalt, Verständlichkeit, Lebendigkeit, Medieneinsatz, Originalität und Regelbeachtung (vgl. dazu auch Klippert 1995, S. 189, sowie Klippert 1998, S. 263). Gerade in puncto Medieneinsatz hat sich in den letzten Jahren eine ganze Menge getan. Viele OberstufenschülerInnen sind inzwischen recht überzeugend in der Lage, mittels »Power-Point« und/oder Videobeamer zu präsentieren oder auch interaktive CD-ROMs zur häuslichen Nacharbeit der betreffenden Referate zu erstellen.

Die Übersicht in *M 2* zeigt einen möglichen 7-Punkte-Katalog zur Bewertung der Referatpräsentationen (vgl. dazu ferner *M 3*). Außerdem setzen sich die einzelnen Arbeitsgruppen nach Abschluss der Fremdbewertung mit dem gruppeninternen Geschehen auseinander und versuchen eine differenzierte Bewertung der einzelnen Gruppenmitglieder vorzunehmen. Ausgangspunkt und Grundlage dieser Selbstbewertung kann das als *M 4* abgebildete Beobachtungsraster sein. Die mit diesem Raster verbundene Verfahrensweise sieht so aus, dass sich zunächst jedes Gruppenmitglied anhand der vorgegebenen Kriterien selbst beurteilt und dann nach und nach eine Beurteilung der übrigen Gruppenmitglieder versucht. Beurteilt wird dabei sowohl die individuelle Arbeitsleistung während der Gruppenarbeit als auch das Interaktionsverhalten im Gruppenprozess. Die entsprechende Beurteilungsskala reicht von unbefriedigend (−) bis sehr gut (+++). Die Bewertungsvorschläge werden innerhalb der einzelnen Arbeitsgruppen abgestimmt und abschließend an die Lehrperson weitergegeben. Außerdem begründen die SprecherInnen der Arbeitsgruppen ihre Voten in einer extra angesetzten Feedbackphase. Rückfragen und Kommentare von Lehrerseite runden diese Gespräche ab.

Die endgültige Beurteilung der Referate ist natürlich Sache der Lehrkräfte. Dabei fließen die »Notenvorschläge« der SchülerInnen mit ein. Die von Lehrerseite zu vertretende Gesamtbeurteilung beruht im Kern auf drei Bewertungselementen: Erstens gilt es, den mündlichen Vortrag einschließlich der verwendeten Präsentationstechniken zu bewerten. Zweitens wird die schriftliche Ausarbeitung und Gestaltung der

Referate bewertet. Und drittens schließlich wird das individuelle Arbeits- und Interaktionsverhalten der SchülerInnen in ihren Gruppen beobachtet und beurteilt. Wie gesagt, die Voreinschätzungen der SchülerInnen können den Lehrkräften bei ihrer Urteilsbildung eine wichtige Hilfe sein.

A 7: Anklage / Laudatio

Im Mittelpunkt dieser Mikrospirale steht der Brecht-Text »Preis oder Verdammung des Galilei« (s. *M 5*), auf dessen Grundlage die SchülerInnen entweder eine Anklagerede gegen Galilei oder eine Laudatio auf Galileis Lebenswerk erarbeiten müssen. Zusätzlich zu diesem Basistext werden auch Aussagen aus dem Drama selbst herangezogen. Zum Arbeitsprozess im Einzelnen: Im ersten Arbeitsschritt werden vier Zufallsgruppen gebildet, von denen zwei die Anklagerede und zwei die Laudatio vorbereiten. Die Zuordnung der Gruppen zur einen oder anderen Arbeitsaufgabe erfolgt ebenfalls per Los. Dann wird in den Gruppen gelesen, markiert, diskutiert und das eine oder andere Argument herausgefiltert. Im zweiten Arbeitsschritt mischen sich die beiden themengleich arbeitenden Gruppen neu und erstellen nunmehr ihre Vortragsmanuskripte – sprich: ihre Anklageschrift oder ihre Laudatio (zu diesen beiden Methoden vgl. Klippert 1996, S. 180, 192 und 195). Beide Präsentationen sollten jeweils ca. zehn Minuten dauern und frei vorgetragen werden. Im dritten Arbeitsschritt üben sich die SchülerInnen zunächst in Tandems, und zwar in der Weise, dass die beiden Ankläger-Gruppen und die beiden Laudatio-Gruppen jeweils paarweise gemischt werden. Die so entstehenden themengleichen Paare halten sich nun probeweise ihre Vorträge, wobei der je Vortragende per Zufallsindikator ermittelt werden kann (z.B.: der Erste im Alphabet trägt vor). Im vierten und letzten Arbeitsschritt schließlich sind Plenaransprachen angesagt, d.h. ein Vertreter der Anklage-Gruppen und ein Vertreter der Laudatio-Gruppen halten ihre vorbereiteten Vorträge in freier Rede vor der Klasse. Eine gezielte Feedback- und Reflexionsphase rundet diese Präsentationen ab. Dabei richtet sich das besondere Augenmerk auf rhetorische Gesichtspunkte wie Stringenz, Gestik, Mimik, Stimme etc.

A 8: Expertenvorträge zum »Epischen Theater«

Grundlage dieser Mikrospirale ist ein dreiseitiger Informationstext zu Brechts »Theorie des Epischen Theaters«. Im ersten Arbeitsschritt erarbeiten die SchülerInnen in Einzelarbeit den vorliegenden Informationstext anhand verschiedener Leitfragen: Diese Leitfragen sind: (a) Erläutere, was Brecht mit seinem »Epischen Theater« erreichen will und kläre, warum er meint, dass dieses Ziel mit der »dramatischen (aristotelischen) Form« nicht zu erreichen ist; (b) Welche Rolle spielt Brechts Methode der »Historisierung« im Drama »Leben des Galilei«?; (c) Beschreibe, was Brecht unter dem »Verfremdungseffekt« versteht, wie dieser erzeugt wird und welche

Funktion er haben soll; (d) Welche Bedeutung misst Brecht dem Zuschauer zu und was erwartet er von ihm? Im zweiten Arbeitsschritt werden vier Zufallsgruppen gebildet, unter denen die vier genannten Leitfragen verlost werden. Nun haben die Mitglieder einer jeden Gruppe die Aufgabe, ihre Leitfrage möglichst fundiert zu erörtern, zu beantworten und die unterschiedlichen Gesichtspunkte übersichtlich auf Karteikärtchen zu notieren. So entstehen spezifische »Spickzettel« bzw. Stichwortkärtchen, die später als Vortragsleitfäden benutzt werden können. Im dritten Arbeitsschritt werden sodann mehrere Querschnittsgruppen gebildet, in denen Vertreter aller vier Stammgruppen sitzen. Diese »Experten« kommentieren nun reihum ihre unterschiedlichen Leitfragen und stellen sich den Rückfragen und Diskussionsbeiträgen der Gruppenmitglieder. Diese Präsentationen erfolgen im Rahmen so genannter »Stehzirkel«, d.h. die betreffenden SchülerInnen stehen nach dem Muster »Hyde-Park-Corner« in kleinen Gesprächsgruppen zusammen und argumentieren, fragen und diskutieren miteinander. Im vierten und letzten Arbeitsschritt gehen die SchülerInnen wieder in ihre Stammgruppen zurück, tauschen sich aus, optimieren ihre Vortragsversion und nehmen abschließend nochmals Stellung zur jeweiligen Leitfrage vor der ganzen Klasse. Wer vorträgt, kann per Los ermittelt werden. Ergänzende Erläuterungen und Hinweise der Lehrperson runden den Arbeitsprozess ab.

A 11: Hearing zur Verantwortung des Wissenschaftlers

Diese Mikrospirale gehört bereits in die Rubrik »Anwendungs- und Transferaufgaben«. Ausgangspunkt des Hearings ist das 14. Bild in Brechts Drama, in dem Galilei den naiven Fortschrittsglauben vieler Wissenschaftler beklagt. Allerdings führt das Hearing weit über die im Drama angesprochene Problematik hinaus, indem auch aktuelle wissenschaftliche Forschungsergebnisse problematisiert werden. Damit das Hearing einen realitätsnahen Anstrich bekommt, kann z.B. folgendes Szenario vorgegeben werden: »*Angesichts der globalen Auswirkungen aktueller Genforschungsprojekte und der zunehmenden Bedrohung der Menschheit durch atomare, biologische und chemische Kampfstoffe haben die Vereinten Nationen einen Ausschuss einberufen, der repräsentative gesellschaftliche Gruppen zu dieser Problematik anhören will.*« Zum Arbeitsprozess im Einzelnen: Im ersten Arbeitsschritt werden vier Schülergruppen gebildet, die sich anhand einschlägiger Texte auf die folgenden Rollen vorbereiten – und zwar arbeitsteilig: (a) Wissenschaftler, die ohne Einschränkung für die freie Grundlagenforschung eintreten; (b) Experten aus dem Verteidigungsministerium; (c) Wirtschaftsführer aus Hightech-Branchen; (d) Staatsbürger, die die modernen Produkte/Technologien nutzen. Nach der Erarbeitung der vorliegenden Materialien erstellen die einzelnen Gruppen spezifische »Positionspapiere« für das anschließende Hearing. Im dritten Arbeitsschritt findet alsdann das Hearing unter Federführung des besagten UN-Ausschusses statt. Vorsitzender dieses Ausschusses ist der Lehrer; zwei bis drei ausgeloste SchülerInnen können als Beisitzer fungieren. Der Ablauf des

Hearings sieht so aus, dass der Ausschussvorsitzende nach und nach die Vertreter der vier Gruppen aufruft und um ihre Stellungnahmen zur »Verantwortung des Wissenschaftlers in der heutigen Zeit« bittet. Der jeweilige Berichterstatter sitzt den Ausschussmitgliedern »face-to-face« gegenüber und trägt seine Argumente frei und möglichst überzeugend vor. Alle Mitglieder des Ausschusses können Rückfragen stellen, Ungereimtheiten aufzeigen und nötigenfalls eine Präzisierung einzelner Punkte verlangen. Die übrigen SchülerInnen sind während des Hearings Zuhörer und machen sich gezielte Notizen, um in der anschließenden Auswertung nachhaken und etwaige Problempunkte ansprechen zu können. Abschließend fasst der Ausschussvorsitzende zunächst die Ergebnisse der Anhörung zusammen und erteilt dann den Zuhörern zwecks Feedback das Wort.

Zusammenfassende Hinweise zur Methodenpflege

Die skizzierte Makrospirale gibt den SchülerInnen in vielfältiger Weise Gelegenheit, sowohl in inhaltlicher als auch in methodischer, kommunikativer und teamspezifischer Hinsicht zu lernen. In puncto Lern- und Arbeitstechniken sind sie u.a. gefordert, Texte zu lesen und zu markieren, mittels CD-ROM und/oder Internet gezielt zu recherchieren, Büchereien zu nutzen, Exzerpte zu erstellen, Fragekärtchen bzw. Tests zu erstellen, Folien zu entwickeln, Plakate zu gestalten, Arbeitsprozesse zu planen, Zeitmanagement zu betreiben, Spickzettel bzw. Mind-Maps zu erarbeiten, Arbeitsergebnisse zu visualisieren und zu clustern und natürlich Referate zu schreiben. Im Rahmen der Referaterarbeitung lernen die SchülerInnen, selbstständig und eigenverantwortlich komplexere Themen zu erschließen und dabei mit Terminvorgaben, Arbeitsdruck, Aufgabendelegierung, Zeitmanagement u.v.a.m. zurechtzukommen.

Im kommunikativen Bereich werden ebenfalls beträchtliche Lernchancen eröffnet. Das beginnt beim freien Sprechen und aktiven Zuhören in Partner- wie in Gruppenarbeit und reicht über diverse Argumentationsübungen, Diskussionsphasen und Frage-Antwort-Runden bis hin zur Präsentation von Folien und Plakaten sowie zum anspruchsvollen Vortrag bzw. Referat. Dabei kommen zentrale Rhetorik-Aspekte zum Tragen. Insbesondere bei den Vorträgen im Plenum üben sich die SchülerInnen in Sachen Körpersprache, Gestik, Mimik und Stimmbildung. Was schließlich den Bereich der Teamarbeit betrifft, so können die SchülerInnen auch diesbezüglich eine Menge lernen – angefangen beim Planen, Organisieren, Kooperieren und Kompromisse-Schließen in den einzelnen Arbeitsgruppen über die Vorbereitung und Durchführung kooperativer Präsentationen bis hin zur systematischen Reflexion und Bewertung von Gruppenprozessen und Gruppenergebnissen.

M 1	**Strukturierter Leseauftrag zu B. Brechts »Leben des Galilei«**

(Muster)

Bild	Seiten	Personen	Ort(e)	Zeit	Handlung/Inhalt (stichwortartig)	Offene Fragen
1.						
2.						
3.						
4.						
5.						
6.						
7.						
8.						
9.						
10.						
11.						
12.						
13.						
14.						
15.						

© Dr. H. Klippert

M 2	**Regeln für die gute Präsentation**

7-Punkte-Katalog einer Schülergruppe

❶ Frei und deutlich sprechen und dabei die Zuhörer freundlich anschauen;

❷ die Darlegungen gut veranschaulichen in Form von Plakaten, Folien usw.;

❸ darauf achten, dass jedes Gruppenmitglied in den Vortrag mit einbezogen wird;

❹ den Vortrag so kurz wie möglich halten, aber trotzdem interessant gestalten;

❺ eventuell Arbeitsblätter und Kreuzworträtsel für die Zuhörer anfertigen;

❻ während des Vortrags Zeit für Pausen und Nachfragen der Zuhörer lassen;

❼ zu Beginn der Präsentation Ablauf erläutern und Leitfragen an Tafel schreiben.

(Dieser 7-Punkte-Katalog ist entnommen aus: Klippert 1995, S. 263)

© Dr. H. Klippert

M 3	Präsentation des Referats

....

(Thema)

Bewertung der Gruppenleistung					
Gruppe	**AG 1**	**AG 2**	**AG 3**	**AG 4**	**AG 5**
AG 1					
AG 2					
AG 3					
AG 4					
AG 5					
SUMME (Notenpunkte)					

© Dr. H. Klippert

M 4	Verhalten der Gruppenmitglieder

....
(Thema)

⇨ beurteilt wird: ....   ⇨ BeurteilerIn ist: ....

Verhaltensweise	–	+	++	+++
Achtet auf die Gruppe				
Arbeitet aktiv und interessiert mit				
Bringt Anregungen und Ideen ein				
Überzeugt durch Argumente				
Übernimmt Verantwortung in der Gruppe				
Bringt die Gruppenarbeit voran				
Kann zuhören / geht auf andere ein				
Bestätigt und bestärkt andere				
Veranlasst andere zur Mitarbeit				
Hilft anderen Gruppenmitgliedern				
Wirkt im Konfliktfall ausgleichend				
Spricht Gruppenprobleme mutig an				
Hält sich an die vereinbarten Regeln				

Gesamturteil: ⟶ [ ]

⇨ Bitte für das oben genannte Gruppenmitglied ankreuzen, wie du sein Verhalten während der abgelaufenen Gruppenarbeitsphase einschätzt. Tauscht euch anschließend in der Gruppe aus und verständigt euch auf gemeinsam akzeptierte Bewertungen.

© Dr. H. Klippert

M 5   **»Preis oder Verdammung des Galilei?«** (1947)

Es wäre eine große Schwäche des Werkes, wenn die Physiker Recht hätten, die mir – im Ton der Billigung – sagten, Galileis Widerruf seiner Lehre sei trotz einiger »Schwankungen« als vernünftig dargestellt mit der Begründung, dieser Widerruf habe ihm ermöglicht, seine wissenschaftlichen Arbeiten fortzuführen und der Nachwelt zu überliefern. In Wirklichkeit hat Galilei die Astronomie und die Physik bereichert, indem er diese Wissenschaften zugleich eines Großteils ihrer gesellschaftlichen Bedeutung beraubte. Mit ihrer Diskreditierung der Bibel und der Kirche standen sie eine Zeitlang auf der Barrikade für *allen* Fortschritt. Es ist wahr, der Umschwung vollzog sich trotzdem in den folgenden Jahrhunderten, und sie waren daran beteiligt, aber es war eben ein Umschwung anstatt einer Revolution, der Skandal artete sozusagen in einen Disput aus, unter Fachleuten. Die Kirche und mit ihr die gesamte Reaktion konnte einen geordneten Rückzug vollziehen und ihre Macht mehr oder weniger behaupten. Was diese Wissenschaften selber betrifft, erklommen sie nie mehr die damalige große Stellung in der Gesellschaft, kamen nie mehr in solche Nähe zum Volk.

Galileis Verbrechen kann als die »Erbsünde« der modernen Naturwissenschaften betrachtet werden. Aus der neuen Astronomie, die eine neue Klasse, das Bürgertum, zutiefst interessierte, da sie den revolutionären sozialen Strömungen der Zeit Vorschub leistete, machte er eine scharf begrenzte Spezialwissenschaft, die sich freilich gerade durch ihre »Reinheit«, das heißt ihre Indifferenz zu der Produktionsweise, verhältnismäßig ungestört entwickeln konnte.

Die Atombombe ist sowohl als technisches als auch soziales Phänomen das klassische Endprodukt seiner wissenschaftlichen Leistung und seines sozialen Versagens.

Der »Held« des Werks ist so nicht Galilei, sondern das Volk, wie Walter Benjamin gesagt hat. Es ist etwas zu knapp ausgedrückt, wie mir scheint. Ich hoffe, das Werk zeigt, wie die Gesellschaft von ihren Individuen erpresst, was sie von ihnen braucht. Der Forschungstrieb, ein soziales Phänomen, nicht weniger lustvoll oder diktatorisch wie der Zeugungstrieb, dirigiert Galilei auf das so gefährliche Gebiet, treibt ihn in den peinvollen Konflikt mit seinen heftigen Wünschen nach anderen Vergnügungen. Er erhebt das Fernrohr zu den Gestirnen und liefert sich der Folter aus. Am Ende betreibt er seine Wissenschaft wie ein Laster, heimlich, wahrscheinlich mit Gewissensbissen. Angesichts einer solchen Lage kann man kaum darauf erpicht sein, Galilei entweder nur zu loben oder nur zu verdammen.

(Bertolt Brecht: Gesammelte Werke 17. Frankfurt/Main 1968. S. 1108–1109)

Erläuterungen

Reaktion: Diejenigen plitischen Kräfe, die sich gegen den Fortschritt stellen.
Indifferenz zu der Produktionsweise: Gleichgültigkeit gegenüber den wirtschaftlichen und gesellschaftlichen Verhältnissen.
Walter Benjamin (1892–1940 ⇨ Selbstmord auf der Flucht vor den Nationalsozialisten); Schriftsteller, Literatur- und Zeitkritiker.

© Dr. H. Klippert

3. EVA-Beispiele aus dem Bereich des Fremdsprachenunterrichts

Anhand der nachfolgend skizzierten Makro- und Mikrospiralen zu den Fächern Englisch und Französisch wird exemplarisch verdeutlicht, wie das eigenverantwortliche Arbeiten und Lernen der SchülerInnen im Fremdsprachenunterricht gefördert werden kann. Allerdings gelten für dieses Lernfeld einige Besonderheiten, auf die in diesem Vorspann hingewiesen werden soll. Anders als in anderen Fächern kommt dem Fremdsprachenlehrer auch in einem EVA-orientierten Fremdsprachenunterricht relativ häufig eine lehrende und kontrollierende Funktion zu, da die Lehrperson immer wieder als *Sprachvorbild* bzw. *-modell* im Unterricht fungieren muss. Das betrifft insbesondere den Anfangsunterricht, wenn es gilt, neues Vokabular einzuführen, zu semantisieren und vor allem korrekt vorzusprechen. Zudem muss die jeweilige Lehrkraft auf die korrekte Aussprache der SchülerInnen achten, damit sich keine unsaubere Aussprache einschleicht.

Neben diesen lehrerzentrierten Unterrichtsphasen gibt es aber auch im Fremdsprachenunterricht vielfältige Möglichkeiten, die SchülerInnen zum eigenverantwortlichen Arbeiten und Lernen zu veranlassen und dadurch sowohl deren Lernautonomie als auch deren Motivation für das Erlernen und Sprechen der jeweiligen Fremdsprache zu erhöhen. Lehrerzentrierte und schüleraktive Phasen sollten sich daher sinnvoll abwechseln und ergänzen.

Die schüleraktiven Phasen setzen eine *veränderte Lehrerrolle* voraus. Das gilt vorrangig für den Fortgeschrittenen-Unterricht. Die Lehrperson tritt in diesen Klassen eher in den Hintergrund und fungiert als Moderator nach dem Motto »From the sage on the stage to the guide on the side«. Die SchülerInnen dagegen ergreifen stärker die Initiative und setzen sich aktiv mit dem je anstehenden Lerngegenstand auseinander. Voraussetzung dafür sind allerdings entsprechende Lernarrangements, wie sie im Folgenden zu einigen gängigen Lehrplanthemen des Englisch- und Französisch-Unterrichts skizziert werden.

Bewährt haben sich im Rahmen der hier in Rede stehenden EVA-Arrangements einige Regelungen, die die Verbindlichkeit und Effizienz der Schüler(mit)arbeit unterstützen und sicherstellen: (a) Wenn Gruppen gebildet werden, sollte auf eine *leistungsheterogene Zusammensetzung* geachtet werden, damit die leistungsstärkeren SchülerInnen Modell- und/oder Hilfslehrerfunktion übernehmen können. (b) Zu Beginn der Gruppenarbeitsphasen sollte ein *Regelbeobachter* bestimmt werden (vgl. Klippert 1998, S. 53ff.), der verantwortlich darauf achtet, dass die Gruppenmitglieder Ziel- und Verfahrensabsprachen treffen und sich möglichst konsequent an die vereinbarten »Spielregeln« halten (z.B. Kommunizieren in der Fremdsprache!). Auch wenn der faktische Einfluss der Regelbeobachter natürlich begrenzt ist, so zeigen die bisherigen Erfahrungen doch, dass die Arbeits- und Kommunikationsdisziplin in den Gruppen- und Partnerarbeitsphasen deutlich besser geworden sind. Die SchülerInnen fallen seltener in die Muttersprache zurück und üben sich von daher konsequenter in der jeweiligen Fremdsprache. (c) Im Hinblick auf die gängigen Präsentationen empfiehlt es sich, die jeweiligen Gruppensprecher per *Los* bzw. *Zufallsindikator* zu bestimmen, damit nicht immer die gleichen aufzeigen und vortragen. Dieses Losverfahren spornt die SchülerInnen in bemerkenswerter Weise an, sich bereits im Vorfeld im Sprechen der Zielsprache zu üben, damit sie die »drohende« Präsentation möglichst gut überstehen. (d) Was schließlich die leidigen *Aussprachefehler* der SchülerInnen betrifft, so sind diese natürlich weder im Rahmen der Gruppenarbeiten noch im Zuge der Präsentationen gänzlich zu vermeiden und sollten deshalb als notwendige Zwischenschritte auf dem Weg zum Erwerb der Fremdsprache betrachtet und akzeptiert werden (trial and error!). Die SchülerInnen brauchen nun einmal gewisse Freiräume ohne ständige Kontrolle durch die Lehrperson, wenn sie die nötige Courage entwickeln sollen, in der jeweiligen Fremdsprache frei zu agieren und eigene Sprechhemmungen zu überwinden. Darüber hinaus sollten die SchülerInnen lernen, sich wechselseitig zu korrigieren und dafür konsequent Verantwortung zu übernehmen. Diesbezüglich müssen tragfähige Rituale und Regeln eingeübt bzw. vereinbart werden. So kann z.B. festgelegt werden, dass etwaige Fehler von den betreffenden Zuhörern mittels eines bestimmten Handzeichens signalisiert und dann korrigiert werden. Sollte auch bei der Schülerkorrektur ein Fehler bleiben, so greift natürlich die Lehrperson ein. Auch in den erwähnten Präsentations- oder Übungsphasen sollten zuerst die SchülerInnen und dann erst die Lehrkraft korrigierend eingreifen. Selbstverständlich kann sich der/die LehrerIn während der EVA-Phasen auch die häufiger auftretenden semantischen, grammatikalischen und syntaktischen Fehler notieren und anschließend im Plenum zur Sprache bringen.

Insgesamt lässt sich sagen, dass die SchülerInnen von einem nach dem EVA-Prinzip organisierten Fremdsprachenunterricht erheblich profitieren können, und zwar sowohl in puncto Selbstvertrauen und Selbstsicherheit als auch im Hinblick auf die Entwicklung fremdsprachlicher Kompetenz und Souveränität. Die diesbezüglichen Erfahrungen in den Erprobungsklassen waren ausgesprochen ermutigend.

3.1 Texteinführung im Anfangsunterricht

(Simone Grentrup)

Im Mittelpunkt der nachfolgend abgebildeten Makrospirale steht das Arbeiten mit Lehrbuchtexten im Fremdsprachenunterricht. Diese Arbeit gehört zum alltäglichen Repertoire der FremdsprachenlehrerInnen und steht bekanntermaßen in der Gefahr, immer wieder in sehr ähnlicher Art und Weise abzulaufen, wobei die SchülerInnen überwiegend eine eher rezeptive Haltung einnehmen. Die im Folgenden skizzierten EVA-Arrangements (Mikrospiralen) sollen daher einige Anregungen dafür geben, wie die Einführung, Erarbeitung und Vertiefung von Lehrbuchtexten nach dem EVA-Prinzip organisiert werden kann. Die Lehrbücher, mit denen im Rahmen der Erprobung gearbeitet wurde, sind: »Études Françaises – Découvertes 1: Série verte. Klett Verlag. Stuttgart 1994« sowie »Études Françaises – Découvertes, Cours intensif 1. Klett Verlag. Stuttgart 1997). Bei den vorgesehenen Methoden handelt es sich um zum Teil durchaus bewährte Methoden des Fremdsprachenunterrichts, zum Teil sind sie jedoch auch neu oder unüblich und sollen dazu anregen, Neues auszuprobieren. Gerade im Anfangsunterricht ist es wichtig, die SchülerInnen in kreativer und aktiver Weise arbeiten zu lassen, damit sie die nötige Freude am Umgang mit der Fremdsprache entwickeln.

Die vorgestellten Arbeitsinseln A 1 bis A 9 bauen nicht streng aufeinander auf, sondern stellen mögliche Alternativen für einzelne Unterrichtsphasen dar, die von den verantwortlichen Lehrkräften wahlweise für den eigenen Unterricht genutzt werden können. Zwar sind sie primär für den Anfangsunterricht konzipiert, doch lassen sich einige der skizzierten Mikrospiralen vom Methodischen her auch recht sinnvoll im Fortgeschrittenen-Unterricht bzw. in der Oberstufe einsetzen.

Zu den einzelnen Sequenzen der Mikrospirale: In einer ersten Etappe erhalten die SchülerInnen Gelegenheit, sich in kreativer und spielerischer Weise mit der neuen Lektion »anzufreunden«, bereits vorhandenes Sprachwissen zu reaktivieren, neues Vokabular zu erarbeiten sowie eigene Unklarheiten und Unsicherheiten zu entdecken. Im Mittelpunkt der zweiten Etappe steht die intensivere Erarbeitung und Verarbeitung des anstehenden Textes sowie die Anwendung gängiger Texterschließungsstrategien und Hilfsmittel. Das beginnt mit einfachen (Vor-)Leseübungen und Partnerkorrekturen und reicht über das Ausfüllen eines Lückentextes und das Rekonstruieren eines Textpuzzles bis hin zum Markieren und Übersetzen des betreffenden Textes. In der dritten Etappe schließlich sind einfache Anwendungs- und Transferaufgaben zu bearbeiten. Diese dienen dazu, den erarbeiteten Wortschatz und die damit verbundenen grammatikalischen Strukturen zu vertiefen sowie das mündliche und schriftliche Ausdrucksvermögen der SchülerInnen weiterzuentwickeln.

Makrospirale zum Thema »Texteinführung«

(Mögliche Arbeitsinseln und Arbeitsschritte)

Vorwissen/Voreinstellungen aktivieren

A 1: Assoziatives Zeichnen zum Thema des Lektionstextes (Skizzen entwerfen ⇨ in GA Bild erstellen + Vokabular nachschlagen + Aussprache üben ⇨ Präsentation der Bilder ⇨ Erstellen einer gemeinsamen Vokabelliste + Chorlesen ⇨ Aussprache üben)

A 2: Vokabelassoziationen mit Ballzuwerfen (einen Satz in der Fremdsprache formulieren ⇨ den Satz wiederholen und einen neuen Satz bilden ⇨ Korrektur von Aussprachefehlern)

Neue Kenntnisse/Verfahrensweisen erarbeiten

A 3: Lückentext durch Hörverstehen vervollständigen (Hören des Lektionstextes + Ausfüllen der Lücken ⇨ Partnerkorrektur ⇨ gegenseitiges Vorlesen des Textes in GA ⇨ Vorlesen nach Los + Fehlerkorrektur)

A 4: Textpuzzle rekonstruieren (Durchlesen der einzelnen Sätze + Textpuzzle zusammenfügen ⇨ Vergleich im Tandem ⇨ lautes Lesen in Gruppen ⇨ Vorlesen nach Los + Korrektur von Aussprachefehlern)

A 5: Übersetzen des Lehrbuchtextes (Übersetzen ⇨ Korrektur im Tandem ⇨ Klären der Strukturunterschiede von Mutter- und Zielsprache in GA ⇨ metasprachliche Reflexion)

Komplexere Anwendungs-/Transferaufgaben

A 6: Lehrbuchtext als Laufdiktat (Lesen + Markieren des Textes ⇨ Laufdiktat durchführen ⇨ Korrekturlesen ⇨ Gruppenkorrektur + Gruppenranking ⇨ Besprechung häufig aufgetretener Fehler)

A 7: Auswendiglernen eines Textabschnittes (Lehrer diktiert / ein Schüler schreibt auf Folie mit ⇨ Partnerkorrektur ⇨ Chorlesen ⇨ lautes Vorlesen ausgeloster Schüler, nach jedem Lesedurchgang werden einige Wörter ausgewischt ⇨ auswendiges Vortragen des Textabschnittes im Doppelkreis ⇨ Vortragen im Plenum, evtl. nach Los)

A 8: Filet à mots / Mind-Map erstellen (Vokabel-Brainstorming ⇨ Vergleich in Tandems ⇨ in GA Mind-Map erstellen ⇨ Präsentation im Plenum + Aussprache üben ⇨ Text in PA erstellen ⇨ Lesephase ⇨ Vorlesen einzelner Texte im Plenum + Aussprachekorrektur)

A 9: Satzpuzzle erstellen (in GA je 4 Sätze mit neuen Vokabeln formulieren ⇨ 2. Gruppe: Lesen + Korrektur ⇨ 3. Gruppe: Sätze auf Pappstreifen schreiben und zerschneiden ⇨ 4. Gruppe: Satzteile an Tafel zusammenfügen + lautes Lesen)

Abb. 21 © Dr. H. Klippert

Die abgebildeten Materialien verdeutlichen, wie mögliche Arbeitsaufträge oder Tafelbilder gestaltet sein können. Die meisten der hier angeführten Arrangements sind auch ohne größeren Vorbereitungsaufwand mit dem jeweiligen Lehrbuch und den entsprechenden Begleitmaterialien umzusetzen.

Einige ausgewählte Arbeitsinseln

Nähere Erläuterungen zu den schwarz unterlegten Arbeitsinseln folgen in den nachstehenden Abschnitten. Die in den Texten erwähnten Materialien (M 1ff.) werden im Anschluss dokumentiert. Diese exemplarische Konkretisierung soll Anregungen geben, wie EVA im Fremdsprachenunterricht in Gang gesetzt werden kann. Die eigene Unterrichtsvorbereitung wird dadurch freilich nicht ersetzt.

A 1: Assoziatives Zeichnen zum Thema des Lektionstextes

Diese Mikrospirale erstreckt sich über eine bis zwei Schulstunden und dient der semantischen Vorentlastung des Lektionstextes bzw. der Lektion. Die SchülerInnen skizzieren im ersten Arbeitsschritt in Einzelarbeit mindestens acht Gegenstände zum genannten Thema (*M 1*). Im zweiten Arbeitsschritt werden mittels Los- und Setzverfahren mehrere leistungsheterogene Gruppen gebildet, deren Mitglieder die Aufgabe erhalten, sich ihre skizzierten Gegenstände kurz vorzustellen, was zunächst in der Muttersprache geschieht. Danach wählt jede Gruppe einen der »Entwürfe« aus und erstellt ein entsprechendes Plakat. Damit in dieser Phase eine möglichst breite Schülerbeteiligung erreicht wird, schlagen jeweils zwei bis drei Gruppenmitglieder die fremdsprachlichen Bezeichnungen für die betreffenden Gegenstände im Wörterbuch nach, während die übrigen Gruppenmitglieder diese Gegenstände zeichnen (eine Alternative zu diesem Verfahren wäre das Erstellen einer Collage unter Zuhilfenahme von Zeitschriften, Katalogen und sonstigen Arbeitsmitteln wie Scheren und Klebestifte). Am Ende dieser Arbeitssequenz beschriften die betreffenden Gruppen acht der skizzierten Gegenstände in der jeweiligen Zielsprache, und zwar zunächst mit Bleistift, damit die Lehrperson Orthografie und Schriftgröße der Vokabeln überprüfen kann, und dann mit dickeren Farbstiften. Im dritten Arbeitsschritt gehen die SchülerInnen nun daran, sich mit den neuen Vokabeln vertraut zu machen. Dabei kann das Erarbeiten und Üben der Aussprache zunächst mit Hilfe des Wörterbuches und dann mit Unterstützung der Lehrkraft geschehen – je nachdem, wie gut die SchülerInnen alleine zurecht kommen. Da die Gruppen ihre Produkte nicht alle zur gleichen Zeit fertig haben, kann von Lehrerseite gezielt »Nachhilfe« beim Üben der korrekten Aussprache erteilt werden.

Im vierten Arbeitsschritt werden die erstellten »Poster« nebeneinander an der Wand befestigt und von den SchülerInnen gesichtet, gelesen und anschließend von ausgelosten Sprecher-Tandems vorgestellt. Dabei können auch absolute »Fremdsprachen-Anfänger« bereits kurze erläuternde Sätze sagen wie z.B.: *Voilà ma chambre de rêve: … / Dans ma chambre, il y a … / Et voilà … / On y trouve …* bzw. *This is the room of my dreams. In my room of dreams there is/are …/ Over here/there you can see* … Die so visualisierten Vokabeln werden im fünften Arbeitsschritt im Lehrer-Schüler-Gespräch auf zehn bis zwölf Wörter reduziert und z.B. in einer dreispaltigen Tabelle (links: Vokabel / Mitte: Kontextualisierung / rechts: deutsche Entsprechung) an der Tafel festgehalten. Die mittlere, etwas breitere Spalte wird dabei nicht ausgefüllt; stattdessen bilden die SchülerInnen mündlich kurze Sätze mit den neuen Vokabeln. Im sechsten und letzten Arbeitsschritt schließlich schreiben die SchülerInnen die erstellte Vokabelliste ab, lesen die betreffenden Vokabeln nochmals im Chor, üben sie zusätzlich in Tandems und stellen sich abschließend der Befragung des Lehrers/der Lehrerin, wobei jeweils die neue Vokabel auszusprechen und ein korrespondierender Beispielsatz zu formulieren ist. Als Hausaufgabe formulieren die SchülerInnen darüber hinaus pro Vokabel je zwei schriftliche Sätze, die sie in die mittlere Spalte der im Unterricht angefertigten Tabelle eintragen. Die Hausaufgaben werden zu Beginn der nächsten Stunde von der Lehrperson eingesammelt und korrigiert.

A 2: Vokabelassoziationen mit Ballzuwerfen

Diese Mikrospirale ermöglicht den SchülerInnen die Festigung des für den Lektionstext benötigten Vokabulars. Im Mittelpunkt des ersten Arbeitsschrittes steht eine Ballstafette, d.h. die Lehrperson wirft einem ersten Schüler einen Stoffball zu, nennt ihm eine Vokabel in der Muttersprache und fordert ihn auf, diese zu übersetzen und damit einen kurzen Satz in der Zielsprache zu bilden. Anschließend ruft dieser Schüler einen weiteren Mitschüler auf und wirft diesem den Ball zu. Dieser Mitschüler muss nun zunächst den Satz seines Vorredners korrekt wiederholen, ehe er zu einer neuen Vokabel einen neuen Satz bilden darf. Dann gibt er erneut das Wort weiter etc. Da kein Schüler genau weiß, wann er an der Reihe ist, sind alle gezwungen, sich relativ stark zu konzentrieren, zumal jeweils der Satz des Vorredners wiederholt werden muss. Im zweiten Arbeitsschritt drehen die SchülerInnen sodann den Spieß um. Diesmal müssen nicht sie Sätze bilden, sondern die Lehrkraft muss auf Grund der von den SchülerInnen genannten Vokabeln »saubere« Sätze formulieren und vorbildlich aussprechen. Im dritten und letzten Arbeitsschritt schließlich können die so »durchgekneteten« Vokabeln ins Heft übertragen und durch korrespondierende Beispielsätze kontextualisiert werden.

Selbstverständlich kann die skizzierte Übung auch ohne Ball gespielt werden. Auch kann in fortgeschritteneren Lerngruppen verlangt werden, dass die SchülerInnen die im Plenum geäußerten Sätze aufschreiben, umso gleichzeitig die Schreibweise der Vokabeln zu üben und die eigene Konzentrationsfähigkeit zu verbessern. In diesem Falle sollte ein Schüler zusätzlich auf Folie mitschreiben, damit die Sätze nach einer Phase der Partnerkorrektur im Plenum besprochen und korrigiert werden können. Der Schwierigkeitsgrad der Übung kann außerdem noch dadurch gesteigert werden, dass die SchülerInnen Sätze bilden, die sich inhaltlich jeweils aufeinander beziehen müssen, sodass eine mehr oder weniger sinnvolle und/oder lustige Kettengeschichte entsteht. Darüber hinaus können die SchülerInnen angehalten werden, den z.B. in der 1. Person Singular formulierten Satz zunächst in der 3. Person Singular zu wiederholen (Perspektivwechsel), umso zusätzlich die Verbkonjugationen zu festigen.

A 4: Textpuzzle rekonstruieren

Im Rahmen dieser Mikrospirale wird der Lektionstext von den SchülerInnen selbsttätig erarbeitet. Bei dieser Vorgehensweise ist es wichtig, sowohl das Vokabular als auch schwierige grammatikalische Phänomene bereits im Vorfeld zu klären, damit die SchülerInnen auch tatsächlich in der Lage sind, das Textpuzzle zu rekonstruieren. Außerdem sollte der betreffende (Lehrbuch-)Text vom Aufbau her nicht zu kompliziert und auch nicht zu lang sein. Gut eignen sich z.B. kurze Episoden mit eindeutigem Handlungsstrang oder auch Dialoge. Beim Erstellen des Puzzles ist es überdies sinnvoll, die Sätze z.B. hinter Konjunktionen oder zwischen Personalpronomina und Verben etc. zu trennen. Außerdem ist von Lehrerseite darauf zu achten, dass sich einzelne Puzzleteile nicht auf Grund eindeutiger Schnittstellen zusammenlegen lassen, ohne dass die SchülerInnen den Text und seine inhaltliche Logik erfassen müssen. Zum Arbeitsprozess im Einzelnen: Die SchülerInnen lesen im ersten Arbeitsschritt die einzelnen »Textbausteine« und versuchen diese in eine sinnvolle Reihenfolge zu bringen. Dann vergleichen sie im zweiten Schritt in Partnerarbeit ihre zusammengesetzten Texte, überarbeiten etwaige Unstimmigkeiten und klären offene Fragen bezüglich Vokabular und Syntax. Im dritten Arbeitsschritt vergleichen sie sodann ihre Ergebnisse mit dem Lehrbuchtext, lesen diesen anschließend ihrem jeweiligen Partner (leise) vor und korrigieren wechselseitig etwaige Aussprachefehler. Bei Unklarheiten kann die Lehrperson zu Rate gezogen werden. Im vierten Arbeitsschritt geht die Lehrperson nochmals zusammenfassend auf spezielle Ausspracheschwierigkeiten und eventuelle Verständnisprobleme ein, bevor der Text via Kassette eingespielt und von den SchülerInnen im Mitleseverfahren mitverfolgt wird. Im fünften und letzten Arbeitsschritt lesen die SchülerInnen den Text z.B. in verteilten Rollen. Oder eine andere Variante: Ein bestimmter Schüler liest solange vor, bis die anderen einen Fehler bemerken; dann korrigiert der Nächste und liest weiter etc. Abschließend wird eine Gruppe ausgelost, die den Text nochmals im Ganzen im Plenum vorliest, wobei die MitschülerInnen auf etwaige Aussprachefehler zu achten haben.

A 6: Lehrbuchtext als Laufdiktat

Diese Mikrospirale dient einerseits der orthografischen Festigung des erarbeiteten Vokabulars, andererseits der Sensibilisierung der SchülerInnen für morphosyntaktische Besonderheiten. Darüber hinaus wird durch die Art der Arbeit natürlich auch die Konzentrations- und Merkfähigkeit der SchülerInnen gefördert. Zum Arbeitsprozess im Einzelnen: Die Lehrperson kopiert vorbereitend den betreffenden Lehrbuchtext auf Overhead-Folie, blendet ihn im ersten Arbeitsschritt ein und liest ihn laut vor. Die SchülerInnen lesen mit und können danach Verständnisfragen oder auch Fragen zu grammatischen Besonderheiten stellen. Dann folgt im zweiten Arbeitsschritt eine Besinnungsphase. Diese sieht so aus, dass sich die SchülerInnen bei ruhiger, konzentrationsfördernder Musik schwierige Textstellen einzuprägen versuchen. Sodann wird der Text von der Lehrperson – eventuell auch von einzelnen SchülerInnen, die in der Aussprache relativ sicher sind – nochmals vorgelesen. Daran schließt sich im dritten Arbeitsschritt das eigentliche Laufdiktat an, das die SchülerInnen vor die relativ schwierige Aufgabe stellt, die phonemische Struktur der Sprache (sie sprechen den Text während des Lesens leise vor sich hin) in die entsprechenden Grapheme (korrektes Aufschreiben) umzusetzen. Voraussetzung für das Laufdiktat ist, dass die Lehrperson den besagten Text vorab in fünf gleichgroße Teile zerschneidet und die betreffenden Textteile an verschiedenen Stellen im Klassenraum aushängt, und zwar so, dass die Texte für die SchülerInnen nicht direkt einsehbar sind. Außerdem werden fünf Zufallsgruppen gebildet, die je einen der aushängenden Texte im Rahmen des Laufdiktates abschreiben müssen. Das Laufdiktat selbst sieht so aus, dass die jeweiligen Gruppenmitglieder zu dem ihnen zugewiesenen Text »laufen«, sich einen bestimmten Satz oder Satzteil einzuprägen versuchen und dann zu ihrem Platz zurückgehen, um diesen Satz(-teil) aus dem Gedächtnis aufzuschreiben. Dann gehen sie erneut zu ihrem Text, prägen sich den nächsten Satz(-teil) ein usw. Für das gesamte Laufdiktat steht ihnen eine bestimmte vom Lehrer vorgegebene Zeit zur Verfügung. Dieser Tätigkeitsablauf fördert sowohl das Konzentrationsvermögen der SchülerInnen als auch ihre Merkfähigkeit. Darüber hinaus werden sie durch die Perspektive, dass der je geschriebene Text am Ende von einer Nachbargruppe korrigiert und die gemachten Fehler gezählt werden, zusätzlich angespornt, möglichst konzentriert und akkurat zu schreiben, zumal Unleserliches als Fehler gewertet wird. Im vierten Arbeitsschritt haben die jeweiligen Gruppenmitglieder nochmals die Möglichkeit, ihre Texte still und konzentriert durchzulesen und bei Bedarf zu korrigieren. Danach gibt jede Gruppe ihre Texte zwecks Korrektur an eine andere Gruppe weiter. Grundlage dieser Korrektur ist eine vom Lehrer eingeblendete OH-Folie mit allen fünf Textteilen. Da die korrigierenden Gruppen später auch danach bewertet werden, welche Fehler sie übersehen haben, wird erfahrungsgemäß recht sorgfältig gelesen und korrigiert. Allerdings muss das Korrekturverfahren vorher abgestimmt sein. Abgeschlossen wird der skizzierte Arbeitsprozess mit der Ermittlung der Gesamtfehlerzahl pro Ursprungsgruppe sowie einem entsprechenden Ranking der Gruppen. Außerdem werden die am häufigsten gemachten Fehler benannt und besprochen.

A 8: Filet à mots / Mind-Map erstellen

Diese Mikrospirale gibt den SchülerInnen Gelegenheit, einen bestimmten themenzentrierten Wortschatz zu erarbeiten, zu systematisieren und zu festigen sowie bereits erworbenes Sprachwissen gezielt zu integrieren. Der methodische Ablauf dieses Arrangements wird im Folgenden exemplarisch anhand erprobter Übungen (in Anlehnung an das Lehrerhandbuch zu Lektion 2 des Lehrbuches »Études Françaises, Découvertes, Cours intensif 1«) beschrieben. Für den Fall, dass die SchülerInnen noch gar keine Erfahrungen mit dem Erstellen von Mind-Maps haben sollten, wird ihnen in einem ersten Arbeitsschritt zunächst mittels Lehrervortrag der Aufbau und die Funktion einer Mind-Map bzw. eines »filet à mots« erläutert. Dabei werden die fremdsprachlichen Bezeichnungen für die Hauptäste vorgegeben, die ihrerseits nach Wortarten und/oder Inhaltsaspekten geordnet und benannt werden können (s. *M 2*). Nach dem Anschreiben der Hauptäste an der Tafel schließt sich eine kurze Besinnungsphase an, während der die SchülerInnen in Einzelarbeit möglichst viele Vokabeln zu den einzelnen Hauptästen bzw. Kategorien sammeln. Im zweiten Arbeitsschritt vergleichen sie ihre Ergebnisse mit einem Tandempartner und klären die korrekte Orthografie der Vokabeln. Danach finden sie sich im dritten Arbeitsschritt in mehreren Vierer-Gruppen zusammen, vergleichen nochmals ihre Ergebnisse, nehmen notwendige Korrekturen und Ergänzungen vor und sorgen dafür, dass am Ende jedes Gruppenmitglied sämtliche Vokabeln in seiner Mind-Map stehen hat (s. *M 2*). Anschließend lesen sie sich die betreffenden Vokabeln in ihren Gruppen abwechselnd vor und korrigieren etwaige Aussprachefehler. Im vierten Arbeitsschritt wird sodann jeder Gruppe einer der besagten Hauptäste zugelost. Dieser wird von einem Gruppenmitglied an die Tafel geschrieben und kurz erläutert. Im Vorfeld sollte darauf geachtet werden, dass sich die unterschiedlichen Hauptäste über die ganze Tafel erstrecken, damit anschließend möglichst viele SchülerInnen gleichzeitig ihre Ergebnisse/Vokabeln anschreiben können. Korrektur- und Ergänzungsvorschläge von Lehrer- wie von Schülerseite runden diese Tafelarbeit ab. Nachdem auf diese Weise der betreffende Wortschatz systematisiert und wiederholt wurde, folgt nun im fünften Arbeitsschritt eine kreative Textproduktion, die den SchülerInnen Gelegenheit gibt, das erarbeitete Vokabular anzuwenden (vgl. den Arbeitsauftrag in *M 3*). Diese Textproduktion erfolgt in Partner- oder Gruppenarbeit, wobei auf eine leistungsheterogene Zusammensetzung der Tandems bzw. Gruppen zu achten ist. Da die SchülerInnen in dieser Phase erfahrungsgemäß auch eigenes Vokabular einbringen, das sie aus dem Urlaub, aus Liedern oder aus der Werbung kennen, muss ihnen eine ausreichende Zahl von Wörterbüchern zur Verfügung stehen, damit sie bei Bedarf nachschlagen können. Im sechsten und letzten Arbeitsschritt werden die erstellten Texte vor der Klasse präsentiert. Da eine rein akustische Präsentation im Anfangsunterricht problematisch ist, da sich viele SchülerInnen mit dem Hörverstehen und/oder mit einzelnen Vokabeln noch schwer tun, empfiehlt sich eine vorangehende Lesephase im Rahmen einer »Textgalerie«. Erst dann werden die einzelnen Gruppenprodukte im Plenum präsentiert, und zwar nach Los.

Zusammenfassende Hinweise zur Methodenpflege

Im Rahmen der skizzierten Mikrospiralen erhalten die SchülerInnen Gelegenheit, zum einen ihre fremdspachliche Kompetenz zu verbessern, zum anderen aber auch und zugleich grundlegende Arbeits-, Kommunikations- und Kooperationstechniken zu üben und zu festigen. In Sachen *Lern- und Arbeitstechniken* lernen die SchülerInnen Wichtiges zu erfassen und zu markieren, unbekanntes Vokabular eigenständig nachzuschlagen und sich die entsprechende Aussprache zu erarbeiten. Sie werden in ersten Schritten in die Brainstorming- und Visualisierungstechnik eingeführt (u.a. Mind-Map). Zudem üben sie sich in puncto Konzentration sowie im aufmerksamen Korrekturlesen eigener, aber auch fremder Texte. Und schließlich trainieren sie das Memorieren von Sätzen und Vokabeln z.B. im Rahmen des skizzierten Laufdiktates. Auch in kommunikativer Hinsicht bestehen beträchtliche Übungs- und Lernchancen. Das beginnt beim lauten Lesen und Vorlesen in Kleingruppen wie im Plenum und reicht bis hin zu den beschriebenen Kettenübungen, in deren Verlauf die SchülerInnen aktiv zuhören müssen, um das jeweils zuvor Gesagte korrekt wiederholen zu können. Darüber hinaus üben sie sich ansatzweise im freien Sprechen in der jeweiligen Zielsprache sowie im Präsentieren bestimmter Handlungsprodukte im Plenum oder in Kleingruppen. Und selbstverständlich findet auch »Teampflege« statt. Da die SchülerInnen häufiger aufgefordert sind, im Tandem zu präsentieren, können sie in ganz elementarer Weise ihre Kooperationsfähigkeit üben. Sie müssen z.B. einspringen, wenn ihr Tandempartner unsicher ist oder nicht mehr weiter weiß. Ferner müssen sie sich in den Gruppenarbeitsphasen wechselseitig Hilfestellung geben und die Ideen der MitschülerInnen tolerieren, wenn z.B. gemeinsam ein Text erarbeitet bzw. formuliert wird. Das begünstigt das Entstehen eines tragfähigen Helfersystems. Darüber hinaus lernen die SchülerInnen sowohl während der beschriebenen Sprachlernspiele als auch im Rahmen der einzelnen Präsentationsphasen, sich in fairer und ritualisierter Art gegenseitig zu korrigieren und Verbesserungsvorschläge von MitschülerInnen anzunehmen.

© Dr. H. Klippert

M 2 — Ein mögliches Tafelbild

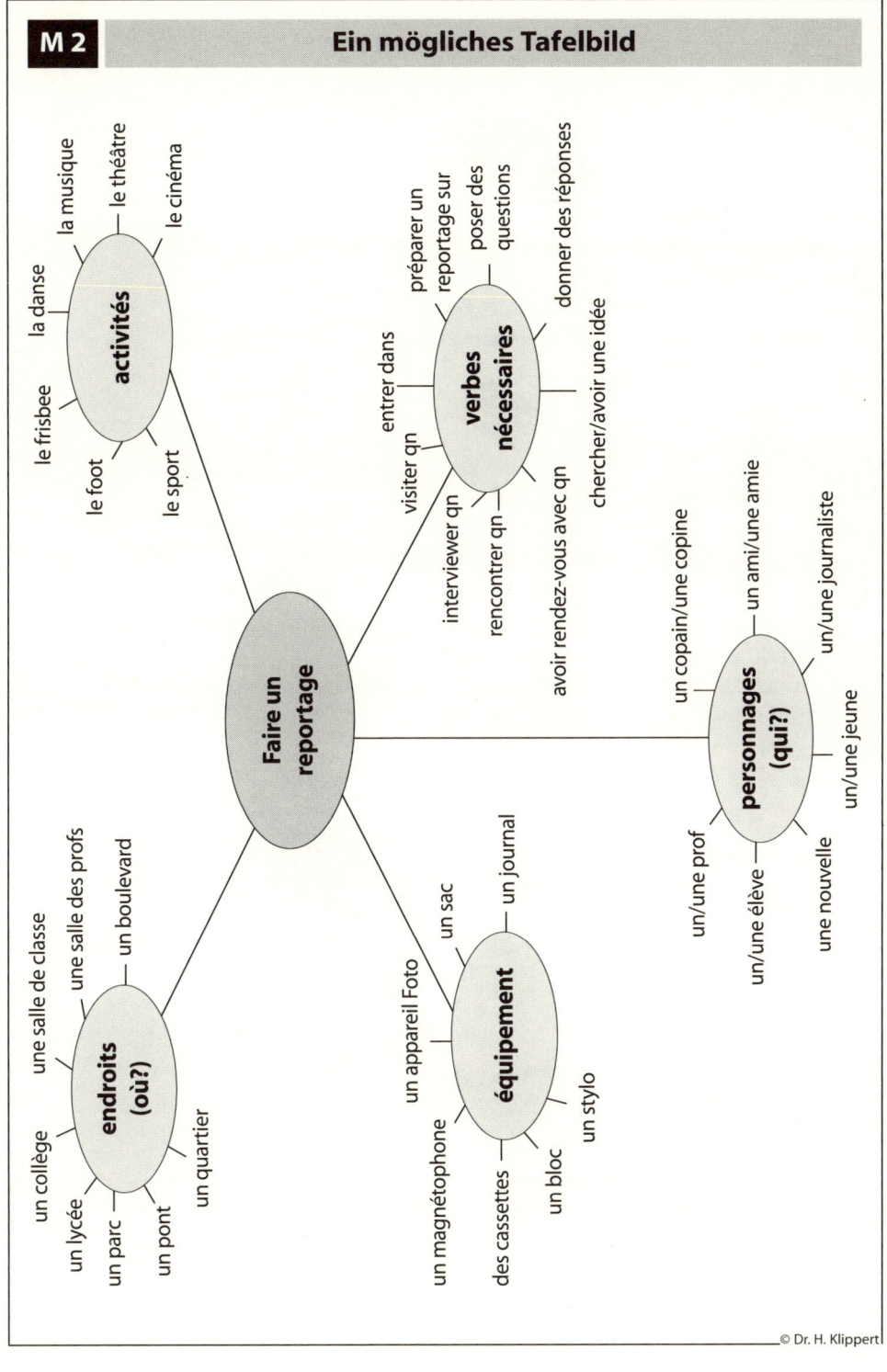

© Dr. H. Klippert

M 3   Activité

❑ Travaillez à deux!

❑ Écrivez une petite histoire (un petit dialogue) sous le titre suivant:

«Florence et Aurélie préparent un reportage sur les profs du lycée.«

❑ Faites attention aux questions suivantes:

1. Wie ist der Name eurer Schülerzeitung?
2. Wie kamen die beiden Mädchen auf die Idee, ihre Lehrer zu interviewen?
3. Wo führen sie das Interview mit ihren Lehrern und welche Gegenstände benötigen sie dafür?
4. Welche Fragen stellen sie ihren Lehrern und was antworten diese?

© Dr. H. Klippert

3.2 Bedingungssätze II

(Simone Grentrup, Anja Husemeyer)

Der nachfolgend skizzierte Arbeitsprozess wird zeigen, dass auch die Einführung grammatischer Themen im Fremdsprachenunterricht mit schüleraktivierenden Methoden gekoppelt werden kann. Wie sich aus der abgebildeten Makrospirale ersehen lässt, gibt es eine recht breite Palette an Möglichkeiten, um die SchülerInnen in grammatischer Hinsicht zum eigenverantwortlichen Arbeiten und Lernen zu veranlassen. Zwar wird das Thema Grammatik im Weiteren auf das Teilthema »Bedingungssätze II« eingegrenzt; vieles von dem jedoch, was dazu angeführt wird, lässt sich in aller Regel auch auf andere grammatische Aspekte und Fragestellungen übertragen.

Das Thema »Bedingungssätze II« wird in den Lehrbüchern gewöhnlich im dritten Lernjahr, also in den Klassen 7 bzw. 9, angesetzt. Dass dieses Thema für die SchülerInnen so seine Tücken hat, ist unstrittig und empirisch hinreichend erwiesen. Es stellt die SchülerInnen im Englischen wie im Französischen immer wieder vor Probleme. Die zahlreichen Fehler, die auf diesem Gebiet bis in die Sekundarstufe II hinein gemacht werden, unterstreichen die Notwendigkeit einer nachhaltigeren Erarbeitung im Sinne von EVA. Daher erscheint es sinnvoll, das Thema in regelmäßigen Abständen wieder aufzugreifen und durch geeignete EVA-Arrangements für die nötige Durchdringung und Festigung des betreffenden Grammatikstoffes zu sorgen. Die im Folgenden skizzierten Lernspiralen geben Beispiele und Anregungen, wie diese Intensivierung des Lernens erreicht werden kann.

Die entsprechende Aktivierung der SchülerInnen erfolgt in vielfältiger Form: Es werden themenzentrierte Lernspiele durchgeführt und Tandembögen erstellt, Texte gelesen und markiert, Regeln entwickelt und Lernplakate gestaltet, Fragen formuliert und Interviews durchgeführt; Tests bearbeitet und erstellt, Bildimpulse genutzt und in verschiedenen Varianten präsentiert, kleine Vorträge im Doppelkreis gehalten und gezielte Partnerkorrekturen durchgeführt etc. Dies alles umreißt die ganze Bandbreite des eigenverantwortlichen Arbeitens und Lernens, wie es in diesem Beitrag am Beispiel des Themas »Bedingungssätze II« zur Anwendung gelangt. Näheres dazu lässt sich aus der abgebildeten Makrospirale sowie aus den exemplarischen Erläuterungen zu einzelnen Arbeitsinseln/Mikrospiralen ersehen.

Zwar hält sich das Ausmaß der Selbstverantwortung der SchülerInnen im Rahmen der vorgesehenen Arbeitsarrangements in deutlichen Grenzen, damit keine unnötige Überforderung eintritt, gleichwohl wird den SchülerInnen in puncto Selbstverantwortung und Selbstorganisation des Lernens einiges abverlangt, was im Fremdsprachenunterricht noch längst nicht üblich ist. Und die SchülerInnen verdie-

Makrospirale zum Thema »Bedingungssätze II«

(Mögliche Arbeitsinseln und Arbeitsschritte)

Vorwissen/Voreinstellungen aktivieren

A 1: Wiederholen der Futurform (Einzelarbeit zu *M 1* ⇨ gegenseitiges Abfragen in PA ⇨ Gruppenarbeit: Lernspiel mit Pronomenwürfel)

A 2: Bedingungssätze I wiederholen (Verben markieren/EA ⇨ in ganzen Sätzen konjugieren/PA ⇨ Regel wiederholen ⇨ Kettenübung (*M 2*)

A 3: Mit Tandembögen arbeiten (Erstellen von Tandembögen/EA ⇨ Bearbeiten im Doppelkreis ⇨ Tandempräsentation)

A 4: Lernplakate erstellen (Lehrbuchbilder durch Bedingungssätze beschreiben/EA ⇨ Partnerkontrolle ⇨ Regel wiederholen ⇨ Lernplakat erstellen und präsentieren)

Neue Kenntnisse/Verfahrensweisen erarbeiten

A 5: Verbformen in Bedingungssätzen II identifizieren (2 Texte lesen und markieren/EA ⇨ Partnerkontrolle ⇨ Präsentation)

A 6: Regelmäßigkeiten der Formenbildung klären (Einzelarbeit ⇨ Regeln formulieren und Paradigma erstellen /PA ⇨ Präsentation nach Los)

A 7: Bedingungssätze II erarbeiten (Zeitenfolge benennen ⇨ Vergleich in PA ⇨ Präsentation im Plenum)

A 8: Funktion der Bedingungssätze klären (2 Sätze vergleichen/EA ⇨ in Partnerarbeit Regel finden ⇨ Präsentation nach Los)

A 9: Bedingungssätze II mündlich bilden (Bedingungssätze vervollständigen/PA ⇨ 2 Teilsätze auswählen/GA ⇨ Präsentation nach Los)

Komplexere Anwendungs-/Transferaufgaben

A 10: Bedingungssätze II schriftlich bilden (Satz vervollständigen/*s. M 6* ⇨ Kontrolle + neue Sätze in PA ⇨ Korrektur in GA ⇨ Präsentation)

A 11: Grammatikwettbewerb (Eingangstest ⇨ Partnerkorrektur ⇨ Übungsphase I /GA ⇨ Testphase/EA ⇨ Ranking I ⇨ Übungsphase II/GA ⇨ Testphase II/EA ⇨ Ranking II)

A 12: Mündliche Festigung im Doppelkreis (Teilsätze bilden/EA ⇨ Teilsätze mündlich ergänzen/PA ⇨ Kettenübung im Plenum)

A 13: Interview erstellen (Fragen formulieren/EA ⇨ Interview erstellen/PA Lehrerkorrektur ⇨ Auf Kassette aufnehmen/PA ⇨ Präsentation)

Abb. 22

© Dr. H. Klippert

nen diesen »Vertrauensvorschuss« durchaus, wie die zurückliegende Erprobungsarbeit gezeigt hat. Je häufiger sie in der skizzierten Weise gefordert und gefördert werden, desto routinierter werden sie und desto souveräner übertragen sie die betreffenden Erkenntnisse und Verfahrensweisen auch auf andere Grammatikthemen. Diese Selbststeuerung des Lernens geht bis hin bis zur selbstständigen Auswahl geeigneter Übungs- und Transferaufgaben, beispielsweise im Vorfeld von Klassenarbeiten. Das heißt, die SchülerInnen wählen aus dem Sortiment der bekannten Arbeits- und Übungsmethoden diejenigen aus, die ihnen im Zusammenhang mit der je anstehenden Grammatik-Klassenarbeit geeignet erscheinen, und trainieren entsprechend.

Abschließend noch ein Hinweis zum Losverfahren, welches im Zuge des skizzierten Arbeitsprozesses wiederholt eingesetzt wird. Dieses Losverfahren dient dazu, die SchülerInnen zu verbindlicher Mitarbeit zu veranlassen und allen Akteuren in der Klasse die gleiche Chance einzuräumen, hin und wieder mündlich präsentieren zu müssen bzw. zu dürfen. Zur Realisierung des Losentscheids empfiehlt es sich, vorab kleine Namenskärtchen mit allen Schülernamen herzustellen, die bei Bedarf wie Lose gezogen werden können. Diese einmalige Vorbereitungsarbeit lohnt sich insofern, als auf die Kärtchen immer wieder zurückgegriffen werden kann. Das vereinfacht die Bildung von Zufallsgruppen im Unterrichtsverlauf.

Einige ausgewählte Arbeitsinseln

Nähere Erläuterungen zu den schwarz unterlegten Arbeitsinseln folgen in den nachstehenden Abschnitten. Die in den Texten erwähnten Materialien (M 1ff.) werden im Anschluss dokumentiert. Diese exemplarische Konkretisierung soll Anregungen geben, wie EVA im Fremdsprachenunterricht in Gang gesetzt werden kann. Die eigene Unterrichtsvorbereitung wird dadurch freilich nicht ersetzt.

A 3: Mit Tandembögen arbeiten

Grundlage der Schüleraktivitäten im Rahmen dieser Mikrospirale bildet *M 3*. Dieser Faltbogen gibt den SchülerInnen Gelegenheit, ihre Kenntnisse in puncto »Bedingungssätze I« aufzufrischen. Im ersten Arbeitsschritt erhalten die SchülerInnen das Arbeitsblatt *M 3* und erstellen gemäß der dort angeführten Arbeitsanweisung je einen Tandembogen zum Thema *si*- bzw. *if*-Sätze. Dieses geschieht zunächst in Einzelarbeit. Dann werden im zweiten Arbeitsschritt mittels Zufallsverfahren Tandems gebildet, die sich im Wechsel abfragen. Diese Tandemarbeit kann auch im Rahmen eines Doppelkreises erfolgen, bei dem sich die SchülerInnen in einem Innen- und einem Außenkreis gegenübersitzen und durch Weiterrücken mehrfach wechselnde Partner bekommen (vgl. Klippert 1995, S. 132). Im dritten und letzten Arbeitsschritt präsentieren die Tandems ihre Bögen vor der Klasse, wobei die Auswahl und Reihenfolge der präsentierenden Tandems mittels Los festgelegt wird. Als erschwerende

Aufgabe kommt für die präsentierenden Tandems hinzu, dass sie jeweils das letzte Konditionalgefüge des Vorgängertandems aus dem Gedächtnis wiederholen müssen.

A 5: Verbformen in »Bedingungssätzen II« identifizieren

Ziel dieser Arbeitssequenz ist es, die SchülerInnen selbstständig die Verbformen in »Bedingungssätzen II« durch Kontrastierung mit Bedingungssätzen I finden zu lassen. Im Mittelpunkt steht dabei das Arbeitsblatt M 4. Die SchülerInnen erhalten im ersten Arbeitsschritt den Auftrag, in Einzelarbeit die beiden »Satzreihen« I und II zunächst konzentriert zu lesen und dann in einem zweiten Lesevorgang die einzelnen Verbformen in den beiden Satzreihen zu markieren (s. M 4), wobei die Verben im si- bzw. if-Satz und die Verben im Hauptsatz in unterschiedlichen Farben hervorzuheben sind. Die Kenntnisse, die die SchülerInnen bei der Einführung der Bedingungssätze I erworben haben, erleichtern die Bewältigung dieser Aufgabe (das Beziehungsgefüge zwischen Haupt- und Nebensatz ist ihnen schon bekannt). Im zweiten Arbeitsschritt finden sich die SchülerInnen in Tandems zusammen und vergleichen, besprechen und korrigieren ihre Ergebnisse. Diese Ergebnisse werden im dritten und letzten Arbeitsschritt unter Verwendung einer vom Lehrer vorbereiteten Folie im Plenum präsentiert und bei Bedarf gemeinsam besprochen. Ergänzende Erläuterungen der Lehrperson runden den Arbeitsprozess ab.

A 7: Bedingungssätze II erarbeiten

Im Mittelpunkt dieser Mikrospirale stehen gleichfalls M 4a bzw. b. Sind die laut Arbeitsauftrag 1 vorzunehmenden Markierungen noch nicht erfolgt, so geschieht dieses im ersten Arbeitsschritt. Im zweiten Arbeitsschritt steht sodann die Umsetzung der zweiten Arbeitsanweisung an, d.h. die markierten Verbformen werden von den SchülerInnen beschrieben und so weit wie möglich benannt (Fragestellung: wie wird die Verbform gebildet?). Im dritten Arbeitsschritt werden die so gewonnenen Befunde in Zufallstandems oder -gruppen verglichen und besprochen. Verbleibende Fragen werden notiert. Im vierten und letzten Arbeitsschritt werden die Ergebnisse von einigen ausgelosten Tandems vor der Klasse präsentiert und die verbliebenen Fragen besprochen. Für die Präsentation empfiehlt es sich, das genannte Arbeitsblatt entweder auf Folie zu kopieren, sodass die geforderten Ergänzungen in der jeweiligen Spalte vorgenommen werden können, oder aber die entsprechende Einteilung an der Tafel vorzunehmen. Unter Umständen können die herausgearbeiteten Befunde zu Typ I und Typ 2 auch auf Plakat übertragen und möglichst übersichtlich visualisiert werden. An dieser Stelle besteht für die Lehrperson zudem die Gelegenheit, die Bezeichnungen für die neuen Verbformen einzuführen und entsprechende Eintragungen ins Heft zu veranlassen.

A 9: Bedingungssätze II mündlich bilden

Zu Beginn dieser Mikrospirale wird die Klasse in zwei Gruppen unterteilt. Im ersten Arbeitsschritt gehen nun die SchülerInnen der einen Teilgruppe daran, in Einzelarbeit je einen *si*- bzw. *if*-Satz zu formulieren und in großer Schrift gut lesbar auf Papier- oder Pappstreifen zu schreiben. Zur gleichen Zeit formulieren die SchülerInnen der zweiten Teilgruppe je einen Hauptsatz, der sich durch einen *si*- bzw. *if*-Satz ergänzen lässt. Nun finden sich im zweiten Arbeitsschritt Tandems mit je einem Haupt- und einem Nebensatz zusammen, die sich wechselseitig zur Satzergänzung herausfordern. Das heißt: Ein Partner liest seinen Satz vor und zeigt zur visuellen Unterstützung den dazugehörigen Pappstreifen; der andere Partner ergänzt den vorgetragenen Satz mündlich, sodass sich ein sinnvolles Bedingungsgefüge ergibt. Dann kommt der zweite Partner an die Reihe, liest seinen Satz vor, und der Erste ergänzt. Anschließend werden die Partner gewechselt und das Satzergänzungsspiel geht in die zweite Runde usw. Diese Partnerarbeit kann auch im Rahmen eines Doppelkreises erfolgen (vgl. Klippert, 1995, S. 132). Im dritten Arbeitsschritt werden sodann per Los diverse Kleingruppen mit je vier bis fünf SchülerInnen gebildet, die die Aufgabe erhalten, jeweils mehrere alternative Satzergänzungen zu finden, und zwar entsprechend der gruppeninternen Schülerzahl. Jedes Gruppenmitglied liest also einen Teilsatz vor und die übrigen drei bis vier Gruppenmitglieder bilden nacheinander mündlich sinnvolle Ergänzungen. Der vierte und letzte Arbeitsschritt sieht so aus, dass jede Gruppe aus dem vorliegenden Sortiment einen Haupt- und einen Nebensatz auswählt. Dann heftet eine erste Gruppe einen ihrer beiden Pappstreifen an die Tafel/Pinnwand und die anderen Gruppen ergänzen solange, bis ihnen kein passender Teilsatz mehr einfällt. Auf diese Weise entstehen recht differenzierte Bedingungskonstellationen.

A 11: Grammatikwettbewerb

Diese Mikrospirale dient der systematischen Anwendung und Festigung des behandelten Grammatikstoffes und läuft so ab, dass die SchülerInnen im Wechsel mehrere Test- und Übungsphasen absolvieren müssen – gepaart mit einem gezielten Gruppenranking am Ende einer jeden Testphase. Die betreffenden Schülergruppen treten also in einen Wettbewerb und werden so veranlasst, die eigenen Mitglieder für den nächsten Test möglichst »fit« zu machen«, damit ein optimales Gruppenergebnis erreicht wird. Dieses Wiederholungs- und Übungsverfahren bietet sich z.B. vor Klassenarbeiten mit grammatischem Schwerpunkt an. Der Wettbewerbscharakter sorgt zudem dafür, dass dieses Verfahren auch in den bekannten »Leerlaufstunden« vor den Ferien oder vor Klassenfahrten zum Einsatz kommen kann. Ist diese Übungsform erst einmal eingeführt, nehmen die SchülerInnen die entsprechende Mikrospirale erfahrungsgemäß gerne als routinemäßige Grammatikwiederholung an.

Den ersten Arbeitsschritt bildet ein Eingangstest, der den SchülerInnen Gelegenheit gibt, sich über ihren aktuellen Kenntnisstand klar zu werden. Dies geschieht in Einzelarbeit. Die benötigten Testinhalte lassen sich in den gängigen Lehrbüchern und Arbeitsheften zur Genüge finden. Dann erfolgt in einem zweiten Arbeitsschritt eine Partnerkorrektur unter Heranziehung eines vom Lehrer vorbereiteten Lösungsblattes. Die am häufigsten aufgetretenen Fehler bzw. Schwierigkeiten werden anschließend besprochen und nötigenfalls auch von Lehrerseite kommentiert. Dann startet die erste Übungsphase in Kleingruppen mit je vier bis fünf Gruppenmitgliedern. Die Bildung dieser Kleingruppen erfolgt mittels Los- und Setzverfahren, damit eine gewisse Leistungsheterogenität erreicht wird. Auf diese Weise wird vermieden, dass von vornherein bereits feststeht, welches die Gewinner- und welches die Verlierergruppen sein werden. Die Übungsarbeit selbst sieht so aus, dass die jeweiligen Gruppenmitglieder auf der Basis ihrer in der Tandemphase festgestellten Lerndefizite entscheiden, welche Regeln im Grammatik- und/oder im Lehrbuch nachgeschlagen werden sollen, wie man sich diese am besten merken kann und wie entsprechende Lernkärtchen z.B. mit Hilfe von Farbstiften und kleinen Bildchen/Skizzen gestaltet werden können. Darüber hinaus geht es in dieser Übungsphase selbstverständlich auch und besonders darum, Unverstandenes durch Nachfragen in der Gruppe zu klären sowie wechselseitiges Abfragen zu organisieren. Denn eines wissen die SchülerInnen ganz genau: Das nächste Testergebnis wird ein Gruppenergebnis sein, d.h. die Gruppenmitglieder müssen zusammengenommen möglichst viele Punkte erreichen, wollen sie in der anschließend zu ermittelnden Rangliste nicht ganz hinten stehen.

Im dritten Arbeitsschritt erfolgt sodann die Testphase. Hierbei sitzen die jeweiligen Gruppenmitglieder deutlich voneinander getrennt und bearbeiten die vom Lehrer eingebrachten Testaufgaben in Einzelarbeit. Die betreffenden Aufgabenstellungen sind selbstverständlich anspruchsvoller als diejenigen des Eingangstests. Nach Ablauf der Bearbeitungszeit werden die ausgefüllten Testblätter gruppenbezogen zusammengelegt und zwecks Korrektur an eine der Konkurrenzgruppen gegeben. Damit diese Korrektur solide geleistet werden kann, wird den Gruppen erneut ein Lösungsblatt zur Verfügung gestellt. (Hinweis: Die Testblätter und die Lösungsblätter können selbstverständlich auch von SchülerInnen anderer Klassen erstellt werden!) Am Ende der Korrekturphase stellen die Kontrollgruppen die erreichte Gesamtpunktzahl ihrer jeweiligen Bezugsgruppe fest und melden diese der Lehrperson. Diese erstellt auf der Basis der vorliegenden Meldungen eine Rangskala der beteiligten Gruppen (Ranking).

Im Mittelpunkt des vierten Arbeitsschrittes steht die gruppeninterne Aufarbeitung der Testergebnisse. Diese »Übungsphase II« sieht so aus, dass die aufgetretenen Probleme und Unsicherheiten besprochen und einzelne Informationen und Regeln nachgeschlagen werden. Dann erstellen die einzelnen Gruppen auf der Basis der erworbenen Kenntnisse und Erkenntnisse je einen eigenen Übungstest mit möglichst »kniffligen« Fragen und Aufgaben zum betreffenden Grammatikthema. Die so entstehenden Übungstests sollten so konzipiert sein, dass sie qualitativ und quantitativ (zu erreichende Punktzahl) mit Testmaterial I vergleichbar sind. Zu diesem Zweck müssen von Lehrerseite präzise Vorgaben gemacht und gezielte Hilfen und Kontrollen vorgesehen werden. Alternativ dazu kann selbstverständlich auch die Lehrperson einen qualifizierten Übungstest für die zweite Testrunde entwickeln.

Im fünften und letzten Arbeitsschritt wird die zweite und letzte Testrunde durchgeführt, und zwar völlig analog zur ersten Testphase. Das heißt, die jeweiligen Gruppenmitglieder sitzen erneut auseinander und versuchen den vorliegenden Test in Einzelarbeit möglichst erfolgreich zu lösen, um beim anschließenden zweiten Ranking besser oder zumindest gleich gut wie beim ersten Mal abzuschneiden. Danach erfolgen die gruppenbezogene Auswertung und Punktermittlung sowie die Fixierung der neuen Rangliste. Schülergruppen, die sich verbessern konnten, haben natürlich ihr Erfolgserlebnis!

A 13: Interview erstellen

Im Rahmen dieser Mikrospirale sind folgende Lernaktivitäten der SchülerInnen vorgesehen. Im ersten Arbeitsschritt werden mehrere Tandems gebildet, die sich zunächst in einer kurzen Brainstormingphase von maximal fünf Minuten auf eine bekannte Persönlichkeit als fiktiven Interviewpartner einigen müssen. Da die Interviewfragen und -antworten weitestgehend in Bedingungssätzen formuliert werden sollen, bieten sich z.B. bekannte Sportler an, die danach gefragt werden können, was sie wohl täten, wenn sie die nächste Weltmeisterschaft o.Ä. gewännen. Nachdem sich die Tandempartner geeinigt haben, notiert jeder von ihnen im zweiten Arbeitsschritt mindestens fünf Fragen, die er/sie dem Interviewpartner stellen möchte (Vorgabe: mindestens drei *si*- bzw. *if*-Sätze nach dem Schema: *what would you do if…* bzw. *Qu'est-ce que vous feriez, si…*). Danach ist es Aufgabe der betreffenden Tandempartner, auf Grund der notierten Fragen und eventuellen Zusätze einen Interviewleitfaden zu verfassen, der zudem von der Lehrkraft auf sprachliche Fehler hin überprüft wird. Um den sprachlichen Übungseffekt sicherzustellen, lautet die Vorgabe, dass mindestens sechs Bedingungssätze in das Interview eingearbeitet werden müssen. Dann wird das Interview im dritten Arbeitsschritt durchgeführt und auf Kassette aufgenommen oder aber vom betreffenden Tandem als darstellendes Spiel einstudiert. Im vierten und letzten Arbeitsschritt erfolgt die Präsentation im Plenum in Form einzelner Kassetteneinspielungen und/oder gezielter Rollenspiele. Die Aufgabe der Zuhörer kann es dabei sein, möglichst viele der während der Präsentationen angewandten Bedingungssätze herauszuhören und zu notieren. Zur Überprüfung der Ergebnisse werden die SchülerInnen abschließend aufgefordert, den einen oder anderen mitgeschriebenen Konditionalsatz vorzulesen und jeweils zu erraten, in welchem Interview/Rollenspiel er vorkam.

Zusammenfassende Hinweise zur Methodenpflege

In methodischer Hinsicht eröffnen sich den SchülerInnen beträchtliche Lernchancen. In puncto Lern- und Arbeitstechniken erhalten sie Gelegenheit, sich im gezielten Lesen, Markieren und Wiederholen zu üben. Sie müssen Übungsaufgaben bzw. Tests erstellen und selbstständig korrigieren. Sie müssen in fremdsprachlichen Wörterbüchern nachschlagen, Lernkärtchen erstellen, Plakate und Kassetten produzieren, Ergebnisse visualisieren und immer wieder Wörter/Sätze memorieren. Auch in kommunikativer und teamspezifischer Hinsicht ist einiges gefordert. Das beginnt beim aktiven Zuhören und freien Sprechen in der jeweiligen Zielsprache und reicht über das konsequente Partnerlernen und die Partnerkorrektur bis hin zu Tandempräsentationen, Interviews und mündlichen Kettenübungen.

M 1   **Arbeitsblatt: Französisch**

savoir						
sortir						
venir						
avoir						
rendre						
faire						
être						
manger						
aller						
	je	tu	il/elle	nous	vous	ils/elles

© Dr. H. Klippert

M 2   Arbeitsblatt: Französisch/Englisch

(Hinweise zur mündlichen »Kettenübung«)

Arbeitsanweisung

Bilde einen si- bzw. einen if-Satz. Dein Partner formuliert dazu eine passende Folge und macht dann aus der Folge eine Bedingung usw. Die nachfolgenden Beispiele zeigen, wie das geht. Versucht die Satzkette so lange wie möglich fortzusetzen.

Beispiel: Französisch	**Beispiel: Englisch**
Schüler 1: Si je travaille bien, …	Schüler 1: If I work well, …
Schüler 2: …, j'aurai de bonnes notes. Si j'ai de bonnes notes, …	Schüler 2: …, I'll get good marks. If I get good marks, …
Schüler 3: …, mon père me donnera plus d'argent de poche.	Schüler 3: …, my father will give me more pocket money.
usw.	usw.

© Dr. H. Klippert

| **M 3** | **Tandembogen: Englisch/Französisch** |

Arbeitsanweisung

▷ *Erstelle in Einzelarbeit einen Tandembogen zum Thema si- bzw. if-Sätze!*

▷ *Knicke anschließend deinen Tandembogen entlang der senkrechten Linie in der Mitte des Blattes und übe wie folgt mit einem Partner:*

1. *Übt zunächst mit einem der beiden Tandembögen. Sprecht euch ab, wer als Erster mit der A-Seite übt und wer mit der B-Seite. Wichtig ist, dass ihr euch gegenseitig mit Hilfe der Lösung (B-Seite) kontrolliert.*
2. *Wechselt euch nach einem Durchgang ab und übt mit der jeweils anderen Seite des Tandembogens.*
3. *Wenn jeder von euch sowohl mit der A- als auch mit der B-Seite geübt hat, könnt ihr mit dem zweiten Tandembogen beginnen und genauso vorgehen wie zuvor.*

A Bedingung ▷ Folge *(Infinitiv verwenden!)*	**B** Lösung
bien travailler ▷ avoir de bonnes notes (work well ▷ get good marks)	Si je traivaille bien, j'aurai de bonnes notes. (If I work well, I'll get good marks.)

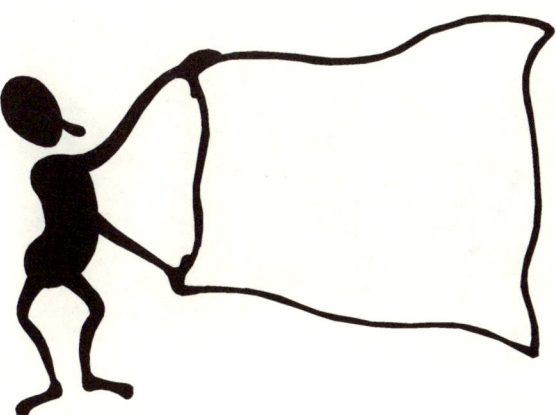

© Dr. H. Klippert

M 4a   **Arbeitsblatt: Englisch**

Task 1. *Underline the verb forms and compare.*
2. *What is the difference between conditional sentences type I and II? Describe how the verb forms change.*

Type I

1. If you give me 5 $,
   I'll go to the cinema tonight.

2. If I win a lot of money,
   I'll fly to America this summer.

3. If we meet Jenny this afternoon,
   we'll ask her about last night's
   party.

4. If they leave at 7 o'clock,
   they'll be just in time for the
   match.

5. If our football team plays well,
   they'll win the championship.

Type II

If you gave me 5 $,
I'd go to the cinema tonight.

If I won a lot of money,
I'd fly to America this summer.

If we met Jenny this afternoon,
we'd ask her about last night's
party.

If they left at 7 o'clock,
they'd be just in time for the
match.

If our football team played well,
they would win the championship.

if-clause: ....

main clause: ....

© Dr. H. Klippert

M 4b   **Arbeitsblatt: Französisch**

Tâche   *1. Marquez les verbes et comparez-les.*
        2. Quelle est la différence entre les propositions circonstancielles du type I et II ? Décrivez la concordance des temps.

Type I	**Type II**
1. Si tu me donnes 100 Francs, j'achèterai un CD de MC Solaar.	Si tu me donnais 100 Francs, j'achèterais un CD de MC Solaar.
2. Si vous avez de la chance, vous gagnerez le gros lot.	Si vous aviez de la chance, vous gagneriez le gros lot.
3. Si nous sommes sages, nous irons à la piscine.	Si nous étions sages, nous irions à la piscine.
4. Si elle part à sept heures, elle arrivera à l'heure.	Si elle partait à sept heures, elle arriverait à l'heure.
5. Si je prends un parapluie, il ne pleuvra pas.	Si je prenais un parapluie, il ne pleuvrait pas.

Si-Satz: ....

Hauptsatz: ....

© Dr. H. Klippert

M 5	**Arbeitsblatt: Englisch**

Task Put in the right verb forms:

Type I

1. If I .... (meet) my favourite pop star today, I .... (sing) his latest song for him.

2. If the sun .... (shine) tomorrow, we .... (spend) the day at the beach.

3. If you .... (be) a real friend, you .... (help) me.

Type II

1. If I .... (be) you, I .... (prepare) for the test.

2. If I .... (speak) Spanish, I .... (talk) to our new Spanish neighbours.

3. If my friend .... (not listen) to loud music all day, he .... (hear) the telephone ring.

© Dr. H. Klippert

M 6

Französisch

Julie rêve …:
Si je gagnais le gros lot, je …

Englisch

Nancy is dreaming …:
If I won a lot of money, I …

© Dr. H. Klippert

3.3 Sich im Ausland bewerben

(Anja Husemeyer)

Viele unserer SchülerInnen werden früher oder später in die Situation geraten, dass sie sich auf einen Praktikums-, einen Ausbildungs-, einen Studien- oder gar einen regulären Arbeitsplatz im Ausland bewerben müssen. Während in den Fächern Deutsch und Sozialkunde der neunten und zehnten Klassen das Thema Berufswahl eingehend behandelt wird, widmet sich der Fremdsprachenunterricht dieser Aufgabe nur selten. Dabei kann gerade der Fremdsprachenunterricht – und hier insbesondere das Fach Englisch – einen besonderen Beitrag leisten. Denn zum einen wird es im Zuge der fortschreitenden europäischen Integration sowie der Globalisierung in den nächsten Jahren immer wahrscheinlicher, dass unsere SchülerInnen an Bewerbungsverfahren in der Fremdsprache teilnehmen müssen. Zum anderen bietet das Thema »Bewerbung« die Möglichkeit, die SchülerInnen der späten Mittelstufe und/oder Sekundarstufe II in eine Kommunikationssituation in der Fremdsprache zu versetzen, die ihren persönlichen Bedürfnissen wirklich entspricht. Daher wird das Thema Bewerbung von den SchülerInnen erfahrungsgemäß sehr positiv aufgenommen, und das umso mehr, je praxis- bzw. handlungsorientierter das Thema angegangen wird. Gerade hierauf liegt der Schwerpunkt dieser Lernspirale. Die SchülerInnen verfassen auf eine konkrete Stellenanzeige hin eine schriftliche Bewerbung mit Lebenslauf und nehmen an zwei unterschiedlichen Arten von simulierten Vorstellungsgesprächen teil, wie sie so oder ähnlich häufig in der Praxis durchgeführt werden. Oftmals berichten einzelne SchülerInnen während oder nach der Durchführung dieser Simulationen im Klassenraum, dass sie ganz ähnliche Vorstellungsverfahren bereits erlebt haben. Dies beweist die Relevanz solcher Lernspiralen und -aktivitäten. Die Erfahrung zeigt, dass Bewerber, die solche Simulationen durchlaufen haben, in aller Regel bessere Erfolgschancen im »Ernstfall« haben. Auch die Tatsache, dass Bewerbungen im Deutsch- bzw. Sozialkundeunterricht meist schon vorher thematisiert worden sind, spricht keineswegs gegen die Wiederaufnahme im Fremdsprachenunterricht. Ganz im Gegenteil: Die betreffenden Englisch- oder Französischlehrkräfte können unter diesen Umständen auf Vorwissen zurückgreifen und dieses festigen und/oder ergänzen. Die Herausforderung für die SchülerInnen liegt dann in der Bewältigung der Aufgaben in der Fremdsprache.

Je nach Zeitkontingent und Sprachkompetenz der SchülerInnen sind für die skizzierte Makrospirale fünf bis zehn Unterrichtsstunden zu veranschlagen. Auch in Lerngruppen mit geringerer Sprachkompetenz ist zumindest das Verfassen von Bewerbungsschreiben bei Vorliegen geeigneter Hilfen und Instruktionen zu leisten (vgl. *M 1*). Ebenso erfordert die erste Simulation eines Bewerbungsgespräches keine

Makrospirale zum Thema Bewerbung

(Mögliche Arbeitsinseln und Arbeitsschritte)

Vorwissen/Voreinstellungen aktivieren

A 1: Brainstorming zum Thema »Eine Bewerbung schreiben« (Einzelarbeit ⇨ Doppelkreisgespräche ⇨ Gruppenarbeit: Plakate gestalten ⇨ Tandempräsentation im Plenum)

Neue Kenntnisse/Verfahrensweisen erarbeiten

A 2: Eine Bewerbung schreiben (Bewerbungsschreiben verfassen in EA oder PA ⇨ Kontrollphase/PA ⇨ Gruppengespräche ⇨ Präsentation nach Los im Plenum ⇨ Auswertung + Lehrerinfo)

A 3: Das Bewerbungsschreiben überarbeiten (Partnerarbeit ⇨ Sichtung und Fehleranalyse in GA ⇨ Fehlerpräsentation mittels Clustermethode ⇨ Aussprache und Lehrerinfo)

Komplexere Anwendungs-/Transferaufgaben

A 4: Simulationsspiel I zum Bewerbungsgespräch (Vorbereitung in EA ⇨ vertiefende Vorbereitung und Klärung in GA ⇨ ausgeloste SchülerInnen präsentieren Bewerbungsgespräch)

A 5: Auswertungssequenz (Plus und Minus in EA notieren/einen Favoriten auswählen ⇨ Austausch in Gruppen/einen gemeinsamen Kandidaten bennen + Gründe notieren ⇨ Präsentation im Plenum)

A 6: Simulationsspiel II zum Bewerbungsgespräch (Argumente zu einer These in EA erarbeiten ⇨ Meinungsaustausch in GA + Stellungnahme formulieren ⇨ Einzelne Gruppenmitglieder simulieren das Bewerbungsgespräch/die übrigen SchülerInnen beobachten)

A 7: Auswertungssequenz (Bewertung der Präsentationen in EA ⇨ Meinungsbildung in GA ⇨ Präsentation der Ergebnisse im Plenum ⇨ Reflexion + Lehrerinfo)

Mögliche Kombinationen der Arbeitsinseln

A 1 – A 2 – A 3: Verfassen und Optimieren von Bewerbungsschreiben

A 1 – A 2 – (A 3) – A 4/5: Verfassen von Bewerbungsschreiben und einfaches Vorstellungsgespräch (geringe Sprachkompetenz nötig)

A 1 – A 2 – (A 3) – A 4/5 – A 6/7: Im Vergleich zur zweiten Kombination kommt hinzu, dass ein anspruchsvolleres Vorstellungsgespräch gefordert ist, das mittlere bis gute Sprachkompetenz voraussetzt.

Abb. 23

© Dr. H. Klippert

besonders hohe Sprachkompetenz, wenn den SchülerInnen ausreichend Zeit zur Vorbereitung gegeben wird. Erst die zweite Simulation setzt höhere Sprachkompetenz voraus, da sich die SchülerInnen hier – im Gegensatz zur ersten Simulation – nicht allein auf schriftliche Notizen und geübte Vorträge verlassen können, sondern weitgehend spontan mündlich reagieren müssen. Diese zweite Simulation eignet sich daher insbesondere für die Sekundarstufe II. In dieser Stufe lässt sich die skizzierte Lernspirale gut in eine sachkundliche Unterrichtsreihe zum Thema »Arbeitswelt« einfügen. Schwerpunkt einer solchen Reihe könnten z.B. die neuesten Entwicklungen auf dem Arbeitsmarkt oder auch aktuelle Zukunftsprognosen zu den Anforderungen an Berufsanfänger sein.

Einige ausgewählte Arbeitsinseln

Nähere Erläuterungen zu den schwarz unterlegten Arbeitsinseln folgen in den nachstehenden Abschnitten. Die in den Texten erwähnten Materialien (M 1ff.) werden im Anschluss dokumentiert. Diese exemplarische Konkretisierung soll Anregungen geben, wie EVA im Fremdsprachenunterricht in Gang gesetzt werden kann. Die eigene Unterrichtsvorbereitung wird dadurch freilich nicht ersetzt.

A 2: Eine Bewerbung schreiben

Nachdem in der vorangehenden Mikrospirale A 1 einige Ideen zum Schreiben einer Bewerbung auf Plakaten visualisiert worden sind, kann nun zur Tat geschritten werden. Dazu werden den SchülerInnen zusätzliche Materialien mit konkreten Instruktionen und Beispielen zum Abfassen eines Bewerbungsschreibens und eines Lebenslaufs an die Hand gegeben (siehe z.B. *M 1*). Damit die SchülerInnen einen Anlass für ihre Bewerbung bekommen, stellt die zuständige Lehrperson aktuelle Stellenanzeigen zur Verfügung, die englischsprachigen Tageszeitungen entnommen sind. Natürlich können die SchülerInnen auch selbst geeignete Stellenanzeigen mitbringen. Allerdings werden diese dann wohl in der Muttersprache formuliert sein. Im ersten Arbeitsschritt wählen die SchülerInnen eine der im Angebot befindlichen Stellenanzeigen aus und schreiben in Einzelarbeit unter Beachtung der vorliegenden Tipps und Beispiele eine darauf bezogene Bewerbung mit Lebenslauf. Dabei stehen für Nachschlagezwecke ein- und zweisprachige Wörterbücher zur Verfügung. Diese Phase beansprucht eine bis zwei Stunden und kann unter Umständen auch als vorbereitende Hausaufgabe erledigt werden. Im zweiten Arbeitsschritt werden per Los Tandems gebildet, die ihre Bewerbungen sowohl in sprachlicher als auch in inhaltlicher Hinsicht überprüfen und bei Bedarf korrigieren. Im dritten Arbeitsschritt gehen je zwei Tandems zu einer Vierer-Gruppe zusammen, präsentieren sich gegenseitig ihre Produkte und wählen schließlich eines der vorliegenden Produkte aus, das ihnen besonders gelungen erscheint. Dabei notieren sie die ausschlaggebenden

Gründe. Danach erfolgt im vierten Arbeitsschritt die Präsentation der ausgewählten Bewerbungsschreiben mittels Folie, wobei die Gruppensprecher per Los ermittelt werden. Nach der Folienpräsentation diskutiert das Plenum die sprachliche, inhaltliche und formale Qualität der präsentierten Bewerbungsschreiben und macht Verbesserungsvorschläge. Eventuell kann an dieser Stelle ergänzend ein Wortfeld zum Thema »Bewerbungsschreiben« an der Tafel entwickelt werden.

A 3: Das Bewerbungsschreiben überarbeiten

Auf Grund der am Ende von A 2 zusammengetragenen Gesichtspunkte, Vokabeln und Beispiele gehen die betreffenden Tandems in einem ersten Arbeitsschritt daran, ihre Bewerbungsschreiben und Lebensläufe zu überarbeiten und so weit wie möglich zu optimieren. Außerdem arbeiten sie die vier gravierendsten Defizite heraus, die ihnen im ersten Durchgang unterlaufen sind, und schreiben diese auf – und zwar zwei sprachliche und zwei inhaltliche/formale Defizite. Sodann werden im zweiten Arbeitsschritt je zwei Tandems mittels Losverfahren zu einer Gruppe vereint. Die Mitglieder dieser Gruppen müssen sich nun innerhalb von zehn Minuten auf die vier gravierendsten Defizite verständigen, die alle unterschreiben können. Diese Defizite werden stichwortartig und gut lesbar auf rechteckige Pappstreifen geschrieben und den einzelnen Gruppenmitgliedern zugeteilt/zugelost. Sodann erfolgt im dritten Arbeitsschritt die Präsentation der herausgefilterten Defizite mittels der vorbereiteten Pappstreifen. Dabei wechseln sich die SchülerInnen fortlaufend ab (Stafettenpräsentation). Die zusammengehörigen Defizite werden geclustert und von den betreffenden Gruppensprechern in der Zielsprache erläutert. Dabei sollten verwandte Fehlerquellen nebeneinander angebracht werden, damit am Ende unterschiedliche Schwerpunkte deutlich erkennbar werden. Dies wird solange fortgesetzt, bis alle auf Kärtchen festgehaltenen Defizite vorgetragen sind, wobei mehrfach formulierte Fehler nur einmal angepinnt werden. Auf diese Weise werden typische Fehler bewusst gemacht und durch die intensive Visualisierung und Versprachlichung im Gedächtnis verankert. Noch ein Hinweis zur Clustermethode: In ungeübten Klassen empfiehlt es sich, die vorgenommenen Zuordnungen nach dem Anbringen der Pappstreifen nochmals überprüfen und gegebenenfalls verbessern zu lassen. Ergänzende Hinweise und Erläuterungen der Lehrperson runden das Clustering ab.

A 4: Simulationsspiel I zum Bewerbungsgespräch

Die SchülerInnen erhalten im ersten Arbeitsschritt *M 2* mit dem Auftrag, in Einzelarbeit Stichworte zur Beantwortung der zehn Fragen zu notieren. Im nächsten Schritt werden mehrere Zufallsgruppen gebildet, deren Mitglieder die notierten Stichpunkte nennen, vergleichen und zu jeder der zehn Fragen eine möglichst treffende Antwort suchen und in Stichworten festhalten. In Lerngruppen mit geringer

Sprachkompetenz können die Antworten auch zunächst ausformuliert und erst dann in einen entsprechenden Stichwortzettel für die mündliche Präsentation überführt werden. Nach dieser Vorklärung folgen im dritten Arbeitsschritt gezielte gruppeninterne Interviewübungen, d.h. jedes Gruppenmitglied wird von den anderen SchülerInnen seiner Gruppe mit dem Ziel interviewt, anhand des erstellten Stichwortzettels möglichst frei zu antworten. Darüber hinaus gibt es eine vom Lehrer ausgewählte/ausgeloste Gruppe *(interviewing board, recruiting committee)* mit dem Sonderauftrag, die bevorstehenden Bewerbungsgespräche/Simulationen vorzubereiten und sich u.a. das Sitzarrangement, die Fragestrategie und die Bewertungskriterien zu überlegen. Diese Gruppe wird von Lehrerseite unterstützt und beraten. Ist die Sprachkompetenz der SchülerInnen weit genug entwickelt, um spontanes Fragen und Antworten zu gewährleisten, so kann sich das Interviewteam natürlich auch zusätzliche Fragen als Überraschungseffekte für die Bewerber überlegen. Als Anstoß dazu kann dem Interviewteam z.B. *M 3* mit einigen typischen Zusatzfragen vorgelegt werden. Diese »Überraschungsfragen« tragen dazu bei, dass die SchülerInnen realitätsnah an »echte« Vorstellungsgespräche herangeführt werden. Im vierten Arbeitsschritt schließlich folgt die Simulation der Bewerbungsgespräche im Plenum. Zu diesem Zweck wird aus jeder Gruppe ein Bewerber entsandt bzw. durch Los identifiziert, der sich dem Bewerbungsgespräch zu stellen hat. Diese Bewerber werden vor ihrem Auftritt nach draußen geschickt, damit das besagte Interviewteam den übrigen SchülerInnen die vier wichtigsten Bewertungskriterien erläutern kann, auf die besonders zu achten ist. Während des anschließenden Simulationsspiels machen sich die Beobachter entsprechende Notizen. Das Simulationsspiel selbst folgt dem Arrangement »Fishbowl« (vgl. Klippert 1995, S. 152), d.h. das Interviewteam sitzt dem jeweiligen Bewerber in der Mitte des Raumes an einem größeren Tisch gegenüber; Die Beobachter sitzen kreisförmig um diese Akteure herum und machen sich Notizen, auf die in der anschließenden Auswertungsphase Bezug genommen wird.

A 5: Auswertungssequenz

Die einzelnen Arbeitsschritte der Auswertungsphase sehen wie folgt aus: In einem ersten Schritt versammeln sich alle SchülerInnen – einschließlich der »Bewerber« – wieder in ihren Stammgruppen, tauschen ihre Beobachtungen und Einschätzungen aus und halten je drei Vorzüge und drei Defizite fest, die der eigene Bewerber im Vorstellungsgespräch gezeigt hat. Außerdem wird überlegt und stichwortartig festgehalten, was in welcher Weise beim nächsten Mal verbessert werden könnte. Und schließlich wird natürlich auch besprochen und begründet, welcher Bewerber wohl am überzeugendsten aufgetreten ist. Zur gleichen Zeit verständigt sich das Interviewteam auf der Basis der getroffenen Vorabsprachen, welchem Bewerber wohl der Zuschlag zu geben ist und warum. Was die einzelnen Bewerber angeht, so können diese in der skizzierten Arbeitsphase auch zu einer separaten Gruppe zusammengefasst werden, in der sie über ihre persönlichen Erfahrungen und Schwierigkeiten beraten. Im zweiten Arbeitsschritt werden die Gruppenergebnisse von je einem nach dem Zufallsprinzip bestimmten Gruppenmitglied vorgetragen. Hierbei kann es durchaus auch sein, dass der eine oder andere »Bewerber« als Gruppensprecher an die Reihe kommt. Im dritten und letzten Arbeitsschritt präsentiert schließlich das Interviewteam seine Entscheidung und trägt die ausschlaggebenden Gründe vor. Ergänzende Hinweise und Erläuterungen der Lehrperson runden diesen Auswertungsprozess ab. Der Zeitansatz für diese Mikrospirale beträgt etwa eine Unterrichtsstunde.

A 6: Simulationsspiel II zum Bewerbungsgespräch

Das im Mittelpunkt dieser Mikrospirale stehende Gesprächsarrangement korrespondiert mit den gängigen Verfahren im Rahmen so genannter »Assessment Centres« und bereitet so relativ realitätsnah auf zukünftige Bewerbungssituationen vor. Ausgangspunkt des Arbeitsprozesses ist das Thesenblatt M 4. Dieses kann natürlich auch mit anderen Thesen bestückt sein; wichtig ist nur, dass genügend Thesen vorliegen, damit mehrere vier- bis fünfköpfige Schülergruppen gebildet werden können. Die besagten Thesen werden vorab mehrfach von Lehrerseite auf verschiedenfarbige DIN-A4-Blätter kopiert, auseinandergeschnitten und entsprechend der Schülerzahl als »Loskärtchen« vorbereitet. In einem ersten Arbeitsschritt ziehen die SchülerInnen nun je eine These und formulieren dazu in Einzelarbeit drei Pro- und drei Kontra-Argumente. Im zweiten Arbeitsschritt gehen die Schülerinnen und Schüler mit gleichen Farben/Thesen zusammen, tauschen ihre Argumente aus und verständigen sich schließlich auf je fünf Pro- und Kontra-Argumente, die von allen in der Gruppe akzeptiert werden können (vgl. Schneeballmethode, Klippert 1995, S. 150). Anschließend formulieren sie zu ihrer jeweiligen These eine korrespondierende Stellungnahme. Diese Textproduktion kann in sprachlich fortgeschrittenen Gruppen auch weggelassen und durch das Formulieren geeigneter Stichpunkte ersetzt werden.

Im Mittelpunkt des vierten Arbeitsschrittes steht sodann das besagte Simulationsspiel. Dazu wählt/lost jede Gruppe einen »Bewerber« aus, der zu der in der Gruppe behandelten These ein Bewerbungsgespräch zu absolvieren hat. Der Gesprächsverlauf selbst sieht so aus, dass eine erste Gruppe per Meldung oder Los ermittelt wird, deren VertreterIn den Reigen der Bewerbungsgespräche eröffnet. Zu Beginn des Gesprächs werden die jeweiligen Bewerber mit ihren Stellungnahmen kurz vor die Tür geschickt und dem Rest der Lerngruppe sowohl das Verfahren als auch der in M 5 abgebildete Beobachtungsbogen erläutert. Dann beginnt das Bewerbungsgespräch. Das entsprechende Setting sieht so aus, dass der jeweilige Bewerber zusammen mit seinen »Konkurrenten« in der Mitte des Klassenraumes sitzt (Fishbowl), umringt von den beobachtenden MitschülerInnen sowie dem zuständigen Auswahlkomitee (Lehrer + zwei SchülerInnen). Die Stühle und Tische werden für das Bewerbungsgespräch jeweils so arrangiert, dass der betreffende Bewerber zwar bei seiner »Arbeitsgruppe« sitzt, allerdings so platziert ist, dass er auch leicht Blickkontakt zum Auswahlkomitee *(interviewing board, recruiting committee)* suchen und aufnehmen kann.

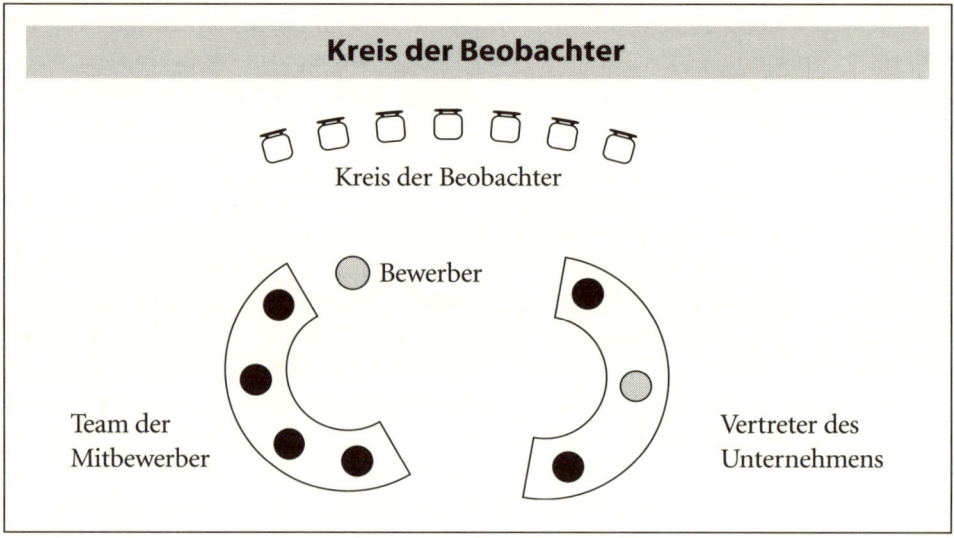

Aufgabe des jeweiligen Bewerbers während des laufenden Bewerbungsgesprächs ist es, zusammen mit seiner Arbeitsgruppe eine möglichst einvernehmliche Stellungnahme zur eigenen These zu erarbeiten. Dafür gibt es rund zehn Minuten Zeit. Wie sich der betreffende Bewerber verhält, wie er steuert und moderiert, wie er seine »Mitarbeiter« zur konstruktiven Mitwirkung zu veranlassen versucht, das ist allein seine Sache. Die Beobachter führen während des Gruppengesprächs Protokoll und notieren anhand von *M 5* die registrierten Auffälligkeiten. Dabei richten sie ihr Augenmerk zwar vorrangig auf den jeweiligen Bewerber, erfassen punktuell jedoch auch das Verhalten der »Mitarbeiter«. Nach Ablauf der ersten zehn Minuten wird dann unterbrochen und der zweite Bewerber kommt an die Reihe. Der erste Bewerber wechselt nun in die Rolle des »Mitarbeiters«. Die Reihenfolge der Bewerbungsgespräche richtet sich nach der Meldung der Bewerber. Bei sechs Thesen und sechs Gruppen dauert die gesamte Bewerbungsprozedur also mindestens 60 Minuten. Allerdings kann das Verfahren auch auf zwei oder drei exemplarische Bewerbungsgespräche eingegrenzt werden. Darüber hinaus können die einzelnen Bewerbungsgespräche mit Video aufgenommen und später näher analysiert werden. Die Auswertung der simulierten Bewerbungsgespräche erfolgt in einer nächsten Arbeitsetappe, die analog zu der in A 5 beschriebenen Verfahrensweise gestaltet wird. Ergänzende Hinweise, Anregungen und Erläuterungen der zuständigen Lehrperson runden die Auswertungsphase ab, und zwar analog zu der in A 5 geschilderten Vorgehensweise.

Zusammenfassende Hinweise zur Methodenpflege

Der Schwerpunkt liegt im Rahmen der skizzierten Mikrospiralen im kommunikativen und im kooperativen Bereich. Diesbezüglich erhalten die SchülerInnen diverse Möglichkeiten, in der Fremdsprache zu kommunizieren und die eigene Sprachkompetenz gezielt weiterzuentwickeln. Die SchülerInnen müssen sich in Tandems oder in Kleingruppen wechselseitig vortragen und besprechen; sie müssen Kritik anbringen und annehmen; sie müssen im Doppelkreis oder im Plenum kleine Vorträge halten bzw. Präsentationen bewältigen; sie müssen argumentieren und einen Gruppenprozess erfolgreich zu steuern versuchen; sie müssen Feedback formulieren und in sonstiger Weise Metakommunikation betreiben; sie müssen sich in ihren Gruppen einigen und gemeinsame Stellungnahmen formulieren etc. Aber auch in puncto Lern- und Arbeitstechniken werden sie gefordert und gefördert. Das beginnt beim gezielten Lesen, Markieren, Nachschlagen und Exzerpieren relevanter Informationen und reicht über das Anfertigen von Notizen, Protokollen, Vortragsleitfäden und Bewerbungsschreiben bis hin zu den Methoden des Visualisierens und Clusterns.

M 1   Applying for a Job

Imagine: having finished your apprenticeship, studies, or professional training you are looking for a job. Maybe you have already taken up a job and want to change? Decide on one of the given advertisements and write a letter of application including a curriculum vitae (CV) to apply for the job offered.

Curriculum Vitae (CV)
Every aspect of your CV should convey a positive impression. You should therefore use good-quality-stationery and pay attention to clear and consistent layout. Select the information with care and avoid repetitions or mistakes. You may either prefer to list your items or to compose a continuous text, which at least in some European countries should usually still be handwritten. Begin your CV with your personal data such als full name and address, date and place of birth, then mention your school and university education, your qualifications and your possible training. List your previous work experience and achievements if you have had any so far and at the end mention your hobbies or outside interests, i.e. not job-related activities, as well as potential references.

Zusätzlich werden ausgewählte Bewerbungsschreiben und Lebensläufe bereitgestellt (z.B. aus dem Anhang des Duden Oxford)

© Dr. H. Klippert

M 2

Questions to be well-prepared for

The Job Interview

In groups of four prepare to hold an interview for a job. The interviewers own a large department store in the centre of town. It employs 200 people. The manager has just resigned. They are interviewing the applicants for the post of manager. You, the applicants, have been managers of a medium-sized supermarket in the centre of town for 10 years. You think you have been successful and a good boss. You are lucky to have been informed about the questions the interviewers will ask you in advance. Thus your task is now to prepare for the interview by finding adequate answers to the questions below:

Questions

1. Why would you like to leave your present job?

2. Say a little about the work you do.

3. How long have you been manager?

4. What is the worst problem you have had in your present job?

5. What makes you think you will enjoy this new job?

6. Do you think you are popular with the people who work for you?

7. If you could choose your own boss, what kind of person would you choose?

8. Think of the situation where one of your employees was late for work three days out of four. He is a very good worker. What would you do?

9. What do you think you will be doing in 10 years time?

10. What do you do in your spare time?

(Erstellt in Anlehnung an: Eric Keller and Sylvia T. Warner: What I'm saying is … English conversation lessons that work. (special edition prepared by fee-Sprachreisen, 1988), p. 79.)

© Dr. H. Klippert

M 3 — Additional Questions for the Interview

(recommended answers in brackets)

Tell us something about yourself.
(be brief and precise, focus on job and private life, do not repeat your CV)

What do you know about our company?
(applicants should be informed about products, size, reputation/image, problems and ask the interviewers about special aspects, showing real interest in the company)

How would you define a competent department store manager?
(brief answer focused on actions and results)

What were your five most significant accomplishments in your last position?
(be prepared for this question!)

Give a definition of success. How successful have you been so far?
(success not only focused on yourself, but also relating to others and goals/missions; be positive but honest and not over-enthusiastic about your own success)

What is special about you and why should we hire you?
(show self-confidence and orientation towards the needs of the company)

What is your biggest weakness?
(be honest, naming a real, but not too negative weakness)

© Dr. H. Klippert

M 4 — Statements on the World of Work

Lower wages can reduce the unemployment rate!

Time means money!

Everyone who really wants to work can find a job!

Flexibility is the ultimate solution!

Today's unemployment rate will lead to a two-tier-society!

Increased productivity permits increased wages and leads to an increased standard of living!

© Dr. H. Klippert

M 5	Observer's sheet

⇨ Fill in marks for each applicant, ranging from 1 (excellent) to 6 (very poor)

features	applicant 1	applicant 2	applicant 3	applicant 4	applicant 5
willing to start first					
turns toward tm *(tm = team member)*					
addresses tm					
takes the initiative					
tries to establish eye contact with tm					
creates a friendly/ comfortable atmosphere					
able to cooperate					
able to communicate adequately with tm					
able to compromise					
able to convince others					
able to express his/her point of view clearly					
writes down results					
time management					
comes to a satisfying result in due time					
general impression					
average mark					

© Dr. H. Klippert

3.4 Arbeiten mit »song texts«

(Anja Husemeyer)

Ein nicht zu unterschätzender Vorteil dieser Lernspirale liegt in der intrinsischen Motivation, die englische *songs* erfahrungsgemäß bei den SchülerInnen auszulösen vermögen: Denn das Hören englischer *popsongs* gehört unbestreitbar zu den Lieblings-Freizeitbeschäftigungen unserer SchülerInnen. Diese nun zum Unterrichtsgegenstand zu machen, bedeutet die Interessen der SchülerInnen unmittelbar aufzugreifen und für Lernfortschritte in der Fremdsprache nutzbar zu machen. Hierbei spielen affektive Lernziele eine wichtige Rolle, die die Lernmotivation im fremdsprachlichen Bereich erheblich fördern.

Dieses Anknüpfen an Schülerinteressen hat zudem zur Konsequenz, dass die SchülerInnen selbst die benötigten Unterrichtsmaterialien wie CDs mitbringen und die korrespondierenden Liedtexte in Jugendmagazinen oder im Internet beschaffen können. Auch das Erstellen eigener Liedtexte ist möglich. So gesehen ist der Vorbereitungsaufwand für die Lehrperson in aller Regel relativ gering. Hinzu kommt, dass den SchülerInnen vertraute Medien wie Disc-/Walkman oder Kassettenrecorder sinnvoll in den Unterricht integriert werden können und die Freude beim Lernen steigern. Hilfreich können zudem einzelne *playback*-Versionen sein, zu denen die SchülerInnen neue Texte produzieren.

Für die Auswahl von *popsongs* als Unterrichtsgegenstand spricht außerdem, dass diese Songs in aller Regel sprachlich und/oder gedanklich relativ einfache Texte aufweisen, die durch Redundanzen (Refrain) gekennzeichnet sind und eine nicht zu unterschätzende Authentizität ausstrahlen, die von den meisten SchülerInnen ausgesprochen positiv bewertet wird. Als weiteres Positivum der *popsongs* kommt hinzu, dass die SchülerInnen erfahrungsgemäß vorzugsweise gängige *songs* auswählen, die ihnen zumindest teilweise schon vertraut sind. Von daher kann die skizzierte Makrospirale unabhängig vom Lehrbuch schon ab dem 3. Lernjahr, also ab Klasse 7, zum Einsatz kommen. Andererseits gibt es natürlich auch anspruchsvolle Liedtexte, die den Einsatz der nachfolgend vorgestellten Arbeitsarrangements auch in der Sekundarstufe II möglich machen.

Die Arbeit an und mit ausgewählten *popsongs* begünstigt indes nicht nur die kurzfristige Motivation der SchülerInnen, sondern hat auch einen Langzeiteffekt. Sie erlaubt den SchülerInnen die Erfahrung zu machen, dass sie bei genauem Hinhören die fremdsprachlichen Texte der Songs sehr wohl verstehen und durch wiederholtes Anhören auch langfristig im Gedächtnis speichern können. Diese Positiverfahrung führt bei vielen SchülerInnen dazu, dass sie nicht nur die behandelten *songs* im Geiste reaktivieren, sondern beim Hören anderer englischer Songs ebenfalls

Makrospirale zum Thema »song texts«

(Mögliche Arbeitsinseln und Arbeitsschritte)

Vorwissen/Voreinstellungen aktivieren

A 1: Vorlieben für englische *songs* charakterisieren (in Einzelarbeit Notizen erstellen ⇨ Doppelkreisgespräch ⇨ Erfahrungsaustausch in Kleingruppen ⇨ Berichten nach Los im Plenum)

Neue Kenntnisse/Verfahrensweisen erarbeiten

A 2: *song* für eine Präsentation vorbereiten (in Gruppenarbeit *song* auswählen ⇨ Informationen zu Sängern/Titel/Musikrichtung beschaffen ⇨ den Liedtext schriftlich reproduzieren und als Lückentext gestalten ⇨ Präsention/Bearbeitung)

Komplexere Anwendungs-/Transferaufgaben

A 3: Einen *song text* verfassen (in Einzelarbeit Textideen zu einem bestimmten Musikstück oder Liedthema notieren ⇨ in Partner- oder Gruppenarbeit Text verfassen ⇨ dazu Lückentext erstellen ⇨ Präsentation/Bearbeitung ⇨ Blitzlicht zum Arbeitsprozess)

A 4: *song* in eine andere Textsorte transformieren (in Gruppenarbeit geeignete Textsorte vereinbaren ⇨ Text produzieren ⇨ Präsentation und Reflexion im Plenum)

Abb. 24

© Dr. H. Klippert

auf die Texte achten und sich somit im Sinne von *listening comprehension* auch in der Freizeit üben. Neben dem Hören werden im Verlauf der Lernspirale selbstverständlich auch Fertigkeiten in den Bereichen Schreiben und Sprechen geschult. Arbeiten die SchülerInnen zudem mit schriftlich vorliegenden *song*-Texten, tritt noch *reading comprehension* hinzu.

Der Zeitaufwand für die Umsetzung der skizzierten EVA-Arrangements beträgt rund drei bis sechs Unterrichtsstunden, wobei sich die Präsentation der *songs* ohne weiteres auf mehrere auseinander liegende Stunden verteilen lässt. Auf diese Weise kann der Englischunterricht über einen längeren Zeitraum durch Einstreuen von *song lessons* aufgelockert werden. Möglich ist darüber hinaus fächerübergreifendes Lernen in Verbindung mit den Fächern Musik und/oder Deutsch.

Erläuterungen zu den Arbeitsinseln

Nähere Erläuterungen zu den Arbeitsinseln folgen in den nachstehenden Abschnitten. Die in den Texten erwähnten Materialien (M 1ff.) werden im Anschluss dokumentiert. Diese exemplarische Konkretisierung soll Anregungen geben, wie EVA im Fremdsprachenunterricht in Gang gesetzt werden kann. Die eigene Unterrichtsvorbereitung wird dadurch freilich nicht ersetzt.

A 1: Vorlieben für englische Songs chrakterisieren

Im Rahmen dieser Arbeitsinsel sollen die SchülerInnen sowohl ihre eigenen Vorlieben für bestimmte Musikrichtungen bestimmen und verbalisieren als auch die ihrer MitschülerInnen kennen lernen. Zu diesem Zweck werden sie in einem ersten Arbeitsschritt in einer fünf- bis zehnminütigen Stillarbeitsphase aufgefordert, ihre persönlichen Vorlieben in Einzelarbeit schriftlich zu fixieren. Hierzu wird ihnen ein Fragenkatalog vorgelegt und das erforderliche englische Sprachmaterial zur Beschreibung ihrer Lieblingsmusik zur Verfügung gestellt (s. M 1). Diese Hilfen können je nach Leistungsstand der SchülerInnen kürzer oder ausführlicher gefasst werden. Je nach Sprachkompetenz notieren die SchülerInnen entweder ganze Sätze oder nur Stichworte, wobei innerhalb der Lerngruppe auch eine Binnendifferenzierung vorgenommen werden kann. Die SchülerInnen entscheiden selbst, wie stark sie schriftlich vorformulieren müssen – wohl wissend, dass sie anschließend anhand eines Stichwortzettels in freier Rede vortragen müssen. Das setzt natürlich ein gewisses Maß an Methoden- und Kommunikationsschulung voraus. Im zweiten Arbeitsschritt setzen sich die SchülerInnen paarweise im Doppelkreis gegenüber und berichten ihrem jeweiligen Partner über ihre musikalischen Vorlieben (zum Doppelkreis vgl. Klippert 1995, S. 132). Diejenigen, die zuhören, machen sich jeweils Notizen, um das Gehörte anschließend in eigenen Worten kurz zusammenzufassen. Dann rücken die SchülerInnen des Innenkreises im Uhrzeigersinn drei Stühle weiter, so dass neue Gesprächspaare entstehen. Diese berichten und wiederholen nun wechselseitig in der gleichen Weise wie in der ersten Runde. Dieses »Kommunikationsspiel« läuft in der Regel über drei Stationen. Dann werden im dritten Arbeitsschritt mehrere Zufallsgruppen gebildet, die intern nochmals berichten und dann die wichtigsten Ergebnisse und Erkenntnisse ihres Erfahrungsaustauschs in einem knappen Statement zusammenfassen und stichwortartig notieren. Im vierten und letzten Arbeitsschritt tragen ausgeloste Gruppen vor, wobei jeweils eine Tandempräsentation verlangt wird.

A 2: Song für eine Präsentation vorbereiten

Zur Vorbereitung dieser Arbeitsinsel wird den SchülerInnen aufgetragen, je eine CD/Kassette mit ihrer Lieblingsmusik und – soweit vorhanden – auch den entsprechenden *song text* sowie das benötigte Abspielgerät (Disc-/Walkman) mitzubringen. Schließt sich A 2 unmittelbar an A 1 an, so wird dieser Vorbereitungsauftrag als Hausaufgabe schon vor Beginn des Arbeitsprozesses A 2 erteilt. Dieses Timing hat sogar den Vorteil, dass die SchülerInnen dann schon sehr früh für das Thema *pop songs* sensibilisiert und zur Reflexion der eigenen Musikvorlieben veranlasst werden. Zum Arbeitsprozess im Einzelnen: Zu Beginn des ersten Arbeitsschrittes werden mehrere Zufalls- oder Neigungsgruppen mit je drei bis vier SchülerInnen gebildet, die die Aufgabe erhalten, unter Berücksichtigung der Arbeitsanweisungen in M 2 einen bestimmten *song* auszuwählen und zu diesem detaillierte Informationen einzuholen, die später im Plenum präsentiert werden können (Sänger/Musikrichtung/ Text etc.). Für die Bildung von Neigungsgruppen spricht u.a., dass sich SchülerInnen mit einem ähnlichen Musikgeschmack in aller Regel leichter tun, eine tragfähige Zusammenarbeit sicherzustellen. Sobald sich die jeweilige Gruppe für einen bestimmten *song* entschieden hat, wird dessen Titel an die Tafel geschrieben und so für alle anderen Gruppen »gesperrt«, damit bei der späteren Präsentation nicht mehrfach der gleiche *song* im Mittelpunkt steht. Die Arbeit der betreffenden Gruppenmitglieder an und zu ihrem *song* läuft alsdann darauf hinaus, dass einmal zum betreffenden Liedtext ein Lückentext erstellt und zum Zweiten ein Vortragsleitfaden mit wichtigen Eckdaten zum ausgewählten *song* erstellt wird. Auf diese Weise wird das anstehende Vokabular recht differenziert geklärt und angewandt. Zur Unterstützung dieser Arbeit müssen zweisprachige Wörterbücher zur Verfügung stehen.

Im zweiten Arbeitsschritt wird präsentiert. Hierbei ist wichtig, dass die erstellten Lückentexte im Vorfeld der Präsentation von Lehrerseite auf sprachliche Richtigkeit kontrolliert werden. In sprachlich versierten Lerngruppen kann auch so verfahren werden, dass ohne vorherige Lehrerkontrolle präsentiert wird; allerdings ist dann das Plenum aufgefordert, etwaige Fehler im Lückentext direkt zu korrigieren und in der anschließenden Auswertungsrunde anzusprechen. Die Präsentation der vorbereiteten Vorträge sollte so erfolgen, dass die betreffenden Grundinformationen zu den ausgewählten *songs* in freier Rede und unter Beteiligung aller Gruppenmitglieder dargeboten werden (zum Teamvortrag vgl. Klippert 1995, S. 193). Natürlich setzt dieses auf Schülerseite eine gewisse methodische Übung voraus.

Krönender Abschluss ist im dritten Arbeitsschritt das Vorspielen der Songs mittels Kassettenrecorder sowie das Ergänzen der Lückentexte. Um Kopieraufwand zu vermeiden, ist in M 2 vorgesehen, dass die einzelnen Lückentexte auf Folie übertragen werden. Die SchülerInnen haben nun beim Vorspielen des jeweiligen *songs* die Aufgabe, die fehlenden Wörter schriftlich zu notieren. Die präsentierende Gruppe erfragt sodann die einzusetzenden Wörter unter Nennung der im Lückentext angegebenen Ziffern. Selbstverständlich können die erstellten Lückentexte auch für alle SchülerInnen kopiert und von Hand ausgefüllt werden. Dieses Verfahren hat den Vorteil, dass die SchülerInnen die vorgestellten Texte Schwarz auf Weiß mit nach Hause nehmen und dort nochmals lesen und unter Umständen auch zwecks späteren Mitsingens auswendig lernen können.

A 3: Einen song text verfassen

Diese Produktionsarbeit kann zum einen natürlich auf die Hausaufgaben verlagert werden. Zum anderen bietet sie sich aber auch als Gegenstand einer gestuften Einzel-, Partner- und Gruppenarbeit an – mit dem Vorteil, dass sich die SchülerInnen wechselseitig helfen und kontrollieren können. Der erste Arbeitsschritt im Rahmen dieser Mikrospirale sieht so aus, dass die SchülerInnen in Einzelarbeit zu je einem bestimmten Musikstück einen persönlichen Text zu verfassen versuchen. Hierbei geht es zunächst nur darum, erste Ideen und Textfragmente zu entwickeln und unter Zuhilfenahme des zweisprachigen Wörterbuches zu notieren. Im zweiten Arbeitsschritt gehen dann die SchülerInnen, die sich vorab für das gleiche Musikstück entschieden haben, in Kleingruppen zusammen, tauschen ihre Ideen aus und erstellen und optimieren gemeinsam ihren Liedtext. Ist dieser fertig, so produzieren sie außerdem einen entspechenden Lückentext, der den MitschülerInnen später zwecks Rekonstruktion des betreffenden Liedtextes vorgelegt werden kann. Im dritten und letzten Arbeitsschritt werden die erstellten Lückentexte an die Mitglieder der anderen Gruppen weitergegeben und von diesen ausgefüllt. Hierbei geht es nur in sprachlicher Hinsicht um »Richtig« oder »Falsch«, nicht dagegen im Hinblick auf den Inhalt, da dieser natürlich intersubjektiv verschieden sein kann. Eine alternative oder ergänzende Form der Präsentation kann unter Umständen auch so aussehen, dass der jeweilige Liedtext von den verantwortlichen Gruppenmitgliedern – je nach Neigung und Fähigkeit – nur vorgelesen, rhythmisch gesprochen, gerappt, gesungen oder gar durch Musikinstrumente wie Gitarre untermalt wird. Hier bietet sich die Kooperation mit dem Musikunterricht an.

A 4: Song in eine andere Textsorte transformieren

Diese Arbeitsinsel ist sowohl im Anschluss an A 3 als auch alternativ dazu denkbar. Sie kann zum einen als vertiefende Hausaufgabe vorgesehen werden, zum anderen aber auch Gegenstand des regulären Englischunterrichts sein. Wie in den Erläuterungen zu A 3 bereits angeführt, spricht einiges für die Integration der Textproduktion in den Unterricht. Der Arbeitsprozess beginnt damit, dass die SchülerInnen im ersten Arbeitsschritt den Auftrag erhalten, den in A 2 oder A 3 thematisierten *song text* in Partner- oder Gruppenarbeit in eine andere Textsorte zu transformieren. Die Palette der möglichen Textsorten reicht dabei vom Brief oder Telefongespräch über Tagebucheintrag (in der 1. Person) und Romanauszug (in der 3. Person) bis hin zum Hörspiel oder Kurzdrama. Im zweiten Arbeitsschritt werden die erstellten Produkte vor der Klasse präsentiert, wobei als Präsentationsformen u.a. Vorlesen, darstellendes Spiel, Kassetteneinspielung oder Videopräsentation in Frage kommen. Diese produktive und kommunikative Vorgehensweise hat den Vorteil, dass sich die SchülerInnen in vielfältiger Form der Fremdsprache bedienen müssen. Im dritten und letzten Arbeitsschritt werden die einzelnen Präsentationen besprochen und gewürdigt. Ergänzende Hinweise und Erläuterungen der Lehrperson runden den Arbeitsprozess ab.

Zusammenfassende Hinweise zur Methodenpflege

Wie sich den vorstehenden Erläuterungen entnehmen lässt, haben die SchülerInnen im Rahmen der skizzierten Makrospirale *song texts* in vielfältiger Weise Gelegenheit, sich in methodischer, kommunikativer und kooperativer Hinsicht zu üben. Vorgesehen sind u.a.: Texte lesen und Texte exzerpieren, Informationen recherchieren und in Wörterbüchern nachschlagen, Notizen machen und Arbeitsaufträge erfassen, Liedtexte produzieren und Spickzettel/Vortragsleitfäden erstellen, Lückentexte anfertigen und Folien gestalten, Arbeitsprozesse planen und Zeitmanagement üben etc. Neben diesen Lern- und Arbeitstechniken kommen natürlich auch und zugleich diverse Kommunikations- und Kooperationstechniken zum Tragen. So sind die SchülerInnen u.a. gefordert, fremdsprachliche Texte vorzulesen und in der Zielsprache frei zu reden, in Gruppen miteinander zu reden und aktiv zuzuhören, gezielt zu fragen und präzise zu antworten, kleine Vorträge zu halten und Produkte im Plenum zu präsentieren, konstruktiv zusammenzuarbeiten und gemeinsame Entscheidungen zu treffen, sich wechselseitig zu helfen und kooperativ zu präsentieren, Feedback zu geben und Feedback entgegenzunehmen.

M 1 **Worksheet – Talking about your favourite music**

Note down: What is your favourite music at the moment?

⇨ To answer this question you should think about the following:

Which CDs do I listen to most of the time?
I like listening to …
I play the CD … very often.

Who is my favourite singer / group?
My favourite singer / group is…
I'm really fond of …
I really love …

What kind of music is it?
I like pop / rock / jazz / reggae / soul / folk songs / music best.
I like / prefer / hate slow / fast music.

What are the songs about?
My favourite songs are about love / music/ friends / meeting people …

Where are the singers from?
My favourite singers are from the USA/Britain …

What do I like about the songs / singers?
I like this singer / group / song because …
… it's good to dance to.
… it's got a catchy tune.
… it makes me feel happy / sad … when …
… I like singing the song myself.
… the tune gets stuck in my head.
… the singer is (terribly) good-looking!/ has such a nice/great voice.
… the song reminds me of …
… the lyrics are good.
…

You have just talked to some pupils in your class about the music they like. What did they tell you about their favourite music? Make notes to tell the class about your findings:

Some / most pupils / students like / prefer / hate … because …
None of them likes / is fond of …
…

© Dr. H. Klippert

M 2   Worksheet – Presenting a song in class

1. Decide on one English song which you want to present to the class. As soon as you have decided, write the title of the song on the board.

2. Listen to the song and write down the text of at least one stanza and the refrain. Look up the unknown words in a dictionary.

3. Copy the text on a transparency and leave about 5 gaps for the others to fill in while listening. Give a number to each gap. Ask your teacher to check your text.

4. Find out as much as you can about

a) the song:
   – when was it composed?
   – who wrote the text and why?
   – when was it first produced?
   – what is the text about?
   – …?

b) the singer(s)/group:
   – who are they?
   – when did they start their career?
   – where do they come from?
   – what other music / titles have they produced?
   – …?

5. Prepare for the presentation. Every member of the group must take part. Decide who is going to present which part, make notes for every part to use for the presentation and rehearse your presentation. Correct each other!

The parts of your presentation:

– Introduce your song: give its title, the singer's / group's name and say what you like about this song or why you chose this song.

– Present the transparency: play the song and ask the class to fill in the gaps.

– Tell the class about what you found out about the song and the singer(s).

© Dr. H. Klippert

3.5 Textarbeit und Textproduktion

(Anja Husemeyer)

Die nachfolgend skizzierten Arbeitsprozesse/Mikrospiralen zeigen, dass in diesem Abschnitt vorrangig Themen angesprochen werden, die jüngere SchülerInnen der Jahrgangsstufen 7 bis 8 betreffen und beschäftigen. Zwar kann die hier in Rede stehende Textarbeit an allen möglichen Themen und Texten aus dem Lehrbuch festgemacht werden; allerdings bietet es sich geradezu an, Jahresereignisse wie Weihnachten, Geburtstag oder Ferien ins Zentrum der Unterrichtsarbeit zu rücken und die SchülerInnen dazu mit einschlägigen Texten in der jeweiligen Zielsprache arbeiten zu lassen.

Auch die sprachliche Kompetenz, die die skizzierten Mikrospiralen von den SchülerInnen verlangen, legt den Einsatz in den Jahrgangsstufen 7 bis 8 nahe: *present tense*, *past tense* und *will-future* werden vorausgesetzt, da die thematisierten Ereignisse jeweils auf Vergangenheit, Gegenwart und Zukunft projiziert werden. Ebenso müssen die SchülerInnen in der Lage sein, einfache Sachverhalte in eigenen Worten in der Zielsprache zu formulieren.

In methodischer Hinsicht sollten die SchülerInnen über gewisse Grundkenntnisse verfügen, wie man markiert, exzerpiert, nachschlägt, Notizzettel erstellt, Plakate gestaltet und freie Kurzvorträge hält. Darüber hinaus werden sie im Rahmen der anstehenden Arbeitsprozesse immer wieder aufgefordert, in Partner- oder Gruppenarbeit die eine oder andere Aufgabe zu erledigen, sodass es fraglos von Vorteil ist, wenn auch diesbezüglich bereits eine gewisse Übung und »Abgeklärtheit« vorhanden sind. Allerdings sind diese wünschenswerten Voraussetzungen keine »conditio sine qua non«.

In fachlicher Hinsicht dienen die vorgesehenen Arbeitsinseln A 1 bis A 8 sowohl der sprachlichen als auch der landeskundlichen Arbeit der SchülerInnen. Diesbezüglich werden vielfältige Lernanlässe eröffnet. Die SchülerInnen müssen Texte eigenständig erschließen, aufbereiten, reorganisieren und reproduzieren; sie müssen Wortfelder erarbeiten und damit Wortschatzarbeit betreiben; sie müssen Texte selbstständig produzieren und bei alledem in grammatischer Hinsicht immer wieder unterschiedliche Zeiten verwenden und üben. So gesehen gibt es reichlich Raum für eine produktive und kreative Sprachgestaltung.

Im Verlauf der dokumentierten Makrospirale haben die SchülerInnen Gelegenheit, alle vier Fertigkeiten, nämlich *reading, writing, listening* und *speaking,* zu trainieren, und zwar so, dass die erworbenen Fähigkeiten und Fertigkeiten auf alle möglichen ähnlichen Lernsituationen und -aufgaben übertragbar sind. Auf diese Weise wird das fachspezifische Methodenrepertoire der Schülerinnen und Schüler gefestigt

Makrospirale zum Thema »Textarbeit«

(Mögliche Arbeitsinseln und Arbeitsschritte)

Vorwissen/Voreinstellungen aktivieren

A 1: Einen Brief an den Weihnachtsmann vervollständigen (Lückentext M 1 Brief ausfüllen ⇨ Partnerkorrektur ⇨ ausgeloste SchülerInnen lesen ihre Briefe im Plenum vor)

A 2: Wortfeld zum Thema *Christmas* oder *birthday(party)* oder *holidays* aktivieren (mögliche Wörter in EA notieren ⇨ notierte Wörter im Satzzusammenhang dem Partner präsentieren/PA ⇨ Gruppenarbeit: Erstellen eines Wortfeldes auf Plakat/Folie ⇨ Präsentation)

A 3: Über ein vergangenes Ereignis – z.B. *last Christmas* – berichten (in EA Notizen machen ⇨ Partnergespräche im Doppelkreis ⇨ Plakatgestaltung in Zufallsgruppen ⇨ Präsentation im Plenum)

Neue Kenntnisse/Verfahrensweisen erarbeiten

A 4: Einen Text zum Thema *Christmas in Britain 50 years ago* erarbeiten und präsentieren (Text erarbeiten und Vortrag vorbereiten/EA ⇨ Probevortrag in Partnerarbeit ⇨ Vorträge im Plenum nach Los)

A 5: Auf der Basis von A 2/A 3 einen Bericht in *present tense* verfassen (Produktionsphase in Einzelarbeit ⇨ Austausch und Kontrollphase in PA oder GA ⇨ Präsentation im Plenum)

Komplexere Anwendungs-/Transferaufgaben

A 6: Einen Zukunftsentwurf erstellen ⇨ *will-future* (Einzelarbeit: Ideen sammeln und notieren ⇨ Partnerarbeit: Austausch und Ergänzung der Ideen ⇨ Gruppenarbeit: Mind-Map erstellen und Text verfassen ⇨ Präsentation im Plenum)

A 7: Rollenspiel vorbereiten und durchführen (Stichwörter notieren/EA ⇨ Austausch und Ergänzung in Partnerarbeit ⇨ Vorbereitung des Rollenspiels in GA ⇨ Präsentation vor der Klasse)

A 8: Auf der Basis von A 5 Lückentext erarbeiten (Bericht in *past tense* setzen/EA ⇨ in Partner- oder Gruppenarbeit Lückentext + Lösungsblatt erstellen ⇨ zwischen den Partnern/Gruppen austauschen und Lückentext ausfüllen ⇨ Vorlesen im Plenum + Kontrolle)

Abb. 25

© Dr. H. Klippert

und erweitert. Das kann der weiteren Arbeit im Fremdsprachenunterricht nur zuträglich sein.

Der Zeitaufwand für den skizzierten Arbeitsprozess beträgt je nach Auswahl der Arbeitsinseln zwischen zwei und fünf Unterrichtsstunden. Welche Arbeitsinseln in welcher Weise kombiniert werden, hängt von den Intentionen der je zuständigen Lehrkraft ab. Steht ausreichend Zeit zur Verfügung, so können alle Arbeitsinseln hintereinander behandelt werden.

Einige ausgewählte Arbeitsinseln

Nähere Erläuterungen zu den schwarz unterlegten Arbeitsinseln folgen in den nachstehenden Abschnitten. Die in den Texten erwähnten Materialien (M 1ff.) werden im Anschluss dokumentiert. Diese exemplarische Konkretisierung soll Anregungen geben, wie EVA im Fremdsprachenunterricht in Gang gesetzt werden kann. Die eigene Unterrichtsvorbereitung wird dadurch freilich nicht ersetzt.

A 3: Über ein vergangenes Ereignis berichten

Ziel dieser Mikrospirale ist es, die SchülerInnen für die je anstehende Thematik (*Christmas, holidays, birthday* etc.) zu sensibilisieren, indem bestimmte Ereignisse ins Gedächtnis zurückgerufen und der aktiven Auseinandersetzung zugänglich gemacht werden. Außerdem erhalten die SchülerInnen Gelegenheit, das betreffende Wortfeld zu reaktivieren und mündlich und/oder schriftlich zu versprachlichen. Der erste Arbeitsschritt sieht so aus, dass die SchülerInnen den Auftrag erhalten, sich an ein konkretes Ereignis aus der Vergangenheit (*last Christmas, last holidays, my last birthday*) zu erinnern und sich in der Zielsprache Notizen zu machen, die später für einen kleinen Vortrag verwandt werden können. Dafür sind fünf bis zehn Minuten anzusetzen. Im zweiten Arbeitsschritt bilden die SchülerInnen – mit Stift und Zettel ausgerüstet – einen Doppelkreis (vgl. Klippert 1995, S. 89 und S. 132) und berichten ihrem jeweiligen Partner gegenüber in freier Rede ca. drei Minuten lang. Dabei stützen sie sich auf ihre »Spickzettel«. Die betreffenden Partner schreiben während der Kurzvorträge stichwortartig mit und wiederholen anschließend das Gesagte in eigenen Worten. Dann werden die Zuständigkeiten getauscht. Nun stellen die bisherigen »Zuhörer« ihre persönlichen Geschichten vor und die vorherigen Berichterstatter müssen zuhören, mitschreiben und wiedergeben. Dann wechseln die Partner durch Weiterrücken im Innen- oder Außenkreis. Dieses Weiterrücken geschieht in der Regel zweimal, sodass sich schließlich jeder mit drei Partnern ausgetauscht hat. Auf diese Weise reaktivieren die SchülerInnen ihren thematischen Wortschatz und ergänzen ihn ggf. durch spezifische Vokabeln und Redewendungen ihrer PartnerInnen. Im dritten Arbeitsschritt werden mittels Losverfahren mehrere Zufallsgruppen mit je vier bis sechs Mitgliedern gebildet. Diese Gruppen erhalten nunmehr die Aufgabe, auf der Basis des zusammengetragenen Sprachmaterials eine Mind-Map auf Plakat oder Folie zu gestalten. Dabei werden die Gruppenmitglieder angehalten, nicht nur Sprachelemente, sondern auch passende Bilder/Skizzen/Symbole zu verwenden und in die eigene Mind-Map einzubauen. Im vierten und letzten Arbeitsschritt schließlich stellen zwei Gruppen ihre Ergebnisse vor, wobei sowohl die beiden Gruppen als auch die Gruppensprecher per Los ermittelt werden.

A 4: Einen Text erarbeiten und präsentieren

Im Mittelpunkt dieser Arbeitsinsel steht die Erarbeitung unterschiedlicher Texte zum Thema »Christmas in Britain 50 years ago« (s. *M 2*). Dadurch erhalten die SchülerInnen Gelegenheit zur selbstständigen Texterschließung und -reproduktion. Der Arbeitsprozess beginnt damit, dass die SchülerInnen M 2 erhalten und entsprechend Aufgabe 1 in Einzelarbeit eine der vier Christmas-Schilderungen lesen und so weit klären, dass sie später anderen SchülerInnen darüber berichten können. Die Zuordnung der vier Texte zu den einzelnen SchülerInnen kann dabei so erfolgen, dass auf dem jeweiligen Arbeitsblatt einer der Buchstaben a, b, c oder d markiert wird. Dabei ist darauf zu achten, dass die nebeneinander sitzenden SchülerInnen unterschiedliche Markierungen haben. Zur Bearbeitung selbst benötigen die SchülerInnen Textmarker, Papier für Notizen und in der Klasse eingeführte ein- oder zweisprachige Wörterbücher (z.B. *Oxford Elementary Learner's Dictionary*). Der zweite Arbeitsschritt erfolgt in Partnerarbeit, d.h. je zwei SchülerInnen mit unterschiedlichen Texten informieren sich auf der Basis ihrer Notizzettel wechselseitig über die Weihnachtserinnerungen ihrer beiden Bezugspersonen, und zwar so, dass sie die in der 1. Person formulierten Texte in die 3. Person übertragen und ihrem jeweiligen Partner in freier Rede vortragen. Diese Probevorträge in Partnerarbeit dienen dazu, für den anschließenden Plenarvortrag »fit« zu machen. Dann wird im dritten Arbeitsschritt zu jedem der vier Texte ein Schüler ausgelost, der die betreffenden Weihnachtserinnerungen seiner Bezugsperson im Plenum frei vortragen muss. Dabei wird auf die erstellten Notiz- bzw. Spickzettel zurückgegriffen. Zur visuellen Unterstützung kann darüber hinaus die Abbildung der jeweiligen Person, deren Weihnachtserinnerungen gerade referiert werden, über Folie eingeblendet werden. Die Aufmerksamkeit der SchülerInnen kann ferner dadurch gesteigert werden, dass auf den kopierten Arbeitsblättern (s. *M 2*) nicht alle vier Texte erscheinen, sondern jeweils nur der Text zur eigenen Bezugsperson dokumentiert wird. Unter diesen Umständen können die SchülerInnen zum gezielten Mitschreiben während der Vorträge sowie zum Verfertigen schriftlicher Zusammenfassungen im Rahmen ihrer Hausaufgaben veranlasst werden.

A 6: Einen Zukunftsentwurf erstellen

Im Mittelpunkt dieser Mikrospirale steht die freie schriftliche und mündliche Text-produktion im *will-future*. Inhaltlich geht es dabei um eines der erwähnten Themen »Christmas, birthday parties, holidays in the year 2050«. Welches Thema letztlich ausgewählt wird, ist Sache der Lehrkraft. Der Arbeitsprozess selbst läuft so an, dass die SchülerInnen im ersten Arbeitsschritt ein Brainstorming starten und in Einzelar-beit möglichst viele Ideen zum anstehenden Thema notieren. Dabei können sie auch bereits Mind-Maps skizzieren, die zeigen, wie Weihnachten/Geburtstagspartys/Ur-laub im Jahre 2050 aussehen könnten. Im zweiten Arbeitsschritt werden Tandems gebildet; die betreffenden SchülerInnen tauschen ihre Ideen aus und gehen dann mit jeweils einem weiteren Tandem zusammen, sodass mehrere Kleingruppen ent-stehen. Diese Gruppen haben im dritten Arbeitsschritt die Aufgabe, unter Beachtung der Arbeitshinweise in M 2 Mind-Maps zu erstellen, in denen die Ideen bzw. Visio-nen der einzelnen SchülerInnen zusammengeführt und möglichst übersichtlich vi-sualisiert werden. Je nach Thema kann Santa Claus unter Umständen auch wegge-lassen und stattdessen *means of transport*, *places to go* oder Ähnliches eingeführt wer-den. Die entstehenden Mind-Maps werden auf Folien oder Plakate übertragen, um später zur visuellen Unterstützung des jeweiligen Gruppenvortrags genutzt werden zu können. Des Weiteren formulieren alle Gruppen auf der Basis der erstellten Mind-Maps zusammenhängende Texte in der jeweiligen Zielsprache. Form und Umfang dieser Texte können entweder von Lehrerseite vorgegeben oder von den Gruppen auch frei bestimmt werden. Alternative Darstellungsweisen finden sich in Arbeitsauftrag 3 des Arbeitsblattes M 2. Im vierten und letzten Arbeitsschritt stellen die einzelnen Gruppen ihre Ergebnisse vor. Dabei können ganz unterschiedliche Präsentationsformen gewählt werden. Das beginnt beim Verlesen eines Zeitungsarti-kels und reicht bis hin zum Interview oder zum Rollenspiel vor der Klasse. Je nach-dem, wie viel Zeit für die Präsentationen zur Verfügung steht, kann unter Umstän-den auch per Los die eine oder andere Gruppe ermittelt werden. Ferner kann bei we-nig differenzierten Produkten der Auftrag auch einfach lauten, die in der Aufgabenstellung angeführten Aspekte im Rahmen einer Stafettenpräsentation an-zusprechen und kurz zu kommentieren (»In 2050 the presents which people will buy for ...«) will be ...«).

A 7: Rollenspiel vorbereiten und durchführen

Inhaltlich zielt diese Mikrospirale darauf, die SchülerInnen einen Perspektivwechsel vornehmen und aus der Perspektive des Jahres 2050 über bestimmte Geschehnisse im Jahr 2000 berichten zu lassen. Dementsprechend werden sie im ersten Arbeits-schritt aufgefordert, imaginär ins Jahr 2050 zu »wandern« und sich vorzustellen, sie seien bereits Großeltern, die ihren Enkeln von Weihnachten/Kindergeburtstagen/Ur-laubsreisen im Jahr 2000 erzählen sollen (vgl. den entsprechenden Arbeitsauftrag 4 in *M 2*). Die Vorbereitung dieser Erzählungen erfolgt in Einzelarbeit. Die SchülerInnen machen sich individuell Notizen und überlegen, was sie ihren Enkelkindern wohl berichten werden. Dann werden im zweiten Arbeitsschritt Gesprächspaare gebildet, deren Aufgabe darin besteht, die notierten Ideen auszutauschen und sprachlich so weit zu klären, dass eine einigermaßen flüssige Berichterstattung möglich wird. Hierbei kann unter Umständen auch auf die bereits angesprochene Doppelkreis-Methode (vgl. Klippert 1995, S. 132) zurückgegriffen werden. Im dritten Arbeitsschritt werden sodann mittels Losverfahren mehrere Zufallsgruppen mit je vier bis fünf SchülerInnen gebildet. Die Aufgabe dieser Gruppen ist es nun, ein korrespondierendes Rollenspiel vorzubereiten, d.h. spezifische Rollentexte für Großeltern, Enkel und evtl. Eltern, die der Version der Großeltern widersprechen, zu schreiben, sowie die entsprechenden Rollen gruppenintern zu verteilen und in kleinen Simulationen einzuüben. Je nach Lehrervorgabe können die betreffenden Präsentationen nur aus kurzen Gesprächen oder auch aus längeren Unterhaltungen mit passenden Requisiten (z.B. Fotos) bestehen. Je nach Zeitkontingent und Bandbreite der Präsentationsformen präsentieren entweder alle Gruppen oder nur einige wenige durch Los ermittelte Gruppen.

Zusammenfassende Hinweise zur Methodenpflege

Methodisch werden die SchülerInnen vielfältig gefordert und gefördert. Das gilt für den Bereich der Lern- und Arbeitstechniken genauso wie für die Bereiche Kommunikation und Teamarbeit. Die SchülerInnen müssen Informationen erarbeiten und verarbeiten. Sie müssen in Wörterbüchern nachschlagen, Texte markieren und Wichtiges exzerpieren. Sie müssen Mind-Maps und Tabellen erstellen, Plakate gestalten und immer wieder Notizen machen sowie Gesprächs- bzw. Vortragsleitfäden entwickeln. Sie müssen Folien beschriften und mit Hilfe dieser Folien bestimmte Gruppenergebnisse vorstellen. Neben diesen Lern- und Arbeitstechniken erhalten die SchülerInnen auch und nicht zuletzt Gelegenheit, sich in puncto Kommunikation, Präsentation und Teamarbeit zu üben. Das beginnt beim präzisen Fragen und Erklären in Partner- und Gruppenarbeitsphasen und reicht über Doppelkreis-Gespräche, Vorträge, Interviews, Rollenspiele, Reportagen und sonstige Kommunikations- und Interaktionsformen bis hin zum regelgebundenen Zusammenarbeiten in Gruppen- und Partnerkonstellationen sowie der damit verbundenen Steuerung der Arbeitsprozesse, der Aufgabenverteilung, des Zeitmanagements und der Konfliktmoderation.

M 1   **A Letter To Father Christmas**

Dear

I'd like a ⚽ and a 🚲

and a 📼 for Christmas.

Please don't park your 🛷

on our 🏠

because we haven't got a 🔥

We have central heating!

Please leave my 📰 near the 🚪

Thank you.

Love from

(Entnommen aus: Terry Moston: My Favourite Christmas Book. AOL-Verlag, Lichtenau 2000, S. 3)

© Dr. H. Klippert

M 2a   Christmas Then, Now and in Future

Liza said:

»We had to help mum with the housework before we could open up our presents. I had to sweep the floor before I could look under the Christmas tree! The best Christmas was when I got a doll with lovely, soft skin and a doll`s pram. My sister got one, too and we used to push them around the streets together. We always had a real Christmas tree with real candles. Not like these modern plastic trees with electric lights. Our tree used to smell so good! We believed in Father Christmas and knew that we mustn't disturb him. We never got up in the middle of the night to open our presents. I was quite old when I stopped believing in him. I was about ten.«

Mary said:

»We always wrote a letter to Father Christmas at the beginning of December. We wrote down what presents we wanted. Mum helped us to write the letter. She told us how many things we could ask for. Mum said we must spell the words correctly or we wouldn't get the present. We all helped each other with our letters. When we had finished writing it, we took the letter to the fireplace. There was always a coal fire in the living room. There wasn't any central heating in those days! Very carefully we held the letter high above the fire and then let it go. It flew up the chimney. We believed the letters all flew to the North Pole and Father Christmas collected them all. Then he decided what presents we could have. He brought them to all the children during the night of Christmas Eve. And we believed all this!«

Henry said:

»People didn't have cars then. We went everywhere by bus or bike. Or we walked. We had a radio and a gramaphone but there was no television. Lots of houses had a piano then. And once or twice a week most people went to the cinema. We called it ‚the pictures`. There were dozens of cinemas in every town and all the cinemas were full every night. And people used to read books all the time. There was never a Christmas without a new book as a present. We didn't have these video games or computer games when we were children. We made our own games out of nothing. And we played out in the road. That was safe because there were almost no cars then.«

© Dr. H. Klippert

M 2b — Christmas Then, Now and in Future

Brian said:

»Christmas was very simple when I was a child. Not like it is now. We got one big present. And maybe five or six small presents, like an orange or a little toy. On Christmas morning we ate a lovely cooked breakfast of bacon and eggs together. During the morning our aunties and uncles arrived by bus. They brought some more presents and then we all sat down and ate Christmas dinner together. It was the biggest meal of the whole year. We usually had a large chicken. Chicken was a special treat in those days. After that, we had Christmas pudding. Mum always made the pudding with little coins inside. They were silver three-penny bits. I think she washed them before she put them into the food. All the children got a coin in their pudding. I don't know how. After lunch, everybody sat on the sofa and the armchairs and told stories. At four o`clock we had tea with bread and butter, jelly and trifle, Christmas cake, and then, about seven o`clock we had supper which was cheese, salad and cold meats. It was the most wonderful time of the year for everybody.«

(Texte in Anlehnung an Terry Moston: My Favourite Christmas Book. AOL-Verlag, Lichtenau 2000, S. 19f.)

Tasks

❶ <u>Read</u> what a) Liza, b) Mary, c) Henry, d) Brian said about Christmas 50 years ago. If there are any words you don't understand, look them up in your <u>dictionary</u>. <u>Take notes</u> on the text so that you can tell your partner what a) Liza, b) Mary, c) Henry, d) Brian said about Christmas 50 years ago.

❷ Use your notes and <u>tell your partner</u> about what a) Liza, b) Mary, c) Henry, d) Brian said about Christmas 50 years ago. <u>Start like this</u>: *When Liza / Mary / Henry / Brian was a child …*

❸ What will your Christmas be like in the year 2050? Work in groups of four. Make notes on: ➪ the presents ➪ the food ➪ the entertainment ➪ Santa Claus. Draw a mind map of your »vision«. Write a text about your ideas. This may be a newspaper report, an interview, a lexical item, a diary entry, a story or a role-play. <u>Use will-future</u>!

❶ Imagine you are living in the year 2050. On Christmas Eve, your grandchildren ask you what Christmas was like in the year 2000. What are you going to tell them? Work in groups. Write a role-play and act it in front of the class.

© Dr. H. Klippert

4. EVA-Beispiele aus dem mathematisch-naturwissenschaftlichen Bereich

Die nachfolgend skizzierten Makro- und Mikrospiralen machen deutlich, dass es auch und nicht zuletzt im mathematisch-naturwissenschaftlichen Bereich vielfältige Möglichkeiten gibt, die SchülerInnen zum eigenverantwortlichen Arbeiten und Lernen zu veranlassen. Ausgewählt wurden die beiden Mathematikthemen »Stellenwertsysteme« und »Satzgruppe des Pythogoras« sowie aus dem Bereich der Physik das Thema »Atomaufbau«. Zusammen mit den in Kapitel I, Abschnitt 2.8, bereits skizzierten Lernspiralen zur »Flächenberechnung« ergibt sich damit ein recht breites Spektrum an EVA-Arrangements, die Anregungen und Grundlage für die anstehenden schulinternen Workshops sein können (zur Workshop-Arbeit vgl. die Ausführungen in Kapitel III, Abschnitt 3).

Weitere EVA-Schwerpunkte können z.B. sein: die Dezimalbruchentwicklung in der sechsten Jahrgangsstufe, wo die SchülerInnen selbstständig – mit und ohne PC – erarbeiten und entdecken können, wann ein Dezimalbruch endlich, wann er periodisch und wann er nichtperiodisch ist. In der Geometrie ergibt sich im Zusammenhang mit dem Themenbereich »Escherparketierungen« ein weites Feld für Untersuchungen von Spiegelungen, Drehungen, Verschiebungen sowie für entsprechende Entdeckungen der SchülerInnen. Hier sind EVA-Methoden eine große Hilfe. In der Mittelstufe bieten sich darüber hinaus Beweise geometrischer Art an, die für die SchülerInnen sowohl anschaulich als auch gut zu bewältigen sind. Auch in Wiederholungsphasen z.B. vor Klassenarbeiten oder zu Beginn bzw. am Ende eines Halbjahres haben sich EVA-Methoden bestens bewährt. In der gymnasialen Oberstufe schließlich können EVA-Methoden u.a. überall dort eingesetzt und praktiziert werden, wo Untersuchungen, Modellsimulationen, Prognoseverfahren u.a.m. am Rechner durchzuführen sind. Hier sind zudem Doppelkreis- und Gruppengespräche und -vorträge sinnvoll, die der Vertiefung und persönlichen Klärung des jeweiligen Lernstoffes dienen. Ähnliches gilt für den Bereich der Physik, wo nach der Umstellung vieler Sammlungen auf Schülerübungen Partner- und Gruppenarbeit sowie korrespondierende Präsentationen und »Expertengespräche« mittlerweile an der Tagesordnung sind. Sind die SchülerInnen in puncto Arbeits-, Kommunikations-, Kooperations- und Präsentationsmethodik einigermaßen geübt, so wirkt sich dieses für die Lehrkräfte erfahrungsgemäß höchst entlastend aus.

Natürlich schließt der hier propagierte EVA-Unterricht lehrerzentrierte und lehrergelenkte Phasen nicht aus. Das ist in Kapitel I, Abschnitt 2.5, bereits deutlich gemacht worden. Instruktionen, Demonstrationen, Versuche, Kontrollen und Korrekturen der Lehrpersonen haben selbstverständlich auch ihren Platz. Nur sollten sie möglichst konsequent mit EVA gekoppelt werden, damit die Aneignungs- und Klärungsprozesse der SchülerInnen intensiver und nachhaltiger verlaufen können, als das bislang üblicherweise der Fall ist. Freilich hat der EVA-Unterricht auch seine Tücken. Das beginnt bereits bei der Haltung der SchülerInnen und der Eltern. Viele SchülerInnen sind es von zu Hause aus kaum noch gewohnt, selbstständig zu arbeiten und Verantwortung z.B. für das Aufbauen und Wegräumen von Versuchungsapparaturen zu übernehmen. Zu Hause nehmen ihnen die Eltern solche »Belastungen« häufig ab. Deshalb setzt die Forcierung des EVA-Unterrichts eine gründliche Information der Eltern voraus. Andernfalls kann es zu unnötigen Missverständnissen und »Nachhilfeaktivitäten« der Elternseite kommen.

Last but not least verlangt EVA eine veränderte Lehrerrolle. Die meisten Lehrkräfte trauen ihren SchülerInnen einfach zu wenig zu und neigen deshalb zu einer gewissen »Hyperaktivität« und Überreglementierung. Die Angst, dass die SchülerInnen etwas falsch machen könnten, lässt viele LehrerInnen immer wieder übermäßig dominant werden. Natürlich spielt dabei auch der Stoffdruck eine Rolle. Gleichwohl ist es wichtig, dass die SchülerInnen verstärkt gefordert und gefördert werden, fachspezifische Aufgaben/Probleme in eigener Regie zu lösen. Das Nachbeten von Rezepten und Erkenntnissen der Lehrkräfte genügt nun einmal nicht!

4.1 Stellenwertsysteme

(Klaus Koch, Martin Theisinger)

Das Thema »Stellenwertsysteme« ist ein Kernthema der Grundschule und bedarf der Wiederholung und Vertiefung in der 5. Jahrgangsstufe. Die Heranführung der SchülerInnen an das besagte Thema beginnt in der zweiten Klasse mit der Erweiterung des Zahlbereichs bis 100 (Dreierbündelung). In der dritten Klasse folgt sodann die Ausdehnung des Zahlbereichs bis 1000 (Viererbündelung), wobei im Zehnersystem die Bündelnamen Zehner, Hunderter und Tausender eingeführt werden. Und im Zentrum der vierten Klasse schließlich steht das Zehnersystem mit der Erweiterung des Zahlbereichs bis 1 000 000. Bei alledem sieht der Lehrplan eine zunehmende Abstraktionsleistung der SchülerInnen vor.

Wie die Erfahrungen in den fünften Klassen zeigen, sind die vom Lehrplan ausgewiesenen Voraussetzungen in der Regel nur sehr unzureichend erfüllt. Verschiedene Stellenwertsysteme werden in den jeweiligen Grundschulen aus zeitlichen oder sonstigen Gründen nicht oder nur ansatzweise behandelt. Grundrechenarten sind zwar geübt, aber meist nicht ausreichend vertieft. Von daher kommt man zu Beginn der fünften Klasse gar nicht umhin, die unterschiedlichen Voraussetzungen anzugleichen und das Thema Stellenwertsysteme mit Addition, Subtraktion und Multiplikation nochmals aufzugreifen.

Bei dieser »kompensatorischen Arbeit« ist es wichtig, dass die SchülerInnen möglichst ausgeprägt eigenverantwortlich arbeiten und üben, damit sie die nötige Souveränität erlangen können. Dieser Anspruch ist den SchülerInnen noch relativ gut zu vermitteln; schwieriger wird es hingegen, wenn sich die Eltern bei den Hausaufgaben entsprechend zurückhalten sollen. Vielen Eltern fällt es erfahrungsgemäß recht schwer, zu Hause nicht gleich den Hilfslehrer zu spielen, wenn die eigenen Kinder nicht gleich zurechtkommen. Von daher gehört zur Einführung des EVA-Prinzips zwingend eine entsprechende Elternarbeit und -information, damit sich die Eltern zu Hause möglichst zurückhalten und bei auftretenden Fragen konsequent auf die zuständige Lehrkraft verweisen. Diese Zurückhaltung der Eltern wie der LehrerInnen führt in aller Regel schon bald zu einem stärkeren Selbst-tätig-Werden der SchülerInnen sowie dazu, dass der Wunsch nach mehr Übungsphasen deutlich zunimmt.

Die in diesem Abschnitt dokumentierte Makrospirale beginnt in A 1 mit einem regelgebundenen Spiel (s. *M 1*). Dieser spielerische Zugang erhöht erfahrungsgemäß die Bereitschaft der SchülerInnen, sich mit mathematischen Inhalten zu beschäftigen sowie eigene Untersuchungen/Vermutungen anzustellen und eigene Strategien zu entwickeln. Da die SchülerInnen aus verschiedenen Schulen kommen und unter-

Makrospirale zum Thema »Stellenwertsysteme«

(Mögliche Arbeitsinseln und Arbeitsschritte)

Vorwissen/Voreinstellungen aktivieren

A 1: Regelgebundenes Spiel durchführen (Spielregeln lesen ⇨ Spielregeln in Partnerarbeit erklären ⇨ Durchführen des Spiel in mehreren Arbeitsgruppen ⇨ Fragerunde im Plenum)

A 2: Umkehrung des Viererspiels (Regeln klären und erläutern in Partnerarbeit ⇨ Vertiefung der Tauschregel in Gruppenarbeit ⇨ Fragerunde im Plenum)

Neue Kenntnisse/Verfahrensweisen erarbeiten

A 3: Aufbau eines Stellenwertsystems erschließen (Wiederholung in PA ⇨ Abstraktion in EA ⇨ Regelfindung in GA ⇨ Schülervortrag im Plenum ⇨ vertiefende Vorträge im Doppelkreis)

A 4: Tauschregeln übertragen und erklären (Wiederholung der Tauschregeln in EA ⇨ Aufgaben (s. M 2) in PA bearbeiten ⇨ Erarbeitung weiterer Stellenwertsysteme in GA ⇨ Präsentieren im Doppelkreis)

A 5: Addition und Subtraktion durchführen (Addition mit und ohne Übertrag in PA ⇨ Schriftliche Addition in PA ⇨ Präsentation ausgewählter Beispiele im Plenum ⇨ Wiederholung in GA ⇨ Arbeitsblatt zur Subtraktion in GA bearbeiten ⇨ Erklärungen im Doppelkreis)

A 6: Multiplikationsregeln erschließen (Wiederholung der Addition in PA ⇨ Vielfachaddition in PA ⇨ Multiplikation in GA ⇨ Präsentation im Plenum)

A 7: Stationenarbeit zur Wiederholung (Aufgaben in EA bearbeiten ⇨ Vergleich und Kontrolle in PA ⇨ Vortrag und Kontrolle in Zufallsgruppen)

Komplexere Anwendungs-/Transferaufgaben

A 8: Weg durchs Labyrinth finden (Brainstorming in PA ⇨ Strategieklärung in Gruppen ⇨ Vortrag + Kontrolle im Plenum ⇨ Fragespiel in Partnerarbeit)

A 9: Logische Probleme im Zweiersystem klären (Nachspielen in PA ⇨ Lösungswege suchen in GA ⇨ Schülervorträge im Plenum ⇨ praktisches Bauen in GA)

Abb. 26

© Dr. H. Klippert

schiedliche Regelsyteme kennen, gibt ihnen das Spiel Gelegenheit, sich an gemeinsame Regeln zu gewöhnen und diese konsequent einzuhalten. Hierbei hat es sich als nützlich erwiesen, innerhalb der spielenden Gruppen Regelbeobachter zu bestimmen und diese Beobachterfunktion von den unterschiedlichen Gruppenmitgliedern abwechselnd wahrnehmen zu lassen. Die SchülerInnen lernen auf diese Weise auch, etwaige Regelverstöße zu erkennen, diese anzusprechen und gegenüber der Gruppe zu begründen. Da das Spiel als anschauliche Stütze des weiteren Lern- und Arbeitsprozesses gedacht ist, ist es wichtig, dass die SchülerInnen die betreffenden Regeln eingehend klären und verstehen. Dazu kann auch und nicht zuletzt die Herstellung und Nutzung des Spiels im Rahmen der Hausaufgaben dienen.

Die Umkehrung des Spiels im Zuge von A 2 kann zur Vertiefung der Spielregeln eingesetzt werden und/oder zur Vorbereitung der Subtraktion in A 5 dienen. Im Mittelpunkt von A 3 steht alsdann der Übergang von den Farbplättchen zu den abstrakteren Stellenwerten. Dieses geschieht noch im Vierersystem. Da diese Mikrospirale A 3 von großer Bedeutung für die folgenden Arbeitsprozesse ist, müssen hier gezielte Kontrollen in Form von Partner-, Gruppen- oder Plenarvorträgen eingebaut werden. Die Übertragung auf andere Stellenwertsysteme erfolgt sodann im Rahmen von A 4. Da sich bei der Erprobung dieser Mikrospirale wiederholt gezeigt hat, dass viele SchülerInnen das Zehnersystem noch nicht hinreichend verstanden haben, wird das Zehnersystem an dieser Stelle ausgeklammert und später gesondert behandelt.

Im Zentrum der Mikrospirale A 5 stehen Addition und Subtraktion. Dazu wird zunächst wieder mit Kärtchen gearbeitet, um eine gewisse Veranschaulichung zu bieten. Dabei erfahren die SchülerInnen, dass die Tauschregel nichts anderes als der schon vom Zehnersystem her bekannte Übertrag ist. Grundsätzlich wird bei der Erarbeitung von Addition und Subtraktion recht kleinschrittig verfahren (Doppelkreis ⇨ Tafel ⇨ Gruppenarbeit ⇨ Tafel), damit sich keine Fehler einschleifen. Nach der Klärung der Multiplikation in A 6 wird in A 7 eine zusammenfassende Wiederholung und Kontrolle im Rahmen einer Stationenarbeit angesetzt. Abgeschlossen wird die Makrospirale zum Thema Stellenwertsysteme schließlich mit zwei Anwendungsaufgaben, die Antwort auf die klassische Schülerfrage geben: »Wozu sind Stellenwertsteme eigentlich nützlich?«. Mit Hilfe des Zweiersystems müssen sich die SchülerInnen durch ein Labyrinth bewegen. Dabei diskutieren sie erfahrungsgemäß Fragen wie: »Was macht man, wenn es bei einer Verzweigung mehr als zwei Möglichkeiten gibt?« oder: »Wie kommt man im Labyrinth wieder zurück?«. Eine Alternative zur Labyrinth-Aufgabe könnte z.B. so aussehen, dass Wege durchs Schulgebäude binär kodiert werden und von anderen Gruppen entschlüsselt werden müssen. Die Mikrospirale A 9 bietet schließlich die Möglichkeit, in Verbindung mit dem Thema »Elektrischer Stromkreis« fächerübergreifend zu arbeiten und die erworbenen Erkenntnisse zu vertiefen.

Einige ausgewählten Arbeitsinseln

Nähere Erläuterungen zu den schwarz unterlegten Arbeitsinseln folgen in den nachstehenden Abschnitten. Die in den Texten erwähnten Materialien (M 1ff.) werden im Anschluss dokumentiert. Diese exemplarische Konkretisierung soll Anregungen geben, wie EVA im Mathematikunterricht in Gang gesetzt werden kann. Die eigene Unterrichtsvorbereitung wird dadurch freilich nicht ersetzt.

A 1: Regelgebundenes Spiel

Diese Mikrospirale dient der spielerischen Hinführung der SchülerInnen zum Thema »Stellenwertsysteme«. In einem ersten Arbeitsschritt erhalten die SchülerInnen M 1, lesen die betreffenden Spielregeln und machen sich Notizen für ihren anschließenden Vortrag. Im zweiten Arbeitsschritt gehen die SchülerInnen in Tandems zusammen und erklären sich wechselseitig in freier Rede und ohne Arbeitsblatt die Regeln des Spiels. Auf diesem Wege wird sichergestellt, dass die SchülerInnen die Regeln in gleicher Weise verstehen. Etwaige Fragen und Regelergänzungen werden von den jeweiligen Partnern geklärt und/oder auf dem Arbeitsblatt notiert. Im dritten Arbeitsschritt bilden je zwei Paare Vierergruppen und besprechen in diesem erweiterten Kreis die bestehenden Unklarheiten. Anschließend fasst eines der Gruppenmitglieder die geltenden Regeln nochmals mündlich zusammen. Diese Zusammenfassung sollte am besten im Plenum erfolgen, damit die zuständige Lehrperson nötigenfalls klärend eingreifen kann. Sodann beginnt im vierten Arbeitsschritt das eigentliche Spiel. Ziel dieses Spiel ist es, die betreffenden Tauschregeln durch praktische Operationen (s. M 1) so zu automatisieren, dass die SchülerInnen diese Regeln ohne Schwierigkeit auf andere Anwendungssituationen übertragen können. Damit während des Spiels keine störenden Diskussionen entstehen, hat es sich bewährt, dass jeder Spieler präzise angibt, wie er zu tauschen gedenkt (z.B. »Ich habe die Augenzahl 7 und tausche vier schwarze Plättchen gegen ein gelbes Plättchen). Außerdem gibt es in jeder Gruppe einen Regelbeobachter, der die Angaben des jeweiligen Spielers überwacht und sein Plazet geben muss. Ist der Regelbeobachter einverstanden, so kann der betreffende Spieler den angekündigten Tausch vornehmen. Gewonnen hat schließlich, wer zuerst eines der hoch bewerteten roten Plättchen bekommt. Zur Vertiefung des Spiels werden im fünften und letzten Arbeitsschritt die ersten fünf Aufgaben des Arbeitsblattes M 2 in Tandems bearbeitet und schließlich in Zufallsgruppen verglichen. Die Ergebnisse werden im Plenum präsentiert und nach erfolgter Prüfung ins Heft notiert.

A 3: Aufbau eines Stellenwertsystems erschließen

Diese Mikrospirale ist von zentraler Bedeutung für das mathematische Grundverständnis der SchülerInnen, da hier der Übergang von den gegenständlichen Farben und Plättchen zu den abstrakteren »Stellenwerten« erfolgt. In einem ersten Arbeitsschritt erklären sich die SchülerInnen abwechselnd in Partnerarbeit die bereits bearbeiteten Aufgaben 1 bis 5 in Arbeitsblatt *M 2*. Etwaige Unklarheiten werden im Rückgriff auf das in A 1 gelaufene Spiel beseitigt. Im zweiten Arbeitsschritt beantworten die SchülerInnen die Fragen a) und b) in Aufgabe 6 von *M 2*. Notfalls können hierbei die im Spiel eingesetzten Plättchen herangezogen werden. Wird keine Lösung gefunden, so schreiben die betreffenden SchülerInnen ihre Fragen bzw. Unklarheiten auf. Die nötigen Klärungen erfolgen im dritten Arbeitsschritt im Plenum; darüber hinaus stellen ausgeloste SchülerInnen die gefundenen Lösungen vor. Im vierten Arbeitsschritt werden sodann per Los mehrere Zufallsgruppen gebildet, deren Mitglieder die Aufgabe erhalten, auf dem Hintergrund der bisherigen Arbeitsergebnisse je eine plausible Regel zum »Ziffernschieben im Vierersystem« zu überlegen und zu notieren. Danach erläutern sich die einzelnen Gruppenmitglieder reihum ihre Regel-Vermutungen und verständigen sich anschließend auf eine Regelversion der Gruppe. Die so gefundenen Regelvorschläge werden im fünften Arbeitsschritt von ausgelosten Gruppensprechern im Plenum präsentiert und bei Bedarf von Schüler- und/oder Lehrerseite problematisiert und korrigiert. Eine korrekt formulierte Regel wird schließlich als Ergebnissicherung ins Heft übertragen. Im sechsten und letzten Arbeitsschritt gibt die zuständige Lehrkraft an der Tafel unterschiedliche Augenzahlen vor, die von den SchülerInnen in das Vierer-System zu übertragen sind. Präsentiert und kontrolliert werden die gefundenen Lösungen abwechselnd im Rahmen des abgebildeten Kreises mit Tischen. Nach jeder Präsentation wird die betreffende Lösung ferner im Plenum vorgestellt. Die Ergebnissicherung an der Tafel übernimmt die Lehrperson.

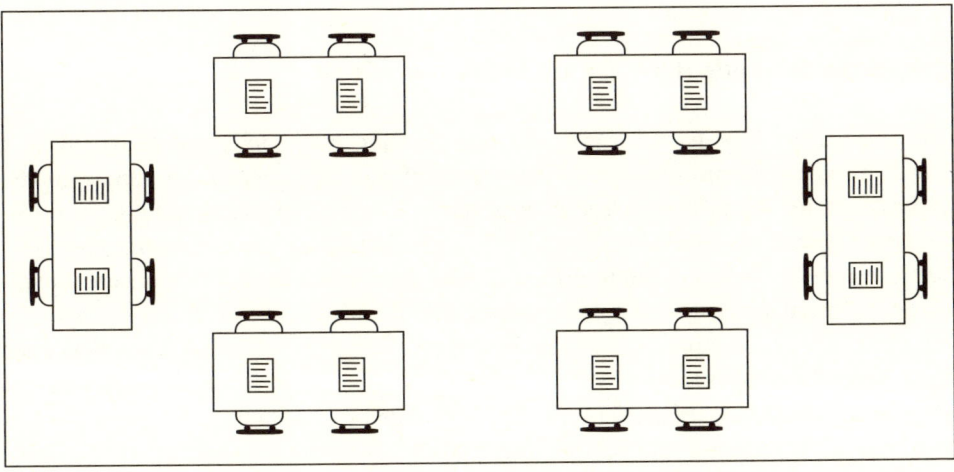

A 5: Addition und Subtraktion durchführen

Im Mittelpunkt dieser Mikrospirale steht das Arbeitsblatt *M 3*. Die SchülerInnen erhalten in einem ersten Arbeitsschritt die Aufgabe, die mit Plättchen und Zahlen dargestellte Addition individuell nachzuvollziehen. Im zweiten Arbeitsschritt veranschaulichen sie die skizzierte Additionslösung in Partnerarbeit mit Hilfe der Plättchen und unter Beachtung der Tauschregel. Im dritten Arbeitsschritt vergleichen sie sodann in neuen Tandems die Plättchen-Addition mit der Zahlen-Addition und klären die darin steckende mathematische Logik. Hierbei gilt dem Zusammenhang zwischen der Tauschregel und dem Übertrag besondere Aufmerksamkeit. Nun folgt im vierten Arbeitsschritt eine Art Anwendung, indem sich die SchülerInnen in Partnerarbeit abwechselnd Additionsaufgaben stellen, deren Lösungen vom jeweiligen Partner detailliert zu erläutern sind. Kontrolliert werden die Lösungen zunächst wieder mit Hilfe der Plättchen und dann im Plenum von Schüler- wie von Lehrerseite. Die endgültigen Ergebnisse werden ins Heft übertragen.

Ähnlich verläuft das Prozedere in puncto Subtraktion. Die SchülerInnen subtrahieren zunächst eingedenk des Spiels in A 2 mit Hilfe der farbigen Plättchen und unter Beachtung der Tauschregel. Dazu stellen sie sich in Partnerarbeit abwechselnd Aufgaben. Im zweiten Arbeitsschritt gehen sie auf den unteren Teil von *M 3* ein, vollziehen die dort vorgestellte Lösung nach und erklären diese anschließend ihrem jeweiligen Partner. Darüber hinaus lösen die SchülerInnen zur Kontrolle vom Lehrer gestellte Beispielaufgaben verschiedenen Schwierigkeitsgrades am Overheadprojektor. Im dritten Arbeitsschritt wird diese Klärungsarbeit individuell vertieft, indem die SchülerInnen vom Lehrer gestellte Subtraktionsaufgaben im Doppelkreis (s. obige Skizze) erklären müssen. Ist die jeweilige Erklärung erfolgt, so wird die betreffende Aufgabe zusätzlich von einem ausgelosten Schüler an der Tafel vorgerechnet. Dann erfolgt Partnerwechsel. Dieses Doppelkreis-Geschehen wird solange fortgeführt, bis jeder Schüler etwa fünf Aufgaben erklärt hat. Die korrigierten Aufgaben werden ins Heft übernommen.

Zusammenfassende Hinweise zur Methodenpflege

Die skizzierten Arbeitsinseln eröffnen den SchülerInnen vielfältige Möglichkeiten zur Methoden-, Kommunikations- und Teampflege. In puncto Lern- und Arbeitstechniken wird ihnen u.a. Gelegenheit gegeben, Notizen zu machen, Fragen zu formulieren, gezielt zu markieren, Regeln zusammenzufassen und wiederzugeben, Arbeitsaufträge zu erfassen, Hefteinträge zu gestalten, einfache mathematische Strukturen zu visualisieren und Aufgaben mit unterschiedlichen Schwierigkeitsgraden zu erstellen. Neben diesen arbeitsmethodischen Anforderungen müssen sie sich auch und zugleich in kommunikativer Hinsicht betätigen. Sie müssen den Mitschülern Regeln erklären, Aufgaben erläutern, Lösungswege beschreiben, Gehörtes wiedergeben, präzise fragen und antworten, verständnisvoll zuhören, auftretende Probleme und Unklarheiten besprechen, Vermutungen begründen und bei alledem frei sprechen und vortragen. Dabei spielt das Doppelkreisarrangement eine große Rolle (vgl. dazu Klippert 1995, S. 89 und S. 132). Auch in Sachen Teamentwicklung wird den SchülerInnen einiges abverlangt und ermöglicht. Sie müssen immer wieder in Tandems oder in Gruppen arbeiten. Sie müssen einander helfen und kontrollieren. Sie müssen sich verständigen und gemeinsame Präsentationen vorbereiten und durchführen. Sie müssen die vereinbarten Gruppenregeln beachten und gelegentlich die Funktion des Regelbeobachters wahrnehmen. Sie müssen Verantwortung für Andere übernehmen und für das nötige Zeitmanagement im Gruppenprozess sorgen. So gesehen geht es auch in Mathematik nicht nur um Inhalte, sondern auch und nicht zuletzt um methodische, kommunikative und teamspezifische Bildungsziele und -chancen.

M 1 **Das Vierer-Spiel**

(ein Spiel für 4 bis 5 Personen)

Wichtig: Sprecht leise, beobachtet eure Mitspieler genau, beachtet die Regeln!

Spielregeln

In der Mitte des Tisches liegen schwarze, gelbe, blaue und rote Spielplättchen.
Es wird reihum mit **zwei Würfeln** gewürfelt.
Jeder Spieler nimmt so viele schwarze Plätttchen, wie die von ihm gewürfelte
Augensumme anzeigt.

z.B.: + 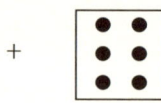 ergibt 8 Augen = 8 schwarze Plättchen

Achtung Tauschregel!

Immer wenn ein Spieler 4 Plättchen einer Farbe hat, **muss** er tauschen!
Vier schwarze gegen ein **gelbes** Plättchen.
Vier gelbe Plättchen gegen ein **blaues** Plättchen.
Vier blaue Plättchen gegen ein **rotes** Plättchen.

Vergisst ein Spieler zu tauschen, muss er ein Plättchen der Farbe, in die er zu
tauschen hat, zurücklegen. **Gewonnen hat** schließlich, wer zuerst ein rotes Plättchen bekommen hat. Dann ist das Spiel zu Ende.

Die von den Spielern erzielten Ergebnisse werden in eine Tabelle im Heft übertragen (siehe Muster)

Name der Mitspieler	Anzahl rote Plättchen	Anzahl blaue Plättchen	Anzahl gelbe Plättchen	Anzahl schwarze Plättchen

© Dr. H. Klippert

M 2   Aufgaben zum Vierer-Spiel

1. Wie viele Augen muss man würfeln,
   um ein blaues Plättchen zu gewinnen?
   Begründe dein Ergebnis!
2. Ein Spieler hat 1 blaues, 2 gelbe und
   3 schwarze Plättchen gewonnen.
   Wie viele Augen hat er gewürfelt?
3. Ein Spieler hat in seiner Tabelle
   folgendes Ergebnis stehen:

rot	blau	gelb	schwarz
0	1	3	2
2	1	3	2

Wie viele Augen hat er gewürfelt?

4. Ein Spieler hat 125 (67, 99, 33, 56) Augen gewürfelt. Wie viele Plättchen jeder
   Farbe hat er gewonnen?
5. Du hast – entgegen der Regel – 1 blaues, 18 gelbe und 37 schwarze Plättchen
   gewonnen. Tausche so um, dass du so wenig Plättchen wie möglich hast. Wie
   viele Plättchen jeder Farbe sind nach dem Tauschen vorhanden? Wie viele
   Augen hast du insgesamt gewürfelt?

Zusatzaufgaben

6. Der Wert einer Ziffer hängt von der Lage in der Tabelle (Stellentafel) ab. Sie
   hat einen bestimmten **Stellenwert** (vergleiche Aufgabe 3). Gib die Stellenwer-
   te der farbigen Plättchen an.
   a) Lege eine Tabelle an und bezeichne mit Stellenwerten statt der Farben!
   b) Setze die Tabelle nach links fort. Es stehen dann Ziffern in der fünften,
      sechsten … Spalte in der Stellentafel. Gib ihren jeweiligen Stellenwert un-
      ter Beachtung der Vierer-Tauschregel an!
7. Eine Ziffer wird in der Stellentafel um zwei, drei … Spalten nach links (oder
   rechts) verschoben. Wie ändert sich ihr Stellenwert? Prüfe, ob dein Ergebnis
   für alle Spalten gilt.
8. Löse die Aufgaben 1 bis 7 mit der 5er-, der 8er- und der 10er-Tauschregel!

© Dr. H. Klippert

M 3 Addition und Subtraktion in beliebigen Stellenwerten

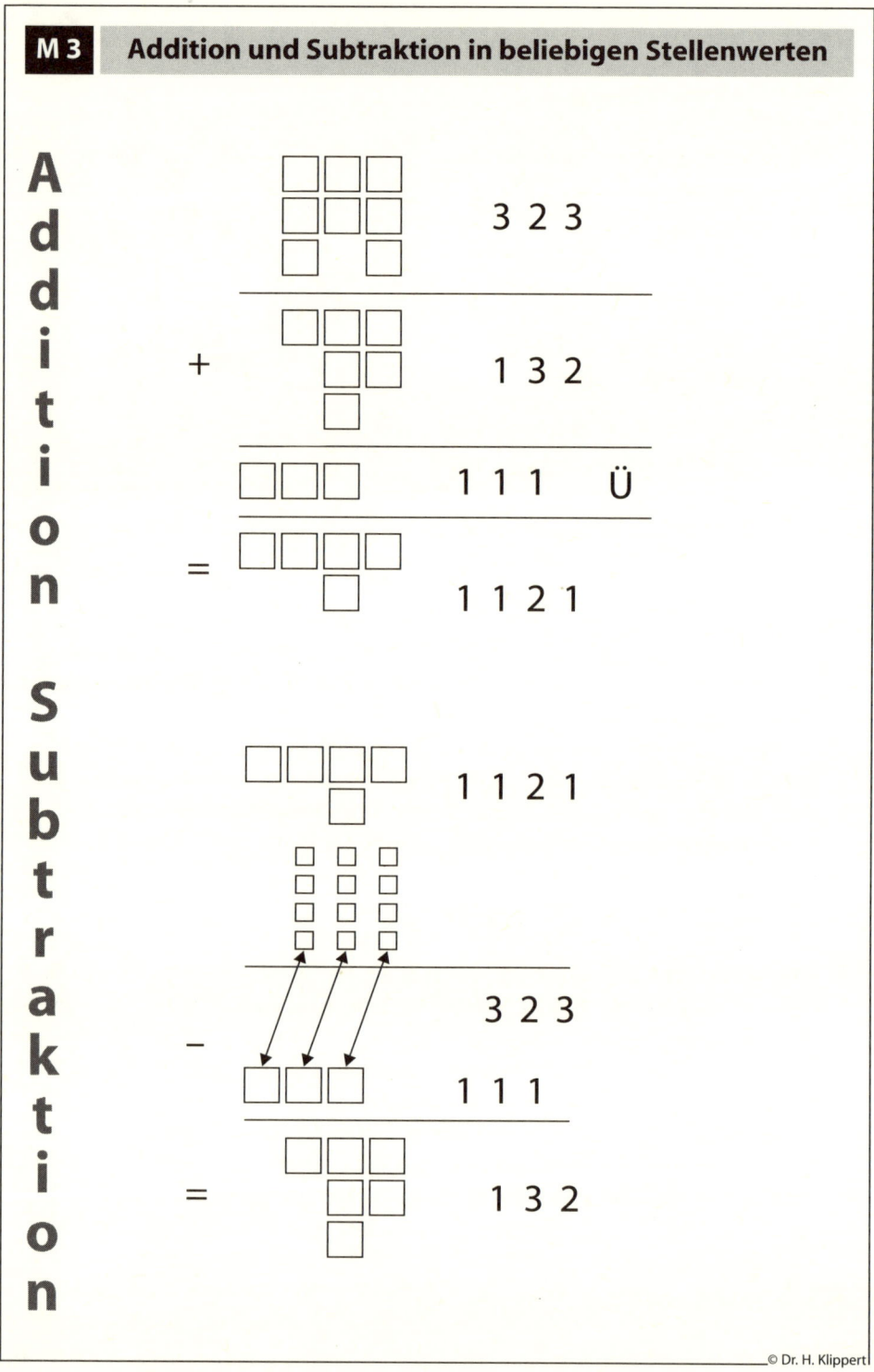

© Dr. H. Klippert

4.2 Satzgruppe des Pythagoras

(Klaus Koch, Martin Theisinger)

Die im Folgenden skizzierte Makrospirale zur »Satzgruppe des Pythagoras« lehnt sich eng an das in der 9. Jahrgangsstufe eingeführte mathematische Unterrichtswerk »Lambacher-Schweizer« an, das im Klett-Verlag erschienen ist. Fast alle Beweisfiguren und Aufgaben sind diesem Buch entnommen, sodass interessierte Lehrkräfte kaum neue Materialien erstellen müssen. Ziel der entsprechenden Arbeitsprozesse bzw. Mikrospiralen ist es, die SchülerInnen mit möglichst vielen Beweisen zu konfrontieren und diese nachzuvollziehen, erklären und gelegentlich auch im Plenum präsentieren lassen. Denn die Erfahrung zeigt, dass die SchülerInnen mathematische Sachverhalte am besten verstehen können, wenn sie die korrespondierenden Beweise ganz praktisch durcharbeiten, nachvollziehen und/oder auch selbst erstellen. Da geometrische Beweise sehr anschaulich sind und von den SchülerInnen in aller Regel leicht nachvollzogen werden können, werden diese als Hauptbeweisinstrumente ins Zentrum der nachfolgend skizzierten Unterrichtsarbeit gestellt.

Die Mikrospirale A 1 gibt den SchülerInnen Gelegenheit, sich mit den Grundprinzipien der Flächenumwandlung vertraut zu machen und die zugehörigen Varianten zu verstehen. Dementsprechend müssen die SchülerInnen vorgegebene Quadrate (s. *M 1*) in zwei flächengleiche Quadrate zerlegen, wobei die Suche nach nichttrivialen Lösungen im Mittelpunkt steht. Diese Versuche der SchülerInnen führen unmittelbar zu einigen später benötigten und genutzten Beweisideen. Voraussetzung dieser Flächenzerlegung ist die Kenntnis der Kongruenz- und Ähnlichkeitsabbildungen. Die zweite Mikrospirale dient alsdann der Vorbereitung auf die in A 3 zu erbringenden Beweise in Sachen Kathetensatz mit Hilfe der Flächenumwandlung durch Scherung. Hier nutzen die SchülerInnen die von der Flächenberechnung bei Dreiecken her bekannte Tatsache, dass Dreiecke mit gleicher Grundlinie und gleicher Höhe inhaltsgleich sind. Dieser Satz aus der Flächenlehre kann unter Umständen auch einfach vorgegeben werden.

Sind die in A 4 anstehenden Beweise der Kathetensätze verstanden worden, so können die SchülerInnen erfahrungsgemäß ohne jede Lehrerhilfe den Satz des Pythagoras formulieren und geometrisch beweisen. Zudem sollte jeder Schüler in der Lage sein, einen präzisen Vortrag zum Satz des Pythagoras zu halten. Im Mittelpunkt der Arbeitsinsel A 6 steht sodann der Höhensatz, den es laut Lehrbuch zu beweisen gilt. Als Alternative dazu bietet sich an, die SchülerInnen diesen Höhensatz mittels Puzzle erarbeiten und entdecken zu lassen. In A 7 schließlich lernen die SchülerInnen alternative Beweisideen zum Satz des Pythagoras kennen, teils auch historische (s. M 5), die durch ihre Einfachheit bestechen.

Makrospirale zur »Satzgruppe des Pythagoras«

(Mögliche Arbeitsinseln und Arbeitsschritte)

Vorwissen/Voreinstellungen aktivieren

A 1: Quadrat in zwei Quadrate zerlegen ⇨ s. *M 1* (Brainstorming in Partner- oder Gruppenarbeit ⇨ Vergleich und Weiterentwicklung der gefundenen Lösungen in Gruppen ⇨ Schülervorträge im Plenum ⇨ Vertiefende Hausaufgabe)

Neue Kenntnisse/Verfahrensweisen erarbeiten

A 2: Beweise nachvollziehen (Bearbeitung von *M 2* in Einzelarbeit ⇨ Erklären der Aufgabe 1 in Partnerarbeit ⇨ Vertiefen im Doppelkreis ⇨ Vortrag im Plenum ⇨ Aufgaben 2 und 3 im Doppelkreis erläutern ⇨ Fragerunde im Plenum)

A 3: Kathetensatz beweisen (Beweise in *M 3* nachvollziehen ⇨ Erklären in Partnerarbeit ⇨ klärende Gespräche in Gruppen ⇨ Vorträge im Doppelkreis ⇨ Präsentation und Kontrolle im Plenum)

A 4: Beweise vertiefen (Beweise in *M 4* in Einzelarbeit nachvollziehen ⇨ Erklären im Doppelkreis ⇨ Vortrag + Kontrolle im Plenum)

A 5: Satz des Pythagoras beweisen (Wiederholen der Kathetensätze in Partnerarbeit ⇨ Satz des Pythagoras in Partnerarbeit klären und beweisen ⇨ vertiefende Gespräche in Gruppen ⇨ 2. Beweis in Einzelarbeit erbringen ⇨ Vorträge im Doppelkreis ⇨ Präsentation und Kontrolle im Plenum)

A 6: Höhensatz beweisen (Beweis in Einzelarbeit ⇨ Erklären in Partnerarbeit ⇨ Vertiefung in Gruppenarbeit ⇨ Schülervortrag im Plenum ⇨ Wiederholung und weitere Beispiele im Doppelkreis)

Komplexere Anwendungs-/Transferaufgaben

A 7: Historische Beweise erarbeiten (Beweise in *M 6* in arbeitsteiliger GA Gruppenarbeit klären ⇨ Schülervorträge im Plenum ⇨ Vertiefung durch Expertenvorträge in Mischgruppen)

A 8: Figuren und Körper berechnen (Einzelarbeit ⇨ Lösungswege in Gruppenarbeit vergleichen und klären ⇨ Präsentation in Expertengruppen ⇨ Vorträge + Kontrollen im Plenum)

Abb. 27

© Dr. H. Klippert

Kennzeichnend für die skizzierte Makrospirale ist ein grundlegendes Verfahrensmuster. Die SchülerInnen lesen, überlegen und arbeiten zunächst in Einzelarbeit, und zwar mit dem Ziel, die jeweilige Aufgabenlösung anschließend mit eigenen Worten erläutern zu können. Etwaige Unklarheiten und Fragen werden schriftlich festgehalten. An diese individuelle Klärungsphase schließt sich eine vertiefende Anwendungs- und Klärungsphase in Partnerarbeit an. Dabei spielt der Doppelkreis mit Tischen eine große Rolle (s. die Skizze im Beitrag 4.1 zu den Stellenwertsystemen). Im Rahmen dieses Doppelkreises müssen die jeweiligen Partner abwechselnd vortragen, wiederholen, vorhandene Fragen klären und bei Bedarf korrigieren. Ungelöste Fragen werden notiert und in der anschließenden Gruppen- und/oder Plenarphase angesprochen und beantwortet. So gesehen durchlaufen die SchülerInnen stets einen mehrstufigen »Gärungs- und Klärungsprozess«.

Bei alledem wird sehr viel Wert auf das selbstständige Erarbeiten und Präsentieren der jeweiligen Lernergebnisse gelegt. Das schließt ein, dass die SchülerInnen immer wieder Gelegenheit erhalten, eigene Ideen und Gedankengänge anderen zu erklären und so zu prüfen, inwieweit sie den jeweiligen Sachverhalt wirklich verstanden haben. Derartige Redundanzen sind gerade für die SchülerInnen der Orientierungsstufe wichtig und hilfreich. Kontrolliert werden die jeweiligen Lernergebnisse darüber hinaus im Plenum – u.a. durch die zuständige Lehrkraft.

Einige ausgewählten Arbeitsinseln

Nähere Erläuterungen zu den schwarz unterlegten Arbeitsinseln folgen in den nachstehenden Abschnitten. Die in den Texten erwähnten Materialien (M 1ff.) werden im Anschluss dokumentiert. Diese exemplarische Konkretisierung soll Anregungen geben, wie EVA im Mathematikunterricht in Gang gesetzt werden kann. Die eigene Unterrichtsvorbereitung wird dadurch freilich nicht ersetzt.

A 1: Quadrat in zwei Quadrate zerlegen

Im Rahmen dieser Mikrospirale werden die SchülerInnen auf die danach folgenden Beweismethoden zum Komplex »flächengleiche Vielecke« spielerisch vorbereitet. Dazu werden in einem ersten Arbeitsschritt mehrere Vierer-Gruppen gebildet. Diese erhalten ein 10 cm × 10 cm großes Quadrat mit der Aufgabe, dieses so zu zerschneiden, dass sich aus den Teilstücken zwei Quadrate legen lassen. Da die Zerlegung in gleich große Quadrate schnell gefunden ist, richtet sich das Augenmerk im Weiteren auf die nichttrivialen Lösungen. Die gefundenen Gruppenlösungen werden im zweiten Arbeitsschritt von ausgelosten Gruppensprechern im Plenum präsentiert. Dazu trägt ein erster Schüler die Schnittlinien in die an der Tafel vorbereiteten Quadrate ein. Ein anderer Gruppenvertreter vollzieht die Umwandlung auf dem OH-Projektor nach. Hierbei werden die Grundgedanken, die zur Lösung geführt haben, erläutert.

Auf der Basis dieses »Inputs« suchen die Gruppen im dritten Arbeitsschritt nach weiteren Lösungsvarianten. Finden sie keine, so stellt die Lehrperson eine vorbereitete Lösung vor. Die im Laufe des Arbeitsprozesses entstehenden Tafelbilder werden ins Heft übernommen. Außerdem führen die SchülerInnen als nachbereitende Hausaufgabe die betreffenden Zerlegungen durch.

A 3: Kathetensatz beweisen

Das im Rahmen dieser Mikrospirale praktizierte Vorgehen ist typisch für viele weitere Mikrospiralen. Im ersten Arbeitsschritt wird die Klasse mittels Abzählverfahren in zwei Untergruppen aufgeteilt. Die Schülerinnen der ersten Untergruppe erhalten die erste Beweisvarianten (s. *M 3*), die SchülerInnen der zweiten Untergruppe die zweite Beweisvariante. Nun gehen sie in Einzelarbeit daran, die jeweilige Beweisführung zu lesen und nachzuvollziehen. Dabei skizzieren sie jeden einzelnen Beweisschritt auf ein Blatt Papier. Etwaige Unklarheiten bzw. Fragen werden notiert. Im zweiten Arbeitsschritt finden sich die SchülerInnen mit gleichem Beweis in Tandems zusammen und erläutern sich wechselseitig ihre Beweisführung und klären die entstandenen Fragen. Im dritten Arbeitsschritt wird diese Klärungsarbeit in Gruppen fortgesetzt, und zwar mit dem Ziel, einen Vortrag fürs Plenum vorzubereiten. Die so vorbereiteten Vorträge zu den beiden Beweisen werden von ausgelosten Gruppensprechern im Plenum vorgetragen und bei Bedarf korrigiert/präzisiert. Daran schließt sich im vierten Arbeitsschritt der Doppelkreis an. Im Innenkreis sitzen die SchülerInnen mit Beweis 1 und im Außenkreis jene mit Beweis 2. Die jeweiligen Partner erläutern sich nun wechselseitig ihre beiden Beweise, wobei der jeweilige Zuhörer das Gesagte zunächst in eigenen Worten wiederholen muss, bevor er mit seinem eigenen Beweis an der Reihe ist. Auf diese Weise werden eventuelle Missverständnisse aus dem Weg geräumt. Danach werden im fünften und letzten Arbeitsschritt durch Weiterrücken im Innenkreis neue Gesprächspaare gebildet. Diese haben nunmehr die Aufgabe, den gerade gehörten Beweis dem gegenüber sitzenden Spezialisten so vorzustellen, dass dieser sein Plazet gibt. Unter Umständen kann sich eine weitere Rotation anschließen.

A 5: Satz des Pythagoras beweisen

Diese Mikrospirale beginnt damit, dass sich die SchülerInnen im ersten Arbeitsschritt in Partnerarbeit die beiden in A 3 und A 4 erarbeiteten Beweise gegenseitig erläutern. Dann übertragen sie im zweiten Arbeitsschritt die zu den Kathetensätzen gemachten Aussagen auf die abgebildete Beweisfigur (s. Skizze) und formulieren dazu eine möglichst korrekte Aussage (z.B.: »Die Summe der Flächen über den Katheten ist gleich der Summe der Flächen über den Hypothenusenabschnitten«). Diese Aussage versuchen sie in Partnerarbeit geometrisch zu beweisen, um sie dann zu for-

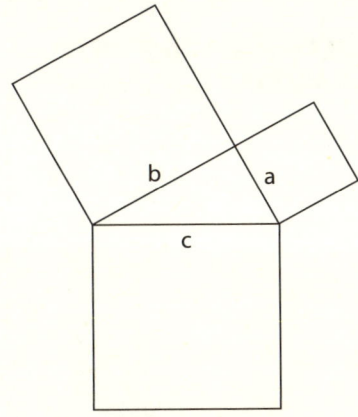

malisieren. Im dritten Arbeitsschritt werden die bestehenden Tandems zu mehreren Vierer-Gruppen zusammengefasst, deren Mitglieder die Aufgabe erhalten, die mitgebrachten Beweisideen zu vergleichen und einen gemeinsamen Beweis zu formulieren. Eine dieser Vierer-Gruppen führt anschließend ihren Beweis an der Tafel vor; andere Gruppen ergänzen nötigenfalls; der korrekte Beweis wird schließlich ins Heft übertragen. Im vierten Arbeitsschritt erfolgt sodann eine Vertiefung dergestalt, dass die SchülerInnen in Partnerarbeit einen weiteren Beweis erarbeiten und erläutern müssen (s. *M 5*). Auf Grund der bis dahin gesammelten Erfahrungen sollten die SchülerInnen in der Lage sein, die betreffende Beweisidee sofort zu erkennen. Im fünften und letzten Arbeitsschritt löst jeder Schüler in Einzelarbeit eine spezifische Anwendungsaufgabe und erklärt diese anschließend im Doppelkreis wechselnden Partnern. Ziel dieser Doppelkreisvorträge ist es, dass die SchülerInnen im steten Wechsel möglichst viele Aufgabenlösungen hören und erklären (der Innenkreis erklärt dem Außenkreis; der Außenkreis wiederholt; dann erfolgt die Rotation; nun erklärt der Außenkreis dem Innenkreis usw.). Die Kontrolle und Verbesserung der Ergebnisse erfolgt im Plenum.

Zusammenfassende Hinweise zur Methodenpflege

Die skizzierten Arbeitsinseln und Arbeitsschritte eröffnen den SchülerInnen vielfältige Möglichkeiten zur Methoden-, Kommunikations- und Teampflege. Das beginnt im Bereich der Lern- und Arbeitstechniken damit, dass sie gezielt zu lesen und zu markieren haben; sie müssen Notizen machen, Fragen erfassen, Beweise strukturieren und logisch formulieren; sie müssen Beweisschritte skizzieren und geometrisch veranschaulichen; sie müssen Regeln formulieren und Tafelbilder entwickeln. Darüber hinaus erhalten sie auch im kommunikativen Bereich diverse Male Gelegenheit, sich im freien Vortrag und im klärenden Gespräch zu üben. Sie beschreiben, erklären, begründen und argumentieren in Partnerarbeit, in Kleingruppen und gelegentlich auch im Plenum. Sie üben sich im Zuhören und Miteinander-Reden, im Fragen und Antworten. Sie tragen die erarbeiteten Beweise vor der Klasse vor und stellen sich den (kritischen) Anfragen und Verbesserungsvorschlägen der MitschülerInnen. Und bei alledem üben sie sich selbstverständlich auch in puncto Teamarbeit. Sie bereiten in Partner- und Kleingruppen Vorträge und Präsentationen vor; sie einigen sich bezüglich der zu präsentierenden Ergebnisse sowie bezüglich der Präsentationsmodi (z.B. kooperative Präsentation). Sie achten auf die Einhaltung der Gruppenregeln und intervenieren im Falle von Regelverstößen. Sie gehen aufeinander ein und arbeiten zügig und konstruktiv das Gruppenprogramm ab.

M 1 — Umwandlung eines Quadrates in zwei gleich oder verschieden große Quadrate

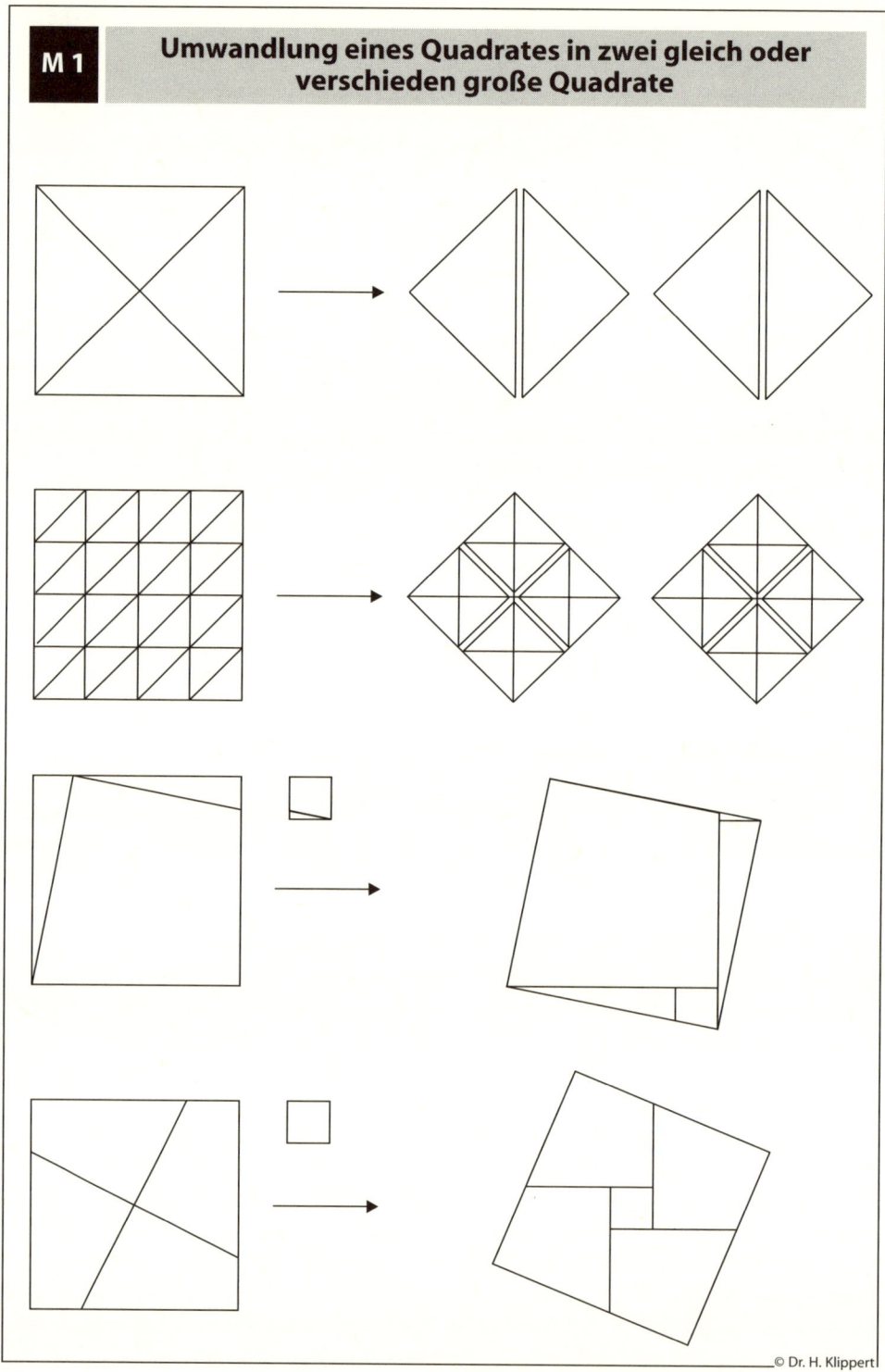

© Dr. H. Klippert

M 2 — Beweise nachvollziehen

Aufgabe 1: Folgender Satz wird für die Aufgaben 2 und 3 verwendet. Begründe die darin gemachte Aussage!

> Parallelogramme (Dreiecke), die in einer Seite und der dazugehörigen Höhe übereinstimmen, haben den gleichen Flächeninhalt, sie sind also flächengleich (Fig. 3 und 4).

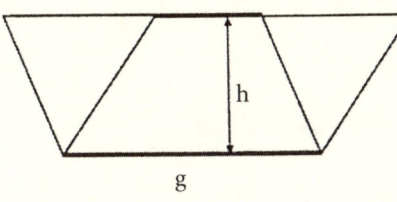

$A = g \cdot h$ Fig. 3

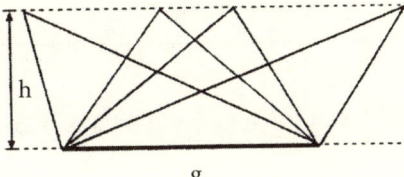

$A = \frac{1}{2} \cdot g \cdot h$ Fig. 4

Aufgabe 2:
Begründe: Die Parallelogramme ABCD und AGHE in Fig. 5 sind flächengleich.
Lösung: Die Parallelogramme ABCD und ABFE sind flächengleich, denn sie haben dieselbe Seite AB und dazu die gleiche Höhe. Die Parallelogramme ABFE und AGHE sind flächengleich, denn sie haben dieselbe Seite AE und dazu die gleiche Höhe. Also sind alle drei Parallelogramme flächengleich.

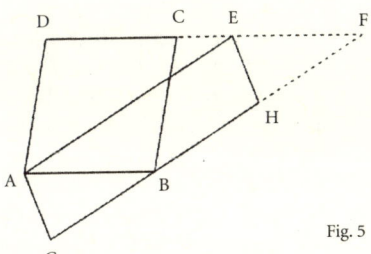

Fig. 5

Aufgabe 3:
Zeichne ein Rechteck ABCD mit
a = 8,0 cm und b = 3,2 cm. Konstruiere ein flächengleiches Rechteck, das eine Seite der Länge s = 3,8 cm hat.
Beschreibung der Konstruktion:
1. Zeichne das Rechteck ABCD mit
a = 8,0 cm und b = 3,2 cm.
2. Zeichne Kreise mit dem Radius
s = 3,8 cm um A und um B.
Nenne die Schnittpunkte der Kreise mit DC
E und E' bzw F und F'.
3. Zeichne ein Rechteck BFGH so, dass G und H auf AE liegen.

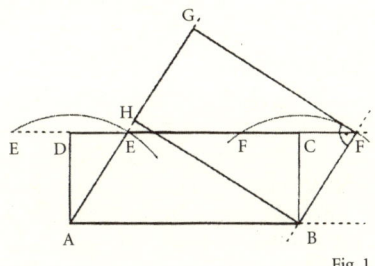

Fig. 1

ABCD ist flächengleich zu ABFE;
ABFE ist flächengleich zu BFGH

(Die Aufgabenbeispiele in den Materialien M 2 – M 6 sind entnommen aus: Lambacher/ Schweizer. LS 9. Mathematik-Buch für das Gymnasium. Klett-Verlag, S. 140ff.)

© Dr. H. Klippert

M 3 — Beweise zum Kathetensatz nachvollziehen und klären

Kathetensatz

Für jedes rechtwinklige Dreieck gilt: Das Quadrat über einer Kathete ist flächengleich zum Rechteck aus der Hypotenuse und dem anliegenden Hypotenusenabschnitt.

Es gilt: $a^2 = c \cdot p$ (Fig. 4)
$b^2 = c \cdot q$ (**Fig. 5**)

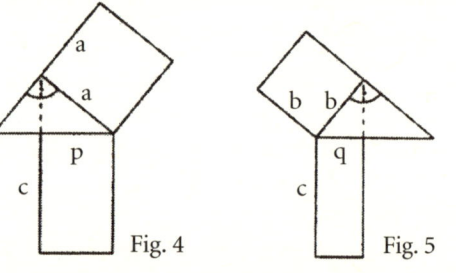

Fig. 4   Fig. 5

---

1. Beweis des Kathetensatzes durch Flächenumwandlung

Für jedes rechtwinklige Dreieck ABC mit dem rechten Winkel bei C gilt (Fig. 6):

1. Das Quadrat ACDE ist flächengleich zum Parallelogramm ABKE (gemeinsame Seite $\overline{EA}$ und gleiche Höhe zu $\overline{AC}$):

2. Das Parallelogramm ABKE wird durch eine Drehung um A um $-90°$ auf das Parallelogramm AHLC abgebildet (denn $\overline{AB} = \overline{AH}$; $\overline{AE} = \overline{AC}$ und $\sphericalangle\, BAE = 90° + \alpha = \sphericalangle\, HAC$). Damit sind die Parallelogramme flächengleich.

3. Das Parallelogramm AHLC ist flächengleich zum Rechteck AHGF (gemeinsame Seite $\overline{AH}$ und gleiche Höhe zu $\overline{AH}$).

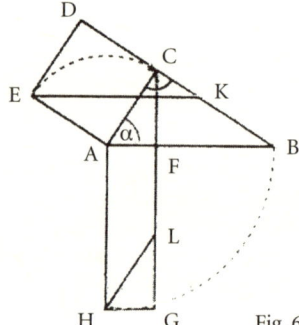

Fig. 6

---

2. Beweis des Kathetensatzes mit Hilfe ähnlicher Dreiecke

Jedes rechtwinklige Dreieck ABC wird durch die Höhe zur Hypotenuse in zwei Dreiecke ADC und BCD zerlegt (Fig. 1).

1. α ist Winkel im Dreieck ADC und β ist Winkel im Dreieck BCD. Da beide Teildreiecke rechtwinklig sind, stimmen sie mit ABC in zwei (und damit in drei) Winkeln überein.
   Also sind die Dreiecke BCD und ACD zum Dreieck ABC ähnlich.

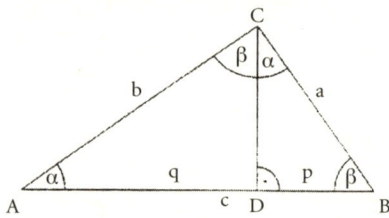

Fig. 1

2. Ähnliche Dreiecke haben gleiche Seitenverhältnisse. Damit gilt:

Dreieck ADC: $\dfrac{q}{b} = \dfrac{b}{c}$: also $b^2 = c \cdot q$.   Dreieck BCD: $\dfrac{p}{a} = \dfrac{a}{c}$: also $a^2 = c \cdot p$.

© Dr. H. Klippert

M 4   Weitere Beweise zum Kathetensatz formulieren

Beweise den Kathetensatz durch die Flächenzerlegung in Figur 3. Hierbei sind die Trennlinien parallel und senkrecht zu einer der Dreiecksseiten.

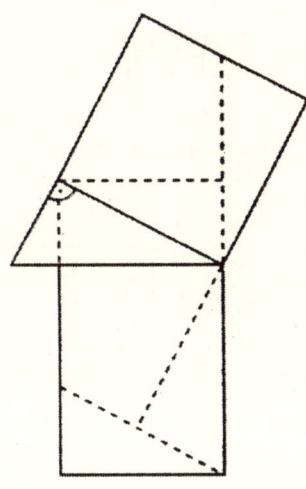

⇨ Zeige dazu, dass in Fig. 3 bestimmte Teil-flächen kongruent sind. Überlege, welche Winkel gleich groß und welche Strecken gleich lang sind.

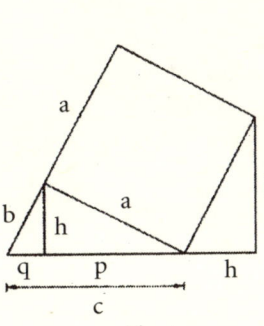

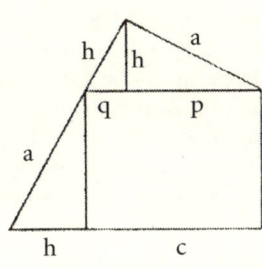

Fig. 3   Fig. 4   Fig. 5

⇨ Begründe, dass in den Figuren 4 und 5 bestimmte Dreiecke kongruent sind und markiere diese. Beweise mit Hilfe der Ergänzungsgleichheit: das Quadrat mit der Seitenlänge a und das Rechteck mit den Seiten c und p sind flächengleich.

© Dr. H. Klippert

M 5   Beweis nachvollziehen

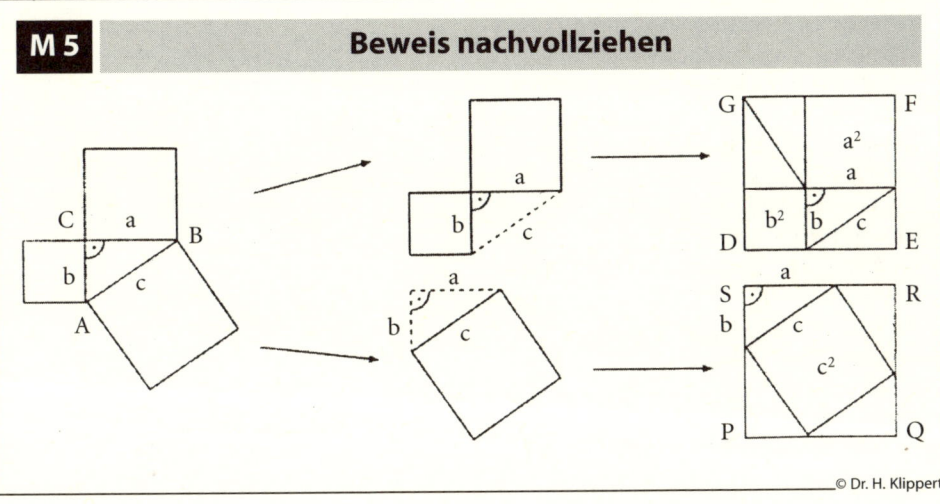

© Dr. H. Klippert

M 6 **Weitere Beweise für den Satz des Pythagoras erschließen**

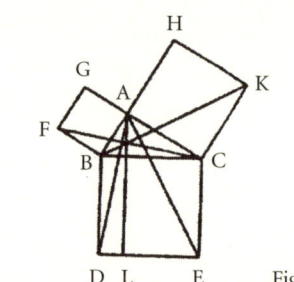

Fig. 1

23 Der Beweis von Euklid (300 v. Chr.):
a) Vergleiche in Fig. 1 die Flächeninhalte des Kathetenquadrates FBAG mit dem des Dreiecks FBC, des Dreiecks ABD und des Rechtecks mit den Seiten $\overline{BD}$ und $\overline{DL}$. Gehe entsprechend mit dem zweiten Kathetenquadrat vor.
b) Vergleiche diesen Beweis mit dem Beweis des Kathetensatzes.

24 »Der Stuhl der Braut« (Fig. 2):
a) Wo befindet sich in Fig. 2 das rechtwinkelige Dreieck, wo die Kathetenquadrate, wo das Hypothenusenquadrat?
b) Ergänze das schraffierte Fünfeck auf zwei Arten. Zeige so, dass das Hypothenusenquadrat zerlegungsgleich zu den beiden Kathetenquadraten ist.

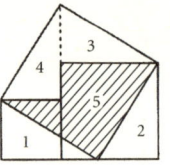
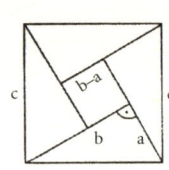

Fig. 2   Fig. 3

25 Beweis durch Flächenberechnung:
Drücke zu Fig. 3 den Flächeninhalt des Hypothenusenquadrats durch die Flächeninhalte der Teilflächen aus. Vereinfache die sich ergebende Gleichung.

26 Beweis von Leonardo da Vinci:
a) Welche Symetrieeigenschaften hat das gestrichelt (gepunktet) umrandete Sechseck in Fig. 4?
b) Zeige, dass man die Hälfte des einen Sechsecks durch eine Drehung in eine Hälfte des anderen Sechsecks überführen kann. Was folgt daraus für die Flächeninhalte beider Sechsecke bzw. der drei Quadrate?

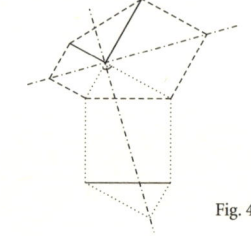

Fig. 4

***27** Zerlegungsbeweis von Schopenhauer:
In Fig. 5 sind alle Trennlinien parallel zu einer der Dreiecksseiten. Zeige:
Die Dreiecke bzw. Vierecke 1, 2, 3, 4 und 5 sind jeweils kongruent.
Überlege dazu, wie man die Dreiecke bzw. Vierecke aufeinander abbilden kann.

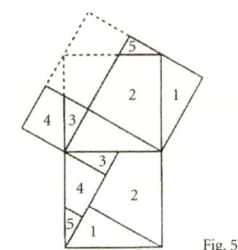

Fig. 5

28 Beweis von Garfield (Fig. 6):
Berechne den Flächeninhalt des Trapezes PQRS auf zwei Arten; mit der Flächenformel und als Summe der Dreiecke.
Vereinfache die sich ergebende Gleichung.

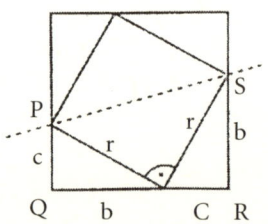

Fig. 6

© Dr. H. Klippert

4.3 Das Thema »Atomaufbau«

(Klaus Koch, Martin Theisinger)

Das Fach Physik ermöglicht den SchülerInnen von seinen Fragestellungen und Methoden her eine ganz spezifische Art der Auseinandersetzung mit der Natur. Durch ihre Theorien und Modelle schafft die Physik Entwürfe von Wirklichkeit in den Köpfen der Kinder und Jugendlichen. Physik verstehen heißt aber auch, dass die SchülerInnen konsequent angehalten werden müssen, sich mit bestimmten Naturphänomenen aktiv und kreativ auseinanderzusetzen, lernrelevante Probleme zu bearbeiten, zu verstehen und ggf. auch zu lösen, selbsttätig zu experimentieren und eigene Wissens- und Erkenntnisstrukturen aufzubauen. Gerade im Fach Physik ist das eigenverantwortliche Arbeiten und Lernen der SchülerInnen an vielen Stellen möglich und nötig (z.B. Experimente planen, durchführen und auswerten; Modellvorstellungen konstruieren, anwenden und überprüfen).

Im Mittelpunkt der nachfolgend skizzierten Lernspiralen steht das Thema »Atomaufbau«. Dieses Thema gehört u.a. zum Pflichtprogramm im Grundkurs Physik in der Oberstufe und ist dort auch umgesetzt worden. Die dokumentierten Arbeitsprozesse zeigen in exemplarischer Weise, wie die SchülerInnen an verschiedene Problemstellungen herangeführt und zum eigenständigen und produktiven Arbeiten veranlasst werden können. Trotz des stärker exemplarischen Vorgehens im Physik-Grundkurs wird im Folgenden keineswegs auf physikalische Exaktheit und auf die Vermittlung eines soliden physikalischen Grundwissens verzichtet. EVA und anspruchsvolle Wissens- und Erkenntnisvermittlung können und müssen durchaus Hand in Hand gehen. Das gilt nicht zuletzt im Hinblick auf den hier in Rede stehenden Atomaufbau. Die Grundidee vom Aufbau der Atome ist bereits 2500 Jahre alt und reicht zurück bis zu den Anfängen des naturwissenschaftlichen Denkens. Und sie ist seither zunehmend verfeinert, erweitert und natürlich auch bestätigt worden. Experimente, wie der legendäre Franck-Hertz-Versuch, bestätigten die Energiequantelung in der Atomhülle durch den Nachweis von quantenhafter Emission und Absorption.

Die in diesem Beitrag skizzierten Lernspiralen ermöglichen den SchülerInnen u.a. gewisse Einblicke in die Entwicklungsgeschichte der Atomtheorie. Das beginnt in *A 1* damit, dass einige historische Bezüge hergestellt und thematisiert werden. Dieses Orientierungswissen der SchülerInnen wird in *A 2* dahingehend angereichert, dass verschiedene historische Ansätze aufgezeigt werden, die schließlich zur Bohrschen Atomtheorie geführt haben. Durch die Thematisierung des Franck-Hertz-Versuches und der damit verbundenen Fragestellungen in *A 3* erhalten die SchülerInnen Gelegenheit, schrittweise zum Bohrschen Atommodell vorzustoßen, das als solches

Makrospirale zum Thema »Atomaufbau«

(Mögliche Arbeitsinseln und Arbeitsschritte)

Vorwissen/Voreinstellungen aktivieren

A 1: Historische Modelle zum Atomaufbau erarbeiten (individuelle Lesephase ⇨ klärende Gespräche in Gruppen ⇨ Vorbereitung einer Präsentation mittels Folie, Powerpoint oder HTML-File ⇨ Präsentation im Plenum + Nachbesprechung)

A 2: Experimente zum Potenzialtopf durchführen (arbeitsteilige Gruppenarbeit: 2 Gruppen führen Versuche durch; eine Gruppe recherchiert ⇨ Erarbeitung entsprechender Vorträge ⇨ Präsentation der Gruppenergebnisse im Plenum ⇨ Kontrolle und Sicherung der vorgetragenen Ergebnisse im Unterrichtsgespräch)

Neue Kenntnisse/Verfahrensweisen erarbeiten

A 3: Franck-Hertz-Versuch auswerten und klären (Durchführung des Versuchs durch den Lehrer ⇨ Interpretation und Klärung des Versuchs in Gruppenarbeit ⇨ Vorträge in Partnerarbeit ⇨ Korrektur der Interpretationen im Unterrichtsgespräch ⇨ Plenarvorträge in GA vorbereiten ⇨ Präsentation und Bewertung im Plenum)

A 4: Bohrsches Atommodell berechnen (Postulate im Lehrervortrag ⇨ Berechnen der ersten Energiestufen in Partnerarbeit ⇨ weitere Serien in Partnerarbeit erschließen ⇨ Präsentation der Ergebnisse in Gruppen oder im Doppelkreis ⇨ Fragerunde im Plenum)

A 5: Leistung und Grenzen des Bohrschen Atommodells erarbeiten (Lesephase ⇨ klärende Gespräche in Partnerarbeit ⇨ Begründungen in Gruppenarbeit formulieren ⇨ Präsentation + Kontrolle im Plenum)

Komplexere Anwendungs-/Transferaufgaben

A 6: Schrödingergleichung im linearen Potenzialtopf aufstellen (Wiederholung des Potenzialtopfmodells aus A 2 in Partnerarbeit ⇨ Simulation am PC erarbeiten/PA ⇨ Lehrervortrag zu den Grundzügen der Schrödingergleichung ⇨ korrespondierende Schülervorträge in Gruppen ⇨ Fragerunde im Plenum)

Abb. 28

© Dr. H. Klippert

Gegenstand der Mikrospirale *A 4* ist. Dieser Erarbeitungsprozess verläuft teils in Einzelarbeit, teils in Gruppenarbeit und teils auch im Plenum. In *A 5* geht es sodann um die (kritische) Würdigung des Bohrschen Atommodells, d.h. um das Herausarbeiten der Leistungen und Grenzen dieses Modells. Darauf aufbauend bearbeiten die SchülerInnen in *A 6* eine komplexere Anwendungs- und Transferaufgabe zur Schrödingergleichung, und zwar im Rückgriff auf das in *A 2* bereits behandelte Potenzialtopfmodell.

Zentrale Sozialformen sind im Folgenden die Gruppen- und die Partnerarbeit der SchülerInnen. Gruppen- und Partnerarbeit sind für das hier intendierte eigenverantwortliche Arbeiten insofern wichtig, als der Schwierigkeitsgrad der anstehenden Aufgaben in der Regel so hoch ist, dass viele SchülerInnen als »Allein-Arbeiter« scheitern würden. Die Zusammenarbeit der SchülerInnen stellt sicher, dass immer wieder Kontroll- und Fragemöglichkeiten bestehen. Zudem empfiehlt sich zur Ergebnissicherung, dass die SchülerInnen nach jeder Arbeitsinsel Gelegenheit erhalten, den eigenen Wissens- und Erkenntnisstand im Rahmen themenzentrierter Vorträge und/oder Fragerunden im Plenum zu prüfen und nötigenfalls zu korrigieren. Dabei sollten die Vorträge durch geeignete Folien oder Tafelanschriften unterstützt und veranschaulicht werden. Neben diesen Schülervorträgen gibt es selbstverständlich auch gezielte Lehrervorträge und -kontrollen – insbesondere dort, wo die SchülerInnen die vorgesehenen Zielsetzungen alleine nicht erreichen können (z.B. bei der Schrödingergleichung).

Einige ausgewählten Arbeitsinseln

Nähere Erläuterungen zu den schwarz unterlegten Arbeitsinseln folgen in den nachstehenden Abschnitten. Die in den Texten erwähnten Materialien (M 1ff.) werden im Anschluss dokumentiert. Diese exemplarische Konkretisierung soll Anregungen geben, wie EVA im Physikunterricht in Gang gesetzt werden kann. Die eigene Unterrichtsvorbereitung wird dadurch freilich nicht ersetzt.

A 2: Experimente zum Potenzialtopf durchführen

Im Rahmen dieser Mikrospirale geht es darum, dass die SchülerInnen die diskreten Energiestufen des H-Atoms entdecken und klären. Dazu werden im ersten Arbeitsschritt drei Zufallsgruppen gebildet, die sich in ganz unterschiedlicher Weise mit der Existenz diskreter Energien beschäftigen. Die erste Gruppe erarbeitet mittels eines mechanischen Analogieexperiments charakteristische Bedingungen stehender Wellen (Zauberschnur als eindimensionaler Wellenträger mit zwei festen Enden, wobei die Anregung zur Schwingung mit der Hand erfolgt). Hierbei sollten als Befunde herauskommen: (a) die Länge des Wellenträgers beträgt ein Vielfaches der halben Wellenlänge und (b) die Energiewerte der verschiedenen stationären Zustände weisen eine quadratische Zunahme auf. Ziel dieses Experiments ist das propädeutische Aufgreifen des eindimensionalen Potenzialtopfes, der erst an späterer Stelle vertiefend behandelt wird (s. A 6). Die zweite Gruppe erhält währenddessen die Aufgabe, auf der Grundlage der Angaben in M 1 das Wasserstoffspektrum zu vermessen. Dieser Versuch wird von den betreffenden SchülerInnen aufgebaut, durchgeführt und mit dem Ziel ausgewertet, die Wellenlängen aus der Geometrie der Anordnung sowie den Gesetzen des optischen Gitters zu ermitteln. Und die dritte Gruppe schließlich recherchiert im Rückgriff auf Schulbuch, Lexika, Schulbibliothek und evtl. auch Internet die historischen und physikalischen Fakten zur Untersuchung von Balmer. Im zweiten Arbeitsschritt bereiten die besagten Gruppen sodann entsprechende Vorträge vor, um die Mitschüler über die erzielten Versuchs- bzw. Rechercheergebnisse zu informieren. Dabei werden auch Folien und sonstige Präsentationshilfen erstellt. Die so vorbereiteten Vorträge werden im dritten Arbeitsschritt von ausgelosten Gruppensprechern präsentiert; auftretende Fragen werden besprochen. Im vierten und letzten Arbeitsschritt fasst die Lehrperson die wichtigsten Ergebnisse nochmals zusammen und erstellt ein entsprechendes Tafelbild.

A 3: Franck-Hertz-Versuch

Am Anfang dieser Mikrospirale steht ein Lehrervortrag zum Aufbau des Franck-Hertz-Versuchs; dann führt die Lehrperson den Versuch durch; die SchülerInnen machen sich währenddessen Notizen für die spätere Gruppenarbeit. Anschließend händigt die Lehrperson den SchülerInnen das typische Versuchsergebnis in Kopie aus. Im zweiten Arbeitsschritt gehen die SchülerInnen daran, den Versuch anhand der persönlichen Aufzeichnungen zu rekapitulieren. Das geschieht in Einzelarbeit. Dann werden im dritten Arbeitsschritt Gesprächspaare gebildet, die sich auf der Basis der eigenen Aufzeichnungen den Aufbau und Ablauf des Franck-Hertz-Versuchs gegenseitig erklären. Dabei muss der jeweilige Zuhörer das Gesagte nochmals in eigenen Worten wiederholen. Etwaige Fragen werden gemeinsam besprochen und/oder für die anschließende Gruppenarbeit festgehalten. Im vierten Arbeitsschritt finden sich die SchülerInnen sodann in mehreren Gruppen zusammen, interpretieren/klären das Versuchsgeschehen und beantworten die in M 2 aufgeführten Fragen. Die so erarbeiteten Vermutungen und »Erkenntnisse« werden im fünften Arbeitsschritt im Plenum präsentiert. Dabei werden Folien eingesetzt. Etwaige Unklarheiten werden im Unterrichtsgespräch behoben. Sind alle Details geklärt, so werden im sechsten Arbeitsschritt neue Gruppen gebildet, die nunmehr die Aufgabe erhalten, einen Gesamtvortrag vorzubereiten und ein entsprechendes Tafelbild zu entwickeln. Als Gliederung des Vortrags wird vorgegeben: Fragestellung ➪ Versuchsaufbau ➪ Durchführung ➪ Versuchsergebnisse ➪ Interpretation ➪ Ergebnis. Beim Vortrag selbst müssen die betreffenden SchülerInnen auf Vollständigkeit, sachliche Richtigkeit, freie Rede, genaue Erklärungen, gute Visualisierung und eine breite Beteiligung der Gruppenmitglieder an der Präsentation achten. Bei der Beurteilung der Präsentationen wird auf diese Kriterien zurückgegriffen (s. Beurteilungsraster). Die Endnote wird vom Lehrer unter Berücksichtigung der Schülervoten festgelegt.

Kriterien für die Bewertung der Präsentationen				
	+	0	–	Begründung
Vollständigkeit				
Genauigkeit				
Güte der Erklärung				
Tafelbild				

A 5: Leistungen und Grenzen des Bohrschen Atommodells

Arbeitsgrundlage für diese Mikrospirale ist eine Informationsseite aus dem Schulbuch Physik des Metzler-Verlages. Im entsprechenden Arbeitsblatt M 3 werden fünf »Leistungen« und vier »Grenzen« des Bohrschen Atommodells skizziert. Zur Erarbeitung dieser Aspekte werden im ersten Arbeitsschritt per Losverfahren neun Tandems gebildet, die je einen dieser Aspekte genauer unter die Lupe nehmen. Im zweiten Arbeitsschritt gehen diese Tandems zu Vierer- oder Sechsergruppen zusammen und präsentieren und klären gruppenintern die betreffenden Aspekte, um sie anschließend vor der Klasse präsentieren zu können. Hierbei benutzen sie die eigenen Aufzeichnungen sowie das eingeführte Lehrbuch. Zum Zwecke der späteren Präsentation müssen die Gruppen unter Umständen auch exemplarische Berechnungen durchführen. So sind z.B. bei Aspekt 3 die betreffenden Energiestufen quantitativ darzustellen sowie in deduktiver Weise zu zeigen, wie die Konstante C der Balmer-Formel auf Naturkonstanten zurückgeführt werden kann. Außerdem überlegt und diskutiert jede Gruppe die Details der Präsentation und entscheidet schließlich, ob z.B. mit Plakat, Folie, Tafelanschrieb oder u.U. auch mit dem Instrument des Hörspiels gearbeitet werden soll. Relevante Inhalte werden strukturiert und visualisiert, wichtige Passagen aus dem Lehrbuchtext exzerpiert. Darüber hinaus wird ein Stichwortzettel als Vortragsleitfaden erstellt. Dann erfolgt im dritten Arbeitsschritt die Präsentation der unterschiedlichen »Leistungen« und »Grenzen« des Bohrschen Atommodells im Plenum. Dabei greifen die betreffenden Gruppen auf ihre Präsentationshilfen und -instrumente zurück. Möglich ist hierbei z.B. auch ein fiktiver »wissenschaftlicher Disput« zweier Physiker zu den Grenzen des Bohrschen Atommodells. Im vierten Arbeitsschritt werden die vorgetragenen Präsentationen »gewürdigt« und von Lehrerseite unter Umständen auch ergänzt. Im fünften und letzten Arbeitsschritt erarbeiten die SchülerInnen sodann ein übergreifendes Hörspiel von ca. fünfminütiger Dauer zu den Leistungen und Grenzen des Bohrschen Atommodells.

Zusammenfassende Hinweise zur Methodenpflege

Die skizzierten Arbeitsinseln und Arbeitsschritte eröffnen den SchülerInnen an zahlreichen Stellen Gelegenheit zur Methoden-, Kommunikations- und Teampflege. So müssen sie Texte lesen, markieren und exzerpieren; sie erstellen Schaubilder, Folien und Tafelbilder und üben sich dabei im Ordnen, Strukturieren und Visualisieren wichtiger Informationen. Darüber hinaus sind sie in kommunikativer Hinsicht immer wieder gefordert, aktiv zuzuhören, zu berichten, präzise zu fragen und zu antworten, zu erklären und zu argumentieren. Ferner sind sie in den Gruppen gehalten, gezielte Gespräche und Diskussionen zu führen, themenzentrierte Vorträge vorzubereiten und im Plenum zu präsentieren. Bei alledem üben sie sich natürlich auch in puncto Kooperation. In den Gruppen wird gemeinsam geplant und entschieden, geholfen und unterstützt, produziert und Verantwortung übernommen.

M 1   Das Emissionsspektrum des Wasserstoffs

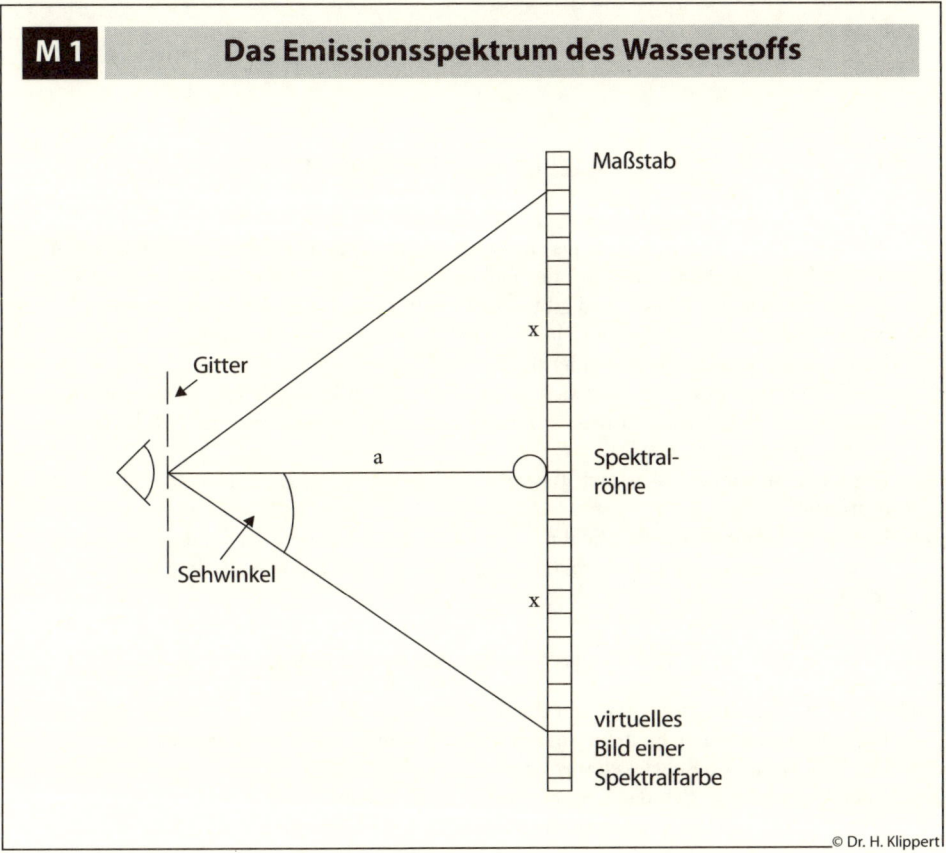

© Dr. H. Klippert

M 2   Fragen zum Franck-Hertz-Versuch

1. Wie kommt es, dass bei einer ganz bestimmten Spannung der Anodenstrom absinkt?

2. Warum verlagert sich bei Erhöhung der Beschleunigungsspannung die Zone der unelastischen Stöße Richtung Kathode? Wie verändern sich Anzahl und relative Lage bei zunehmender Beschleunigungsspannung?

3. Warum legt man eine Bremsspannung an? Warum fällt der Anodenstrom nicht wieder bis zur Nulllinie ab?

4. Welche Rolle spielen Gasdruck und Temperatur in der Franck-Hertz-Röhre?

© Dr. H. Klippert

M 3   Leistungen und Grenzen des Bohrschen Atommodells

Einige Leistungen im Überblick

1. Bohr erkannte, dass die klassische Physik nicht in der Lage ist, das Verhalten der Atome richtig zu beschreiben. Das Bohrsche Atommodell bricht an entscheidenden Stellen (strahlungsfreier Umlauf der Elektronen, diskrete Bahnen) mit den Vorstellungen der klassischen Physik und gibt damit den Weg frei für neue Überlegungen.
2. Nach Bohr lassen sich grundsätzlich alle Emissions- und Absorptionsquanten als Energieänderung des betreffenden Elektrons erklären.
3. Das Wasserstoffspektrum lässt sich sehr genau theoretisch herleiten. Dabei wird die Konstante C der Balmer-Formel auf Naturkonstanten zurückgeführt und die Ionisierungsenergie berechenbar.
4. Der Durchmesser des Wasserstoffatoms wird von der Größenordnung her richtig bestimmt.
5. Die Spektren wasserstoffähnlicher Ionen (nur ein Elektron in der Hülle) lassen sich berechnen ebenso wie die charakteristische Röntgenstrahlung nach dem Moseleyschen Gesetz.

Die Grenzen des Bohrschen Modells

1. Das Verhalten der Atomhülle mit mehr als einem Elektron kann (mit Ausnahme der Leuchtelektronen der Elemente in der I. Hauptgruppe des Periodensystems Li, Na, Rb, Cs, Fr) nicht beschrieben werden.
2. Nach Bohr bewegt sich das Elektron auf einer Kreisbahn, also in einer raumfesten Ebene; damit müsste das Atom die Form einer sehr dünnen Scheibe mit sehr geringem Volumen annehmen. Es müssten sehr große Dichten erzielbar sein, wenn man diese Scheiben »aufeinander legt«. Dieses wird nicht beobachtet. Wasserstoffatome zeigen Kugelsymmetrie; in der kinetischen Gastheorie wurde das Kugelmodell erfolgreich angewendet.
3. Die Intensitätsverteilung zwischen den einzelnen Spektrallinien (z.B. der Balmer-Serie) und damit die Übergangswahrscheinlichkeit von einem Zustand in einen anderen können nicht mit dem Bohrschen Atommodell erklärt werden. Das Gleiche gilt für die Polarisation des ausgesandten Lichtquants.
4. Die Bohrschen Postulate sind willkürliche Annahmen, die es ermöglichen, Spektrallinien vorauszuberechnen. Die Bohrsche Theorie findet keine Begründung, weshalb z.B. das Elektron auf seinem Umlauf nicht strahlen sollte.

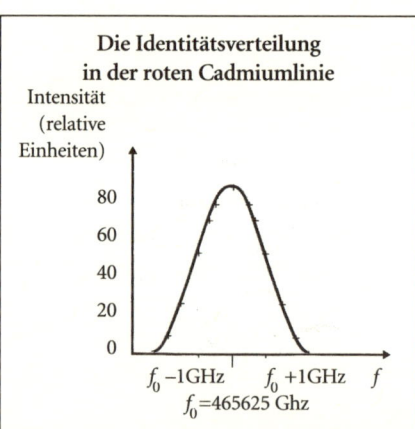

Die Identitätsverteilung in der roten Cadmiumlinie

Intensität (relative Einheiten)

$f_0 - 1GHz$ $f_0 + 1GHz$ f
$f_0 = 465625$ Ghz

© Dr. H. Klippert

III. Konsequenzen für den schulinternen Umsetzungsprozess

In diesem abschließenden Kapitel werden einige Erfahrungen und Ansätze skizziert wie dem bestehenden *Qualifikationsdilemma* in unseren Schulen begegnet werden kann. Denn fest steht: Die Forcierung des EVA-Unterrichts stellt nicht nur die SchülerInnen, sondern auch die LehrerInnen vor neue Herausforderungen, auf die sie bislang nur unzureichend vorbereitet worden sind. Wie die skizzierten Lernspiralen zeigen, verlangt EVA, dass die SchülerInnen vermehrt Initiative und Verantwortung für das eigene Lernen übernehmen, während ihren LehrerInnen stärker die Rolle des Lernorganisators, Moderators und Lernberaters zufällt. Damit letztere diese Rolle kompetent ausfüllen können, muss eine entsprechende Qualifizierungsoffensive gestartet werden, die Gelegenheit gibt, einschlägige Erfahrungen, Methoden und Materialien kennen zu lernen bzw. zu erarbeiten. Dazu gehören sowohl schulinterne als auch schulexterne Trainings, Workshops, Hospitationen und sonstige »Lerninseln« für die interessierten Lehrkräfte. Diese Qualifizierungsarbeit wird in den nachfolgenden Abschnitten überblickshaft beschrieben.

Die paradoxe Situation im bundesdeutschen Schulwesen ist derzeit die, dass von allen Seiten betont wird, wie wichtig die nachhaltige Förderung von Selbstständigkeit, Selbstverantwortung und Mitverantwortung für eine zeitgemäße und erfolgreiche Bildungsarbeit sei. In die Lehrpläne und sonstigen bildungspolitischen Verlautbarungen werden zunehmend entsprechende Zielsetzungen und Qualifikationsanforderungen hinein geschrieben. Die SchülerInnen müssten »Schlüsselqualifikationen« lernen – so wird von allen möglichen Seiten gefordert. Von Seiten der Wirtschaft genauso wie von Seiten der Bildungspolitik, der Curriculumentwickler, der Lernforscher und der Unterrichtsforscher. Und die LehrerInnen sollten diese »Schlüsselqualifikationen« selbstverständlich mit aller Konsequenz vermitteln. Genannt werden z.B. in einer aktuellen Studie des Instituts der Deutschen Wirtschaft Kompetenzen wie Selbstständigkeit, Eigenverantwortung, Selbstwertgefühl, Risikofreude, Problemlösungsfähigkeit, Kreativität, Flexibilität, Lernbereitschaft, Durchsetzungsvermögen, Innovationsfähigkeit, Kommunikationsfähigkeit, Teamfähigkeit, Organisationstalent und Mobilitätsbereitschaft (vgl. Brockhagen u.a. 1999, S. 9f.). Das alles verlangt ganz fraglos nach einem Mehr an eigenverantwortlichem Arbeiten und Lernen sowie nach einer kräftigen Forcierung der Methoden-, der Kommunikations- und der Teampflege im alltäglichen Fachunterricht.

Paradox sind diese Ansprüche und Anforderungen insofern, als dem Gros der Lehrkräfte die entsprechenden Vermittlungskompetenzen weitgehend fehlen. Die heute amtierenden Lehrerinnen und Lehrer sind zu ihrer Zeit in aller Regel ganz vorrangig als Fachleute und Wissensvermittler ausgebildet und mit den entsprechenden Belehrungs- und Steuerungstechniken vertraut gemacht worden. Die Rollen des Lernorganisators und des Moderators sind dagegen kaum geklärt, geschweige denn durch ein entsprechendes methodisch-strategisches Rüstzeug untermauert. »I want to change my teaching methods, but I don't know how«, so lautete z.B. Anfang dieses Jahres eine Schlagzeile in einer großen thailändischen Zeitung (vgl. The Sunday Nation vom 16.1.2000). Keine Frage, diese Schlagzeile hätte auch in einer deutschen Zeitung stehen können. Die hier zu Lande längst überfällige Unterrichtsreform ist bislang ganz offenkundig weniger an der mangelnden Bereitschaft als am fehlenden Know-how der verantwortlichen Lehrkräfte gescheitert. Das hat sich in unzähligen Gesprächen mit Lehrerinnen und Lehrern im Rahmen von Fortbildungsveranstaltungen gezeigt. Von daher sind massive Qualifizierungsmaßnahmen und -angebote vonnöten (vgl. Abb. 29).

Die Motivation der Lehrkräfte, in Sachen EVA Fortbildungsseminare zu besuchen, ist nach den bisherigen Erfahrungen recht ausgeprägt vorhanden. Die meisten Lehrerinnen und Lehrer sehen sehr wohl ein, dass die systematische Förderung des EVA-Unterrichts beträchtliche Chancen sowohl für die Schüler- als auch für die Lehrerseite mit sich bringt. Allerdings steht und fällt ihre faktische Innovationsbereitschaft in aller Regel mit dem Erwerb einschlägiger Erfahrungen, Methoden und Materialien. Das zeigen die laufenden Schulentwicklungsprojekte in Rheinland-Pfalz, Nordrhein-Westfalen, Berlin, Hessen, Nürnberg, München, Wien, Niederösterreich und in der Steiermark sehr deutlich. Es genügt also offenbar nicht, die in diesem

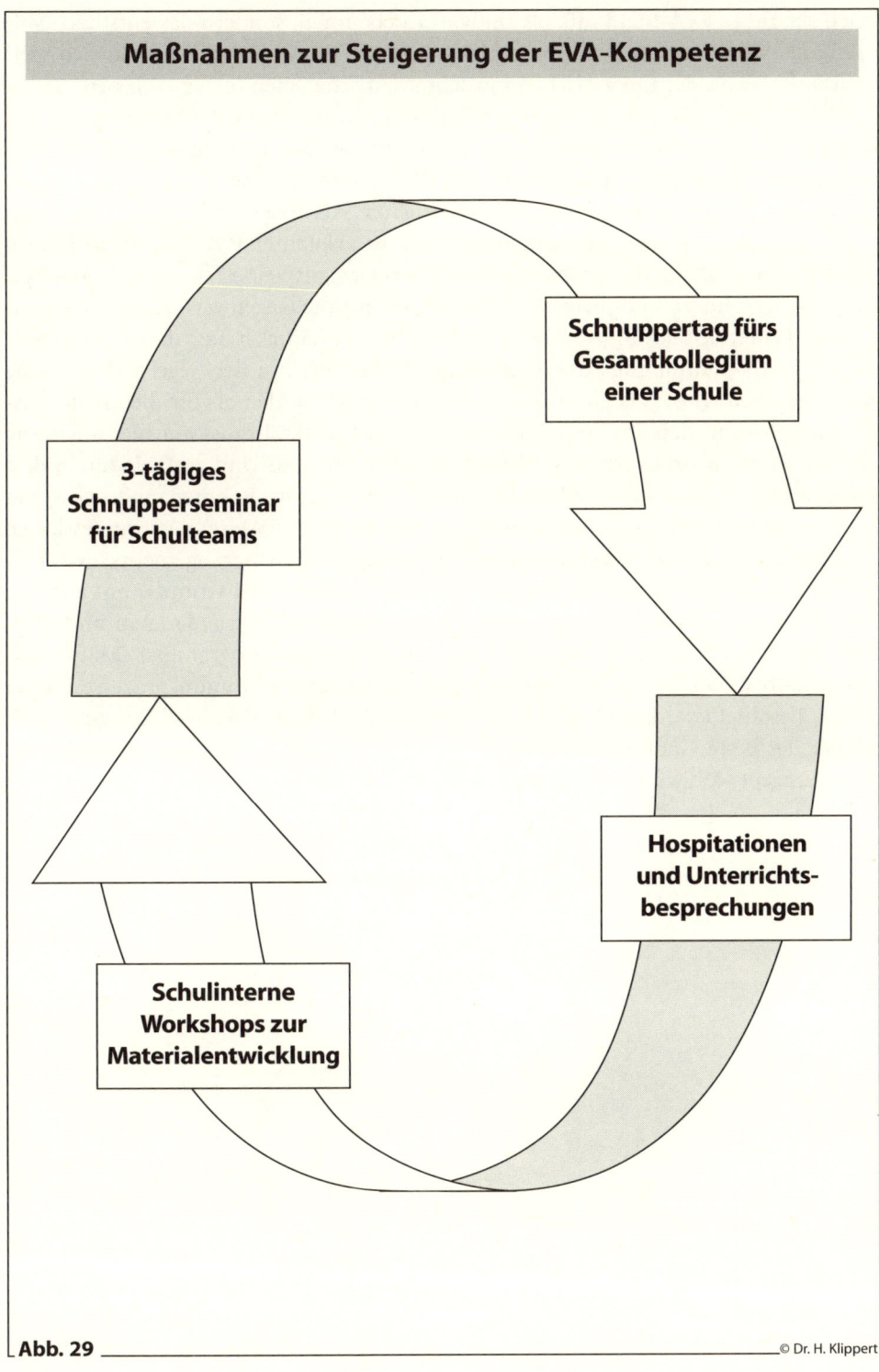

Maßnahmen zur Steigerung der EVA-Kompetenz

Schnuppertag fürs Gesamtkollegium einer Schule

3-tägiges Schnupperseminar für Schulteams

Hospitationen und Unterrichtsbesprechungen

Schulinterne Workshops zur Materialentwicklung

Abb. 29

© Dr. H. Klippert

Buch skizzierte EVA-Methodik als sinnvoll zu erkennen, sondern das entsprechende Methodenrepertoire muss auch »beherrscht« werden. Andernfalls trauen sich viele Lehrkräfte nicht, der theoretischen Einsicht praktische Taten folgen zu lassen.

Fakt ist nämlich, dass das Gros der Lehrerinnen und Lehrer weder während der eigenen Schulzeit noch während der Ausbildung an der Hochschule und im Studienseminar die hier in Rede stehenden EVA-Methoden hinreichend erlebt bzw. erfahren hat. EVA wurde bestenfalls in spärlichen Ansätzen praktiziert. Von daher mangelt es den meisten Lehrkräften in geradezu eklatanter Weise an einschlägigen Erfahrungen und praxiserprobtem Know-how. Das gilt keinesfalls nur für die Vergangenheit, sondern in hohem Maße auch noch für die Gegenwart. Auch die gegenwärtige Lehrerausbildung zeichnet sich unverändert dadurch aus, dass dem praktischen »Methodentraining« der angehenden LehrerInnen in der Regel viel zu wenig Raum gegeben wird. Das gilt für die Universität noch stärker als für die zweite Ausbildungsphase in den Studienseminaren. Diesem Umstand muss der hier anvisierte Qualifizierungsprozess der LehrerInnen Rechnung tragen. Und zwar dadurch, dass ihnen EVA nicht nur vorgestellt, anempfohlen und/oder im Rahmen eindrucksvoller Hospitationen vorgeführt wird, sondern vor allem in der Weise, dass interessierten Lehrkräften Gelegenheit gegeben wird, einschlägige EVA-Arrangements exemplarisch zu erfahren und/oder in spezifischen EVA-Workshops zusammen mit anderen LehrerInnen zu entwickeln. Diese Art des *Erfahrungslernens* ist Merkmal und Markenzeichen des hier zur Debatte stehenden Qualifizierungsprogramms. »Markenzeichen« deshalb, weil sich im Zuge der zurückliegenden Innovationsprozesse immer wieder bestätigt hat, dass überzeugende persönliche Erfahrungen und Versuche noch immer der beste Garant dafür sind, dass die betreffenden Lehrkräfte das skizzierte EVA-Konzept wohlwollend und engagiert aufgreifen und umsetzen.

1. Schnupperseminare mit EVA-Schwerpunkt

Eine erste Möglichkeit zur Einarbeitung in die EVA-Methodik kann darin bestehen, dass die interessierten Lehrkräfte eines Kollegiums einschlägige Seminare besuchen, die schulübergreifend angeboten und durchgeführt werden. Derartige »Schnupperseminare« bietet der Verfasser im Rahmen seiner Tätigkeit am Lehrerfortbildungsinstitut in Landau/Pfalz (EFWI) seit Jahren an (s. den Ausschreibungstext im Kasten). Kennzeichnend für diese Seminare ist zweierlei: Zum einen richten sie sich ausschließlich an *Lehrerteams*, d.h. es müssen mindesten drei bis vier Lehrkräfte von ein und derselben Schule kommen, wenn sie eine Zulassung zur jeweiligen EVA-Tagung erhalten wollen. Die zweite Besonderheit ist die, dass während dieser Tagungen ausgeprägtes *learning by doing* angesagt ist..

Gängige Tagungsausschreibung
EVA im Fachunterricht – Seminar für Lehrerteams aus einzelnen Schulen

Die SchülerInnen müssen lernen, eigenverantwortlich zu arbeiten und zu planen, zu kommunizieren und zu produzieren, zu recherchieren und zu präsentieren, Probleme zu lösen und in Gruppen zu arbeiten. Dieser EVA-Unterricht fördert nicht nur den Erwerb nachhaltiger Fach- und Methodenkompetenz, sondern trägt auch und zugleich dazu bei, dass die SchülerInnen zukunftsträchtige Schlüsselqualifikationen erwerben. Wie sich dieser EVA-Unterricht ökonomisch vorbereiten und variantenreich gestalten lässt, ist Gegenstand der Tagung. Diesbezüglich werden vielfältige Anregungen gegeben und ausgewählte EVA-Arrangements (Lernspiralen) exemplarisch durchgespielt. Darüber hinaus besteht Gelegenheit zum Erfahrungsaustausch sowie zur gemeinsamen Planung konkreter Umsetzungsmaßnahmen für die eigene Schule. Die Eingrenzung der Zielgruppe auf Schulteams soll die schulinterne Umsetzung des EVA-Konzepts erleichtern und intensivieren.

Mit anderen Worten: Über EVA wird nicht nur geredet und informiert, sondern EVA wird auch praktiziert – und zwar nicht nur in Verbindung mit typischen Lehrerfragen und Lehrerthemen, sondern auch und zugleich in der Art, dass bewährte Unterrichtsarrangements mit den versammelten Lehrkräften ganz praktisch durchgespielt werden und einen Eindruck davon vermitteln, wie alltäglicher EVA-Unterricht gestaltet werden kann. Diese Simulationsverfahren haben sich in den zurückliegenden Jahren als ausgesprochen hilfreich und wirksam erwiesen und gehören mittlerweile zum festen Bestandteil der entsprechenden Fortbildungstagungen in Rheinland-Pfalz wie in anderen Bundesländern.

Wie ein derartiges EVA-Seminar aufgebaut sein kann, zeigt die Programmübersicht in Abbildung 30. Der zeitliche Rahmen beträgt in der Regel zweieinhalb Tage; die Teilnehmerzahl liegt bei rund dreißig. Das sind üblicherweise sieben bis acht Teams aus unterschiedlichen Schulen, in denen die Intensivierung des eigenverantwortlichen Arbeitens und Lernens der SchülerInnen geplant ist. Diese Teams mit zumeist vier LehrerInnen werden für zwei bis drei Tage vom Unterricht freigestellt, um als »Avantgarde« einschlägiges Know-how zu erwerben und in der Folge an interessierte Lehrkräfte im eigenen Kollegium weiterzugeben. Diese *Teamfortbildung* sowie die damit verbundene Unterrichtsbefreiung haben sich fraglos bewährt. Von ihr profitieren sowohl die teilnehmenden Lehrkräfte als auch deren Stammkollegien zu Hause. Denn anders als bei der tradierten »Einzelkämpfer-Fortbildung« haben die besagten Teams eine echte Chance, das erworbene Know-how im eigenen Unterricht konzertiert umzusetzen und sich dabei wechselseitig zu stützen und zu inspirieren. Und sie können natürlich auch gegenüber der eigenen Schulleitung und dem eigenen Kollegium anders auftreten und mit mehr Nachdruck und Überzeugungskraft agieren, als das den besagten Einzelkämpfern möglich ist. So gesehen ist die angesprochene Teamfortbildung höchst sinnvoll, soll der hier anvisierten neuen Lernkultur erfolgreich der Weg geebnet und das entsprechende Methodenrepertoire der Lehrkräfte konsequent weiterentwickelt werden.

Ausgangspunkt des in Abbildung 30 skizzierten Schnupperseminars ist in der Regel ein einführendes Impulsreferat zum EVA-Konzept. Dabei wird auf die Befunde und Schaubilder aus Kapitel I dieses Buches zurückgegriffen, die recht eindrucksvoll unterstreichen, dass die Forcierung des EVA-Unterrichts ein lohnendes Unterfangen ist – für die SchülerInnen genauso wie für die LehrerInnen. Nach dieser »Grundlegung« folgt eine gezielte Bestandsaufnahme dessen, was die anwesenden Schulteams in Sachen EVA bereits machen und wie die korrespondierenden Rahmenbedingungen an ihren Schulen aussehen. Methodisch verläuft diese Bestandsaufnahme nach dem Muster der »Mikrospirale« (vgl. dazu die Abschnitte 2.6 bis 2.8 in Kapitel I). Das heißt, in einem ersten Schritt zieht zunächst jede einzelne Lehrkraft für sich Bilanz und macht sich entsprechende Notizen auf einem vorgegebenen Fragekärtchen. Danach gehen die Mitglieder der Schulteams zusammen, tauschen sich aus und verständigen sich am Ende auf eine möglichst pointierte Rückmeldung zur EVA-Praxis an ihrer Schule. Die so gewonnenen »Befunde« werden in einem dritten Schritt in schulübergreifenden »Mix-Gruppen« erläutert und diskutiert, ehe sie dann in einem vierten und letzten Schritt im Plenum vorgestellt und nötigenfalls besprochen werden. Präsentatoren sind dabei die per Los ermittelten Teamsprecher. Dieses Prozedere gibt den TeilnehmerInnen sowohl Gelegenheit zur intensiven Reflexion und Diskussion des Status quo an ihren Schulen als auch dazu, einige typische Verfahrensweisen des EVA-Unterrichts kennen zu lernen.

Diese Integration von pädagogischer Reflexion und praktischem Methodenlernen zeichnet auch die beiden nächsten Phasen des ersten Tages aus (vgl. Abb. 30). Im Rahmen der angeführten Thesendiskussion geht es zunächst darum, einige gängige Einschätzungen zur Bedeutung und Praktikabilität des EVA-Unterrichts näher

»Schnupperseminar« für interessierte Schulteams

(mögliches Programm)

| **1. Tag** | **(10.00–18.00 Uhr)** |

❑ Begrüßung / Erläuterungen zum Tagungsprogramm / Einführendes Impulsreferat zum Tagungsthema

❑ Gezielter Erfahrungsaustausch: Was läuft in den betreffenden Schulen in Sachen EVA? (mit Vorstellungsrunde)

❑ Thesendiskussion: Besprechung ausgewählter Thesen zum EVA-Ansatz (mehrstufiges Vorgehen)

❑ Filmimpuls: Einschätzungen zum »neuen Lernen« aus der Sicht der Wirtschaft und der Universitäten (mehrstufiges Vorgehen)

| **2. Tag** | **(9.00–18.00 Uhr)** |

❑ EVA konkret: Vorstellung einer themenzentrierten Lernspirale aus dem Lernbereich Wirtschaft/Politik (mit praktischen Übungen)

❑ EVA konkret: Durchspielen einer weiteren Lernspirale aus dem Bereich der Mathematik

❑ Unterrichtsplanung einmal anders: Sondierung einfacher EVA-Arrangements zu einem Leitmaterial aus der Physik

| **3. Tag** | **(9.00–13.00 Uhr)** |

❑ Transferplanung: Überlegungen zur systematischen Förderung des EVA-Unterrichts in der eigenen Schule (Brainstorming ⇨Strategieklärung ⇨ Planung einer »Schnupperkonferenz« …)

❑ Tagungsbilanz

Abb. 30 — © Dr. H. Klippert

unter die Lupe zu nehmen und in kritisch-konstruktiver Weise zu würdigen. Mögliche Thesen können dabei z.B. sein: »EVA kostet einfach zu viel Zeit und bringt zu wenig!« oder »EVA verlangt Bedingungen, die wir an unseren Schulen nicht haben!«. Die Auseinandersetzung mit diesen Thesen erfolgt – wie zuletzt auch – zunächst in Einzelarbeit, dann in Zufallsgruppen und schließlich im Plenum. Hierbei werden verschiedene methodische Varianten und Tipps eingebracht, die den versammelten LehrerInnen konkrete Anregungen geben, wie man EVA effektiv organisieren kann. Gleiches gilt für die produktive Filmarbeit am Ende des ersten Tages. Im Mittelpunkt dieser Arbeitsphase stehen Ausschnitte aus der von Reinhard Kahl gedrehten Filmserie zum Thema »Lob des Fehlers«. Ausschnitte, die deutlich machen, wie sehr mittlerweile im Unternehmens- und im Forschungsbereich auf neue Methoden und Qualifikationsanforderungen gesetzt und ein Mehr an EVA befürwortet wird. Auch diese Filmerarbeitung erfolgt nach dem skizzierten Grundmuster der »Mikrospirale«.

Der zweite Tag des Schnupperseminars ist der fachspezifischen Konkretisierung der EVA-Methodik vorbehalten. Im Zentrum stehen dabei die in Kapitel I umrissenen Lernspiralen zum Thema »Menschen im Betrieb« sowie zum Lernfeld »Flächenberechnung«. Dazu werden ausgewählte Lernarrangements (Mikrospiralen) vorgestellt und ansatzweise durchgespielt, die beispielhaft zeigen, wie die SchülerInnen mit relativ einfachen Mitteln zum vielfältigen eigenverantwortlichen Arbeiten und Lernen veranlasst werden können. Diese »Elementarisierung« der EVA-Methodik soll zweierlei verdeutlichen: Einmal, dass eine wirksame Forcierung des EVA-Unterrichts ohne didaktisch-methodische Kapriolen der LehrerInnen möglich ist, und zweitens, dass diese Art des Lernorganisation den verantwortlichen Lehrkräften ein erhebliches Maß an Entlastung und effektiverer Unterrichtsarbeit verspricht. Das Durchspielen ausgewählter EVA-Arrangements wie Doppelkreisgespräch, Dissionanzmethode, Frage-Antwort-Karussell, Expertenmethode, Spickzettelmethode, Mind-Mapping, Lernkarteiarbeit, Schneeballmethode, Interviewmethode, Stafettenpräsentation oder das Erleben des Zufallsprinzips bei der Gruppenbildung oder bei der Auswahl der Präsentatoren lassen den meisten Lehrkräften erfahrungsgemäß sehr schnell deutlich werden, dass EVA machbar, hilfreich und anspruchsvoll ist. Und genau das ist der vorrangige Anspruch des zweiten Seminartages. Abgerundet wird dieser Tag durch ein methodenzentriertes Brainstorming dergestalt, dass die versammelten Lehrkräfte in mehreren Zufallsgruppen zu einem zweiseitigen Informationsmaterial aus der Physik (Thema: Wärmekraftwerke) möglichst viele Ideen entwickeln sollen, wie die SchülerInnen zum differenzierten »Be-Greifen« dieser Materials veranlasst werden können. Derartige Brainstormings sind das A und O der an anderer Stelle skizzierten EVA-Workshops (vgl. den nachfolgenden Abschnitt 3.4)

Im Mittelpunkt des dritten Seminartags stehen schließlich Fragen der praktischen Umsetzung des EVA-Programms an der eigenen Schule. Diesbezüglich sondieren die betreffenden Schulteams ihre praktischen Möglichkeiten und nächsten Schritte im Blick auf Schulleitung, Kollegium, Eltern und/oder Schüler. Sie planen eine zwei- bis dreistündige »Schnupperkonferenz« für interessierte Kolleginnen und Kollegen, entwerfen ein entsprechendes »Einladungsschreiben«, verständigen sich auf die eine oder andere »Laborklasse« zur gezielten Erprobung ausgewählter EVA-Methoden und stimmen sich last but not least dahingehend ab, wie sie die Schulleitung in Sachen EVA informieren und für eine möglichst konstruktive Mitwirkung gewinnen wollen. Denn eines ist klar: Vorstöße des jeweiligen Schulteams werden in aller Regel nur dann erfolgreich sein können, wenn sie von der zuständigen Schulleitung wohlwollend gesehen und unterstützt werden.

Selbstverständlich können die in diesem Abschnitt zur Debatte stehenden Schnupperseminare auch ganz anders akzentuiert werden. Je nachdem, welche fachlichen Affinitäten die Seminarverantwortlichen haben und welche Zielgruppen angepeilt werden, können die ins Zentrum gerückten Lernspiralen natürlich auch andere Themen und Fächer betreffen. Wichtig ist nur, dass das EVA-Programm durch möglichst vielfältige praktische Übungen und Anregungen konkretisiert und ansatzweise erfahrbar gemacht wird. Und das geht im Prinzip in allen Fächern. So ist es durchaus nahe liegend, auf ausgewählte Deutsch-Themen abzustellen, da dem Deutschunterricht im Rahmen des anvisierten Innovationsprozesses wegen seines relativ hohen Stundenmaßes und seiner inhaltlichen Gestaltungsspielräume doch erhebliches Gewicht zukommt. Aber auch in anderen Fächern ist die Forcierung des EVA-Unterrichts ein recht ergiebiges Thema. Das gilt nicht zuletzt für den Bereich der Fremdsprachen, wo sich viele Lehrkräfte nach wie vor ziemlich schwer damit tun, die SchülerInnen loszulassen und zum viel zitierten »trial and error« herauszufordern.

So gesehen ist die Bandbreite möglicher Schnupperseminare groß. Das gilt nicht nur im Hinblick auf die in Frage kommenden Fächer und Themen, sondern auch in Bezug auf die Ablaufstruktur des jeweiligen Seminars. So ist es durchaus möglich und unter Umständen sogar sehr sinnvoll, bereits am ersten Tag mit ausgewählten fachspezifischen Lernspiralen und Übungen zu beginnen und am zweiten Tag dann schwerpunktmäßig auf die Entwicklung weiterer Lernspiralen und EVA-Materialien in diversen Zufallsgruppen abzustellen. Wenn sich daran gar noch die konkrete Erprobung des einen oder anderen EVA-Arrangements im Unterricht einer Schule anschließen ließe, dann wäre das (fast) optimal. Für dieses Zusammenspiel von methodenzentrierter Selbsterfahrung, kooperativer Unterrichtsplanung, korrespondierenden Unterrichtsversuchen, gezielten Hospitationen, gelegentlichem Teamteaching und gemeinsamen Auswertungsgesprächen spricht eine ganze Menge. Nur ist dann der skizzierte Zeitrahmen von zweieinhalb Tagen reichlich knapp bemessen. Unter diesen Vorzeichen wären vier bis fünf Tage dringend geboten. Das zeigen die Erfahrungen, die während der beiden letzten Jahre mit entsprechenden Seminarverläufen in den Regionen Neuss und Herford gesammelt werden konnten. Diese Blockseminare bezogen sich zwar vorrangig auf den Grundschulbereich; allerdings werden sie mittlerweile mit bemerkenswertem Erfolg auch in verschiedenen Schulen des Sekundarbereichs realisiert – und zwar mit ausdrücklicher Billigung und Unterstützung durch die Elternschaft!

2. EVA als Thema eines Pädagogischen Tages

Die Qualifizierung einzelner Teams ersetzt natürlich nicht die Sensibilisierung und Qualifizierung des Gesamtkollegiums einer Schule. Wenn das EVA-Programm in einer Schule in größerem Stile umgesetzt werden soll, dann muss das Gesamtkollegium eingeweiht sein und möglichst wohlwollend dahinter stehen. Andernfalls wird die Implementierung der neuen Methoden leicht zur frustrierenden Sisyphos-Arbeit – für die betreffenden SchülerInnen genauso wie für die verantwortlichen Lehrkräfte. Von daher empfiehlt sich die Durchführung des hier in Rede stehenden Pädagogischen Tages, und zwar mit einer dreifachen Zielrichtung: Erstens soll dieser »Schnuppertag« dazu beitragen, dass das jeweilige Kollegium die Hintergründe und Chancen des anvisierten EVA-Ansatzes näher kennen lernt; zweitens soll er den versammelten Lehrkräften Gelegenheit bieten, ausgewählte EVA-Arrangements praktisch zu erleben und sich auf diese Weise ein konkretes Bild davon zu machen, worauf bei der Vorbereitung und Durchführung entsprechender Unterrichtsstunden zu achten ist. Und drittens schließlich wird dem jeweiligen Kollegium Raum gegeben, sich hinsichtlich der Möglichkeiten und nächsten Schritte in Sachen EVA abzustimmen.

So gesehen kann der anvisierte Schnuppertag als vertrauensbildende Maßnahme angesehen werden. Wie er ablaufen kann, wird in Abbildung 31 skizziert. Genau genommen handelt es sich bei dem Schnuppertag um eine Schnupper*tagung*, die bereits nachmittags um 15.00 Uhr beginnt und am nächsten Tag ganztägig fortgesetzt wird. Durch dieser Ablaufstruktur wird erreicht, dass etwas mehr Zeit zur Verfügung steht, die zu Gunsten der einen oder anderen zusätzlichen praktischen Übung bzw. Anregung genutzt werden kann. Ein weiterer Vorteil dieses Ablaufmusters ist der, dass zwischen der »Warm-up-Phase« am ersten Tag und der fachspezifischen Vertiefung und Konkretisierung am zweiten Tag eine längere Phase der Besinnung liegt, die erfahrungsgemäß dazu beiträgt, dass sich die eingebrachten Impulse und Beispiele im Bewusstsein der Lehrkräfte besser absetzen können, als das bei einem eintägigen »Non-Stop-Programm« möglich ist. Tagungsort ist in der Regel die Schule. Tagungsort kann aber z.B. auch eine kommunale oder kirchliche Einrichtung in der näheren Umgebung der Schule sein. Für einen derartigen »Tapetenwechsel« spricht u.a. die Tatsache, dass dadurch nicht nur eine pädagogische, sondern auch und zugleich eine räumliche und soziale Neuorientierung ausgelöst wird, die der erwünschten Aufbruchstimmung im betreffenden Kollegium nur zuträglich sein kann.

Teilnehmer der Schnuppertagung können neben den Mitgliedern des jeweiligen Kollegiums natürlich auch Eltern- und Schülervertreter sein. Dieser erweiterte Teil-

»Schnuppertagung« des Gesamtkollegiums einer Schule

(mögliches Programm)

| 1. Tag | (15.00–18.30 Uhr) |

❏ Begrüßung / Vorstellung des Programms / Einführendes Impulsreferat zum EVA-Konzept

❏ EVA konkret: Vorstellung und Konkretisierung einer Lernspirale aus dem sozialkundlichen Bereich (mit praktischen Übungen)

| 2. Tag | (8.30–16.30 Uhr) |

❏ Fortsetzung der letzten Arbeitsphase (praktische Übungen und Anregungen zur besagten Lernspirale)

❏ EVA konkret: Vorstellung und Konkretisierung einer Lernspirale aus dem Bereich der Mathematik

❏ Rückmeldungen und Anfragen zum vorgestellten EVA-Konzept (mit gezielter Aussprache)

Mittagessen: 12.30–13.30 Uhr

❏ Fachgruppen: Überlegungen zur Intensivierung des EVA-Unterrichts in den einzelnen Schulfächern

❏ Rückmeldungen aus den Arbeitsgruppen / Abstimmung der nächsten Schritte an der eigenen Schule

❏ Tagungsbilanz

Abb. 31 © Dr. H. Klippert

nehmerkreis ist beispielsweise überall dort üblich, wo es die Institution der »Schulkonferenz« gibt. Allerdings sprechen die bisherigen Erfahrungen deutlich dafür, den jeweiligen Lehrkörper in dieser Phase der (selbst-)kritischen Standortklärung und des praktischen Experimentierens zunächst einmal unter Ausschluss der erweiterten Öffentlichkeit tagen zu lassen. Das mindert die Scheu vor den anstehenden Übungen und steigert die Bereitschaft, ein offenes, selbstkritisches Wort zu äußern oder auch anzunehmen. In Anwesenheit der Eltern- und Schülervertreter halten sich viele Lehrkräfte doch relativ bedeckt, wenn es um die offene Problematisierung und Revision der alltäglichen Unterrichtsarbeit geht.

Der Ablauf der Schnuppertagung folgt in aller Regel dem in Abbildung 31 dokumentierten Programmvorschlag. In der einführenden »Warm-up-Phase« am Nachmittag des ersten Tages geht es zunächst einmal darum, die Konzeption des EVA-Unterrichts in Anlehnung an die Ausführungen in Kapitel I näher vorzustellen, zu begründen und mittels einiger erster praktischer Beispiele und Übungen aus dem sozialwissenschaftlichen Bereich ansatzweise zu konkretisieren. Entsprechende Lernspiralen und EVA-Arrangements finden sich in den Abschnitten I.2.6, I.2.7 und II.1 dieses Buches, wobei natürlich auch andere Fach- und Themenbezüge gewählt werden können.

Der zweite Tag steht ganz im Zeichen des praktischen Experimentierens mit unterschiedlichen Varianten des eigenverantwortlichen Arbeitens und Lernens. Dabei wird zunächst die bereits angelaufene Übungsarbeit wieder aufgenommen und durch einige weitere Lernarrangements und Anregungen zum besagten sozialkundlichen Thema ergänzt. Korrespondierende Reflexionsphasen runden diese Arbeit ab. Daran schließt sich in einer zweiten Etappe die Vorstellung einer einschlägigen Übungssequenz aus dem Bereich der Mathematik an. Dabei wird üblicherweise auf das in Abschnitt I.2.8 skizzierte Wettbewerbsspiel zur Flächenberechnung abgestellt. Aber auch hier sind selbstverständlich Alternativen denkbar und zulässig. Abgeschlossen wird diese methodenzentrierte Schnupperphase mit einer gezielten Aussprache zum vorgestellten Methodenrepertoire.

Am Nachmittag des zweiten Tages beginnt schließlich die Transferphase. Das heißt, das jeweilige Kollegium wird in mehrere Fachgruppen bzw. Fachbereichsgruppen aufgeteilt, die sich auf der Grundlage der vorgestellten Lernarrangements und Materialien überlegen, wie EVA in den betreffenden Fächern intensiviert und konkret arrangiert werden kann und welches die nächsten Schritte an der eigenen Schule sein sollten, um dem eigenverantwortlichen Arbeiten und Lernen der SchülerInnen verstärkt den Weg zu ebnen. Hierbei werden erfahrungsgemäß Forderungen und Wünsche in Richtung Schulleitung, Stundentafel, Teambildung, Konferenzgestaltung, Lehrerfortbildung, Materialdepot, Leistungsbewertung und Elternarbeit formuliert. Darüber hinaus stellen die besagten Fachgruppen erste Überlegungen zur Gestaltung der einen oder anderen themenzentrierten Lernspirale an. Diese EVA-orientierte Unterrichtsplanung und Materialentwicklung bedarf selbstverständlich der Fortsetzung, da im Rahmen der rund zweistündigen Fachgruppensitzung keine wirklich substanziellen Ergebnisse zu erwarten sind. Von daher ist es wichtig,

dass am Ende der Schnuppertagung möglichst konkrete Verabredungen darüber ge-
troffen werden, wie und wann die angelaufene Fachgruppenarbeit in Sachen EVA
fortgeführt wird.

Allerdings werden diese Vorsätze erfahrungsgemäß schnell zur Makulatur, wenn
es im jeweiligen Kollegium nicht treibende Kräfte gibt, die die getroffenen Verabredungen im Auge behalten und für deren konsequente Umsetzung Sorge tragen. Das
kann die Schulleitung sein, das können die an EVA besonders interessierten Lehrerteams sein, das kann aber auch ein erweitertes Steuerungsteam sein, das für die Implementierung des EVA-Programms spezielle Verantwortung übernimmt (vgl. dazu
auch Abschnitt III.5). Die mangelnde *Verbindlichkeit* bei der Realisierung der gefassten Vorsätze ist eine der zentralen Herausforderungen und Problemstellungen, vor
denen die Protagonisten innerer Schulentwicklung heutzutage stehen. An die Stelle
von Verbindlichkeit treten vielerorts Unverbindlichkeit, Nachlässigkeit und/oder
chronische Rechtfertigungsbemühungen mit dem Ziel, alle möglichen Gründe zu
finden, warum nichts geht. Wenn dieser Teufelskreis der Vermeidung, Verdrängung
und/oder Aufschiebung wirkungsvoll durchbrochen werden soll, dann bedarf es in
den betreffenden Kollegien möglichst einvernehmlich verabschiedeter und akzep-
tierter »Fahrpläne«, in denen z.B. präzise geregelt wird, wann welche Konferenzen
mit welchen Zeitansätzen und welchen Arbeitsschwerpunkten stattfinden und welches die Personen sind, die für die Vorbereitung und Durchführung maßgeblich
Verantwortung tragen. Vereinbarungen und Festlegungen dieser Art sind zwar keine
hinreichende, wohl aber eine notwendige und chancenreiche Voraussetzung dafür,
dass den gefassten Vorsätzen auch wirkungsvolle Taten folgen.

3. Workshops zur Materialerstellung

Der wirkungsvolle Ausbau des EVA-Unterrichts steht und fällt mit dem Vorhandensein einschlägiger Lernspiralen und Unterrichtsmaterialien. Das hat sich im Zuge der laufenden Reformprogramme während der letzten Jahre immer wieder gezeigt. Die »Schnupperseminare« außerhalb oder innerhalb der Schule können noch so überzeugend und anregend gestaltet werden, sie ersetzen keinesfalls die *produktive* Auseinandersetzung der interessierten Lehrkräfte mit dem EVA-Ansatz. Typisch für die skizzierten Schnupperseminare ist nämlich, dass sich die versammelten Lehrkräfte in der Regel doch stark auf das verlassen und stützen, was ihnen während der Seminare an bewährten Lernarrangements und -materialien vorgestellt und oftmals auch als Kopiervorlage ausgeteilt wird. Dieser »Service« ist zwar gewollt und anerkanntermaßen auch hilfreich – vor allem in der Anfangsphase des Innovationsprozesses, wenn die EVA-Methodik noch wenig vertraut ist. Jedoch muss dieser Service möglichst bald ergänzt und ersetzt werden durch die systematische und ideenreiche Produktion eigener EVA-Arrangements und Unterrichtsmaterialien. Mit anderen Worten: Die betreffenden Lehrerinnen und Lehrer müssen vom Sammeln und Abnehmen zum kompetenten Herstellen und Weitergeben fachspezifischer Lernspiralen und -materialien gelangen. Erst dann werden sie die nötige Routine und Kreativität entwickeln, auf die sie im Zuge der hier in Rede stehenden Unterrichtsreform so dringlich angewiesen sind.

Die besagten Workshops können schulintern oder auch schulübergreifend eingerichtet werden. Schulintern heißt, dass sich die interessierten (Fach-)LehrerInnen einer bestimmten Schule von Zeit zu Zeit zu mehrstündigen Produktionssitzungen zusammenfinden, während sich im Falle schulübergreifender Workshops gleich gesinnte LehrerInnen unterschiedlicher Schulen versammeln, um zum einen oder anderen Thema ihrer Wahl einschlägige EVA-Materialien zu entwickeln (vgl. die beiden Planungsraster in den Abbildungen 32 und 33). Die Regel ist freilich, dass schulintern getagt und produziert wird. Von der Zeitdauer her sind die meisten Workshops auf zwei bis drei Stunden angelegt und finden nachmittags statt, um keinen zusätzlichen Unterrichtsausfall hervorzurufen. Allerdings ist diese Variante erfahrungsgemäß nicht besonders effektiv, da die betreffenden LehrerInnen gerade dann, wenn sie so richtig »in Fluss« geraten (zur »Flow-These« vgl. Czikszentmihalyi 1999, S. 158ff.), schon wieder aufhören müssen. Das Aufwand-Ertrags-Verhältnis stimmt nicht.

Diese Kosten-Nutzen-Relation stellt sich dagegen deutlich günstiger und befriedigender dar, wenn ganztägige oder gar mehrtägige Workshops gewagt und durch-

Makrospirale zum Thema ...

....

(Lehrplanthema)

Vorwissen/Voreinstellungen aktivieren

A 1 >

A 2 >

Neue Kenntnisse/Verfahrensweisen erarbeiten

A 3 >

A 4 >

A 5 >

A 6 >

A 7 >

A 8 >

A 9 >

Komplexere Anwendungs-/Transferaufgaben

A 10 >

A 11 >

A 12 >

Abb. 32

© Dr. H. Klippert

Mikrospirale zur Arbeitsinsel …

....

(Tätigkeitsschwerpunkt)

Inhaltliche Kernziele

1. ....

2. ....

3. ....

Arbeits-schritte	Lernaktivitäten der SchülerInnen	Welche Methoden werden gepflegt? (At, Kt, Tt)	Zeit-bedarf	Anlagen (M 1 …)	Arbeits-mittel
1					
2					
3					
4					

Abb. 33

© Dr. H. Klippert

geführt werden. Das haben die zurückliegenden Versuche mit ganztägigen »produktiven Fachkonferenzen« in verschiedenen Schulen gezeigt. Die betreffenden Lehrerteams äußerten sich zu diesem Konferenzmuster durchweg positiv bis sehr positiv und signalisierten fast ausnahmslos ihr Interesse an einer Fortsetzung dieser Arbeit. Zwar bringen derartige Workshops in der Regel Unterrichtsausfall mit sich, doch kann dieser nach den bisherigen Erfahrungen als durchaus sinnvolle »Investitition« gewertet werden, da am Ende tatsächlich etwas herausspringt, was den betreffenden LehrerInnen und SchülerInnen weiterhilft. Unterrichtsausfall ist also nicht per se etwas Schlechtes, sondern kann unter bestimmten Bedingungen sogar höchst nützlich und gerechtfertigt sein. Und dieser Nutzen ist im Falle der letztgenannten ein- oder mehrtägiger Workshops ganz fraglos gegeben. Denn wenn die Implementierung der neuen Lernkultur zu lange hinausgezögert wird, besteht die Gefahr, dass der anfängliche Elan der Lehrkräfte mangels Material und Know-how bald wieder erlischt.

Natürlich gibt es zwischen diesen beiden Varianten des eintägigen und des zweistündigen Workshops noch gangbare Zwischenlösungen. Eine solche Zwischenlösung ist z.B. kürzlich in einem rheinland-pfälzischen Gymnasium so definiert worden, dass interessierte FachlehrerInnen – in Absprache mit der Schulleitung – mehrfach pro Jahr EVA-Workshops ab der vierten Unterrichtsstunde abhalten dürfen – vorausgesetzt, diese Workshops laufen verbindlich bis 16.30 Uhr am Nachmittag. Diese Variante zeigt, dass unkonventionelle Lösungen nicht nur notwendig, sondern auch möglich sind. Das Kollegium im betreffenden Gymnasium hat diesem Kompromiss auf jeden Fall mit großer Mehrheit zugestimmt und damit einen Weg eröffnet, dass der bestehenden Materialmisere in puncto EVA wirksam begegnet werden kann. Ein weitergehende Version dieses Kompromisses hat eine andere rheinland-pfälzische Schule so definiert, dass es dort pro Jahr drei ganztägige Workshops, drei ab der vierten Unterrichtsstunde und drei nachmittags von 14.00 bis 17.00 geben soll. Diese Vereinbarung hat sich bis dato offenbar recht gut bewährt; selbst die Elternschaft hat diese Initiative zur Förderung des EVA-Unterrichts ausdrücklich gutgeheißen. Vieles spricht dafür, dass derartige Kompromisse zwingend vonnöten sind, wenn der konsequente Ausbau der hier in Rede stehenden Workshoparbeit gelingen soll. Denn wenn die notwendige Materialentwicklung ausschließlich in der unterrichtsfreien Zeit geleistet werden soll, dann ist das ein beinahe unüberwindbares Handicap im Prozess der inneren Unterrichtsreform.

Die konkrete Arbeitsweise während der Workshops sieht in aller Regel so aus, dass die betreffenden Fachteams zu bestimmten Lehrplanthemen ihrer Wahl einschlägige EVA-Lernspiralen konzipieren und entsprechende Unterrichtsmaterialien entwickeln. Dabei stützen sie sich auf die vorliegenden Lehr-/Lernmittel (Schulbücher, Broschüren, Atlanten, Formelsammlungen Lexika, Filme, Tonkassetten, CD-ROMs etc.) und versuchen auf dieser Basis ansprechende Lernarrangements und Arbeitsaufgaben zu erstellen, die die SchülerInnen zum eigenverantwortlichen Arbeiten und Lernen sowie zur korrespondierenden Methoden-, Kommunikations- und Teampflege veranlassen (vgl. dazu die Lernspiralen in Kapitel II). Das Hauptaugenmerk richtet sich bei dieser Vorbereitungsarbeit also auf die *einfacheren Methoden*, die sich im Schulalltag relativ problemlos vorbereiten und umsetzen lassen. Dieses ist insofern wichtig, als die konsequente Implementierung der hier in Rede stehenden EVA-Methoden erfahrungsgemäß stark davon abhängt, dass die betreffenden LehrerInnen während der Workshops möglichst rasch und überzeugend den Eindruck gewinnen, dass EVA ohne größere Risiken und ohne übermäßigen Zusatzaufwand »machbar« ist. Später ändert sich das dann ohnedies. Je ausgeprägter die Sicherheit und Ideenvielfalt der Lehrkräfte in Sachen EVA ist, desto eher sind sie in der Regel auch bereit, aufwändigere und anspruchsvollere Aufgaben und Projekte zu planen und im Unterricht in Angriff zu nehmen.

Das Eruieren einfacher Methoden (»Methödchen«) kann z.B. so aussehen, dass die versammelten Lehrkräfte zu einem bestimmten themenzentrierten Leitmaterial von wenigen Seiten eine möglichst breite Palette von Ideen entwickeln, wie die SchülerInnen in einfacher Weise zum aktiv-produktiven Erschließen der entsprechenden Informationen veranlasst werden können. Ein derartiges Leitmaterial, mit dem in den zurückliegenden Fortbildungsveranstaltungen gelegentlich gearbeitet wurde, betrifft das Thema Wärmekraftwerke. Dieses Material umfasst zwei DIN-A4-Seiten mit unterschiedlichen Informationsblöcken, einschließlich eines Schaubildes. Sucht man nun nach praktischen Möglichkeiten, wie die SchülerInnen zum »erschließenden Arbeiten« an und mit diesem Informationsmaterial veranlasst werden können, so gelangt man zu einer bemerkenswerter Bandbreite kleiner und kleinster EVA-Arrangements. Einige Beispiele mögen dieses verdeutlichen: So kann die je zuständige Lehrkraft z.B. zehn Schlüsselfragen zum vorliegenden Text formulieren und die SchülerInnen damit auf »Entdeckungsreise« schicken; sie kann ferner einzelne Fachbegriffe im Text oder im Schaubild mit Tippex löschen und von den SchülerInnen auf der Basis eines vorgegebenen Begriffspools rekonstruieren lassen; sie kann Zwischenüberschriften tilgen und passende Formulierung suchen und einsetzen lassen; sie kann diverse Richtig-Falsch-Aussagen oder ein Kreuzworträtsel zu wichtigen Fachbegriffen vorlegen und bearbeiten lassen; sie kann die SchülerInnen auffordern, das vorliegende Schaubild im Doppelkreis zu erläutern oder fiktive Kraftwerkschefs zur Funktionsweise eines Wärmekraftwerks zu interviewen. Sie kann den SchülerInnen die Aufgabe geben, auf der Basis des vorliegenden Informationstextes eigene Schaubilder zu entwickeln, eine Rundfunkreportage zu erstellen, einen Zeitungsartikel zu schreiben oder »Expertenvorträge« zum Wärmekraftwerk als Ganzem oder zu einzelnen Funktionselementen desselben zu halten (Generator, Turbine etc.). Sie kann den SchülerInnen aber beispielsweise auch Gelegenheit geben, das Funktionieren eines Wärmekraftwerks im Rahmen eines szenischen Spiels vorzustellen (»Ich bin der Generator und habe die Aufgabe …«; »Ich bin die Turbine und habe die Aufgabe …« etc.). Das ist zwar ungewöhnlich, aber gerade deshalb auch relativ motivierend und lernwirksam. So gesehen ist methodische Kreativität nicht nur nötig, sie ist mit relativ einfachen Mitteln auch möglich. EVA muss schließlich nicht gleich auf anspruchsvolle Forschungs- und Konstruktionsarbeiten abstellen. Die Lehrkräfte jedenfalls, die im Rahmen der zurückliegenden Workshops derartige Brainstorming-Phasen durchlaufen haben, entwickelten in der Regel sehr schnell Zuversicht und methodische Fantasie. Und genau das ist nötig, wenn der anvisierte EVA-Unterricht systematisch auf- und ausgebaut werden soll. Anspruchsvollere Lernarrangements kommen dann schon nach.

Natürlich bleibt die hier in Rede stehende Workshoparbeit nicht bei derart simplen Übungen stehen; das ist oben bereits angedeutet worden. Im Zentrum der Workshops steht vielmehr die Entwicklung einschlägiger Lernspiralen und EVA-Materialien zu ausgewählten Themen des einen oder anderen Faches. Grundlage dieser Entwicklungsarbeit sind die beiden in den Abbildungen 32 und 33 dokumentierten Planungsraster. Das erste Raster (Abb. 32) dient dazu, die jeweilige *Makrospirale* übersichtlich zu explizieren und die korrespondierenden Arbeitsinseln A 1 bis A... ansatzweise zu umreißen. Das zweite Planungsraster (Abb. 33) wird von den betreffenden Lehrkräften dazu verwandt, die einzelnen Arbeitsinseln näher aufzuschlüsseln und so in Arbeitsschrittte zu zerlegen, dass plausible und praktikable *Mikrospiralen* entstehen. Beide Raster haben zunächst also eine »Protokollfunktion«, d.h. sie gewährleisten eine übersichtliche Erfassung und Dokumentation der betreffenden EVA-Arrangements. Darüber hinaus haben sie aber auch eine gewisse »Erziehungs- bzw. Disziplinierungsfunktion«, und zwar dergestalt, dass die TeilnehmerInnen des jeweiligen Workshops durch die beiden Raster konsequent angehalten werden, nach geeigneten themenzentrierten Lernaktivitäten der SchülerInnen Ausschau zu halten und dabei nicht minder konsequent zu prüfen, ob und welche Arbeitstechniken (At), Kommunikationstechniken (Kt) und Teamtechniken (Tt) im Zuge der einzelnen Mikrospiralen gepflegt werden können. Wie wichtig und nötig diese konsequente Erinnerung an die besagten Essenzials des EVA-Unterrichts ist, hat sich in den zurückliegenden Workshops und Schnupperseminaren immer wieder gezeigt. Denn viele Lehrkräfte neigen unverkennbar dazu, in unbedachten Augenblicken doch wieder die Inhaltsaspekte und die Lehreraktivitäten ins Zentrum der Unterrichtsplanung zu rücken.

Arbeitstechnisch wird im Zuge der Workshop-Vorbereitung so verfahren, dass die beiden Raster ausreichend kopiert werden, damit die TeilnehmerInnen während ihrer Gespräche und Ausarbeitungen darauf zurückgreifen und die nötigen Notizen eintragen können. Da die abgebildeten Vorlagen recht komprimiert gestaltet sind und wenig Platz für die fälligen Eintragungen lassen, empfiehlt sich unter Umständen eine gezielte Modifizierung und großzügigere Gestaltung. Das betrifft insbesondere die in Abbildung 18 dokumentierte Vorlage zur Protokollierung der Mikrospiralen. Die Protokollierung selbst erfolgt während der Workshops üblicherweise von Hand; sie kann jedoch auch direkt über den Computer laufen, sofern die entsprechende Hard- und Software zur Verfügung stehen. Allerdings sollten die handschriftlichen Notizen später auf jeden Fall in den Computer übertragen werden. Das nämlich hat zwei Vorteile: Zum einen können die so erfassten Angaben bei Bedarf problemlos überarbeitet werden. Zum Zweiten lässt sich auf diese Weise eine saubere Dokumentation sicherstellen, die gegebenenfalls an andere Interessenten innerhalb oder auch außerhalb der eigenen Schule weitergegeben werden kann; das begünstigt sowohl das Entstehen von Arbeitsteilung als auch den Aufbau eines produktiven Netzwerks in der Region.

4. Externe Innovationsexperten als »Helfer«

Die skizzierten Qualifizierungsmaßnahmen »ereignen« sich in aller Regel nicht von selbst, sondern bedürfen der engagierten und kompetenten Unterstützung von verschiedenen Seiten. Das beginnt bei der Schulleitung und Schulaufsicht, die den interessierten Lehrerteams die nötigen Freiräume und Freistellungen gewähren müssen, damit diese die anvisierte Reform offensiv in Angriff nehmen können (vgl. dazu die näheren Ausführungen im nachfolgenden Abschnitt 9). Und das reicht über gezielte Hilfen und Beratungsleistungen EVA-erfahrener Kolleginnen und Kollegen aus der eigenen Schule bis hin zur professionellen Unterstützung und Beratung durch externe *Innovationsexperten*, die mit dem EVA-Programm ausgeprägt vertraut sind und dessen Umsetzung in einzelnen Klassen, Jahrgangsstufen oder auch ganzen Schulen bereits miterlebt und mitverantwortet haben. Diese Innovationsexperten sind also keine »abgehobenen« Schul- bzw. Organisationsberater, die mit der Kärrnerarbeit der Lehrerinnen und Lehrer wenig oder gar nicht vertraut sind, sondern sie sind schul- und unterrichtserfahrene Praktiker, die die Möglichkeiten und Restriktionen des alltäglichen Schulbetriebs kennen und für sich gelernt haben, trotz schwieriger Bedingungen konsequent und selbstbewusst nach gangbaren Problemlösungen zu suchen und solche auch zu finden. Von außen sollten diese innovationserfahrenen Schulpraktiker möglichst deshalb kommen, weil es der »Prophet im eigenen Haus« bekanntermaßen doch recht schwer hat.

Die Rekrutierung dieser Innovationsexperten ist insofern nicht ganz leicht, als es nicht genügt, EVA im eigenen Unterricht erfolgreich praktiziert zu haben, sondern nötig sind darüber hinaus auch und zugleich einschlägige Erfahrungen in Sachen Innovationsmanagement und methodenzentrierte Lehrerfortbildung. Denn die Hauptaufgabe der besagten Innovationsexperten ist die möglichst systematische Qualifizierung und Beratung der interessierten Lehrkräfte einzelner Schulen im Hinblick auf die konkrete Umsetzung des EVA-Programms. Die Wahrnehmung dieser Aufgabe schließt mehrere Service- bzw. Unterstützungsleistungen ein: Das beginnt bei der Vorbereitung und Moderation einschlägiger »Schnupperseminare« und EVA-Workshops und reicht über die Bereitstellung bewährter Lernspiralen und EVA-Materialien bis hin zur gezielten Innovationsberatung (Maßnahmen, Fahrpläne, Problemlösungen etc.) sowie zur Unterstützung des jeweiligen Kollegiums anlässlich von Elternabenden, Lehrerkonferenzen oder öffentlichen Vorträgen. So gesehen müssen die hier in Rede stehenden Innovationsexperten bereit und in der Lage sein, in möglichst überzeugender Weise Trainingsservice, Materialservice, Beratungsservice, Vortrasservice und Moderationsservice anzubieten und zu gewährleisten.

Wohlgemerkt: Die Implementierung des EVA-Programms kann natürlich auch mit »Bordmitteln« in Angriff genommen werden, d.h. gestützt auf das Know-how der »Fortgeschrittenen« im Kollegium. Das ist weder ein Makel noch ein zum Scheitern verurteiltes Unterfangen. Gleichwohl lässt sich auf Grund der bisherigen Erfahrungen und Beobachtungen im Rahmen schulinterner Reformprozesse bilanzieren, dass vieles schneller und wirksamer vonstatten geht, wenn anerkannte und ausgewiesene Innovationsexperten von außen dazu kommen und ihr »geballtes Know-how« einbringen, das sie in unterschiedlichen Schulen und Jahrgangsstufen gesammelt und durch eine grundständige Ausbildung abgesichert haben. Derartige Innovationsexperten (TrainerInnen) wurden und werden in verschiedenen Bundesländern in Deutschland und in Österreich ausgebildet – die erste Gruppe jeweils durch den Verfasser, dann z.T. durch versierte Lehrkräfte aus der jeweiligen »Pilotgruppe«.

Wie die Ausbildung und der Einsatz dieser TrainerInnen üblicherweise aussehen, zeigt der auf das Land Hessen bezogene Fahrplan in Abbildung 34. Im Zentrum der Trainerausbildung steht natürlich nicht nur EVA, sondern auch und zugleich die Implementierung des Methoden,- des Kommunikations- und des Teamtrainings mit SchülerInnen. Dazu gibt es insgesamt acht mehrtägige Ausbildungsmodule, die den angehenden TrainerInnen Gelegenheit geben, sich mit dem vorgesehenen Trainings- und Innovationsprogramm theoretisch und praktisch vertraut zu machen. Sie durchlaufen ausgewählte Lern- und Trainingsspiralen, erhalten differenzierte Informationen zum Klippert'schen Ansatz, reflektieren die eingebrachten Methoden und Umsetzungsstrategien, entwickeln einschlägige Impulsreferate und Moderationsstrategien, konzipieren fach- und themenzentrierte EVA-Lernspiralen und -Materialien, erhalten Tipps und Vorlagen zum schulinternen Innovationsmanagement und setzen sich immer wieder mit der Frage auseinander, wie der einen oder anderen Schwierigkeit bzw. Fehlentwicklung im Zuge des schulischen Umsetzungsprozesses begegnet werden kann.

Welche Schwierigkeiten und Fehlentwicklungen in vielen Schulen an der Tagesordnung sind, verdeutlicht die Übersicht in Abbildung 35. Diese »Knackpunkte« müssen rechtzeitig erkannt und durch entsprechende Gegenmaßnahmen so kanalisiert werden, dass die Implementierung des EVA-Programms nicht in Gefahr gerät. Die besagten TrainerInnen können bei dieser präventiven Arbeit helfen und in Kenntnis der an anderen Schulen erfolgreich praktizierten Strategien mit Rat und Tat zur Seite stehen. Dieser »fremde Blick« kann manche Anregung vermitteln und manchen Ausweg aufzeigen, auf den die Verantwortlichen an der jeweiligen Schule so schnell nicht gekommen wären. So gesehen sind die hier in Rede stehenden Innovationsexperten »Entwicklungshelfer« im besten Sinne des Wortes. Sie sind Lernorganisatoren und Materiallieferanten, Innovationsberater und Prozessbegleiter, Mutmacher und Ideenspender. Wohlgemerkt: Innovationserfolge sind auch ohne sie möglich, aber mit ihrer Unterstützung lässt sich mancher dornenreiche Weg umgehen und manche methodische und organisatorische Klärung deutlich zügiger erledigen, als das ohne ihre externe Unterstützung möglich wäre. Schließlich muss nicht jede Schule das Rad neu erfinden!

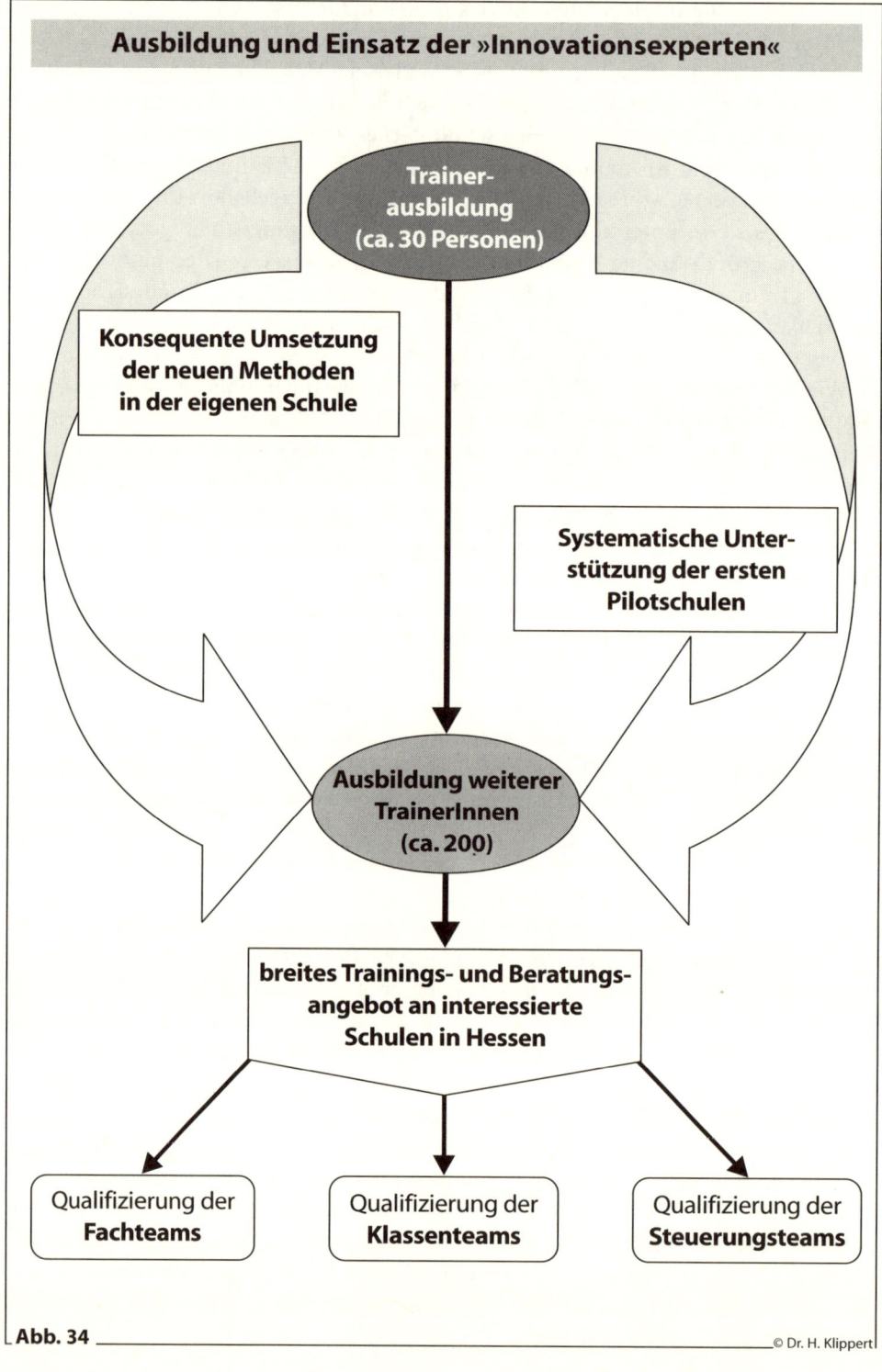

Ausbildung und Einsatz der »Innovationsexperten«

Trainer-
ausbildung
(ca. 30 Personen)

Konsequente Umsetzung
der neuen Methoden
in der eigenen Schule

Systematische Unter-
stützung der ersten
Pilotschulen

Ausbildung weiterer
TrainerInnen
(ca. 200)

breites Trainings- und Beratungs-
angebot an interessierte
Schulen in Hessen

Qualifizierung der
Fachteams

Qualifizierung der
Klassenteams

Qualifizierung der
Steuerungsteams

Abb. 34

© Dr. H. Klippert

Gängige Innovationsprobleme

… und wie man ihnen begegnen kann

Der Vorbereitungsaufwand ist zu groß!

❑ Weniger Perfektionismus ❑ Die Schüler mit den gängigen Medien arbeiten lassen ❑ Workshops während der Unterrichtszeit ❑ Arbeitsteilig vorgehen ❑ Die Materialien konsequent archivieren ❑ Ermäßigungsstunden für Archivare …

Der Teamgeist ist mangelhaft!

❑ Teams zur Lehrerfortbildung ❑ Einrichtung eines Steuerungsteams ❑ Teamzentrierte Lehrereinsatzplanung ❑ Gelegentliches Teamteaching ❑ Teamklausurtage ❑ Mehrstündige Workshops für Teams ❑ Gezielte Supervision …

Externe »Innovationsexperten« fehlen!

❑ Einfach anfangen ❑ Einschlägige Fortbildungsseminare besuchen ❑ Interessierte/erfahrene Mitstreiter suchen ❑ Die Klippert-Bücher »ausschlachten« ❑ Einschlägige Workshops fordern und durchführen ❑ An anderen Schulen hospitieren …

Die Konferenzen sind wenig produktiv!

❑ Steuerungsteam entwickelt Vorschläge für Produktive Konferenzen ❑ Mehr Workshops, weniger Gesamtkonferenzen ❑ Moderne Moderationstechniken ❑ Straffe Zeit- und Ablaufplanung ❑ Klare Produktorientierung ❑ Ganztägige Workshops …

Die neuen Methoden sind nur Strohfeuer!

❑ Regelmäßige Workshops auf Fachebene ❑ Klar definierte Stunden für Teambesprechungen ❑ Klare Absprachen und Fahrpläne der Klassen- und Fachteams ❑ Aufnahme des EVA-Ansatzes ins Schulprogramm ❑ Hohe Stundenzahl für Klassenteams …

Das Gros der Eltern zieht nicht mit!

❑ Gezielte Elternabende/Elternseminare zu neuen Methoden ❑ Überzeugender EVA-Prospekt für Eltern ❑ Spezielle Hospitationsangebote für Eltern ❑ Minimierung des reformbedingten Unterrichtsausfalls ❑ Andere Aktivitäten zurückschrauben …

Die Zahl der Innovatoren ist zu klein!

❑ Schnuppertag fürs Gesamtkollegium ❑ Erfahrene Lehrer als Tutoren ❑ Gemeinsame Workshops während der Unterrichtszeit ❑ Anreize von Seiten der Schulleitung ❑ »Pflichthospitationen« in geübten Klassen ❑ Überzeugender Materialpool …

Die Evaluation ist höchst unklar!

❑ Interne Evaluation hat Priorität! ❑ Nach Evaluationsberatern Ausschau halten ❑ Evaluationsworkshop/s organisieren ❑ Einfache Evaluationsinstrumente entwickeln (vgl. Herrmann/Höfer 1999) ❑ Erprobung durch Teams ❑ Bewährtes archivieren …

Abb. 35 © Dr. H. Klippert

Parallel zur angesprochenen Ausbildung, die die TrainerInnen vor ihrem Einsatz an fremden Schulen durchlaufen, müssen sie in ihren eigenen Klassen das betreffende Methodenrepertoire praktisch umsetzen und testen (vgl. Abb. 34). Ähnliches gilt für die Arbeit in den verschiedenen schulinternen Teams (Fachteams, Klassenteams, Steuerungsteams), die für die Implementierung des EVA-Programms verantwortlich zeichnen. Auch hier müssen sie in Gesprächen und Konferenzen Mittel und Wege sondieren, wie sich das besagte EVA-Programm im Schulalltag möglichst wirkungsvoll realisieren lässt. So gesehen sind die besagten TrainerInnen praxis-, methoden- und innovationserfahrene Spezialisten in Sachen EVA, die den betreffenden Kollegien bzw. Lehrerteams bei Bedarf in vielseitiger Weise unter die Arme greifen. Diesen »Service« können sie natürlich nicht »so nebenbei« leisten, sondern dazu brauchen sie auch eine gewisse Freistellung von der eigenen Unterrichtsverpflichtung, um im Gegenzug »Dienst am anderen Ort« tun zu können.

Aus schulorganisatorischen Gründen empfiehlt sich dabei für die Gruppe der stark nachgefragten Trainerinnen und Trainer eine Unterrichtsermäßigung von wöchentlich mindestens vier bis fünf Stunden, damit sie an ihren Stammschulen für einen Tag freigeblockt werden können. Andernfalls wird es immer wieder Probleme und/oder Widerstände geben, wenn sie zu Lasten ihres eigenen Unterrichts und ihres Stammkollegiums irgendwelche fremden Schulen betreuen müssen bzw. wollen. Von daher muss eine praktikable Lösung gefunden werden, die sowohl den Belangen der jeweiligen Stammschule als auch den legitimen Interessen des betreffenden Innovationsexperten Rechnung trägt. Nur so wird es möglich sein, den skizzierten »Service« offensiv anzubieten und den interessierten Kollegien bedarfsgerechte Unterstützung zukommen zu lassen.

Diese Deputatsermäßigung wird derzeit im Rahmen des NRW-Modellversuchs »Schule & Co« z.B. so geregelt, dass jeder Trainer einen gewissen »Vorschuss« an Ermäßigungsstunden erhält, die nach Abschluss des Schuljahres »spitz abgerechnet« werden. Das heißt: Wer mit seinen Einsätzen über dem angenommenen Soll liegt, erhält im nächsten Schuljahr eine höhere Ermäßigung, wer darunter liegt, muss eine entsprechende Kürzung in Kauf nehmen. So einfach kann das gehen! Dabei besteht Übereinstimmung darin, dass die maximale Stundenermäßigung für die besonders angefragten TrainerInnen in aller Regel nicht mehr als eine halbe Stelle betragen sollte, damit deren unterrichtspraktische Kompetenz hinreichend erhalten bleibt. Diese unbürokratische Vorgehensweise sollte Schule machen!

5. Gezielte Teamarbeit und Teamentwicklung

Die konsequente Implementierung des skizzierten EVA-Programms verlangt nach effektiver Teamarbeit. Denn der Einzelne kann noch so gut qualifiziert sein, er wird die anvisierte Lernkultur im Alleingang nicht aufbauen und pflegen können. Dazu bedarf es einer *konzertierten Aktion* mehrerer gleich gesinnter Lehrkräfte, die ihre SchülerInnen Tag für Tag in puncto EVA, Methodentraining, Kommunikationstraining und Teamtraining fordern und fördern. Das steigert die methodische Sicherheit und Routine sowohl auf Schülerseite als auch auf Lehrerseite. Eingespielte Teamstrukturen und Teamkompetenzen sind an unseren Schulen bislang allerdings nur selten zu finden. In den Kollegien herrscht vielmehr unverändert das klassische Einzelkämpfertum vor. Die damit verbundene Mentalität verhindert, dass wirksam kooperiert und kommuniziert wird. Und sie verhindert selbstverständlich auch, dass das hier in Rede stehende EVA-Programm einigermaßen konzertiert und konsequent im Unterricht umgesetzt werden kann. Dieser Umstand erklärt, warum Reformansätze und Reformbemühungen im schulischen Bereich so oft scheitern.

Das gilt offenbar nicht nur für bundesdeutsche Schulen, sondern auch und zugleich für Schulen und Kollegien in anderen Ländern. Das zeigen u.a. die Befunde, die der renommierte Schulforscher Michael Fullan für den nordamerikanisch-kanadischen Bereich zusammengetragen hat. Auf der Basis seiner Untersuchungen bilanziert er zum Scheitern schulischer Reformprozesse: »Bildungsreformen schlagen hauptsächlich aus zwei Gründen fehl: Zum einen sind die Probleme komplex und hartnäckig. Es ist schwer, sich wirksame Lösungen einfallen zu lassen, und noch schwerer, sie tatsächlich in die Praxis umzusetzen. Der zweite Grund ist, dass die verwendeten Strategien nicht die Dinge in Angriff nehmen, die wirklich wichtig wären. Sie sind weder auf eine *grundlegende Unterrichtsreform* noch auf die damit verbundene Entwicklung einer neuen *pädagogischen Teamkultur* ausgerichtet.« (Fullan 1999, S. 85) So gesehen sind die Akzente im vorliegenden Buch exakt richtig gesetzt. Es stellt zum einen die Unterrichtsreform ins Zentrum der Schulentwicklung und zeigt praxiserprobte Mittel und Wege auf, wie die tradierte Belehrungskultur zu einer zeitgemäßen *Lernkultur* weiterentwickelt werden kann. Und es betont zum Zweiten die grundlegende Bedeutung einer funktionierenden *Teamkultur* für den Erfolg des hier ins Auge gefassten Innovationsprozesses. Einer Teamkultur, die vielerorts freilich erst noch aufgebaut werden muss.

Kennzeichnend für diese Teamkultur ist unter strukturellem Aspekt die Bildung unterschiedlicher Teams mit divergierenden Zuständigkeiten und Aufgaben. Bewährt hat sich im Zuge der zurückliegenden Reformprojekte die Trias: Steuerungsteam, Fachteams, Klassenteams (vgl. dazu Klippert 2000, S. 68ff.). Welche Aufgaben diesen Teams zukommen und welche Qualifizierungsmaßnahmen sie in der Regel benötigen, lässt sich aus Abbildung 36 ersehen. Zunächst zum *Steuerungsteam*: Diesem Team gehören üblicherweise vier bis sechs Personen der jeweiligen Schule an, wobei der Schulleiter und der Stundenplanverantwortliche gesetzte Mitglieder sind. Die Hauptfunktion dieses Steuerungsteams liegt darin, innovationsfördernde Rahmenbedingungen zu schaffen und ein möglichst zielstrebiges Innovationsmanagement in Sachen EVA zu gewährleisten. Denn das größte Problem vieler innovationsbereiter Schulen ist, dass viel zu unverbindlich, zu punktuell und zu planlos gearbeitet wird. Das gilt nicht nur für die besagten Einzelkämpfer, sondern auch und nicht zuletzt für die meisten der in den Schulen existierenden Gruppen und Grüppchen.

Da werden weder konkrete Schritte vereinbart noch verbindliche Termine festgelegt. Da werden getroffene Absprachen nicht eingehalten und erforderliche Vorbereitungsarbeiten vernachlässigt. Da stimmt der Informationsfluss nicht, und die interne (Selbst-)Kontrolle lässt zu wünschen übrig. Da sind viele vage Vorsätze vorhanden, aber niemand übernimmt so recht die Verantwortung. Wenn diese *Kultur der Unverbindlichkeit* überwunden werden soll, dann bedarf es dazu zwingend einiger kompetenter »Führungskräfte«, die für klare Vereinbarungen wie für präzise Zeit- und Arbeitspläne, für zügigen Informationsfluss wie für ergiebige Konferenzen, für geschickte Öffentlichkeitsarbeit wie für innovationsfördernde Rahmenbedingungen Sorge tragen. Muss nämlich dieses übergreifende Projektmanagement auch noch von den für die unterrichtliche Trainings- und Innovationsarbeit zuständigen Lehrkräften geleistet werden, so führt das beinahe zwangsläufig zur Überforderung. Von daher empfiehlt sich dringend die Einrichtung eines ambitionierten Steuerungsteams.

Für die eigentliche Realisierung des EVA-Programms sind dagegen andere zuständig, nämlich die erwähnten Klassen- und Fachteams. Die *Klassenteams* umfassen in der Regel drei Lehrkräfte, die in der jeweiligen Klasse mit möglichst hoher Stundenzahl (15 Stunden + X pro Woche) unterrichten und federführend dafür verantwortlich sind, dass die betreffenden SchülerInnen in Sachen EVA sowie in puncto Methoden-, Kommunikations- und Teamschulung möglichst konsequent gefordert und gefördert werden. So gesehen sind die Klassenteams in besonderer Weise für die diversen Trainingswochen (vgl. Klippert 1994, 1995, 1998) sowie für die damit einhergehende Elternarbeit zuständig. Die *Fachteams* dagegen haben die spezifische Verantwortung und Aufgabe, die eingeführten bzw. »eintrainierten« Methoden in den einzelnen Fächern möglichst konsequent zu pflegen und die entsprechenden Lernarrangements und Materialien in den erwähnten Workshops zielstrebig zu entwickeln. Mitglieder dieser Fachteams sind nur jene FachlehrerInnen einer Schule, die sich in puncto »EVA im Fachunterricht« besonders engagieren möchten.

Die Vorzüge der skizzierten Teamarbeit liegen auf der Hand: Die Arbeitsökonomie nimmt zu und die in den Teams organisierten Lehrkräfte erfahren in ihren Gruppen in der Regel recht ausgeprägte Verstärkung und Inspiration – zwei Effekte,

Teams im Rahmen des EVA-Programms

Steuerungsteam

zuständig für

Lehrereinsatzplanung

Konferenzmoderation

Jahresterminpläne

Ressourcenmanagement

Öffentlichkeitsarbeit

Evaluationsverfahren

Mediation

etc.

Klassenteams

zuständig für

Trainingswochen

Trainingstage

Methodenpflege

Elternarbeit

Lernumgebung

Hospitationen

Evaluation

etc.

Fachteams

zuständig für

Methodenpflege im FU

Materialentwicklung

Materialarchivierung

Stoffverteilungsplanung

Beurteilungsverfahren

Hospitationen

Evaluation

etc.

werden fortgebildet in Sachen ...

PSE-Programm

◆

Projektmanagement

◆

Konferenzmoderation
(incl. Visualisierung)

◆

Umgang mit
Widerständen

◆

Eltern- und
Öffentlichkeitsarbeit

◆

Unterrichts-
evaluation

etc.

werden fortgebildet in Sachen ...

EVA im FU

◆

Methodentraining
mit Schülern

◆

Kommunikations-
training mit Schülern

◆

Teamentwicklung
im Klassenraum

◆

Neue Formen
der Elternarbeit

◆

evtl. Zusatzseminare
zur Wochenplanarbeit,
Projektarbeit ...

etc.

werden fortgebildet in Sachen ...

Methodenpflege
in Deutsch

◆

Methodenpflege
in Mathe/NaWi

◆

Methodenpflege in
den Fremdsprachen

◆

Methodenpflege
in SoWi

◆

Sonstige Workshops
zu Themen wie ...
*Arbeitsblätter entwickeln
Lernspiele entwickeln
Lernzirkel vorbereiten*

etc.

Abb. 36

© Dr. H. Klippert

auf die eine nachhaltige Veränderung und Verbesserung der Unterrichtsarbeit ganz dringlich angewiesen ist. Voraussetzung dafür ist allerdings, dass die entsprechende Teamkultur aufgebaut und die korrespondierende Teamentwicklung vorangetrieben wird. Denn engagierte Einzelkämpfer mit methodischem Weitblick hat es in unseren Schulen schon immer gegeben. Nur haben diese in der Regel keine allzu große Wirkung erzielen können, weil sie mit ihrem individualistischen Vorgehen auf ziemlich verlorenem Posten standen. Dieser Sisyphusarbeit gilt es entgegenzuwirken. Von daher sind Teamarbeit und Teamentwicklung im Lehrerkreis ein Markenzeichen des hier in Rede stehenden Reformprogramms.

Warum diese Teamentwicklung nötig ist und wie sie in den Schulen konkret angegangen werden kann, lässt sich in Anlehnung an Peter Senge wie folgt beschreiben: Viele Teammitglieder haben Senge zufolge widersprüchliche Interessen und Anliegen im Auge und verschwenden auf diese Weise unnötige Energien. Sie arbeiteten unter Umständen zwar außerordentlich hart, aber ihre Anstrengungen mündeten nicht erfolgreich in eine Teamanstrengung ein. Es entwickelten sich zu wenig Resonanz und Synergie. Von daher sei es wichtig, die betreffenden Teammitglieder durch geeignete Teamentwicklungsmaßnahmen (»Team-Lernen«) dazu zu befähigen, die vorhandenen Energien auf einen gemeinsamen Zweck hin zu bündeln und die jeweilige Innovationsaufgabe möglichst konstruktiv anzugehen (vgl. Senge 1999, S. 285). Als zentrale Momente dieses Team-Lernens sieht Peter Senge das Einüben elementarer Dialog- und Diskussionstechniken sowie – in Verbindung damit – die Befähigung zum Umgang mit Konflikten und Widerständen. Diesbezüglich kann und muss in den Lehrerkollegien fraglos noch eine Menge geübt und geklärt werden.

Kennzeichnend für einen guten *Dialog* ist Peter Senge zufolge, dass im jeweiligen Team frei und kreativ zu den je anstehenden Fragen kommuniziert wird, und dass die Teammitglieder »intensiv zuhören« und sich nicht von vornherein auf eine bestimmte Ansicht festlegen bzw. sich in irgendwelchen »Abwehrroutinen« ergehen. In der *Diskussion* dagegen würden unterschiedliche Meinungen präsentiert und verteidigt, mit dem Ziel, zu einer baldigen Entscheidung zu kommen und bei dieser Entscheidungsfindung möglichst die besten Argumente ins Feld zu führen. Die Teammitglieder müssten daher lernen, zwischen Dialog und Diskussion sensibel und zielstrebig hin- und herzuwechseln; und sie müssten zudem befähigt werden, jene »starken Kräfte« zu integrieren, die einem produktiven Dialog und einer produktiven Diskussion entgegenwirkten (vgl. ebd., S. 288f.; vgl. ferner Mahlmann 2000).

Dieses Team-Lernen verlangt eine Menge Übung. Denn Teamfähigkeit lernt man nun einmal am besten, indem man sich möglichst oft der Teamarbeit stellt und die laufenden Arbeits- und Interaktionsprozesse hin und wieder reflektiert. Die Fülle der Teamaktivitäten, die im Rahmen des EVA-Programms vorgesehen sind, ist beträchtlich. Das beginnt mit teamorientierten Fortbildungs- bzw. Trainingsveranstaltungen außerhalb der Schule und reicht über schulinterne Teamklausurtage bzw. Workshops der Klassen- und Fachteams bis hin zu spezifischen Teambesprechungen, gelegentlichem Teamteaching, gemeinsamen Hospitationen sowie der kooperativen Vorbereitung und Durchführung von Elternabenden und Elternseminaren.

6. Durchdachte Fahrpläne für die Umsetzung

Die erfolgreiche Umsetzung des EVA-Programms ist mit Teamgeist und prall gefüllten Methodenkoffern allein nicht zu bewerkstelligen. Hinzu kommen müssen möglichst ausgefeilte Arbeits- und Zeitpläne an der jeweiligen Einzelschule, aus denen hervorgeht, was, wann, von welchem Team vorbereitet und/oder durchgeführt wird. Diese Maßnahmenplanung im Sinne einer *Jahresarbeitsplanung* ist das A und O eines erfolgreichen Innovationsmanagements. Fehlen derartige Fahrpläne und Vereinbarungen, so führt dieses sehr schnell zu halbherzigen und unverbindlichen Aktionen, die im Ergebnis weit davon entfernt sind, eine »konzertierte Aktion« zu ergeben. Erforderlich ist aber genau dieses konzertierte, planvolle Vorgehen, damit die punktuellen EVA-Aktivitäten nicht ein kurzes Strohfeuer bleiben, sondern zur nachhaltigen Veränderung der tradierten Lehr-/Lernkultur führen. Ein weiterer Grund für die Sinnhaftigkeit besagter Jahresarbeitspläne ist der, dass sich auf diese Weise sicherstellen lässt, dass im jeweiligen Kollegium nicht immer wieder neu abgestimmt und verhandelt werden muss, ob nun diese oder jene Maßnahme tatsächlich realisiert werden soll oder nicht doch verschoben oder gar ganz aufgehoben werden kann. Jeder Schulkenner weiß, dass diese Neigung zum Verschieben und Infragestellen vage gefasster Vorsätze in den meisten Kollegien recht verbreitet ist und im Schulalltag immer wieder dazu führt, dass die innovationsbereiten Lehrkräfte auf der Stelle treten (müssen) und womöglich frustriert aufgeben.

Der Vorteil einer straffen Innovationsplanung besteht darin, dass gewisse Automatismen entstehen, die für viele Lehrkräfte auf Dauer äußerst wohl tuend und entlastend sind. Denn feste Verabredungen mindern die Konfliktgefahr und fördern eine größere Verbindlichkeit und Zielstrebigkeit im Zuge des Innovationsprozesses. Wie ein derartiger Innovationsfahrplan in Sachen EVA aussehen kann, zeigt das in Abbildung 37 dokumentierte Beispiel. Es umreißt die einzelnen Schritte, die das betreffende Kollegium eines rheinland-pfälzischen Gymnasiums im ersten Jahr seines EVA-Engagements gegangen ist. Erstellt und zur Abstimmung gebracht wurde dieser Innovationsfahrplan von den Mitgliedern des schulinternen Steuerungsteams (vgl. dazu die Ausführungen im letzten Abschnitt). Dieses Steuerungsteam war und ist verantwortlich sowohl für die Entwicklung und Veröffentlichung als auch für die Überwachung und Einhaltung dieses Fahrplans. Zwar wird diese Kontrollaufgabe in »kollegialer Art« wahrgenommen, gleichwohl trägt sie erfahrungsgemäß dazu bei, dass die getroffene Vereinbarung mit bemerkenswerter Konsequenz umgesetzt wird.

Der hier linear formulierte Fahrplan kann natürlich auch als differenzierter »Netzplan« abgefasst sein und das zeitliche Nebeneinander und Nacheinander der

Fahrplan einer Schule zur Umsetzung des EVA-Programms

Zeitpunkte bzw. Zeiträume	Konkrete Maßnahmen und Initiativen einzelner Lehrerteams
Januar bis März	Interessierte Lehrkräfte besuchen jeweils zu Viert zwei externe Schnupperseminare in Sachen EVA
21.–22. März	Schnuppertagung des Gesamtkollegiums zum intensiveren Kennenlernen des EVA-Programms (eineinhalbtägig)
4. April	Auswertungskonferenz mit anschließender Beschlussfassung (90 Prozent des Kollegiums stimmen dem EVA-Programm zu)
April bis Juli	Punktuelle Erprobung einzelner EVA-Arrangements in der einen oder anderen Klasse
bis 15. Mai	Bildung von Klassenteams/3er-Teams und Fachteams (interessierte Lehrkräfte machen Vorschläge an Schulleitung)
1. und 2. Woche im Juni	Teamklausurtage der vorgesehenen Klassenteams zur Vorbereitung einer fächerübergreifenden Methodenwoche im neuen Schuljahr
3. und 4. Woche im Juni	Workshops der interessierten FachlehrerInnen zur Entwicklung ausgewählter Lernspiralen (jeweils von 11.00–17.00 Uhr)
28. August	Elternabende mit einschlägigen Informationen und praktischen Übungen zu EVA (19.00–21.30 Uhr)
2. Woche im September	Durchführung der vorbereiteten Methodenwoche mit differenziertem EVA-Programm
1. und 2. Woche im Oktober	Erneute Workshops interessierter Fachteams zur Entwicklung einschlägiger EVA-Arrangements (jeweils 14.00–18.00 Uhr)
September bis Dezember	Konsequente Förderung des EVA-Unterrichts in den vereinbarten »Pilotklassen« in den Jahrgangsstufen 5, 7 und 9
14. November (5./6. Stunde)	Hospitationsveranstaltung fürs Gesamtkollegium (Hospitationen mit unterschiedlichem Fachbezug in mehreren »Pilotklassen«)
2. Februar (nachmittags)	Meeting mit Ausbildern und Auszubildenden aus der Region zum Thema »EVA in der betrieblichen Ausbildung«
6. März	Studientag mit Hospitationen und Gesprächen in einer benachbarten »EVA-Schule« (nachmittags: Produktive Fachkonferenzen)
1. und 2. Woche im Mai	Ganztägige Workshops interessierter Fachteams zur Entwicklung ausgewählter Lernspiralen (jeweils 8.00–17.00 Uhr)

Abb. 37

© Dr. H. Klippert

verschiedenen Gruppenaktivitäten übersichtlich visualisieren. Denn involviert sind ja nicht nur die eigentlichen EVA-Akteure (Fachteams, Klassenteams), sondern direkt oder indirekt auch die Eltern(-vertretungen), die Schüler(-vertretungen), die Schulleitung, die Schulträger, die Schulaufsicht und unter Umständen auch die örtlichen Betriebe bzw. Kammern, falls eine EVA-spezifische Kooperation mit der Wirtschaft gesucht wird (vgl. Engelking 2000, S. 49ff.). Wenn z.B. die Schulaufsicht oder die Elternvertretungen nicht verständnisvoll und engagiert mitspielen, dann wird die Implementierung des EVA-Programms unter Umständen eine relativ beschwerliche Angelegenheit. Denn natürlich fällt verhältnismäßig viel Unterricht aus, wenn die unterschiedlichen Qualifizierungsmaßnahmen konsequent in Angriff genommen werden. Wie sich aus Abbildung 37 ersehen lässt, sind allein zwei Studientage (Schnuppertag, Workshop) mit ganztägiger Unterrichtsbefreiung fürs Gesamtkollegium vorgesehen. Hinzu kommen verschiedene weitere Workshops der Klassenteams und der Fachteams, die teils ganztägig, teils ab der 4. Unterrichtsstunde stattfinden und ebenfalls einen gewissen Unterrichtsausfall nach sich ziehen können, wenn nicht mittels interner Regelungen dafür gesorgt wird, dass die ausfallenden Stunden durch andere Lehrkräfte vertreten werden. Und hinzu kommt natürlich auch noch die angeführte »Methodenwoche« mit ausgeprägten EVA-spezifischen Übungen und Reflexionen zu Lasten des regulären Fachunterrichts.

Diese wenigen Hinweise machen deutlich, wie wichtig es ist, die Elternschaft rechtzeitig anzusprechen und mit den Intentionen, Maßnahmen und konkreten Chancen des EVA-Programms vertraut zu machen. Denn andernfalls besteht die Gefahr, dass einzelne Eltern Widerstand leisten, weil sie das Gefühl haben, der »gestörte Unterrichtsbetrieb« beeinträchtige die Zukunftsfähigkeit ihrer Kinder. Diese Legitimationsproblematik darf nicht gering geschätzt werden, soll der skizzierte Innovationsprozess erfolgreich realisiert werden. Gleichwohl zeigen die bisherigen Erfahrungen, dass die Elternschaft in aller Regel sehr schnell für das hier in Rede stehende EVA-Programm zu gewinnen ist, wenn deutlich gemacht wird, wie sehr dieses Programm der breit gefächerten Qualifizierung und Persönlichkeitsentwicklung der Kinder verpflichtet ist (vgl. dazu auch den nachfolgenden Abschnitt III.8). Das Gros der Eltern ist unter diesen Umständen sehr wohl bereit, den skizzierten Qualifizierungsmaßnahmen und -schritten zuzustimmen und diese als »notwendige Investition« zur Sicherstellung einer zeitgemäßen Bildungsarbeit zu akzeptieren.

Zum abgebildeten Fahrplan im Einzelnen (vgl. Abb. 37): Am Anfang des Innovationsprozesses steht in der Regel der Besuch einschlägiger Schnupperseminare durch interessierte Lehrkräfte der jeweiligen Schule – vorausgesetzt, die zuständigen Fortbildungseinrichtungen bieten derartige Seminare unter Leitung kompetenter »EVA-Experten« an. Diese Sensibilisierung und Qualifizierung Einzelner macht für die Schule als Ganzes jedoch nur dann Sinn, wenn möglichst bald das komplette Kollegium einbezogen und mit dem anvisierten EVA-Programm vertraut gemacht wird. Dazu bietet sich die Durchführung einer einschlägigen »Schnuppertagung« nach dem in Abschnitt III.2 skizzierten Muster an. Diese Tagung kann einen Tag oder auch eineinhalb Tage dauern und wird in der Regel von externen »EVA-Experten«

moderiert und mit diversen Inputs und Übungen bestückt (sie kann allerdings auch von erfahrenen Lehrkräften aus dem eigenen Kollegium moderiert werden). Zwei bis drei Wochen nach dieser Schnuppertagung findet üblicherweise eine Auswertungskonferenz statt, die dem jeweiligen Kollegium Gelegenheit gibt, den EVA-Ansatz nochmals zu diskutieren und zu würdigen sowie abschließend darüber zu befinden, ob dieser Ansatz zu einem Schwerpunkt der schulinternen Innovationsarbeit werden soll oder nicht.

Findet das EVA-Programm eine hinreichend breite Zustimmung, so kann dessen Implementierung systematisch weiterverfolgt werden, d.h. interessierte Lehrkräfte können sich mit Blick auf das neue Schuljahr zu potenziellen Klassenteams und/oder Fachteams zusammenfinden und der Schulleitung gegenüber entsprechende Einsatzwünsche äußern. Die Schulleitung wiederum sollte diesen Wünschen möglichst gutwillig und kreativ Rechnung tragen, damit die betreffenden Lehrkräfte im neuen Schuljahr verstärkt *konzertiert* arbeiten und ihre SchülerInnen in Sachen EVA entsprechend fordern und fördern können. Darüber hinaus erhalten die sich abzeichnenden Klassenteams und Fachteams noch vor den Sommerferien Gelegenheit, in zeitlich versetzt stattfindenden Workshops einschlägige Lernspiralen und Materialien für die anstehenden fächerübergreifenden und fachimmanenten Methodenschulungen im neuen Schuljahr vorzubereiten.

Bevor diese Methodenschulungen anlaufen, finden für die Eltern der betreffenden »Pilotklassen« entsprechende Elternabende zum EVA-Programm mit dem Ziel statt, die interessierten Eltern frühzeitig ins Vertrauen zu ziehen und für das vorgesehene Innovationsprogramm zu gewinnen. Die Schulungsarbeit in den »Pilotklassen« selbst sieht in der Regel so aus, dass zunächst ein mehrtägiger EVA-Block mit möglichst vielfältigen methodischen Übungen, Informationen und Reflexionen durchgeführt wird, der den SchülerInnen einen gewissen Einblick und Überblick in Sachen EVA verschafft. Die Vorbereitung und Durchführung dieses EVA-Blocks ist Angelegenheit der besagten »Klassenteams«. Im Anschluss an diese Grundlegung sorgen die zuständigen FachlehrerInnen (Fachteams) dafür, dass die SchülerInnen der besagten Pilotklassen das angerissene Methodenrepertoire im Rahmen der anstehenden Lehrplanthemen möglichst intensiv weiter üben und festigen können. Denn diese *Methodenpflege* ist das A und O einer dauerhaften Kompetenzvermittlung.

Natürlich müssen sich die betreffenden FachlehrerInnen auf diese Aufgabe auch vorbereiten können. Dieses geschieht nach dem in Abbildung 37 skizzierten Fahrplan in der Weise, dass sich die interessierten Lehrkräfte von Zeit zu Zeit zu mehrstündigen bis ganztägigen Workshops zusammenfinden, um einschlägige Lernspiralen und EVA-Materialien zu ausgewählten Fachthemen zu entwickeln. Diese Selbst-Qualifizierung kann unter Umständen noch dadurch unterstützt bzw. ergänzt werden, dass gezielte Hospitationen sowohl in der eigenen Schule als auch in fremden/benachbarten Schulen mit EVA-Schwerpunkt organisiert und durchgeführt werden. Des Weiteren kann die gezielte Kooperation mit Ausbildern und Auszubildenden aus dem regionalen Umfeld eine durchaus hilfreiche Initiative sein und wichtige Anregungen zur Forcierung des EVA-Unterrichts vermitteln. Zumindest hat sich das im Falle der angeführten rheinland-pfälzischen Schule gezeigt.

Wohlgemerkt: Der in Abbildung 37 skizzierte Fahrplan ist kein festes »Rezept«, sondern nur eine mögliche Variante, wie ein Kollegium die sukzessive Erarbeitung und Umsetzung des EVA-Programms angehen kann. Modifikationen sind selbstverständlich möglich. Und Modifikationen sind in »fortgeschrittenen Schulen« in der Regel schon deshalb an der Tagesordnung, weil dort nicht nur EVA im Fachunterricht intensiviert wird, sondern auch und zugleich spezifische Trainingstage zur Vermittlung elementarer Arbeits-, Kommunikations- und Teamtechniken anzusetzen sind. Auch diese Trainingsblöcke sind gegebenenfalls in den schulinternen Innovationsfahrplan zu integrieren (vgl. dazu die entsprechenden Trainingshandbücher: Klippert 1994, 1995 und 1998).

7. Der Klassenraum als »Lernwerkstatt«

Zur erfolgreichen Implementierung des skizzierten EVA-Programms gehört auch, dass den betreffenden SchülerInnen eine Lernumgebung zur Verfügung steht, die ihnen eigenverantwortliches Arbeiten und Lernen in möglichst vielseitiger Weise eröffnet. Das beginnt bei der Sitzordnung und reicht über die Ausstattung mit gängigen Nachschlagewerken und sonstigen Arbeitsmitteln (Stifte, Plakate, Folien, Locher, Pinnwände, Visualisierungskärtchen, Regale, Ablagefächer etc.) bis hin zur Bereitstellung brauchbarer Computer und Computersoftware. Auch diesbezüglich müssen die Verantwortlichen in der jeweiligen Schule gewisse Vorkehrungen treffen, damit die ins Auge gefassten neuen Lehr-/Lernmethoden angemessen realisiert werden können. Wenn beispielsweise Nachschlagewerke wie Lexika oder Wörterbücher fehlen, wie sollen dann die SchülerInnen ans konsequente Nachschlagen von Informationen herangeführt werden. Oder wenn es an Präsentationsflächen und Visualisierungsmaterialien fehlt, wie sollen die SchülerInnen dann das Strukturieren, Visualisieren und Präsentieren einschlägiger Informationen lernen? Oder wenn die benötigten Computer nicht verfügbar sind bzw. die erforderlichen Programme, CD-ROMs und/oder Internet-Zugänge fehlen, wie sollen die SchülerInnen dann moderne computergestützte Techniken der Informationsbeschaffung, -verarbeitung und -präsentation üben und beherrschen lernen. Oder wenn die SchülerInnen im Unterricht so sitzen, dass sie zwar den Lehrer, nicht aber die MitschülerInnen sehen können, wie sollen sie dann in Gesprächssituationen üben und lernen, aufeinander einzugehen und konstruktiv miteinander zu reden? Diese wenigen Beispiele zeigen, dass der Aufbau der ins Auge gefassten neuen Lernkultur gewisse Rahmenbedingungen verlangt, die in der jeweiligen Klasse gegeben sein müssen, wenn EVA erfolgreich ausgebaut werden soll. Einige Anhaltspunkte dazu liefert Abbildung 38.

Zu diesen Rahmenbedingungen gehört u.a. die Sitzordnung. Da das eigenverantwortliche Arbeiten und Lernen der SchülerInnen in hohem Maße mit Gruppen- und Partnerarbeit verbunden ist, muss eine entsprechende Sitzordnung gesucht und gefunden werden. Eine Sitzordnung, die nicht nur die Interaktion der SchülerInnen begünstigt, sondern auch und zugleich sicherstellt, dass die verantwortlichen Lehrkräfte ohne größere Umräumaktionen vom Frontalunterricht zum Gruppenunterricht und wieder zurück wechseln können. Denn faktisch lösen sich im alltäglichen Unterrichtsbetrieb Gruppenarbeits- und Frontalphasen relativ rasch ab und müssen daher möglichst gut kompatibel sein. Andernfalls besteht die Gefahr, dass bereits an diesem Punkt die Reformbereitschaft vieler Lehrkräfte erlischt, weil sie Lärm, Unruhe und kritische Anspielungen von Seiten der KollegInnen fürchten. Wie eine

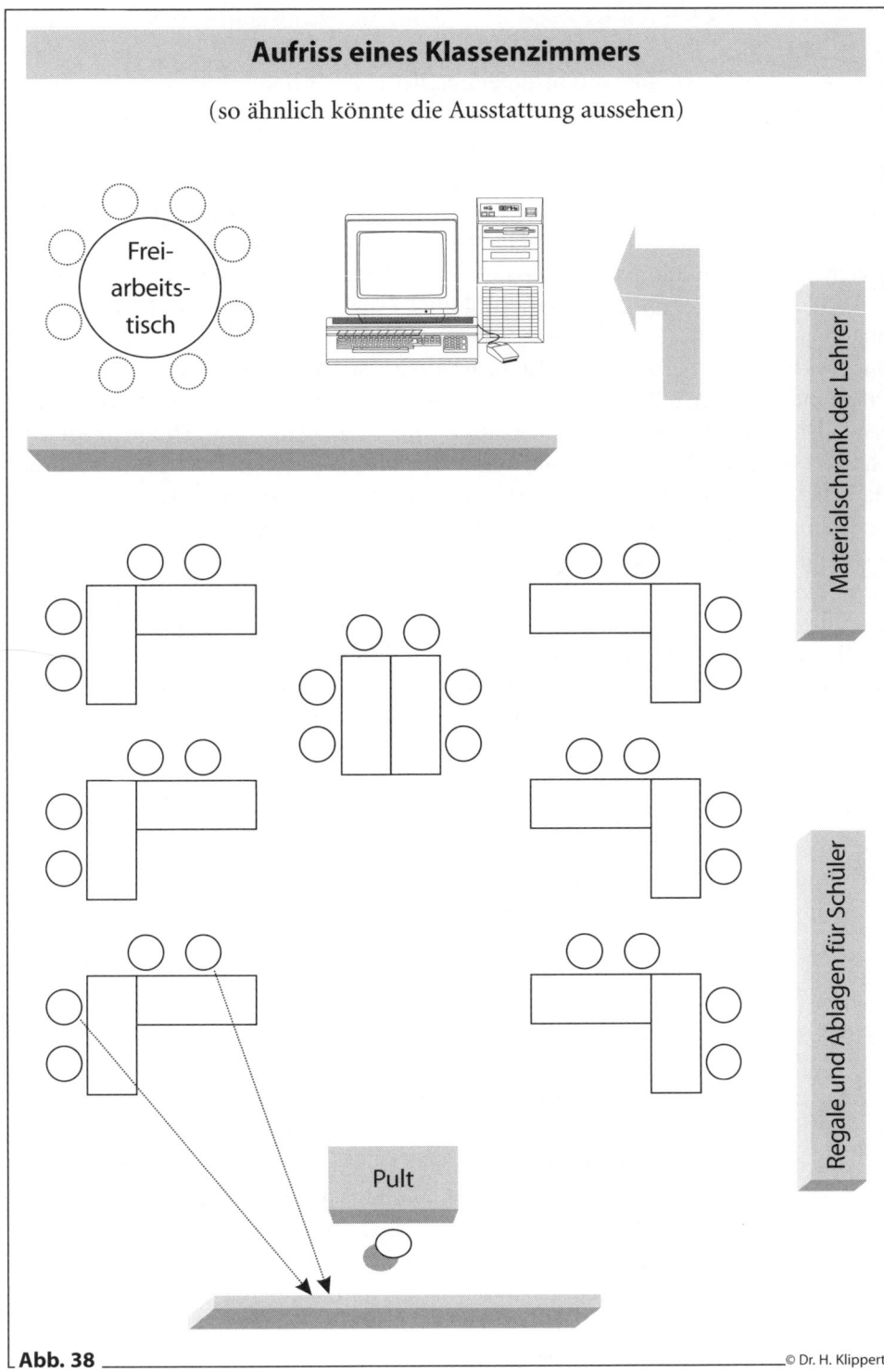

Aufriss eines Klassenzimmers

(so ähnlich könnte die Ausstattung aussehen)

Frei-
arbeits-
tisch

Materialschrank der Lehrer

Regale und Ablagen für Schüler

Pult

Abb. 38

© Dr. H. Klippert

brauchbare und kompromissfähige Sitzordnung aussehen kann, lässt sich aus Abbildung 38 ersehen. Diese abgebildete Sitzordnung ist flexibel und leicht zu arrangieren; sie gewährleistet, dass die Gruppenmitglieder problemlos miteinander kommunizieren und außerdem Blickkontakt zur Tafel und zum frontal vortragenden Lehrer hin halten können; und sie begünstigt natürlich auch das rasche Stellen z.B. eines Stuhlkreises oder eines Doppelkreises für spezifische Gesprächsverläufe (vgl. dazu auch Klippert 2000, S. 165).

Zur Ausstattung eines EVA-geeigneten Klassenraums gehört aber nicht nur eine geeignete Sitzordnung, sondern auch und zugleich die Bereitstellung *einschlägiger Arbeitsmittel*. Das beginnt bei den erwähnten Regalen, Schränken und Verbrauchsmaterialien (Plakate, Stifte, Folien, Scheren, Visualisierungskarten, Klebeband etc.) und reicht über spezielle Pinnwände und/oder strapazierfähige Wandflächen zur Präsentation der erstellten Lernprodukte bis hin zu separaten Computerarbeitsplätzen oder sonstigen »Sonderarbeitsplätzen« für Freiarbeits- bzw. Differenzierungsphasen (vgl. Abb. 38). Diesbezüglich bestehen an unseren Schulen bislang noch beträchtliche »Versorgungslücken«. Das gilt sowohl für die angedeuteten Verbrauchs- und Gebrauchsmaterialien als auch und besonders für kostspieligere Ausrüstungsgegenstände wie Pinnwände, Flipcharts und Computerhard- und -software. Auch wenn die finanziellen Engpässe der Schulträger vielerorts beträchtlich sind, so muss doch dringend für eine verbesserte Ausstattung der Klassen gesorgt werden.

Natürlich kann mancher Mangel auch durch *intelligente Improvisation* behoben werden. Das hat beispielsweise kürzlich eine Aktion zur Herstellung einfacher Pinnwände an einem rheinland-pfälzischen Gymnasium gezeigt. Initiator dieser Aktion war einer der Kunstlehrer, der im Rahmen eines Fortbildungsseminars auf die wegweisende Idee kam, die Konstruktion und Herstellung kostengünstiger, stabiler, leicht nutzbarer Pinnwände zu einem Projekt seiner SchülerInnen zu machen. Auf diese Weise wurden schließlich zwanzig voll funktionsfähige Pinnwände zu einem Stückpreis von ca. 80 DM hergestellt, die in der Schule mittlerweile gute Dienste leisten und von einer Reihe von Lehrkräften für bestimmte Visualisierungsaufgaben immer wieder genutzt werden. So gesehen ist Improvisation sicherlich möglich; allerdings kann sie dem differenzierten Bedarf der EVA-Akteure nur sehr begrenzt abhelfen. Viele Arbeitsmittel müssen für den schulischen Gebrauch schlichtweg angeschafft werden, soll daran nicht die ganze Unterrichtsreform scheitern. Das gilt für runde und ovale Visualisierungskärtchen genauso wie z.B. für Folien und Plakate, für Wachsmalstifte und dicke Filzstifte, für Overheadprojektoren und Flippcharts, für Regale und einfache Ablagesysteme, für Computer und Computerprogramme, für Disketten und fachspezifische CD-ROMs. Ein Unterricht, in dem zeitgemäße EVA-Methoden praktiziert und die SchülerInnen mit den entsprechenden »Skills« vertraut gemacht werden sollen, kommt an diesen »pädagogischen Ressourcen« nicht vorbei! Daran kann und darf auch die gegenwärtige Finanzmisere der Schulträger nichts ändern. Notfalls müssen eben über Elternumlagen und andere Geldbeschaffungsmaßnahmen (Sponsoring etc.) geeignete Mittel und Wege gesucht werden, um in den betreffenden EVA-Schulen die nötige Grundausstattung sicherzustellen.

Zwar gebietet es der pädagogische Realismus, diesbezüglich nicht zu viel zu erwarten, da die Ausstattung der meisten Schulen in den letzten Jahren eher schlechter als besser geworden ist. Dennoch: Was nicht ist, kann ja noch werden. Wenn das deutsche Bildungswesen den Herausforderungen der modernen Wissens- bzw. Informationsgesellschaft Rechnung tragen soll, dann geht das auf jeden Fall nicht ohne zusätzliche finanzielle Anstrengungen und Aufwendungen der Bildungsträger. Das war auch der Tenor in einer Rede des Altbundespräsidenten Roman Herzog anlässlich des Deutschen Bildungskongresses am 13. April 1999 in Bonn. Wenn Roman Herzog in dieser Rede die Forderung erhob, Computer gehörten in jedes Klassenzimmer, weil der Umgang mit Computern mittlerweile wie Lesen und Schreiben zu den selbstverständlichen Kulturtechniken gehöre, dann unterstrich er damit natürlich auch, dass zu einer wirksamen Bildungsreform nicht nur kluge Erklärungen, sondern auch handfeste Investitionen gehören – Investitionen, die dazu beitragen, die Rahmenbedingungen des schulischen Arbeitens so zu verändern und zu verbessern, dass die tradierte Lehr-/Lernkultur zeitgemäß weiterentwickelt werden kann.

8. Konsequente Elternarbeit in Sachen EVA

Wie an anderen Stellen in diesem Buch bereits angedeutet, ist die erfolgreiche Implementierung des hier in Rede stehenden EVA-Programms in erheblichem Maße darauf angewiesen, dass die betreffenden Eltern(-vertreter) verständnisvoll und wohlwollend dahinter stehen. Denn wenn von Seiten der Elternschaft quer geschossen wird, weil z.B. für schulinterne Fortbildungszwecke die eine oder andere Stunde ausfällt oder in Verbindung mit den Methodentagen regulärer Fachunterricht »umfunktioniert« wird, dann kann dieses sehr schnell zu schwer wiegenden Blockaden führen. So gesehen sind die Eltern ein ganz wichtiger Faktor in jedem schulinternen Innovationsprozess. Sie frühzeitig ins Vertrauen zu ziehen und um ihre Unterstützung zu werben, ist eine entscheidende strategisch-taktische Maßnahme, um hernach nicht unnötigen Ärger zu bekommen, der die Motivation der verantwortlichen Lehrkräfte beeinträchtigt und den angelaufenen Innovationsprozess wieder zum Stocken bringt. Von daher tun die auf EVA setzenden Innovatoren gut daran, die Elternschaft möglichst frühzeitig anzusprechen und als verständnisvolle Lobby zu gewinnen.

Da sich das benötigte Wohlwollen der Elternschaft in aller Regel nicht von selbst einstellt, sondern viele Eltern doch noch sehr konventionelle Vorstellungen von gutem Unterricht und effektivem Lernen haben, müssen sie möglichst konkret und überzeugend mit den Vorzügen des EVA-Unterrichts vertraut gemacht werden. Das ist indes nur sehr begrenzt durch die gängigen Elternbriefe zu leisten. Selbst wenn die betreffenden Eltern die eingehenden Informationsschreiben lesen sollten, so werden sie sich in aller Regel doch schwer damit tun, die angeführten Begründungen und Erläuterungen zum Sinn und Zweck des EVA-Programms wirklich zu verstehen und im Hinblick auf das eigene Kind konkret nachzuvollziehen, was dieses wohl davon haben wird. Von daher ist die Gefahr groß, dass es zu unnötigen Missverständnissen und Vorbehalten kommt, die den innerschulischen Innovationsprozess unter Umständen erheblich beeinträchtigen können.

Dass dieses keinesfalls so sein muss, sondern das Gros der Eltern durchaus bereit ist, innovationsbedingten Unterrichtsausfall zu akzeptieren, zeigt die folgende Presseerklärung des Bundeselternrates vom 12.9.1999: »Die Erteilung von 100 Prozent Unterricht«, so heißt es dort, »bedeutet keine Qualitätsverbesserung von Schule. Viel zu oft werden Fragen der Qualität von Unterricht und Schule mit der schlichten Aufrechnung der erteilten Unterrichtsstunden verbunden. Natürlich wollen wir Eltern, dass möglichst wenig Unterricht ausfällt. Aber wir möchten auch deutlich machen, dass es manche Unterrichtsstunden gibt, die besser nicht erteilt würden. Es gibt Unterricht, der demotivierend und frustrierend wirkt. Manchmal wären weniger, aber gut erteilte Unterrichtsstunden für den Lernerfolg der Kinder und Jugendlichen deutlich besser.« Diese unkonventionelle Einschätzung zeigt, dass die Elternschaft für Innovationen im unterrichtlichen Bereich durchaus zu gewinnen ist – auch dann, wenn diese mit einer partiellen Freistellung der engagierten Lehrerinnen und Lehrer für entsprechende Qualifizierungsmaßnahmen verbunden sein sollten.

Die Eltern für das hier in Rede stehende EVA-Programm zu gewinnen, gelingt am besten dadurch, dass sie nicht nur einschlägige Informationen erhalten, sondern auch und zugleich konkrete Beispiele und Verfahrensweisen sehen bzw. erleben, die zeigen, wie das eigenverantwortliche Arbeiten und Lernen der SchülerInnen im Unterrichtsalltag initiiert und organisiert wird. Mit anderen Worten: Die betreffenden Eltern sollten zumindest in Ansätzen Gelegenheit erhalten, in das eine oder andere richtungsweisende EVA-Arrangement hineinzuschnuppern, um im praktischen Vollzug zu sehen, welche Chancen diese Art des Lernens für die Kinder eröffnet. Dieses »learning by doing« hat sich nicht nur in der Lehrerfortbildung, sondern auch und nicht zuletzt in der Elternarbeit bewährt.

Der im nachfolgenden Kasten dokumentierte Zeitungsbericht über einen ungewöhnlichen Elternabend in einem Landauer Gymnasium zum Thema »Teamarbeit« bestätigt diese Einschätzung. Ähnliche Elternveranstaltungen hat es zwischenzeitlich in größerer Zahl gegeben, und zwar in den unterschiedlichsten Schularten – in Grund-, Haupt- und Realschulen genauso wie in Gymnasien und Berufskollegs. Die Erfahrungen waren und sind durchweg positiv. Die versammelten Eltern brauchen in aller Regel zwar etwas Zeit, um sich auf die ungewohnte Gruppensitzordnung und Arbeitsweise einzustellen, dann aber gehen sie durchweg mit viel Engagement und Gewinn daran, die eingesetzten Methoden zu erproben und im anschließenden Auswertungsgespräch gezielt zu würdigen und unter Umständen auch kritisch zu befragen. Das zeigen die bisherigen Pilotversuche sehr deutlich.

Besonders intensiv verlief dieses methodenzentrierte »learning by doing« z.B. im Rahmen eines Elterntages mit VertreterInnen aus insgesamt 15 Leverkusener Schulen, an denen das skizzierte EVA-Programm versuchsweise umgesetzt wird. Dieser Elterntag fand an einem Samstag von 10.00 bis 16.00 Uhr statt und wurde von mehr als 50 ElternvertreterInnen besucht. Jede Projektschule konnte drei ElternvertreterInnen entsenden, und alle Schulen bis auf eine schöpften dieses Kontingent auch voll aus. Referent, Moderator und Gesprächspartner war der Verfasser. Die Organisation der Veranstaltung lag ansonsten in den Händen der Elternschaft – angefangen bei der Raumbeschaffung und -einrichtung bis hin zur Vorbereitung und Organisation der Verpflegung.

Der Ablauf des Elternseminars sah wie folgt aus: Nach einer kurzen Begrüßungs- und Einführungsphase waren die versammelten Eltern am Zug und mussten in einem mehrstufigen Verfahren (Lernspirale!) notieren, erläutern, diskutieren, visualisieren und schließlich präsentieren, welche Qualifikationen Schulabsolventen zukünftig wohl vorrangig brauchen. Dabei wurde von Elternseite bereits deutlich signalisiert, dass verstärkt Fähigkeiten und Fertigkeiten benötigt werden, die eigenver-

Ein Elternabend einmal anders

(Eltern erleben neue Methoden)

Ein klassischer Elternabend: Der Lehrer redet, die Eltern hören zu und stellen ab und zu eine Frage. Jürgen Burg und Uschi Hildebrand vom Eduard-Spranger-Gymnasium in Landau gehen neue Wege. Sie machen die Eltern mit Lernmethoden vertraut, indem sie diese mit ihnen erproben. Die Großen erfahren so am eigenen Leib, wie ihre Kinder vormittags lernen.

Die 15 Mütter und Väter der Klasse 5e, die an diesem Abend gekommen sind, teilen sich in Gruppen. Damit Vertraute und Bekannte nicht nebeneinander sitzen und vielleicht private Schwätzchen halten, werden Spielkarten gezogen: Die gleichen Karten bilden die Fünfergruppen. Die Eltern erhalten als Aufgabe, den Bericht über eine unzulängliche Gruppenarbeit von Schülern zum Thema »Arbeitslosigkeit« eingehend zu analysieren, problematische Verhaltensweisen einzelner Gruppenmitglieder herauszuarbeiten sowie eine pointierte Kritik des Gruppengeschehens zu formulieren.

Lediglich acht der beteiligten Mütter und Väter markieren mit Stiften wichtige Stellen farbig oder schreiben sich Bemerkungen an den Rand des Textes. Viele ihrer Töchter und Söhne sind in diesem Punkt schon sehr viel weiter, wie die zahlreichen Plakate eines dreitägigen Methodentrainings an den Wänden des Klassenraums bestätigen.

Derweil beenden die Eltern ihre Stillarbeit. Die Gruppen tauschen sich aus. Ohne Leiter gehe es nicht, reißt gleich ein Mann das Wort an sich; in der Schülergruppe herrsche keine Ordnung, ergänzt ein anderer. Noch dominieren Einzelne das Gruppengespräch und bilden damit das ab, was im Text »Gruppenarbeit mit Mängeln« zu lesen war. Erst allmählich mischen sich auch andere Eltern ein.

Eine Frau ergreift das Wort und bezweifelt, ob ein »Führer« notwendig ist, der den roten Faden der Gruppenarbeit in der Hand hält. Darauf wieder ein Vater: »Letztendlich muss einer sagen, wo's lang geht.« Nach und nach merken die Wortführer, dass sie zu keinem Gruppenergebnis kommen, wenn sie sich nicht stärker zurück halten und die anderen einbeziehen.

Es dauert dennoch 40 Minuten, bis sich die Gruppen zusammengerauft haben und in der Lage sind, gemeinsame Regeln zu erarbeiten, die sie aus dem Text, aber auch aus dem eigenen stockenden Arbeitsverlauf gelernt haben: »Zielorientiert arbeiten – jeden zu Wort kommen lassen – einer hilft dem anderen und macht Mut – andere Meinungen tolerieren und akzeptieren – zuhören und aufeinander eingehen – Ergebnisse ordnen und sichern …« Am Ende wird ein Gruppenmitglied ausgelost, welches das Plakat seiner Gruppe präsentiert und erläutert.

Was halten die Eltern eigentlich von dieser etwas anderen Elternversammlung? »Ich bin begeistert und stehe hundertprozentig hinter dieser Methode«, meint eine Mutter. »Schließlich erlebe ich täglich in der BASF, wie wichtig die Arbeit in der Gruppe ist.« Das müsse man lernen, schon in der Schule.

(Bericht in der RHEINPFALZ vom 20.3.1999)

antwortliches Arbeiten und Lernen der Schülerinnen zur Voraussetzung haben. Diese Einsicht wurde in einer zweiten Etappe mittels eines korrespondierenden Inputs (Impulsreferat und Impulsfilm) weitergehend untermauert. Am Nachmittag dann erhielten die versammelten Eltern Gelegenheit, eine konkrete EVA-Lernspirale zum Thema »Klassenarbeiten vorbereiten« kennen zu lernen und in einigen Etappen auch ganz praktisch durchzuspielen. Gezielte Rückmeldungen und Anfragen zum vorgestellten EVA-Programm rundeten das Elternseminar ab.

Das Fazit der TeilnehmerInnen am Ende der Tagung war durchweg positiv. Die ElternvertreterInnen waren vom Verlauf des Seminartags, von den eingesetzten Methoden bzw. Verfahrensweisen sowie von den Zielen des EVA-Programms äußerst angetan und signalisierten in der Schlussbesprechung auch sehr deutlich ihre Bereitschaft, die Umsetzung dieses Programms an ihren Schulen entschieden unterstützen zu wollen. Dieses Stimmungsbild zeigt, dass die Elternschaft für das hier in Rede stehende EVA-Programm sehr wohl zu gewinnen ist, sofern sie in möglichst konkreter und überzeugender Weise Gelegenheit erhält, sich mit dem Konzept und den Methoden dieses Programms vertraut zu machen. Das kann durchaus auch im Rahmen der gängigen zwei- bis dreistündigen Abendveranstaltungen geschehen – vorausgesetzt, diese Abendveranstaltungen sind ausschließlich dem EVA-Programm vorbehalten und dienen nicht auch noch als Elternsprechstunde. So gesehen ist eine effektive Elternarbeit in Sachen EVA nicht nur nötig, sondern ganz offenkundig auch möglich. Nur müssen die betreffenden Lehrerteams entsprechend initiativ werden.

9. Die Schulleitung als unterstützende Instanz

Eine weitere zentrale Voraussetzung für die erfolgreiche Implementierung des EVA-Programms ist die Aufgeschlossenheit der pädagogischen Führungskräfte gegenüber den anstehenden Innovationsmaßnahmen. Das gilt für die Schulaufsicht genauso wie für die Schulleitungen. Wenn beispielsweise ein Schulleiter Veränderungen fürchtet und überall unkalkulierbare Risiken sieht, dann sind in der Regel auch im Kollegium die »Bedenkenträger« tonangebend und mit viel Elan darum bemüht, den Status quo zu rechtfertigen bzw. die angepeilten Innovationen mit allen Mitteln zu diskreditieren. Ähnliches gilt für den Stundenplanverantwortlichen. Wenn dieser bestimmte Wünsche bzw. Anträge hinsichtlich Teameinsatz, Teamteaching, Teamstunden und Teamfortbildung nicht unterstützen will, weil das die ganzen tradierten Gepflogenheiten durcheinander bringen würde, dann findet er als »Computerexperte« zumeist auch recht plausible Argumente und Probleme, um im Kollegium Unsicherheit, Zurückhaltung und/oder Innovationsresistenz auszulösen. Sind dagegen die betreffenden Führungskräfte wohlwollende Unterstützer und ideenreiche Problemlöser, dann wirkt sich das auf das jeweilige Kollegium in aller Regel ausgesprochen befreiend und ermutigend aus, mit der Folge, dass sich die innovationsbereiten Lehrkräfte eher trauen, neue Wege der Zusammenarbeit und der Unterrichtsgestaltung zu sondieren und zu praktizieren. Das zumindest ist die Erfahrung, die der Verfasser im Rahmen seiner zurückliegenden Fortbildungs- und Schulentwicklungsarbeit sammeln konnte.

Ein kleine Begebenheit macht diese Einschätzung deutlich. In einem Münchner Gymnasium hakte die Umsetzung des EVA-Programms, weil sich die betreffenden Klassenteams zur Vorbereitung einer Methodenwoche zwar mehrfach treffen wollten, dieses de facto aber nicht geschafft hatten, sodass die Woche am Ende ziemlich holprig und unbefriedigend verlief. Also setzte anlässlich einer Auswertungskonferenz das allseitige Klagen ein. Beklagt wurden von den verantwortlichen Akteuren sowohl die eigenen Versäumnisse als auch die unzulänglichen zeitlichen Spielräume und Gelegenheiten, die zur Vorbereitung innovativer Vorhaben im Schulalltag zur Verfügung stünden. Der betreffende Schulleiter hörte sich die vorgetragene (Selbst-)-Kritik eine Weile geduldig an und durchbrach dann das laufende Lamento mit einem ebenso unkoventionellen wie wegweisenden Vorschlag. »Wenn ihr die Vorbereitung schon nicht geschafft habt«, so sein Einwurf, »dann ist das offenbar so nebenbei nicht zu machen. Wie wär's denn, wenn ihr euch rechtzeitig vor der nächsten Methodenwoche für zwei Tage in die Tagungsstätte nach Achatswies zurückzieht, um dort das gesamte Wochenprogramm detailliert vorzubereiten und abzusprechen? Dann fällt zwar möglicherweise etwas Unterricht aus, aber das werden wir von Seiten der Schulleitung schon regeln und begründen, wenn danach gefragt werden sollte.« Dieser unkonventionelle Vorschlag wirkte auf die versammelten Lehrkräfte geradezu befreiend und führte dazu, dass plötzlich mit bemerkenswertem Elan nach vorne geschaut und die bevorstehende Vorbereitungsarbeit besprochen und geplant wurde.

Dieses Beispiel zeigt, dass schulinterne Innovationsprozesse durch eine verständnisvolle und ideenreiche Schulleitung, die Mut zum Experimentieren und Ausnutzen von Gestaltungsspielräumen macht, erheblich begünstigt und vorangetrieben werden können. Von daher müssen SchulleiterInnen möglichst überzeugende »Ermöglicher« sein, sollen die neuen Methoden wirksam in den Unterrichtsalltag einfließen. Mit anderen Worten: Sie müssen ideenreiche, couragierte, auf Verbindlichkeit achtende Problemlöser und Wegbereiter sein, die um die Bedingungen und Möglichkeiten des anstehenden Reformprozesses wissen und trotz aller Restriktionen bereit sind, diesen engagiert zu unterstützen – allerdings ohne den Kolleginnen und Kollegen gegenüber aufdringlich bzw. bevormundend aufzutreten.

Nähere Eckdaten zu diesem Schulleitungsbild gehen aus Abbildung 39 hervor. Wie sich daraus ersehen lässt, gehört zur Rolle einer guten Schulleitung im pädagogischen Innovationsprozess auch, dass auf verbindliche Absprachen bzw. Vereinbarungen geachtet und entsprechend nachgehakt wird, falls getroffene Vereinbarungen nicht eingehalten werden. Denn eines der größten Probleme der aktuellen Schulentwicklungsversuche ist, dass in vielen Schulen viel zu unverbindlich, punktuell und planlos gearbeitet wird. Das gilt nicht nur für die Einzelkämpfer in den betreffenden Schulen, sondern auch und nicht zuletzt für zahlreiche innovationswillige Teams. Da werden getroffene Absprachen nicht eingehalten und erforderliche Vorbereitungsarbeiten sträflich vernachlässigt. Da stimmt der schulinterne Informationsfluss nicht und die interne (Selbst-)Kontrolle lässt zu wünschen übrig. Da sind viele vage Vorsätze da, aber niemand übernimmt so recht die Verantwortung dafür, dass diese Vorsätze auch in die Tat umgesetzt werden. Wenn diese Kultur der Unverbindlichkeit überwunden werden soll, dann bedarf es dazu u.a. einer wachsamen und verbindlichen Schulleitung, die konsequent interveniert, wenn vereinbarte Ziele und Maßnahmen vernachlässigt werden.

Doch damit nicht genug. Wie sich aus Abbildung 39 weiterhin ersehen lässt, ist eine »gute Schulleitung« auch und nicht zuletzt gehalten, die erforderlichen Ressourcen großzügig zu beschaffen bzw. beschaffen zu helfen, die für eine effektive Innovationsarbeit benötigt werden. Denn oftmals scheitert die hier ins Auge gefasste Implementierung des EVA-Programms bereits daran, dass grundlegende Arbeitsmittel fehlen und/oder der Kopierkostenetat so zusammengestrichen wird, dass die auf EVA-Unterricht setzenden Lehrkräfte die benötigten Arbeitskopien entweder aus der eigenen Tasche bezahlen oder aber durch irgendwelche Sponsoring-Aktivitäten finanzieren müssen. Wenn diese Ressourcenbeschaffung zu mühsam ist und die betreffenden Lehrkräfte immer wieder an elementare Grenzen der Machbarkeit stoßen, dann steht der anvisierte Innovationsprozess sehr schnell in der Gefahr, abgebrochen

Schulleitung und Schulentwicklung

(Was die Schulleitung zur Unterstützung des EVA-Programms tun kann …)

Schulische Innovationsprozesse gelingen in aller Regel nur dort, wo sie von der Schulleitung und vom jeweiligen Stundenplangestalter engagiert mitgetragen und durch intelligente Problemlösungen unterstützt werden. Von daher ist es wichtig, dass diese Führungskräfte …

… das jeweilige Innovationsfeld gut kennen;

… von der betreffenden Innovationsaufgabe überzeugt sind;

… diese Überzeugung nach außen hin deutlich signalisieren;

… erfahrene »Mitstreiter« gewinnen (Klassenteams, Fachteams);

… einschlägige Konferenzen initiieren und/oder unterstützen;

… auf eine produktive Gestaltung dieser Konferenzen achten;

… gegenüber dem Kollegium klare Erwartungen formulieren;

… innovationsbereite Lehrkräfte ermutigen und unterstützen;

… die erforderlichen Ressourcen beschaffen (helfen);

… auf verbindliche Absprachen und Vereinbarungen achten;

… Folgekonferenzen und Evaluationsprozesse sicherstellen;

… Lob und Anerkennung – sofern berechtigt – aussprechen;

… insgesamt zielstrebige, ermutigende Moderatoren sind.

etc.

Abb. 39

© Dr. H. Klippert

oder bestenfalls halbherzig vorangetrieben zu werden. Zwar kann selbst eine gutwillige Schulleitung in Zeiten akuter Finanzknappheit keine Wunder bewirken, aber ein intelligentes und großzügiges Ressourcenmanagement sollte sie auf jeden Fall versuchen, um den engagierten Innovatoren in der Schule den Rücken zu stärken und die vorgesehene Umsetzung des EVA-Programms zu erleichtern.

Eine weitere wichtige Maßnahme der Schulleitung zur Unterstützung der EVA-Programms ist die Billigung und vorausschauende Planung veränderter Stundentafeln. Denn der skizzierte EVA-Unterricht ist in hohem Maße auf Doppelstunden und größere Stundenblöcke angewiesen. Der traditionelle 45-Minuten-Takt ist letztlich ein Zeittakt für den lehrerzentrierten Unterricht und nicht für anspruchsvolleres eigenverantwortliches Arbeiten und Lernen der SchülerInnen. Von daher muss in der jeweiligen Einzelschule nach praktikablen Mitteln und Wegen gesucht werden, um diesen 45-Minuten-Takt in intelligenter Weise aufzubrechen und den Boden für die Realisierung zeitintensiver Lernarrangements bzw. Lernspiralen zu bereiten. Die jeweilige Schulleitung muss diese gezielte Erweiterung des Stundenmaßes möglichst gutwillig und engagiert unterstützen und vorantreiben. Das beginnt bei der Einplanung von Doppelstunden und Halbjahresblöcken in Ein-Stunden-Fächern und reicht über die Zusammenführung mehrerer Fächer in der Hand einer Lehrperson bis hin zur Organisation spezifischer Projekttage/Methodentage und Projektwochen/Methodenwochen. Auch hinsichtlich der Stoffpläne müssen die verantwortlichen Führungskräfte Mut zur gezielten Reduktion und Schwerpunktbildung machen. Andernfalls verharren viele Lehrkräfte nur zu leicht in ihrer »Opferrolle«, die da besagt, dass der lehrplanmäßig ausgewiesene Stoff unter allen Umständen durchzunehmen ist. Dieser »Buchhaltermentalität« kann und muss die Schulleitung mit gutem Beispiel und ermutigenden Taten entgegenwirken.

Fazit also: Die Schulleitungen sind für den Erfolg oder Misserfolg des anvisierten Innovationsprozesses wichtiger, als viele Führungskräfte dieses vermeinen. Wenn die Umsetzung des skizzierten EVA-Programms nachhaltig gelingen soll, dann bedarf es dazu zwingend aufgeschlossener Führungskräfte, die zielstrebige und ermutigende Moderatoren und Berater sind und als solche unkonventionelle Ideen zulassen und selbst bereit sind, unkonventionelle Wege zu suchen und zu gehen (vgl. Abb. 39). Sie müssen aber nicht nur Mutmacher sein, sondern das jeweilige Innovationsfeld auch möglichst gut kennen, damit sie inhaltlich mitreden können, wenn es gilt, bestimmte Maßnahmen und Veränderungen anzugehen. Diese Mischung aus Kompetenz und Kreativität, aus Zielstrebigkeit und Überzeugungskraft, aus Flexibilität und Durchsetzungsvermögen, aus Toleranz und Verbindlichkeit kennzeichnet »gute Führungskräfte«, die es verstehen, in ihrem Kollegium nachhaltige Innovationsprozesse in Gang zu bringen und in Gang zu halten. Zwar können auch sie in einem eingefahrenen Kollegium keine Wunder bewirken; gleichwohl sind sie wichtige Motivatoren und Weichensteller, ohne deren sichtbare und glaubwürdige Unterstützung in vielen Schulen wenig oder gar nichts läuft. Wer glaubt, das anvisierte EVA-Programm notfalls auch ohne oder sogar gegen die Schulleitung durchsetzen zu können, der befindet sich auf dem Holzweg!

10. Fazit: EVA als Kern des Schulprogramms

In den meisten Bundesländern sind die Schulen mittlerweile gehalten, Schulprogramme zu entwickeln, die Auskunft darüber geben, wie sich das jeweilige Kollegium die Entwicklung des eigenen Systems vorstellt und welche Entwicklungsschwerpunkte gesetzt werden sollen. In Schulgesetzen, Erlassen und Handreichungen sind in den letzten Jahren entsprechende Forderungen und Vorschriften formuliert worden (vgl. u.a. Hessisches Kultusministerium 1997; Niedersächsisches Kultusministerium 1998). Allerdings ist die inhaltliche Füllung dessen, was ein Schulprogramm sein soll, vielerorts noch recht unklar. Eines der größten Missverständnisse, das sich durch die Schullandschaft hindurchzieht, ist die verbreitete Gleichsetzung von Schulprogramm und Schulprofil. In vielen Schulen wird inzwischen von Schulprogrammen geredet, obgleich in Wirklichkeit an der differenzierten Beschreibung bestehender Schulprofile gearbeitet wird. Eine Profilbeschreibung dieser Art ist letzten Endes jedoch nichts anderes als eine Status-quo-Aufnahme mit dem Ziel, den Schülern und Eltern möglichst eindrücklich vor Augen zu führen, was an der betreffenden Schule so alles läuft bzw. angeboten wird. Zur Schulentwicklung tragen derartige Profilierungsversuche indes nur wenig oder gar nicht bei. Wolff Fleischer-Bickmann nennt derartige Profilierungsbemühungen »eine semantischen Politur dessen, was ohnehin geschieht …, aber unter der Voraussetzung einer unveränderten Schulwirklichkeit« (vgl. Fleischer-Bickmann 1998, S. 83).

Um Veränderung aber geht es, wenn hier vom Schulprogramm die Rede ist. Schulprogramme sind nach der hier vertretenen Auffassung aktuelle Innovationsprogramme zur zeitgemäßen und zukunftsgerichteten Weiterentwicklung von Schule und Unterricht. Oder mit den Worten des bereits zitierten Wolff Fleischer-Bickmann: »Schulprogramme sind das Handlungskonzept auf dem Weg zur guten Schule … Das Schulprogramm ist ein Planungsinstrument, d.h. ein Regiebuch für die Entwicklung einer einzelnen Schule. Es hat eine orientierende Funktion für alle Beteiligten, indem es die pädagogischen Leitideen mit der konkreten Gestaltung des Schullebens und des Unterrichts vermittelt und die kurzfristige und mittelfristige Perspektive der Schule artikuliert.« (Ebd., S. 85) Zu den Besonderheiten solcher Schulprogramme gehört, dass darin sowohl die pädagogischen Ziele und Mittel zur Erreichung dieser Ziele als auch die dafür erforderlichen Formen der Zusammenarbeit der Lehrerinnen und Lehrer im Zuge des betreffenden Innovationsprozesses möglichst konkret beschrieben werden (vgl. Hessisches Kultusministerium 1999, S. 3). So gesehen sind Schulprogramme ihrem Wesen nach Schul-*Entwicklungs*-Programme zur internen Steuerung des pädagogischen Handelns eines Kollegiums und keine Hochglanzbroschüren, mit denen sich Schulen nach außen hin möglichst imposant und werbend darzustellen versuchen. Letzteres mag vielleicht noch die Schüleranmeldungen in die Höhe treiben, aber mit wirksamer Schul- bzw. Unterrichtsentwicklung hat das alles reichlich wenig zu tun. Das muss manchen allein auf Außenwirkung bedachten Schulleiterinnen und Schulleitern erst noch klar werden.

Das in diesem Buch skizzierte EVA-Programm kann mit Fug und Recht als Kern eines möglichen Schulprogramms bezeichnet werden. Es zeigt Mittel und Wege zur systematischen Unterrichtsentwicklung auf und verweist nicht zuletzt auf die grundlegende Bedeutung differenzierter Teamarbeit im Zuge des hier in Rede stehenden Innovationsprozesses. Wenn Hans-Günter Rolff »Teamarbeit als Königsweg« bezeichnet, dann hat er damit fraglos Recht (vgl. Rolff 1995, S. 12). Die in Abschnitt III.5 angeführten Teamstrukturen und Teamaufgaben, die im Rahmen des EVA-Programms zum Tragen kommen, verdeutlichen den herausragenden Stellenwert von Teamarbeit und Teamentwicklung. Diesbezüglich werden den in puncto EVA engagierten Lehrkräften nicht nur neue Herausforderungen zugemutet, sondern auch beträchtliche Chancen eröffnet. Teamarbeit ist letztlich eine permanente Übung auf dem Weg zu der ins Auge gefassten neuen Lernkultur.

Welche weiteren Anforderungen und Herausforderungen diese neue Lernkultur für die verantwortlichen Pädagogen mit sich bringt, lässt sich aus Abbildung 40 ersehen. Die anstehenden Veränderungen sind enorm und machen deutlich, dass ein interessiertes Kollegium gut daran tut, sich zunächst einmal ganz schwerpunktmäßig auf das skizzierte EVA-Programm zu konzentrieren und nicht alle möglichen sonstigen Projekte und Initiativen auch noch zeitgleich in Angriff zu nehmen bzw. unverändert weiterzuverfolgen. Denn die Gefahr der Überforderung und der uferlosen Verzettelung ist groß (vgl. dazu beispielsweise den Praxisbericht: Hagen-Döver u.a. 1998). Viele Kollegien, die sich in den letzten Jahren in puncto Schulprogrammentwicklung versucht haben, haben genau diesen Fehler gemacht und es versäumt, mit den vorhandenen Kräften hauszuhalten und den eigenen Aktionsradius so weit zu beschränken, dass eine konzertierte Aktion in Sachen EVA sichergestellt werden konnte. Von daher kann Wolff Fleischer-Bickmann und Norbert Maritzen nur Recht gegeben werden, wenn sie schreiben: »Man kann Schulen nur davor warnen, sich zu überfordern und in Schulprogramme alles hineinzuschreiben, was pädagogisch wünschenswert ist. Es empfiehlt sich, dass Kollegien sehr kritisch bilanzieren, welche Probleme sie als vordringlich sehen, bearbeiten und lösen wollen, was sie sich zutrauen und was in absehbarer Zeit auch realisierbar ist. Eine Innovation in Schritten beugt einer Erwartungseuphorie vor, der allemal das Scheitern sicher ist.« (Fleischer-Bickmann/Maritzen 1996, S. 14) Ratsam ist also die konsequente »Reduktion von Komplexität«, damit das jeweilige Schulprogramm handhabbar bleibt und mit guter Aussicht auf Erfolg in Angriff genommen werden kann.

Diese Maxime spricht eindeutig für das hier zur Debatte stehende EVA-Programm als zeitlich befristetem Schwerpunkt der inneren Schul- bzw. Unterrichtsentwicklung an der jeweiligen Einzelschule. Zeitlich befristet deshalb, weil es ein Charakteristikum der Schulprogrammarbeit ist, dass diese auf begrenzte Zeit angelegt ist

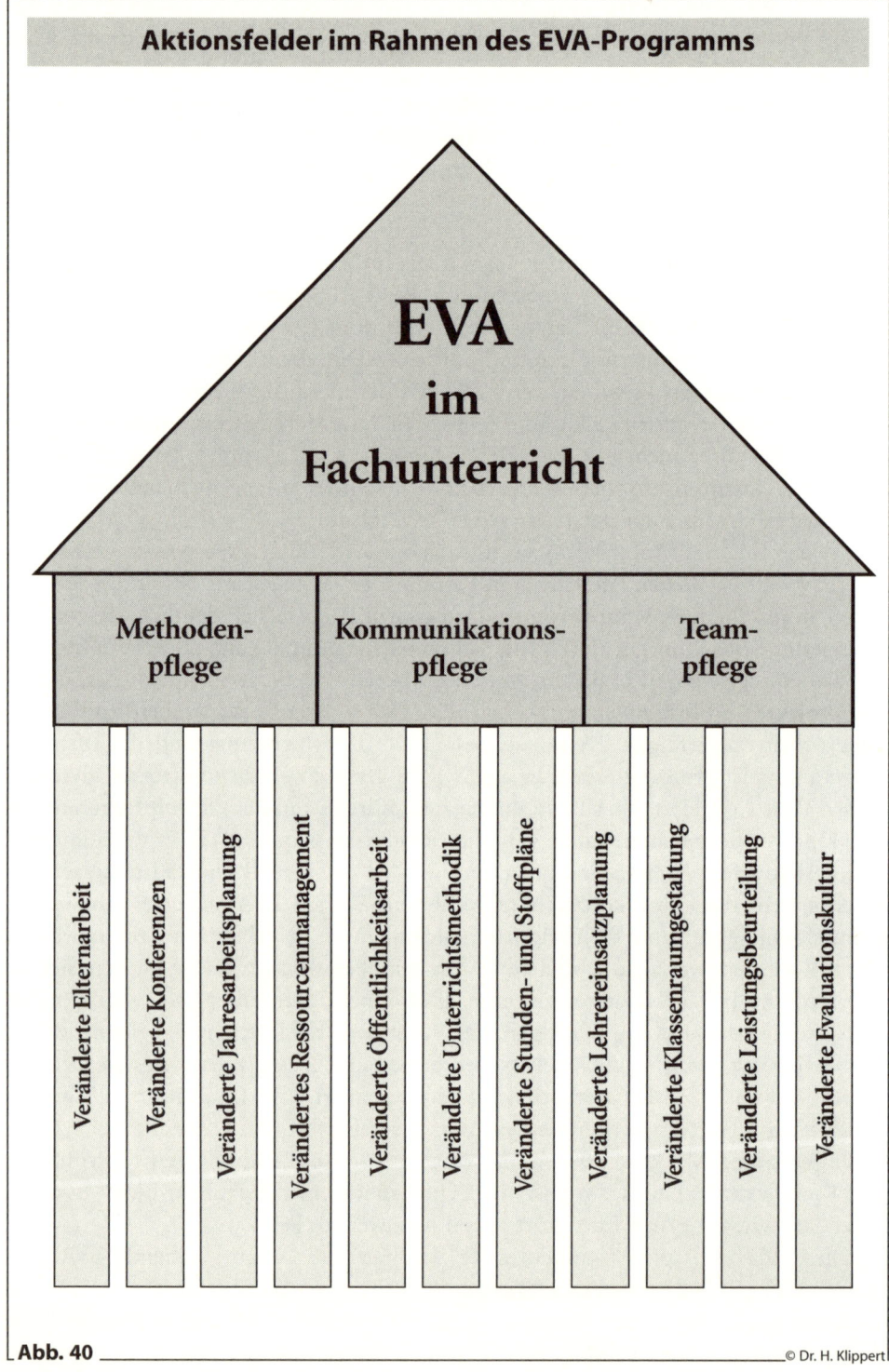

Aktionsfelder im Rahmen des EVA-Programms

EVA
im
Fachunterricht

Methoden-
pflege

Kommunikations-
pflege

Team-
pflege

Veränderte Elternarbeit

Veränderte Konferenzen

Veränderte Jahresarbeitsplanung

Verändertes Ressourcenmanagement

Veränderte Öffentlichkeitsarbeit

Veränderte Unterrichtsmethodik

Veränderte Stunden- und Stoffpläne

Veränderte Lehrereinsatzplanung

Veränderte Klassenraumgestaltung

Veränderte Leistungsbeurteilung

Veränderte Evaluationskultur

Abb. 40

© Dr. H. Klippert

und ständig revidiert und erweitert werden muss. Aus diesem und anderen Gründen rät Fleischer-Bickmann eindringlich dazu, »Schulprogramme nicht zu überfrachten und nicht zu überfordern« (vgl. Fleischer-Bickmann 1998, S. 86). Eine Schule lege sich mit ihrem Schulprogramm schließlich nicht für die Ewigkeit fest, sondern beginne einen geplanten Erneuerungsprozess, der in aller Regel viel Zeit brauche, in kleinen Schritten erfolgen solle und nicht zuletzt für gezielte Evaluationsmaßnahmen offen gehalten werden müsse (vgl. ebd.).

Die Implementierung des in diesem Buch vorgestellten EVA-Programms benötigt erfahrungsgemäß etwa drei bis vier Jahre, bis das Stadium der Konsolidierung und der tragfähigen Routinebildung erreicht wird. Während dieses Zeitraums sollten sich die engagierten Mitglieder des jeweiligen Kollegiums möglichst konsequent auf dieses Programm konzentrieren und darum bemühen, eine möglichst breite Beteiligung und Unterstützung im eigenen Kollegium zu erreichen. Denn die mit EVA verbundenen Arbeitsfelder sind vielfältig. Das lässt sich aus Abbildung 40 ersehen. Die anstehenden Veränderungen betreffen die Eltern-, die Konferenz- und die Öffentlichkeitsarbeit genauso wie die gezielte Lehrereinsatzplanung, die Klassenraumgestaltung, die Leistungsbeurteilung und manches andere mehr. Zwar können einzelne Lehrkräfte und/oder Lehrerteams unter Umständen auch noch zusätzliche Initiativen starten bzw. angelaufene Projekte betreuen, aber das oberste Motto sollte tunlichst bleiben: »Weniger ist mehr!«. Denn der oft zu beobachtende »Aktionismus« an den Schulen bleibt in aller Regel recht folgenlos, da sich die engagierten LehrerInnen so sehr auf die verschiedenen Iniativen verteilen, dass kein Vorhaben wirklich konzertiert angegangen und mit der nötigen Konsequenz und Breitenwirkung vorangetrieben werden kann. Vieles bleibt de facto vordergründiges Stückwerk, das vielleicht noch manchen Schulleiter und/oder Elternvertreter kurzfristig zu beeindrucken vermag, aber längerfristig sind die angestrebten Effekte und Erfolge meist recht unbefriedigend. Wer diese Sisyphusarbeit vermeiden und das hier in Rede stehende EVA-Programm konsequent umsetzen möchte, der tut gut daran, die im Kollegium vorhandenen Kräfte entschieden zu bündeln und EVA zu einem ausgewiesenen Schwerpunkt des Schulprogramms zu machen.

Mit kleinen Schritten lassen sich große Ziele erreichen!

»Elementare Fertigkeiten zu üben und zu automatisieren, in systematischer Weise Wissensbausteine aufeinander aufzubauen, Lerngewohnheiten zu kultivieren und die gezielte Förderung durch die Lehrerin oder den Lehrer zu Gunsten *zunehmender Eigenverantwortlichkeit* der Schülerinnen und Schüler abzubauen sind die vielen kleinen, aber notwendigen pädagogischen Schritte zur Erreichung großer Ziele.«
(Franz E. Weinert)

Literaturverzeichnis

Aebli, H.: Denken: Das Ordnen des Tuns. Bald 1: Kognitive Aspekte der Handlungstheorie. Stuttgart 1980.

Aebli, H.: Zwölf Grundformen des Lehrens. Eine Allgemeine Didaktik auf psychologischer Grundlage. Stuttgart 1983.

Arnold, R.: Natur als Vorbild. Selbstorganisation als Modell der Pädagogik. Hrsg. von J. Dehler und G. Michelsen. Frankfurt a.M. 1993.

Aufschnaiter, S. von: Konstruktivistische Perspektiven zum Physikunterricht. In: Pädagogik 7-8/1998, S. 52ff.

Ausubel, D.P./Novak, J.D./Hanesian, H.: Psychologische und pädagogische Grenzen des entdeckenden Lernens. In: H. Neber (Hrsg.): Entdeckendes Lernen. Weinheim und Basel 1981, S. 30ff.

Baumert, J./Köller, O.: Nationale und internationale Schulleistungsstudien. Was können sie leisten, wo sind ihre Grenzen? In: Pädagogik 6/1998, S. 12ff.

Baumert, J. u.a.: TIMSS III. Schülerleistungen in Mathematik und den Naturwissenschaften am Ende der Sekundarstufe II im internationalen Vergleich. Max-Planck-Institut für Bildungsforschung. Internet-Ausdruck vom 13.1.1999.

Beck, K. u.a.: Zur Kritik handlungsorientierter Ansätze in der Didaktik der Wirtschaftslehre. Hrsg. von R. Czycholl und H. Ebner. Oldenburg 1988.

Beck, U.: Thesen für eine umfassende Bildungsreform. In: Lernkonzepte im Wandel. Hrsg. von H. Dieckmann und B. Schachtsiek. Stuttgart 1998, S. 11ff.

Bildungskommission NRW: Zukunft der Bildung – Schule der Zukunft. Denkschrift im Auftrag des Ministerpräsidenten des Landes Nordrhein-Westfalen. Neuwied u.a. 1995.

Bohnsack, F./Nipkow, K.E.: Verfehlt die Schule die Jugendlichen und die allgemeine Bildung? Münster 1991.

Breunig, C.: Programmqualität für Kinder. Diskussion Kinderfernsehen. In: Media Perspektiven 12/1999, S. 641ff.

Brockhagen, A./Flüter-Hoffmann, C.: Mitarbeiterpotential aktivieren. Qualifizieren für die Zukunft. Hrsg. vom Institut der deutschen Wirtschaft. Köln 1999.

Bruner, J.S.: Der Akt der Entdeckung. In: H. Neber (Hrsg.): Entdeckendes Lernen. Weinheim und Basel 1981, S 15ff.

Bund-Länder-Kommission: Gutachten zur Vorbereitung des Programms »Steigerung der Effizienz des mathematisch-naturwissenschaftlichen Unterrichts. Heft 60 der Materialien zur Bildungsplanung und zur Forschungsförderung. Bonn 1997.

Club of Rome: Wie wir arbeiten werden. Der neue Bericht an den Club of Rome. Verfasst von O. Giarini und P.M. Liedtke. München 1999.

Csikszentmihalyi, M.: Kreativität. Wie Sie das Unmögliche schaffen und Ihre Grenzen überwinden. Stuttgart [4]1999.

Dahmer, H./Dahmer, J.: Effektives Lernen und gezielte Examensvorbereitung. Stuttgart/New York 1976,

Delphi-Studie 1996/1998: Potenziale und Dimensionen der Wissensgesellschaft. Studie im Auftrag des Bundesministeriums für Bildung und Forschung. Integrierter Abschlussbericht. München/Basel 1998.

Edelmann, W.: Erfolgreicher Unterricht. Was wissen wir aus der Lernpsychologie? In: Pädagogik 3/2000, S. 6ff.

Engelking, G.: Regionale Bildungslandschaft – eine Kulturlandschaft? In: Pädagogik 7-8/2000, S. 39ff.

Feierabend, S./Simon, E.: Was Kinder sehen. Eine Analyse der Fernsehnutzung 1999 von Drei- bis 13-Jährigen. In: Medie Perspektiven 4/2000, S. 159ff.

Fleischer-Bickmann, W./Maritzen, N.: Schulprogramm. Anspruch und Wirklichkeit eines Instruments der Schulentwicklung. In: Pädagogik 1/1996, S. 12ff.

Fleischer-Bickmann, W.: Glanz der Profile – Elend der Programme? Kontexte der Theorie und Praxis von Schulprogrammen. In: Schule zwischen Autonomie und Aufsicht. Hrsg. vom Hessischen Landesinstitut für Pädagogik. Wiesbaden 1998, S. 83ff.

Fuhrmann, E.: Unterrichtsverfahren im Frontalunterricht. Vom gelenkten Gespräch bis zum darbietenden Unterricht. Ein Überblick. In: Pädagogik 5/1998, S. 9ff.

Fullan, M.: Die Schule als lernendes Unternehmen. Konzepte für eine neue Kultur in der Pädagogik. Stuttgart 1999.

Gardner, H.: Der ungeschulte Kopf. Wie Kinder denken. Aus dem Amerikanischen von M. Heim. Stuttgart [3]1996.

Giesecke, H.: Das Ende der Erziehung. Neue Chancen für Familie und Schule. Stuttgart [4]1988.

Giesecke, H.: Vermutungen über die Zukunft der Familie. In: Pädagogik. Heft 7-8/1991, S. 6ff.

Glasersfeld, E. von: Radikaler Konstruktivismus. Ideen, Ergebnisse, Probleme. Frankfurt a.M. 1997.

Goleman, D.: Emotionale Intelligenz. Aus dem Amerikanischen von F. Griese. München/Wien 1996.

Grönwoldt, P.: Schule paradox. Eine Anstiftung zur Professionalisierung des Unterrichts. Reinbek 1999.

Gudjons, H.: Handlungsorientierter Unterricht. Begriffskürzel mit Theoriedefizit? In: Pädagogik 1/1997, S. 6ff.

Hage, K. u.a.: Das Methoden-Repertoire von Lehrern. Eine Untersuchung zum Unterrichtsalltag in der Sekundarstufe I. Opladen 1985.

Hagen-Döver, S. u.a.: Hindernislauf auf dem Weg zum Schulprogramm. In: Pädagogik, 2/1998, S. 15ff.

Hensel, H.: Unterrichsstörungen – na und? Man kann sich darauf einstellen und gelassen damit umgehen. In: Pädagogik 1/2000, S. 8ff.

Hentig, H. von: Das allmähliche Verschwinden der Wirklichkeit. Ein Pädagoge ermutigt zum Nachdenken über die Neuen Medien. München/Wien 1984.

Herrmann, J./Höfer, C.: Evaluation in der Schule – Unterrichtsevaluation. Berichte und Materialien aus der Praxis. Gütersloh 1999.

Hessisches Kultusministerium (Hrsg.): Entwicklung und Realisierung eines Schulprogramms. Handreichung. Wiesbaden 1997.

Hessisches Kultusminiserium (Hrsg.): Wege zum Schulprogramm. Beispiele von hessischen Gymnasien. Wiesbaden 1999.

Heymann, H.W.: Üben und Wiederholen neu betrachtet. In: Pädagogik 10/1998, S. 6ff.

Hugle, R.: Die Zukunft der Arbeitswelt. Hrsg. von der Bundesarbeitsgemeinschaft Schule Wirtschaft. Köln 1998.

Kaminski, H./Schneidwind, K.: Aspekte eines handlungsorientierten Lernkonzepts für die Arbeitslehre. In: arbeiten + lernen. Heft 45/1986, S. 8ff.

Kashnitz, D.: Handlungsorientierter Unterricht – Lernen oder action? In: Handlungsorientierung und ökonomische Bildung. Bergisch Gladbach 1993.

Kleinschmidt, G.: Lernen auf »Weltklasse-Niveau«. Begabung und Kreativität. In: Die Realschule in Baden-Württemberg 4/1999, S. 29ff.

Klippert, H.: Handlungsorientiertes Lehren und Lernen in der Schule. In: Schulmagazin 5 bis 10. Heft 1/1991, S. 54ff.

Klippert, H.: Berufswahl-Unterricht. Handlungsorientierte Methoden und Arbeitshilfen für Lehrer und Berufsberater. Weinheim und Basel [2]1991.

Klippert, H.: Methoden-Training. Übungsbausteine für den Unterricht. Weinheim und Basel [11]2000.

Klippert, H.: Kommunikations-Training: Übungsbausteine für den Unterricht. Weinheim und Basel [7]2000.

Klippert, H.: Planspiele. Spielvorlagen zum sozialen, politischen und methodischen Lernen in Gruppen. 10 komplette Planspiele. Weinheim und Basel [3]2000.

Klippert, H.: Schule entwickeln – Unterricht neu gestalten. Plädoyer für ein konzertiertes Innovationsmanagement. In: Pädagogik 2/1997, S. 12ff.

Klippert, H.: Teamentwicklung im Klassenraum. Übungsbausteine für den Unterricht. Weinheim und Basel [4]2000.

Klippert, H.: Pädagogische Schulentwicklung. Planungs- und Arbeitshilfen zur Förderung einer neuen Lernkultur. Weinheim und Basel [2]2000.

Kramer, W./Werner, D.: Familiäre Nachhilfe und bezahlter Nachhilfeunterricht. Ergebnisse einer Elternbefragung in Nordrhein-Westfalen. Köln 1998.

Lempp, R.: Die Belastungen der Familie durch die Schule. In: Pädagogik. Heft 7-8/1991, S. 25ff.

Litt, T.: Führen oder Wachsenlassen. Eine Erörterung des pädagogischen Grundproblems. Stuttgart 1965.

Lohre, W. u.a.: Einzelschulen entwickeln sich gemeinsam. In: Pädagogik 7-8/2000, S. 10ff.

Mahlmann, R.: Konflikte managen. Psychologische Grundlagen, Modelle und Fallstudien. Weinheim und Basel 2000.

Maturana, H./Varela, J.: Der Baum der Erkenntnis. Die biologischen Wurzeln des menschlichen Erkennens. Bern u.a. 1987.

Metzig, W./Schuster, M.: Lernen zu lernen. Anwendung, Begründung und Bewertung von Lernstrategien. Berlin u.a. 1982.

Meyer, H.: UnterrichtsMethoden II: Praxisband. Frankfurt a.M. [2]1989.

Meyer, H.: Schulpädagogik. Band II: Für Fortgeschrittene. Frankfurt a.M. 1997.

Mietzel, G.: Pädagogische Psychologie des Lernens und Lehrens. Göttingen 1998.

Negt, O.: Lernen in einer Welt gesellschaftlicher Umbrüche. In: Lernkonzepte im Wandel. Hrsg. von H. Dieckmann und B. Schachtsiek. Stuttgart 1998, S. 21ff.

Niedersächsisches Kultusministerium (Hrsg.): Schulprogrammentwicklung und Evaluation. Stand, Perspektiven und Empfehlungen. Hannover 1998.

Nuhn, H.-E.: Die Sozialformen des Unterrichts. In: Pädagogik 2/2000, S. 10ff.

Otto, B.: Ist Bildung Schicksal? Gehirnforschung und Pädagogik. Weinheim 1995.

Piaget, J.: Psychologie der Intelligenz. München 1976 (Original: Paris 1947)

Postman, N.: Wir amüsieren uns zu Tode. Urteilsbildung im Zeitalter der Unterhaltungsindustrie. Frankfurt a.M. 1985.

Reich, K.: Thesen zur konstruktivistischen Didaktik. In: Pädagogik 7-8/1998, S. 43ff.

Reinmann-Rothmeier, G.; Mandl, H.: Wissensmanagement in der Schule. In: Profil 10/1997. Hrsg. vom Deutschen Philologenverband, S. 20ff.

Rolff, H.-G.: Schule in den 90er Jahren: Eine Schere geht auf. In: Rhein-pfälzische Schulblätter 11/1991, S. 37ff.

Rolff, H.-G.: Neuere Modelle von Schulberatung und von Schulentwicklung. In: Schule und Beratung. Hrsg. vom Hessischen Institut für Bildungsplanung und Schulentwicklung. Wiesbaden 1995.

Roth, G. Das Gerhirn und seine Wirklichkeit. Kognitive Neurobiologie und ihre philosophischen Konsequenzen. Frankfurt a.M. 1997.

Senge, P.M.: Die fünfte Disziplin. Kunst und Praxis der lernenden Organisation. Aus dem Amerikanischen von M. Klostermann. Stuttgart [7]1999.

Singer, K.: Maßstäbe für eine humane Schule. Mitmenschliche Beziehung und angstfreies Lernen durch partnerschaftlichen Unterricht. Frankfurt a.M. 1981.

Struck, P.: Schul- und Erziehungsnot in Deutschland. Ein Ratgeber für Eltern, Lehrer und Bildungspolitiker. Neuwied u.a. 1992.

Trier, U.P.: Räume für die Zukunft. Erfahrungswelten aufbauen. Interview mit Uri Peter Trier. In: Erziehung und Wissenschaft 1/2000, S. 11ff.

Vaill, P.B.: Lernen als Lebensform. Ein Manifest wider die Hüter der richtigen Antworten. Aus dem Amerikanischen von M. Benthack. Stuttgart 1998.

Vester, F.: Denken, Lernen, Vergessen. München 1978.

Weinert, F.E.: Vorwort zur deutschsprachigen Ausgabe des Buches von H. Gardner: Der ungeschulte Kopf. Stuttgart [3]1996, S. 7ff.

Weinert, F.E.: Ansprüche an das Lernen in der heutigen Zeit. 10 Thesen. In: Profil 4/1999. Hrsg. vom Deutschen Philologenverband. S. 16f.

Weinert, F.E.: Ansprüche an das Lernen in der heutigen Zeit. In: Lehren und Lernen im Offenen Unterricht. Empirische Befunde und kritische Anmerkungen. Hrsg. vom Hessischen Landesinstitut für Pädagogik. Wiesbaden 1999, S. 99ff.

Werning, R./Kriwet I.: Problemlösendes Lernen. In: Pädagogik 10/1999, S. 6ff.

Winkel, R.: Der gestörte Unterricht. Diagnostische und therapeutische Möglichkeiten. Bochum [5]1993.

Witzenbacher, K.: Handlungsorientiertes Lernen in der Hauptschule. Anregungen und Beispiele für einen hauptschulgemäßen Unterricht. Ansbach 1985.

Zimmermann, B.: Problemorientierter Mathematikunterricht. In: Pädagogik 10/1999, S. 12ff.

Das Klippert-Konzept

Methoden-Training
Übungsbausteine für den Unterricht.
11. Auflage 2000. 277 Seiten. Broschiert.
ISBN 3-407-62409-3
Schüler/innen müssen Methoden haben
– natürlich! Denn davon hängt sowohl
ihr Lernerfolg als auch die Belastung
bzw. Entlastung des Lehrers ab. Deshalb
ist ein verstärktes Methoden-Training
dringend geboten!

Kommunikations-Training
Übungsbausteine für den Unterricht.
8. Auflage 2001. 288 Seiten. Broschiert.
ISBN 3-407-62426-3
Kommunizieren muss gelernt werden -
keine Frage! Auch und verstärkt in der
Schule. Das beginnt beim verständnis-
vollen Zuhören und Miteinander-Reden
und reicht über das freie Erzählen und
Diskutieren bis hin zum überzeugenden
Argumentieren und Vortragen. Dokumentiert werden mehr als hundert erprobte Kommunikationsarrangements
sowie eine komplette Projektwoche
»Kommunizieren lernen«.

Heinz Klippert
Teamentwicklung im Klassenraum
Übungsbausteine für den Unterricht.
4. Auflage 2000. 286 Seiten. Broschiert.
ISBN 3-407-62427-1
Teamfähigkeit gilt als »Schlüsselquali-
fikation« und als Grundvoraussetzung

des Offenen Unterrichts. Der Band
zeigt, wie eine systematische Teamentwicklung im Klassenraum erfolgen
kann. Dokumentiert werden rund
70 bewährte Trainingsbausteine mit
allen zugehörigen Materialien und
Umsetzungshinweisen. Beschrieben
wird ferner eine komplette Trainings-
woche zum Thema »Teamentwicklung«.

Planspiele
Spielvorlagen zum sozialen, politischen
und methodischen Lernen in Gruppen.
3. Auflage 2000. 200 Seiten. Broschiert.
ISBN 3-407-62391-7
Planspiele fördern selbständiges, kreatives, kommunikatives und soziales
Lernen und sind damit ausgesprochen
zeitgemäße Lehr-/Lernarrangements.
Es werden 10 komplette Planspiele mit
allen Spielunterlagen dokumentiert, die
sich in Schule und Erwachsenenbildung
bestens bewährt haben.

Pädagogische Schulentwicklung
Planungs- und Arbeitshilfen zur För-
derung einer neuen Lernkultur.
2. Auflage 2000. 320 Seiten. Broschiert.
ISBN 3-407-62405-0
Unterrichtsentwicklung ist der Kern der
Schulentwicklung. Vielfältige Beispiele,
Abbildungen und Erfahrungsberichte
konkretisieren, wie die Unterrichtsarbeit
zeitgemäß weiterentwickelt und zum
Vorteil von Schülern und Lehrern
verändert werden kann.

F0027

Beltz Verlag · Postfach 10 01 54 · 69441 Weinheim · www.beltz.de